Praxishandbuch Open Access

Praxishandbuch
Open Access

Herausgegeben von
Konstanze Söllner und Bernhard Mittermaier

DE GRUYTER
SAUR

ISBN 978-3-11-063718-2
e-ISBN (PDF) 978-3-11-049406-8
e-ISBN (EPUB) 978-3-11-049159-3

Library of Congress Cataloging-in-Publication Data
A CIP catalog record for this book has been applied for at the Library of Congress.

Bibliografische Information der Deutschen Nationalbibliothek
Die Deutsche Nationalbibliothek verzeichnet diese Publikation in der Deutschen Nationalbibliografie; detaillierte bibliografische Daten sind im Internet über http://dnb.dnb.de abrufbar.

© 2018 Walter de Gruyter GmbH, Berlin/Boston
Dieser Band ist text- und seitenidentisch mit der 2017 erschienenen gebundenen Ausgabe.
Bildnachweis: rvlsoft/iStock/Thinkstock
Satz: Konvertus, Haarlem
Druck und Bindung: CPI books GmbH, Leck

♾ Gedruckt auf säurefreiem Papier
Printed in Germany

www.degruyter.com

Vorwort

Sollen wissenschaftliche Veröffentlichungen im Internet frei zugänglich sein? Diese Frage kann bereits weitgehend als beantwortet gelten, auch wenn Open Access in den einzelnen Fachkulturen gegenwärtig unterschiedlich ausgeprägt ist. Laut Bundesforschungsministerium soll Open Access zum „Standardmodell des wissenschaftlichen Publizierens in Deutschland" werden. Die Allianz der Wissenschaftsorganisationen unterstützt dieses Ziel. Auch die EU fordert und fördert Open Access. Zwar ist derzeit noch das Subskriptionsmodell vorherrschend, doch verhandeln Verlage und Institutionen über neue Lizenzierungsmodelle. Universitätsverlage unterstützen die Veröffentlichung von Open-Access-Monographien. An vielen Hochschulen werden Publikationsfonds betrieben. Mit der Verbreitung des Open-Access-Publizierens haben aber auch neue Fragestellungen in den Bibliotheken Einzug gehalten. Der barrierefreie Zugang zu wissenschaftlichen Informationen ist ein Zukunftsthema in Bibliotheken und Forschungseinrichtungen weltweit.

Das Praxishandbuch Open Access soll eine Einführung in das Open-Access-Publizieren sowohl aus der Perspektive der Publizierenden als auch aus der Perspektive der beteiligten Institutionen bieten. Es stellt die Workflows und die wichtigsten Werkzeuge vor und nimmt eine Einordnung verschiedener Geschäftsmodelle vor. Dabei konzentriert es sich auf die Publikation von Texten, bietet aber auch einen Ausblick auf das Data Publishing. Es wendet sich an alle, die den barrierefreien Zugang zu wissenschaftlichen Informationen als ihr Anliegen sehen und die Open Access bereits jetzt praktizieren oder künftig in unterschiedlichen Rollen dazu beitragen wollen.

Dem Verlag de Gruyter danken wir für die Bereitschaft, das Praxishandbuch ein Jahr nach Erscheinen der Printausgabe auf seiner Website unter der Lizenz CC BY 4.0 im Open Access bereitzustellen. Allen Autorinnen und Autoren sind wir zu großem Dank verpflichtet, dass sie uns geholfen haben, die Idee des Praxishandbuchs in die Realität umzusetzen. Die unterschiedlichen Perspektiven sind beabsichtigt. Sie sollen den Diskurs unterstützen und zur Vervollständigung des Bildes beitragen.

Konstanze Söllner
Bernhard Mittermaier

Inhaltsverzeichnis

1 Rahmenbedingungen

Konstanze Söllner
1a Warum und für wen Open Access? —— 3

Arvid Deppe und Daniel Beucke
1b Ursprünge und Entwicklung von Open Access —— 12

Johannes Fournier
1c Open-Access-Policies und ihre Gestaltung durch Forschungsförderer —— 21

Ulrike Eich
1d Open Access und akademische Reputationssysteme —— 28

Dirk Tunger
1e Sichtbarkeit und Wahrnehmung von Open-Access-Veröffentlichungen unter bibliometrischen Aspekten —— 36

Thomas Hartmann
1f Open Access rechtlich absichern – warum es ein Opt-in braucht —— 45

Uwe Müller
1g Standards und Best Practices im Kontext von Open Access —— 53

Wolfram Horstmann
1h From collecting to connecting – the role of libraries in Open Access —— 62

2 Geschäftsmodelle

Dirk Pieper
2a Open-Access-Publikationsgebühren —— 77

Bernhard Mittermaier
2b Hybrider Open Access —— 87

Bernhard Mittermaier
2c Institutionelle Mitgliedschaften —— 94

Esther Tobschall
2d Beitragsmodell (arXiv) —— 102

Ralf Schimmer
2e Knowledge Unlatched als Wegbereiter eines genossenschaftlichen Ansatzes zur Ermöglichung von Open Access —— 112

Sven Fund
2f Querfinanzierung von Open Access und Print —— 119

Toby Green
2g Freemium Open Access —— 127

Anja Oberländer
2h Förderung von Open Access über institutionelle Infrastrukturen, insbesondere Repositorien —— 137

Isabella Meinecke
2i „Not for profit"-Verlage: Publikationsangebote von wissenschaftlichen Einrichtungen —— 146

3 Finanzierungsstrategien

Annette Scheiner
3a Einzelabrechnung —— 157

Heinz Pampel und Marco Tullney
3b Open-Access-Publikationsfonds —— 162

Ralf Schimmer und Kai Geschuhn
3c Open-Access-Transformation: Die Ablösung des Subskriptionswesens durch Open-Access-Geschäftsmodelle —— 173

Angelika Kutz
3d SCOAP3 – Goldener Open Access in der Hochenergiephysik —— 181

Kai Geschuhn
3e Offsetting —— 190

Hildegard Schäffler
3f Open Access in konsortialer Perspektive —— 197

4 Internationale Situation

Bruno Bauer
4a Open Access in Österreich —— 207

Barbara Hirschmann und Dirk Verdicchio
4b Open Access in der Schweiz —— 215

Ingrid M. Wijk
4c Open access in the Netherlands —— 223

Martin Paul Eve
4d Open Access in the United Kingdom —— 238

5 Fachspezifische Perspektive

Konstanze Söllner
5a Geisteswissenschaften —— 247

Ulrich Herb
5b Sozialwissenschaften —— 254

Roland Bertelmann
5c Geowissenschaften —— 261

Dagmar Sitek
5d Lebenswissenschaften —— 267

Martin Köhler
5e Open Access in den MINT-Fächern —— 274

6 Infrastrukturen und Werkzeuge

Andrea Hacker
6a Software für den Publikationsworkflow und den Peer-Review-Prozess —— 283

Gernot Deinzer
6b Repositoriensoftware 290

Jasmin Schmitz
6c–f Informations- und Qualitätssicherungswerkzeuge —— 299

Markus Putnings
6g Die Rolle der Metadaten – Indexierung und Sicherung der Auffindbarkeit —— 311

7 Empfehlungen für Workflows

Claudia Frick
7 Empfehlungen für Workflows zur Übernahme von Publikationsgebühren —— 323

8 Data Publishing und Open Access

Hans Pfeiffenberger
8 Data Publishing und Open Access —— 333

Autorenbiographien —— 341

Glossar —— 348

Index —— 350

1 Rahmenbedingungen

Konstanze Söllner
1a Warum und für wen Open Access?

Der Status quo

Bei der Umstellung eines subskriptionsbasierten auf ein Open-Access-System handelt es sich um eine Reform des wissenschaftlichen Publikationswesens, die von einer Reihe von Interessengruppen und Akteuren vorangetrieben wird, zugleich aber auch um eine Veränderung der Wissenschaftskultur und des Publikationsverhaltens der Autoren. In den nach wie vor printorientierten Geisteswissenschaften sprechen einzelne Vertreter sogar bereits von einem „Paradigmenwechsel" (so etwa im Titel von Dávidházi, 2014), der sich derzeit vollziehe. Die Motivationslagen der Akteure können dabei durchaus unterschiedlich und mehrdimensional sein. Ein Blick auf die unterschiedlichen Gruppen, wie Autoren, Forschungseinrichtungen und Bibliotheken, Politik und Förderorganisationen – und nicht zuletzt die Verlage, zeigt, dass diese Reform von allen Gruppen vorangetrieben wird, die sich damit sukzessive das Potential der Internetpublikation gegenüber dem gedruckten Buch bzw. dem gedruckten Zeitschriftenheft zunutze machen wollen. Bei der Frage nach der Motivation für Open Access dürften die Interessen der Wissenschaftler aber sicherlich die maßgebliche Rolle spielen.

Die Motivation der wissenschaftlichen Community

Für Urheber und Autoren aus der Wissenschaft gehört das kostenfreie Zurverfügungstellen ihrer Forschungsergebnisse, also die Veröffentlichung einer Entdeckung im Austausch gegen Namensnennung und Reputation, zur akademischen Kultur. Sie erwarten die Rezeption und Bewertung ihrer Forschungsleistung durch die Community und haben kein Interesse daran, diesen Prozess zu behindern. Schnelle und umfassende Sichtbarkeit sind im Interesse der Wissenschaftler. Die bessere Auffindbarkeit von Open-Access-Zeitschriftenartikeln führt zu einer verstärkten Nutzung, die eine höhere Zitationshäufigkeit als in Subskriptionszeitschriften zur Folge haben kann, wie in einer Reihe von Studien nachgewiesen wurde (SPARC Europe). Der Forschungszyklus kann zusätzlich beschleunigt werden, wenn Publikationen auf dem Grünen Weg des Open Access schon vor dem Erscheinen in einem Journal als Preprint veröffentlicht werden („early advantage"). Preprints helfen bei der Prioritätssicherung einer Entdeckung.

Open Access erhöht somit die Forschungseffizienz, und in vielen Fächern existiert eine ausgeprägte Preprint-Kultur.

Die Onlinepublikation wird nur dann aktiv umgangen, wenn – beispielsweise in den Ingenieurwissenschaften – wirtschaftlich verwertbare Erkenntnisse zurückgehalten werden sollen. Dies ist auch der Fall, wenn die eigentliche Zeitschriftenpublikation erst nach einer Promotion stattfinden soll.

Es gibt deutliche fachkulturelle Unterschiede bei der Bevorzugung der Online-Publikation, insbesondere zu denjenigen Fächern, in denen die Monographie stärker zur Reputation beiträgt als Zeitschriftenartikel. Diese fachkulturellen Unterschiede dürfen nicht übergangen werden, wobei sich die Einwände der Wissenschaftler aber vor allem gegen bestimmte Umsetzungsformen (Publikationsgebühren, offene Lizenzen) richten, weniger gegen das Open-Access-Publizieren an sich (Söllner, 2015, S. 123–126). Mit der sogenannten „Krise der Reproduzierbarkeit" (Baker, 2016, S. 452) ist in den letzten Jahren eine neue Problemstellung in den Fokus insbesondere der Natur- und Lebenswissenschaften gerückt, die Tatsache nämlich, dass sich viele wissenschaftliche Studien nicht mit denselben Ergebnissen wiederholen lassen, also nicht reproduzierbar sind. Open Access erhöht die Transparenz in der Forschung und verbessert damit die Überprüfbarkeit von Ergebnissen. Auch die Sicherung guter wissenschaftlicher Praxis und die Erkennung von Plagiaten werden durch das Publizieren im Open Access deutlich erleichtert.

Die Rolle der Verlage beschränkt sich in vielen Fächern darauf, weitgehend vorformatierte Einreichungen entgegenzunehmen, den Bewertungsprozess zu organisieren und die Publikation auf ihren Plattformen zu publizieren – das Printexemplar wird zu einem Nebenprodukt oder existiert gar nicht (e-only). In den Geisteswissenschaften stellt das gedruckte Buch zwar nach wie vor die zentrale Publikationsform dar, wenn lange Texte fortlaufend gelesen werden sollen. Open Access stellt über die reine Online-Verfügbarkeit für die Lektüre hinaus jedoch auch die umfassende Nutzbarkeit durch die digitale Wissenschaft sicher, etwa durch Volltext-Auffindbarkeit, für die Text- und Datenanalyse oder in virtuellen Forschungsumgebungen. Die zusätzlichen Möglichkeiten, die eine Online-Version bietet, wie die volle Durchsuchbarkeit, die bessere Darstellbarkeit der wissenschaftlichen Komplexität etwa durch Verlinkungen, die adaptive Präsentierbarkeit von Editionen, die Nutzbarkeit in vernetzten Arbeitsumgebungen sowie natürlich die umfassende zeitliche und örtliche Verfügbarkeit werden zunehmend parallel zur Printausgabe gewünscht und genutzt. Ein Problem stellt die übliche Praxis dar, dass Autoren bei der traditionellen Publikation im Closed Access Verlagen das ausschließliche Nutzungsrecht an ihrem Werk einräumen müssen. Bei Zeitschriftenartikeln ist dies meist befristet, die Rechte an Buchpublikationen werden aber in der Regel unbefristet ausschließlich an den Verlag abgetreten. Dies führt dazu, dass Autoren für diesen Zeitraum oder dauerhaft keine Verwertungsrechte mehr haben. Sie verfügen über keine definierten Rechte, ihre Publikationen zu teilen oder anderweitig zu veröffentlichen, selbst für so naheliegende Verwendungen wie auf ihrer eigenen Website. Für Open-Access-Publikationen hingegen ist in der Regel nur ein einfaches Nutzungsrecht an den Verlag abzutreten, so dass die Autoren sich damit die Option erhalten, ihr Werk unter Creative-Commons-Lizenzen zu teilen und Nutzungsrechte in standardisierter Weise selbst zu definieren. So können die Urheber ihr Werk nach Belieben auf unterschiedlichen Plattformen verwerten und frei mit anderen Inhalten, etwa Videos oder Blogbeiträgen, kombinieren, um auf diese Weise eine höhere Sichtbarkeit und schnelleres Feedback zu erhalten. Kollaborative Online-Editoren wie bspw. Authorea tragen durch ihren integrierten Ansatz ein Übriges dazu bei, dass immer mehr Wissenschaftler mit dem Open-Access-Publizieren in Kontakt kommen

Verlage gestatten Autoren die Weitergabe ihrer Publikationen an andere Forscher nur in sehr eingeschränktem Maße, wenn diese im Closed Access erschienen sind, bspw. mittels des „Share Links"-Systems, das den Zugriff auf das Dokument auf 50 Tage limitiert. Auch die Durchführung von publikationsbasierten Metaanalysen zur quantitativen und statistischen Aufarbeitung von Forschungsergebnissen setzt die Verfügbarkeit umfangreicher Datenmengen voraus. Der Abruf von Dokumenten in größeren Mengen mittels gängiger Literaturverwaltungsprogramme oder automatischer Downloads durch sog. bots wird von den Lizenzverträgen der Verlage jedoch regelmäßig ausgeschlossen, weil illegale Downloads befürchtet werden. Bei Zuwiderhandeln wird die Nutzung durch Sperrung von einzelnen IP-Adressen oder ganzen IP-Ranges vollständig unterbunden, häufig schon beim Download relativ kleiner Mengen an Dokumenten. Die aufwändige Wiedererlangung der Online-Zugänge für die Wissenschaftler erübrigt sich für Open-Access-Publikationen. Die Vorteile digitaler Publikationen wie unbeschränkte zeitliche Verfügbarkeit, Durchsuchbarkeit, gleichzeitige Nutzbarkeit und Verlinkungen werden somit durch die Paywalls der Verlage teilweise wieder aufgehoben, was zu einer Verlangsamung des Publikationsprozesses insgesamt führt. Sie können letztlich nur durch Open Access vollständig wirksam werden. Publikationen im Open Access können dazu beitragen, dass wissenschaftliche Erkenntnisse auch dort rezipiert werden können, wo aus finanziellen oder politischen Gründen keine Subskription existiert. Davon sind nicht nur Wissenschaftler in Schwellenländern betroffen, sondern auch in Staaten, die aus den unterschiedlichsten Gründen mit internationalen Wirtschaftssanktionen belegt wurden. Aber selbst die großen Einrichtungen sind häufig nicht in der Lage, ihren Wissenschaftlern ein umfassendes Angebot bereitzustellen.

Doch nicht nur die wissenschaftliche Community profitiert vom Open Access – sehr viel mehr dürften dies Gruppen tun, die wissenschaftliche Erkenntnisse vor allem konsumieren, wie Studierende, Forschungsabteilungen von Wirtschaftsunternehmen, Ärzte, Patienten oder auch staatliche Gutachter und Institute.

Aus wissenschaftsethischer Perspektive wird zudem immer wieder darauf verwiesen, dass Open Access sichert, dass wissenschaftliche Ergebnisse ohne Zeitverzug zur Verfügung stehen, etwa im Falle neuer medizinischer Erkenntnisse, bei Naturkatastrophen oder angesichts wichtiger Entwicklungen in Politik und Gesellschaft. Gerade auf Epidemien oder Naturkatastrophen reagieren große Wissenschaftsverlage inzwischen immer häufiger durch Freigabe ausgewählter besonders zentraler Ressourcen, wie zuletzt beim Zika-Virus die Verlage Elsevier (Elsevier) oder Springer Nature (Springer Nature), oder durch Freigabe von Datenbanken wie ClinicalKey, das von Elsevier nach dem verheerenden Erdbeben am 24.8.2016 allerdings nur den IP-Adressen in der unmittelbar betroffenen Region Lazio zur Verfügung stellt wurde. Regelmäßig umfasst dies allerdings lediglich den lesenden Zugriff, jedoch keine Nachnutzungsrechte etc.

Für die Urheber gibt es somit eine Vielzahl von Beweggründen, im Open Access zu veröffentlichen. Teils überlagern sich diese Motivationen aber mit fachkulturellen Besonderheiten oder fehlender Reputation der Open-Access-Medien.

Die Motivation der Forschungseinrichtungen und Bibliotheken

Die steigenden Preise für die Lizenzierung von Closed-Access-Zeitschriften von durchschnittlich bis zu 6% jährlich führten seit dem Ende der 1990er Jahre zu einer eklatanten Unterversorgung mit wissenschaftlichen Zeitschriften, zur sog. „Zeitschriftenkrise" (Darnton, 2010). Für viele Forschungseinrichtungen und Bibliotheken stellte Open Access somit eine Option dar, wissenschaftliche Information dauerhaft entgeltfrei zu beziehen, insbesondere die Publikationen der Angehörigen der eigenen Einrichtung. Auch wenn Open Access kein Mittel sein sollte, um die Finanzierungskrise der wissenschaftlichen Informationsversorgung zu beenden, stellt sich für die Hochschulen und Forschungseinrichtungen zunehmend die Frage nach dem Beitrag der Verlage in der Wertschöpfungskette. Da Wissenschaftler die Forschungsergebnisse erzeugen, den wissenschaftlichen Begutachtungsprozess durchführen und die Druckvorlage sogar weitgehend selbständig für den Satz vorbereiten, ist die Bereitschaft der Einrichtungen gesunken, anschließend die Inhalte zu einem beliebig hohen Preis zurück zu lizenzieren (Hippler, 2013).

Auch der dauerhafte Zugang zu und die Speicherung und Sicherung von Online-Publikationen stellen eine wichtige Motivation für die Einrichtungen dar, Open Access zu unterstützen. Gerade die Archivierung auf eigenen Servern oder die Langzeitsicherung findet oft nur lückenhaft statt, weil das systematische Hosting nur von sehr wenigen Einrichtungen betrieben wird. Grund dafür ist die Vertragssituation bei Subskriptionszeitschriften, die Fragen des Hostings und der Archivierung oft nur ungenügend oder gar nicht adressiert. Open-Access-Publikationen, die auf dem Goldenen Weg erschienen sind, können auch von Dritten und ohne explizite Erlaubnis archiviert werden, womit die Ausfallsicherheit steigt. Die redundante Speicherung auf dem Grünen Weg des Open Access trägt zusätzlich dazu bei, den dauerhaften Zugriff zu gewährleisten.

Die Motivation der Politik und der Förderorganisationen

Die großen Wissenschaftsorganisationen in Deutschland bilden gemeinsam die „Allianz der deutschen Wissenschaftsorganisationen". Die Allianz hat den Open Access als ein wichtiges Handlungsfeld bestimmt. Open Access steht nicht nur in Deutschland, sondern weltweit auf der Agenda der Forschungsförderer und der Politik (siehe auch Kapitel 1c). Aktuell gibt es bereits 135 Open-Access-Richtlinien von Förderorganisationen (ROARMAP). Das Hauptinteresse der Förderer am Open Access besteht darin, dass dieser dazu beiträgt, öffentlich finanzierte Forschungsergebnisse unmittelbar frei zugänglich zu machen. Es findet anders als beim Closed Access keine Mehrfachfinanzierung statt (sog. Tax Payer Argument). Häufig wird auch darauf verwiesen, dass die durchschnittlichen Publikationsgebühren für Open-Access-Artikel deutlich langsamer steigen als die Kosten für Subskriptionszeitschriften. Förderorganisationen sind seit einigen Jahren zusätzlich dazu übergegangen, die geleisteten Zahlungen für Open Access transparent offenzulegen – ein Vorgehen, das im Subskriptionsbereich meist vertraglich ausgeschlossen wird (Jahn & Tullney, 2016). Mit der Deckelung der förderfähigen Beträge können Fördergesellschaften regulierend in die Preisentwicklung eingreifen, wie das Beispiel Deutschland zeigt (Jahn & Tullney, 2016). Eine wesentliche Motivation der Förderorganisationen für Open Access stellen auch die Ermöglichung interdisziplinären Arbeitens sowie die Internationalisierung und weltweite Vernetzung wissenschaftlicher Arbeit dar. Insoweit scheint auch der EU-weit angestrebte „immediate" Open Access folgerichtig, der den Informationsfluss innerhalb der European Research Area (ERA) erleichtern und sicherstellen soll: Ab 2020 sollen alle wissenschaftlichen Publikationen zu Ergebnissen öffentlich finanzierter Forschung in der EU frei zugänglich sein (Council of the European Union, 2016). Die Open-Access-Richtlinien der Forschungsförderer sind unterschiedlich verbindlich, was die Publikationstypen angeht. Das Open-Access-Publizieren von Büchern ist häufig ausgenommen, etwa in der Richtlinie des Higher Education Funding Council for England (HEFCE). Dennoch wird die Open-Access-Publikation von Büchern, Proceedings und Reports meist ebenso gefördert wie die von Artikeln, wie z. B. im EU-Rahmenprogramm für Forschung und Innovation „Horizont 2020". Damit berücksichtigen die Förderorganisationen die unterschiedlichen Entwicklungsstände des Open-Access-Publizierens und die verschiedenen Publikationskulturen der Fächer.

Die Motivation der Verleger

Immer mehr Zeitschriften erscheinen im Open Access. Waren es 2007 noch 2616 Zeitschriften (Fournier, 2007, S. 66), so sind es aktuell bereits deutlich über 9 000 Zeitschriften. Das Publizieren im Open Access hat in vielen Fächern enorm zugenommen, und die Verlage haben darauf reagiert bzw. gestalten den Prozess aktiv mit. Neben APC-basierten Angeboten existieren eine Vielzahl weiterer Modelle, wie bspw. Mitgliedschaftsmodelle (author membership model bei PeerJ) oder konsortiale Lösungen (SCOAP3, siehe Kapitel 3d). Für die Verlage bedeutet das Open-Access-Modell sinkende Kosten: in der Regel gibt es keine gedruckten Versionen mehr, das Verwalten von Subskriptionsgebühren und komplexen Zugangsrechten entfällt. Das Oligopol der internationalen Großverlage ist auf die veränderten Anforderungen bereits gut vorbereitet, mag auch die Verrechnung von Subskriptionsgebühren und Publikationskosten in sog. Offsetting-Verträgen noch weitgehend am Anfang stehen. Auch viele mittelständische Verlage bieten bereits Lösungen für das Open-Access-Publizieren in Zeitschriften an. Sie bilden auch weit überwiegend die verlegerische Plattform für die geisteswissenschaftliche Open-Access-Monographie (der Verlag De Gruyter bspw. verzeichnet auf seiner Website bereits mehr als 800 Open-Access-Bücher und –Lehrbücher). Immer mehr Open-Access-Zeitschriften erscheinen jedoch auch in akademischer Trägerschaft, häufig unter Nutzung der Infrastrukturen kommerzieller Verlage. Das ist auch der Grund dafür, dass etwa 70 % der im Directory of Open Access Journals (DOAJ) gelisteten Zeitschriften keine Publikationsgebühren erheben. Die Autoren tragen bei diesen Zeitschriften folglich weder die Initialkosten noch die Datenhaltungskosten einer Publikation. Dennoch stellen vergünstigte Zeitschriftensubskriptionen für Angehörige wissenschaftlicher Gesellschaften nach wie vor ein wichtiges Benefit der Mitgliedschaft dar, so dass eine Umstellung auf Open Access mit den Geschäftsmodellen der Gesellschaften oftmals noch nicht vereinbar ist.

Kritik am Open-Access-Prinzip

Am Open-Access-Prinzip wurde immer wieder Kritik geübt. Diese richtet sich vor allem gegen das author-pays-Modell. So schwinde bei den Verlagen das Interesse, Beiträge abzulehnen, wenn die Annahme den Profit steigert. Dies wird als Grund für die Entstehung von sog. predatory publishers, unseriösen Verlagen also, die sich von Gebührenzahlungen korrumpieren lassen, genannt. Diese Kritik führte dazu, dass die Förderorganisationen zunehmend Kriterien zur Ermittlung der wissenschaftlichen Qualität von Journals festlegen. Bspw. werden nur Veröffentlichungen gefördert, die in Zeitschriften erscheinen, die vom Directory of Open Access Journals (DOAJ) gelistet sind. Umgekehrt diente Beall's List of Predatory Publishers (Beall), eine Liste potentieller, möglicher oder wahrscheinlich unseriöser Open-Access-Verlage häufig als Negativliste.

Ein weiterer Kritikpunkt am author-pays-Modell ergibt sich aus dem vermehrten Abschluss von Offsetting-Verträgen. Offsetting-Verträge werden bisher meist nur mit großen Verlagen geschlossen. Dies führe zu einem eklatanten Wettbewerbsnachteil kleinerer, unabhängiger Verlage, weil Autoren nun vorrangig dort publizierten, wo keine Gebühren mehr anfallen. Das author-pays-Modell führe darüber hinaus dazu, dass jene Wissenschaftler, die eigentlich von Open Access profitieren sollten, die Verlierer seien, weil sie nun genau so wenig die Publikationsgebühren bezahlen könnten, wie sie zuvor Zugang zu Subskriptionszeitschriften hatten. Aber auch die Qualität von auf dem Grünen Weg in disziplinären und institutionellen Repositorien publizierten Dokumenten wird immer wieder in Zweifel gezogen. Dabei spielt die Befürchtung eine Rolle, dass diese Plattformen nicht ausreichend dem Selbstregulativ der Community unterliegen.

Fachkulturelle Unterschiede führen ebenfalls häufig zu Kritik am Open-Access-Prinzip. Dabei gibt es insbesondere aus den Geisteswissenschaften immer wieder grundsätzliche Einwände gegen Open Access, weil die Rezipierbarkeit der eigenen Forschung durch ein größeres Publikum außerhalb der eigentlichen Fachcommunity in Frage gestellt wird. Geisteswissenschaftler äußern ebenfalls sehr häufig Einwände gegenüber verschiedenen Umsetzungsformen (insbesondere Publikationsgebühren und offene Lizenzen). Seltener wird von geisteswissenschaftlichen Verlagen Kritik am Open Access geübt, meist jedoch mit Blick auf die gedruckte Monographie, wobei sich die Kritik in erster Linie gegen die Verpflichtung zur Online-Publikation richtet, weniger gegen das Open-Access-Prinzip an sich. Sehr selten wird Kritik am Open Access deswegen geübt, weil ein grundsätzlicher Bedeutungsverlust von Bibliotheken angenommen wird.

Kritik am Open-Access-Prinzip richtet sich folglich vor allem gegen verschiedene Umsetzungsformen. Dabei stellt insbesondere die notwendige Umlenkung der Finanzierungsströme beim author-pays-Modell einen Kernpunkt der Kritik dar. Nicht zu vernachlässigen, aber letztlich noch kaum untersucht sind dabei umfangreiche Kostenverlagerungen auf der institutionellen Ebene, hin zu forschungsstarken Einrichtungen. Aber auch fachkulturelle Unterschiede spielen eine Rolle bei der jeweigen fachlichen Ausprägung des Open-Access-Prinzips.

Fazit: Wo treffen sich die Motivationen der Akteure?

Die Hinwendung zu Open Access ist vor allem ein Phänomen einer veränderten Wissenschaftskultur. Forscher werden nicht in neuen Open-Access-Zeitschriften publizieren, wenn dies für sie zu einem Wettbewerbsnachteil führt. Der gesellschaftliche Nutzen und der individuelle Nutzen entsprechen sich im wissenschaftlichen Publikationswesen häufig nicht, was seinen Grund in den traditionellen Impact-Metriken hat. Die Fachbedürfnisse und die tägliche Praxis des wissenschaftlichen Publizierens sind hierbei sehr unterschiedlich. In bestimmten Fächern, wie bspw. der Medizin und den Lebenswissenschaften (siehe Kapitel 5d) ist dieser Nachteil der mangelnden Reputation bereits weitgehend überwunden, weil genügend hochreputierte Open-Access-Zeitschriften zur Verfügung stehen.

In anderen Fächern, insbesondere den Sozial- und Geisteswissenschaften (siehe Kapitel 5a–5b), bestehen Vorbehalte gegen das Online-Publizieren an sich. Grund dafür sind die spezifischen Fachkulturen sowie die noch unzureichende virtuelle Ergonomie für geisteswissenschaftliche Fragestellungen und das Fehlen von Technologien, die Texte und Kontexte zur Geltung bringen können. Diese Vorbehalte dürfen folglich nicht mit einer Kritik am Open-Access-Prinzip gleichgesetzt werden. Das Open-Access-Prinzip ist letztlich nur ein Aspekt einer sich entwickelnden offenen Wissenschaftskultur. Bei diesen neueren Öffnungstendenzen der Wissenschaft handelt es sich um ein Ergebnis des digitalen Wandels, somit nicht nur um eine vorübergehende Entwicklung, sondern um einen unumkehrbaren Transformationsprozess. Wissenschaftskommunikation und wissenschaftliches Publizieren werden diesen Weg mitvollziehen. Wenn wichtige Akteure wie Verlage und Bibliotheken sich nicht zur ersten Adresse entwickeln, um Lösungen für das veränderte Publikationsverhalten zu finden, wird ihre Bedeutung zugunsten anderer Anbieter schwinden.

Literatur

Baker, M. (2016, May 25). 1,500 scientists lift the lid on reproducibility. *Nature*. (533), 452–454. URL: doi:10.1038/533452a.

Beall, J. Beall's List. URL: https://scholarlyoa.com/publishers/ Die Seite ist seit dem 15.1.2017 offline.

Council of the European Union. (2016). Draft Council conclusions on the transition towards an Open Science system. URL: http://data.consilium.europa.eu/doc/document/ST-8791-2016-INIT/en/pdf.

Darnton, R. (2010, December 23). The Library: Three Jeremiads. *The New York Review of Books*. URL: http://www.nybooks.com/articles/2010/12/23/library-three-jeremiads/?pagination=false.

Dávidházi, P. (Ed.). (2014). *New publication cultures in the humanities: Exploring the paradigm shift*. Amsterdam: Amsterdam Univ. Press.

Directory of Open Access Journals (DOAJ). URL: https://doaj.org/.

Elsevier. Zika Virus Resource Center: Free access to medical research, online tools and expert advice on the Zika virus. URL: https://www.elsevier.com/connect/zika-virus-resource-center.

Fournier, J. (2007). Akzeptanz und Verbreitung entgeltfrei zugänglicher Publikationen. In *Open Access. Chancen und Herausforderungen* (66–70). Bonn: Deutsche UNESCO-Kommission.

Hippler, H. (3. Juni 2013). Der Goldene und der Grüne Weg beim Publizieren. *Frankfurter Allgemeine Zeitung*, URL: http://www.faz.net/aktuell/feuilleton/forschung-und-lehre/open-access-in-der-wissenschaft-der-goldene-und-der-gruene-weg-beim-publizieren-12207726.html.

Jahn, N., & Tullney, M. (2016). A study of institutional spending on open access publication fees in Germany. *PeerJ*, 4, e2323. doi:10.7717/peerj.2323.

ROARMAP: Registry of Open Access Repository Mandates and Policies. URL: http://roarmap.eprints.org/.

Söllner, K. (2015). Why not? Open Access in den Geisteswissenschaften. In R. Ball & S. Wiederkehr (Eds.), *Vernetztes Wissen. Online. Die Bibliothek als Managementaufgabe. Festschrift für Wolfram Neubauer zum 65. Geburtstag* (121–134). Berlin: De Gruyter Saur. doi:10.1515/9783110435818-012.

SPARC Europe. The Open Access Citation Advantage: List of studies and results to date. URL: http://sparceurope.org/oaca_table/.

Springer Nature. Zika virus: Free articles by discipline. URL: http://www.springernature.com/de/group/zika-virus.

Arvid Deppe und Daniel Beucke
1b Ursprünge und Entwicklung von Open Access

Einleitung

Längst ist Open Access keine Randnotiz im internationalen Publikationswesen, keine selbstorganisierte Praxis einzelner Fachbereiche, keine wissenschaftliche Graswurzelbewegung, kein Aufbegehren gegen einen oligopolen Publikationsmarkt mehr. Open Access im Sinne eines freien, weltweiten und unwiderruflichen Nutzungsrechts ist mittlerweile vielmehr etablierte Praxis und umfasst einen großen Teil wissenschaftlicher Veröffentlichungen.[1] Der lange Weg hin zu dieser etablierten Position im wissenschaftlichen Kommunikationssystem lässt sich gleichermaßen entlang fachwissenschaftlicher Selbstorganisation, technischer Entwicklungen, wirtschaftlicher Zwänge, wissenschaftsorganisatorischer Initiativen und wissenschaftspolitischer Entscheidungen zeichnen. Tatsächlich spielen verschiedene Faktoren zusammen, deren gemeinsamen Nenner das Ziel der Verbesserung und Vereinfachung der Wissenschaftskommunikation bildet.

Vorläufer und Anfänge

Als Grundlage von Open Access wird in der Regel die Preprint-Kultur der Science-Technology-Medicine-(STM-)Fächer gesehen. Zunächst postalisch, später über akademische Datennetze und Mailinglisten, wurden hier eingereichte Artikel unter KollegInnen geteilt, um den wissenschaftlichen Diskurs zu beschleunigen. Den Schritt von einer punktuellen Verteilung hin zu einer zentralen Bereitstellung unternahm 1991 Paul Ginsparg vom Los Alamos National Laboratory in New Mexico mit der Gründung des Preprint-Servers für physikalische Forschungsberichte, seit 1998 bekannt als arXiv.

> The software is rudimentary and allows users with minimal computer literacy to communicate e-mail requests to the Internet address hep-th@xxx.lanl.gov. Remote users can submit and replace papers, obtain papers and listings, get help on available commands, search the listings for author names, and so on (Ginsparg, 1994).

---

1 Durch die verschiedenen Geschäfts- und Publikationsmodelle, Embargo-Fristen etc. sind genaue Anteile schwer zu berechnen, eine Studie im Auftrag der Europäischen Kommission spricht schon 2013 von nahezu 50 % freiem Zugriff auf alle 2011 veröffentlichten Publikationen (Archambault et al., 2013).

DOI 10.1515/9783110494068-002

Die Etablierung von Preprint-Servern, die im Folgenden auch auf andere Disziplinen übergriff, bildete eine wichtige Grundlage der parallelen Veröffentlichung von Autorenversionen in digitalen Repositorien (sog. Selbstarchivierungspraxis oder „Grüner Weg"). Maßgeblich war hier die Entwicklung der freien Software EPrints zum Betrieb von entsprechenden Servern; deren tatsächliche Stärke entfaltete sich aber erst durch ihre Vernetzung. Eine Schlüsselrolle erfüllte hier die Open Archives Initiative (OAI), die 1999 zusammentrat, um die Grundlagen für eine Vernetzung zu schaffen:

> We think that the joint impact of these and future initiatives can be substantially higher when interoperability between them can be established. The aim of our initiative is to create a forum to address various issues regarding interoperability, as a way to break the ground for a more universal adoption of author self-archived communication mechanisms (Ginsparg et al., 1999).

Das 2000 von ihr entwickelte Protocol for Metadata Harvesting (OAI-PMH) etablierte sich schnell als Standard für den Austausch von Metadaten und ermöglichte es, Server übergreifend durchsuchbar zu machen. Diese auf bestimmte Fachbereiche begrenzte Praxis der Selbstarchivierung war zwar Vorreiter und Grundlage, aber nicht der maßgebliche Ausgangspunkt der breiter aufgestellten Open-Access-Bewegung. Deren große Triebkraft war wirtschaftlicher Natur, genauer gesagt die sogenannte Zeitschriftenkrise im STM-Bereich: Zunehmende Oligopolisierung bei massiv steigenden Preisen[2] und sinkenden oder stagnierenden Bibliotheksetats erschwerte Bibliotheken schon seit den 1980er Jahren in zunehmendem Maße die adäquate Literaturversorgung.

> The current system of scholarly publishing has become too costly for the academic community to sustain. The increasing volume and costs of scholarly publications, particularly in science, technology, and medicine (STM), are making it impossible for libraries and their institutions to support the collection needs of their current and future faculty and students (Case, 2000).

Damit betraf die Krise nicht allein die Infrastruktureinrichtungen, sondern auch die Wissenschaft selbst, deren Arbeitsmöglichkeiten durch sie beschränkt wurden. Sie befeuerte die Diskussion um Missverhältnisse im wissenschaftlichen Publikationsmarkt (Leistung der Verlage, Einsatz öffentlicher Gelder, Öffentlichkeit von Wissenschaft, etc.) und lieferte damit eine argumentative Grundlage für die sich formierende Open-Access-Bewegung.

---

[2] Die Angaben schwanken hier. Dewatripont et al. geben für die Zeit zwischen 1975 und 1995 eine Steigerungsrate der Zeitschriftenpreise im STM-Bereich von 200–300 % an (2006, S. 5).

Formierung, Positionierung, Institutionalisierung

Diese Formierung um die Jahrtausendwende zeigte sich auf verschiedenen Ebenen. Insbesondere im Rahmen dreier bedeutsamer Konferenzen erzielte die Open-Access-Bewegung nicht nur einen gewissen Grad der Konsensbildung und Organisation, sondern auch die breitere Wahrnehmung außerhalb des Kreises der unmittelbar betroffenen Akteure.

Den Beginn machte die Konferenz „Free Online Scholarship", die durch das Open Society Institute organisiert wurde und im Dezember 2001 in Budapest stattfand. Die teilnehmenden WissenschaftlerInnen wollten die bereits vorhandenen Open-Access-Initiativen bündeln und wissenschaftliche Artikel im Netz frei zugänglich machen, um eine maximale Verfügbarkeit zu erreichen. Auf Grundlage dieser Konferenz entstand die im Februar 2002 veröffentlichte, häufig als „Geburtsstunde" der Open-Access-Bewegung bezeichnete Budapest Open Access Initiative (BOAI). Sie verwendete erstmals den Begriff „Open Access" und definierte zugleich die zwei Hauptwege:

> Open access to peer-reviewed journal literature is the goal. Self-archiving (I.) and a new generation of open-access journals (II.) are the ways to attain this goal (BOAI, 2002).

Die zweite wichtige Konferenz in diesem Kontext, bei der die Teilnehmenden aus dem Fachgebiet der Biomedizin das Bethesda Statement on Open Access Publishing (Bethesda Statement on Open Access Publishing, 2003) erarbeiteten, fand im Juni 2003 statt. Ziel war es, die Forschungsergebnisse frei zugänglich bereitzustellen und in klar formulierten Schritten die Beiträge aller beteiligten Gruppen – Forschungsförderer, Wissenschaftler, Verlage, Bibliotheken und der Scientific Community – zu benennen. Nur kurze Zeit später, im Oktober 2003, lud die Max-Planck-Gesellschaft zur Entwicklung neuer webbasierter Forschungsumgebungen ein. Das Ergebnis war die Berlin Declaration on Open Access to Knowledge in the Sciences and Humanities (Berlin Declaration, 2003), die von namhaften Forschungsorganisationen und Universitäten aus Europa und den USA unterzeichnet wurde. Die Unterzeichner gingen in der Berliner Erklärung noch einen Schritt weiter als in den zuvor genannten Initiativen. Sie begrenzten sich nicht auf wissenschaftliche Publikationen, sondern berücksichtigten u. a. auch Forschungs- und Metadaten und erweiterten die Forderung nach entgeltfreier Nutzung auf umfassende Verwendungsmöglichkeiten. Nicht nur auf der wissenschaftsprogrammatischen Ebene schritt die Formierung seit der „Gründungskonferenz" in Budapest voran. In zahlreichen Projekten und Initiativen wurde das Community Building gefördert:

Auf nationaler Ebene ist hier die Deutsche Initiative für Netzwerkinformationen e. V. (DINI, 2016) zu nennen, die sich schon seit ihrer Gründung mit der Unterstützung der OAI beschäftigte und sich in ihrer Arbeitsgruppe „Elektronisches Publizieren" konkret mit dem Thema Open Access befasste. Aus dieser

Arbeitsgruppe heraus entstand 2004 das erste DINI-Zertifikat „Dokumenten- und Publikationsserver", das als ein Ziel die Stärkung Open-Access-basierter Publikationsformen verfolgte. Darüber hinaus war die Arbeitsgruppe in einschlägigen DFG-Projekten (Open-Access-Netzwerk (OAN, 2016), Open-Access-Statistik (OAS, 2016), Informationsplattform Open Access (IPOA, 2016)) initiativ beteiligt.

Auf internationaler Ebene formierte sich ab 2006 ein Konsortium von Partnern, das sich mit der Vernetzung europäischer Open-Access-Repositorien beschäftigte (DRIVER, 2016). Mit Förderung durch die europäische Kommission wurde eine Testumgebung aufgebaut, die die Entwicklung einer internetbasierten Wissens-Infrastruktur für den europäischen Forschungsraum unterstützt. Auf dieses Projekt aufbauend folgte ab 2009 das EU-Projekt OpenAIRE (OpenAIRE, 2016), das die Open-Access-Vorgaben der Europäischen Union als sozio-technische Infrastruktur unterstützte. Ebenfalls aus der Idee von DRIVER heraus entstand die Confederation of Open Access Repositories (COAR, 2016), die als internationaler Verein größere Infrastrukturen verbindet und verschiedene Initiativen zur Förderung, Vernetzung und Weiterentwicklung von Repositorien pflegt. Parallel zur Formierung in Initiativen und Projekten begann sich Open Access auch als Markt zu entwickeln. Waren Open-Access-Publikationen anfangs fast ausschließlich von wissenschaftlichen Fachgesellschaften, Universitäten, Forschungseinrichtungen und einzelnen WissenschaftlerInnen getragen worden, entwickelte sich ab der Jahrtausendwende zunehmend ein Markt für Open Access. Zu den Meilensteinen gehören hier die Gründungen der Open-Access-Verlage BioMed Central (BMC) (April 2000), Public Library of Science (PLOS) (Anfang 2001) und Copernicus (2001 erste Open-Access-Journals, seit 2004 reiner Open-Access-Verlag), wobei ihre Entstehungsgeschichten von unterschiedlichen Motivationen zeugen: So startete PLOS als Initiative mit dem Ziel, Druck auf kommerzielle Verlage hinsichtlich der Einräumung von Nutzungsrechten nach einer Embargofrist auszuüben. Nachdem dieser Appell nicht fruchtete, fiel der Beschluss, eine eigene Zeitschrift zu gründen (Drösser, 2003). Copernicus geht als Ausgründung aus dem MPI für Aeronomie (heute MPI für Sonnensystemforschung) auf eine Forschungseinrichtung zurück, wogegen BMC den Open Access explizit als kommerzielles Modell entwickelte (Poynder, 2005).

Die großen kommerziellen Verlage standen Open Access zunächst skeptisch gegenüber. Exemplarisch sei hier auf die „Brussels Declaration of STM Publishing" (Brussels Declaration, 2007) der International Association of STM Publishers verwiesen, in der sich 2007 über 40 STM-Verlage gegen Open Access positioniert hatten. Zugleich zeichneten sich allerdings auch erste Versuche ab, Open Access gewinnbringend in das bestehende Subskriptionsmodell zu integrieren; der sogenannte hybride Open Access wurde 2004 von Springer eingeführt und in den folgenden Jahren von zahlreichen Verlagen übernommen (Björk, 2012). Mit der Übernahme BMCs durch Springer 2008 fand Goldener Open Access schließlich seinen Weg in das Portfolio der Großverlage, und nicht zuletzt die STM-Deklaration „Publishers Support Sustainable Open Access" (Publishers Support Sustainable Open Access, 2012) belegt, dass auch sie inzwischen das kommerzielle Potential des Goldenen Weges anerkannt hatten. Zeitgleich formierten sich national und international weitere Initiativen und brachten die Standardisierungen vor allem technisch und rechtlich weiter. Für den Grünen Weg waren Open-Source-Entwicklungen für Repositorien bedeutsam, unter denen DSpace (44 %) und EPrints (14 %) die verbreitetsten Lösungen darstellen.[3] Unter den nicht-kommerziellen Suchmaschinen, die eine repositorienübergreifende Suche (via OAI-PMH) anbieten, nimmt die Bielefeld Academic Search Engine (BASE, 2016) seit 2004 mit weltweit mehr als 4 000 abgefragten Quellen und 90 Mio. indexierten Dokumenten eine besondere Stellung ein. Auch für den Goldenen Weg haben sich Open-Source-Lösungen etabliert. Allen voran stellt das Public Knowledge Project mit dem Open Journal Systems (OJS, 2016) seit 2001 und mit Open Monograph Press (OMP, 2016) seit 2013 weit verbreitete Publikationsplattformen bereit.

Zusätzlich sind für beide Wege des Open Access' Lösungen im rechtlichen Bereich vorangetrieben worden. Seit 2002 stellt die Creative Commons Initiative (Creative Commons, 2016) modulare Lizenzen zur Verfügung. Anhand von Attributen kann der Grad der (Nach-)Nutzung rechtsverbindlich definiert werden. Die Lizenzen sind in mehreren nationale Versionen angepasst worden und stellen das meistgenutzte Lizenzmodell bei Open-Access-Zeitschriften dar.[4]

Auch in Fragen der Zweitveröffentlichung sind rechtliche Aspekte bedeutsam. Lange Zeit hatten AutorInnen kaum eine andere Möglichkeit, als die Verwertungsrechte an ihren Beiträgen komplett an den publizierenden Verlag abzutreten. Um Parallelveröffentlichungen in Repositorien zu stärken, sensibilisieren vor allem Forschungsreinrichtungen ihre AutorInnen für ihre Rechte und unterstützen sie bei entsprechenden Verlagsverhandlungen, etwa durch Musterverträge und Standardformulierungen. Ein Wegweiser durch die verschiedenen Verlagspositionen in der Frage der Selbstarchivierung ist die SHERPA/RoMEO-Liste (SHERPA/RoMEO, 2016). Sie kategorisiert die Verlage in vier Rubriken dahingehend, ob und in welcher Form sie Parallelpublikationen zulassen.

Marktgestaltung und alternative Strategien

Zwar ist der Open-Access-Anteil bei Artikeln im ersten Jahrzehnt dieses Jahrtausends über alle Anbieter hinweg deutlich gewachsen, der bei weitem höchste Anstieg lässt sich jedoch im Bereich der kommerziellen Verlage verzeichnen,[5] die damit zum größten Anbieter auf einem sich zunehmend ausdifferenzierenden Open-Access-Markt

---

3 Angaben nach OpenDOAR, 2016.
4 Aktuell geben 59 % aller im DOAJ gelisteten Journals an, eine CC-Lizenz zu nutzen. Das sind 96 % all derer, die Angaben in dieser Kategorie gemacht haben.
5 Nach Laasko & Björk, 2012 zwischen 2005 und 2011 fast 900 %.

avancierten. Maßnahmen zur Gestaltung dieses Marktes bestimmten die letzte und aktuelle Phase der Geschichte von Open Access. Dabei lassen sich Initiativen nach vier Richtungen hin unterscheiden: (a) Boykott-Initiativen gegen Teile des Marktes, (b) Modelle zur Transformation, (c) alternative Publikationswege und (d) Vorstöße gegen Open Access.

(a) Unter den Boykott-Versuchen erzielte die 2012 gestartete „The Cost of Knowledge"-Initiative (The Cost of Knowledge, 2016) gegen Elseviers Preispolitik besondere Aufmerksamkeit. Sie steht in der Tradition einer langen Reihe vergleichbarer Initiativen, die vom Boykott einzelner WissenschaftlerInnen, über ganze Herausgebergremien bis hin zu großflächigen Abbestellungen reichen (Loos, 2013).

(b) Maßnahmen zur Unterstützung einer Transformation des Subskriptions- in einen Open-Access-Markt existieren auf mehreren Ebenen. Grundlage sind dabei in der Regel Article Processing Charges (APCs), für deren Begleichung verschiedene institutionelle, nationale oder internationale Modelle existieren. In Deutschland ist hier das DFG-Programm „Open Access Publizieren" zur Förderung von institutionellen Publikationsfonds, in Europa beispielsweise der „Post-Grant Open Access Pilot" der Europäischen Kommission zu nennen. Um die Transformation möglichst effizient und transparent gestalten zu können, haben sich zudem einige Support- und Strategie-Initiativen entwickelt, in Deutschland etwa die Efficiency and Standards for Article Charges (ESAC, 2016) oder OpenAPC (OpenAPC, 2016), beide zuletzt mit OA Analytics im Projekt INTACT (INTACT, 2016) integriert – mit internationaleren Ambitionen die auf die 12. Berlin-Konferenz (2015) zurückgehende Initiative OA2020 (OA2020, 2016) der Max-Planck-Gesellschaft zur „large-scale transition to open access". Im Sinne einer möglichst kostenneutralen Umstellung wurden außerdem zuletzt zunehmend sogenannte Offsetting-Modelle entwickelt (siehe Kapitel 3e). Diese verrechnen die gezahlten Publikationsgebühren mit dem Subskriptionspreis und erlauben es dadurch, beide Etats (Subskription/APC) in Beziehung zu setzen. Eine weitere interessante Transformationsmaßnahme stellt die Umstellung von Zeitschriften der Hochenergie-Physik auf Open Access im Rahmen von SCOAP3 dar (siehe Kapitel 3d).

(c) Zuletzt wird der Open-Access-Markt immer wieder durch verschiedene alternative Publikationsmodelle mitgestaltet. Hierzu gehören Neugründungen großer nichtkommerzieller Open-Access-Journals wie Open Library of Humanities oder eLife, aber auch das Mitgliedschaftsmodell von PeerJ sowie die stetig zunehmende Verbreitung von Journals mittels der Plattform OJS (OJS Stats, 2016). Auch die DFG fördert(e) über das Programm „Wissenschaftliche Zeitschriften" bzw. „Infrastruktur für elektronische Publikationen und digitale Wissenschaftskommunikation" den Auf- oder Ausbau wissenschaftlicher Open-Access-Zeitschriften.

(d) Auf der anderen Seite sei nicht verschwiegen, dass auch immer wieder Gegner von Open Access medienwirksam auf den Plan traten. Neben den Initiativen einiger kommerzieller Verlage (s. o.) sorgte in Deutschland beispielsweise 2009 der von Roland Reuß initiierte „Heidelberger Appell" (Heidelberger Appell, 2009) für Aufsehen, der in Open-Access-Verpflichtungen die Freiheit von Literatur, Kunst und Wissenschaft sowie individualrechtliche Ansprüche bedroht sah und in kurzer Zeit 2636 UnterzeichnerInnen fand. In den USA wurde Ende 2011 erfolglos der Gesetzesentwurf „Fair Copyright in Research Works Act" zum Verbot von Open-Access-Mandaten für öffentlich geförderte Projekte eingebracht.

Dass Open Access auch gegen Widerstände wachsenden Erfolg verzeichnen konnte, war und ist nicht nur durch die finanzielle Förderung, sondern auch durch die strategische Leitung möglich, der sich übergeordnete Verbünde wie in Deutschland die Schwerpunktinitiative Digitale Information (Schwerpunktinitiative, 2016) der Allianz der Deutschen Wissenschaftsorganisationen, in Europa der Interessenverband Science Europe und weltweit das Global Research Council verschrieben haben. Unmittelbarer in die jeweilige institutionelle Ebene hinein wirken die zunehmend verbindlicheren strategischen Positionierungen durch Forschungsförderer und institutionen.[6] Solche Vorgaben dienen nicht allein der Förderung von Open Access, sondern haben zugleich das strategische Potential, den Markt mitzugestalten. Traditionell fördern Policies und Mandate vor allem den Grünen Weg, indem sie auf die Urheberrechte und die Selbstarchivierung rekurrieren, jedoch sehen circa ein Drittel der Forschungseinrichtungen und mehr als die Hälfte der Förderer Goldenen Open Access als zulässige oder sogar empfohlene Alternative zur Selbstarchivierung (ROARMAP, 2016; siehe auch Kapitel 1c).

Der Fokus aktueller Maßnahmen der Marktgestaltung auf dem Goldenen, genauer gesagt dem APC-basierten Weg, zeigt zwar eine gewisse Einseitigkeit, er ist jedoch keineswegs als einhellige Entscheidung misszudeuten.Im Gegenteil zielen insbesondere in den USA politische Vorstöße vor allem auf die Stärkung des Grünen Weges, und auch die EU erwartet – auch parallel zum Goldenen Weg – die Archivierung in Repositorien. Zudem wird international der technische Ausbau, die funktionale Erweiterung und die zunehmende Standardisierung und Vernetzung von Repositorien vorangetrieben. In Deutschland sei nur auf die gezielten Verhandlungen von Selbstarchivierungsrechten z. B. im Rahmen der DFG-geförderten Allianzlizenzen oder das angepasste Zweitverwertungsrecht von 2013 hingewiesen, das bei aller berechtigten Kritik (etwa bei Spielkamp, 2015) auf die Förderung des Grünen Wegs abzielt.

Fazit

So wenig die Entwicklung von Open Access bisher geradlinig oder einspurig verlief, so wenig ist sie abgeschlossen. Die verschiedenen, häufig komplementären Wege, die

---

6 Die Registry of Open Access Repository Mandates and Policies listet aktuell 786 Policies/Mandate, 41 davon mit Beschlussdatum bis 2006, 235 bis 2011 (ROARMAP, 2016).

in der zurückliegenden Zeit beschritten wurden, sind nicht zuletzt den unterschiedlichen Motiven und Interessen der Akteure, aber auch fachspezifischen Publikationskulturen geschuldet.

Insofern war und bleibt die konkrete Gestaltung von Open Access ein Aushandlungsprozess verschiedener Interessen, Überzeugungen, Fachkulturen und Marktpositionen. Gerade die Marktentwicklung offenbart dabei neue Herausforderungen, die im Sinne eines wissenschaftsfreundlichen Open Access angenommen werden müssen.

Literatur

Archambault, E., Amyot, D., Deschamps, P., Nicol, A., Rebout, L., & Roberge, G. (2013). Proportion of Open Access Peer-Reviewed Papers at the European and World Levels – 2004–2011. http://www.science-metrix.com/pdf/SM_EC_OA_Availability_2004-2011.pdf.
Berlin Declaration. (2003). https://openaccess.mpg.de/Berliner-Erklaerung.
BASE. (2016). https://www.base-search.net.
Bethesda Statement on Open Access Publishing. (2003). http://legacy.earlham.edu/~peters/fos/bethesda.htm.
Berlin Declaration. (2003). https://openaccess.mpg.de/Berliner-Erklaerung.
Björk, B.-C. (2012). The hybrid model for open access publication of scholarly articles: A failed experiment? *Journal of the American Society for Information Science and Technology, 63*(8), 1496–1504. doi:10.1002/asi.22709.
Brussels Declaration. (2007). http://www.stm-assoc.org/public-affairs/resources/brussels-declaration.
Budapest Open Access Initiative (BOAI). (2002). http://www.budapestopenaccessinitiative.org/read.
Case, M. (2000). Principles for Emerging Systems of Scholarly Publishing. *A bimonthly report on research library issues and actions from ARL, CNI, and SPARC, 210.* http://www.arl.org/storage/documents/publications/arl-br-210.pdf.
COAR. (2016). https://www.coar-repositories.org.
Creative Commons. (2016). https://creativecommons.org.
Dewatripont, M., Commission of the European Communities, & Directorate-General for Research. (2006). *Study on the economic and technical evolution of the scientific publication markets in Europe: final report – January 2006.* Luxembourg: Office for Official Publications of the European Communities.
DINI. (2016). http://dini.de/startseite. DRIVER. (2016). https://www.sub.uni-goettingen.de/projekte-forschung/projektdetails/projekt/driver-i.
Drösser, C. (2003). ZEIT online | Werdet Teil der Revolution! Gespräch mit Harold Varmus. http://www.zeit.de/2003/26/N-Interview-Varmus/komplettansicht.
ESAC. (2016). http://esac-initiative.org.
Ginsparg, P. (1994). @xxx.lanl.gov. *Los Alamos Science, 22,* 156–165. https://www.fas.org/sgp/othergov/doe/lanl/pubs/00285556.pdf.
Ginsparg, P., Luce, R., & Van de Sompel, H. (1999). Call: Universal Preprint Service. https://www.openarchives.org/meetings/SantaFe1999/ups-invitation-ori.htm.
Heidelberger Appell. (2009). http://www.textkritik.de/urheberrecht/appell.pdf.
INTACT. (2016). https://www.intact-project.org.
IPOA. (2016). https://open-access.net/startseite.

Laakso, M., & Björk, B.-C. (2012). Anatomy of open access publishing: a study of longitudinal development and internal structure. *BMC Medicine*, *10*(1), 124. doi:10.1186/1741-7015-10-124.

Loos, A. (2013). Ein Jahr Elsevier-Boykott. *Mitteilungen der Deutschen Mathematiker-Vereinigung*, *21*(2). doi:10.1515/dmvm-2013-0036.

OA2020. (2016) http://oa2020.org.

OpenDOAR (2016). http://www.opendoar.org.

OAN. (2016). http://dini.de/projekte/oa-netzwerk.

OAS. (2016). http://dini.de/projekte/oa-statistik.

OJS. (2016). https://pkp.sfu.ca/ojs.

OJS Stats. (2016). https://pkp.sfu.ca/ojs/ojs-usage/ojs-stats.

OMP. (2016). https://pkp.sfu.ca/omp.

OpenAIRE. (2016). https://www.openaire.eu.

OpenAPC. (2016). https://github.com/OpenAPC/openapc-de.

Outsell-Report. (2015). *Open Access 2015: Market Size, Share, Forecast, and Trends*.

Poynder, R. (2005). Interview with Vitek Tracz: Essential for Science. http://www.infotoday.com/it/jan05/poynder.shtml.

Publishers Support Sustainable Open Access. (2012). http://www.stm-assoc.org/public-affairs/resources/publishers-support-sustainable-open-access.

ROARMAP (2016). https://roarmap.eprints.org.

Schwerpunktinitiative. (2016). http://www.allianzinitiative.de.

SHERPA/RoMEO. (2016). http://www.sherpa.ac.uk/romeo/index.php.

Spielkamp, M. (2015). Zweitveröffentlichungsrecht für Wissenschaftler: Geltende Rechtslage und Handlungsempfehlungen. http://irights-lab.de/assets/Uploads/Documents/Publications/zweitveroeffentlichungsrecht-20150425.pdf.

The Cost of Knowledge. (2016). http://www.thecostofknowledge.com.

Alle URLs wurden zuletzt am 23. Oktober 2016 abgerufen.

Johannes Fournier

1c Open-Access-Policies und ihre Gestaltung durch Forschungsförderer

Definition und Charakteristik von Open-Access-Policies

Eine Open-Access-Policy ist eine explizit formulierte Handlungsanweisung, über die Wissenschaftler dazu angehalten werden, die Ergebnisse ihrer Forschung über das Internet für Nutzer sowie unterschiedliche Nutzungshandlungen (inklusive maschineller Zugriffe) entgeltfrei zur Verfügung zu stellen. Open-Access-Policies können einen eher appellativen, empfehlenden oder einen streng(er) verpflichtenden Charakter haben; in letzterem Fall werden Open-Access-Policies häufig als Open-Access-Mandate bezeichnet. In ihrem Kern enthalten sämtliche Open-Access-Policies Ausführungen dazu, wie Autoren Artikel aus wissenschaftlichen Zeitschriften frei verfügbar machen sollen. Seltener befassen sich Open-Access-Policies auch damit, wie Buchbeiträge, vollständige Monographien oder Forschungsdaten im Open Access zugänglich gemacht werden sollen.

Zwar können Open-Access-Policies en detail sehr unterschiedlich geregelt sein, doch lassen sich drei Kernbereiche identifizieren, die konstitutiv für jedwede Open-Access-Policy sind (Johnson & Fosci 2016, S. 10 f.). Erstens wird die Zielsetzung beschrieben und definiert, auf welche Formate (z. B. Zeitschriftenartikel, Buchbeiträge, Monographien) sich die Policy erstreckt. Zudem werden Vorschriften zum Berichtswesen angeführt, damit erkennbar wird, ob die in der Policy definierten Ziele erreicht werden („Policy Compliance"). Zweitens finden sich in jeder Open-Access-Policy Bestimmungen darüber, in welcher Art und Weise Zeitschriftenartikel über Open-Access-Repositorien verfügbar gemacht werden sollen („OA Archiving"). Hier wird z. B. ausgeführt, welche Version eines Artikels in einem Repositorium eingestellt werden soll oder nach welcher Embargofrist ein Artikel spätestens frei zugänglich gemacht werden muss. Drittens enthalten Open-Access-Policies in aller Regel Anweisungen zur unmittelbaren Veröffentlichung von Zeitschriftenartikeln im Open Access. Hier finden sich z. B. Angaben darüber, ob und in welcher Höhe Publikationsgebühren übernommen werden, ob eine unterschiedliche Behandlung von hybriden Open-Access-Artikeln im Verhältnis zu Artikeln aus originären Open-Access-Zeitschriften vorgesehen ist oder ob eine bestimmte Lizenz, mit der Rechte für eine weitere Nutzung der Publikation eingeräumt werden, vergeben werden muss. Die unterschiedlichen Ausprägungen von Open-Access-Policies ergeben sich daraus, dass die innerhalb dieser drei Kernbereiche getroffenen Regelungen voneinander abweichen können.

Erlassen werden Open-Access-Policies von Forschungsförderern, von wissenschaftlichen Einrichtungen und – im anglo-amerikanischen Umfeld – auch von Fachbereichen und Fakultäten. Im „Registry of Open Access Repository Mandates and Policies" (ROARMAP)[1] waren im Oktober 2016 786 Policies von Förderorganisationen und wissenschaftlichen Einrichtungen verzeichnet; die Gesamtzahl der in ROARMAP verzeichneten Policies dürfte weiterhin kontinuierlich zunehmen. Dass der Kontinent Europa mit 477 Open-Access-Policies eine Spitzenstellung einnimmt, ist in ROARMAP deutlich zu erkennen. Förderorganisationen und Forschungseinrichtungen wenden sich mit ihren Open-Access-Policies direkt an Forschende als Autoren, von denen eine Umsetzung der in der Policy definierten Vorschriften erwartet wird – gerade diese Institutionen können den größten Einfluss auf Autoren ausüben (Suber 2012, S. 77 f.).

Einen anderen Akzent haben Open-Access-Strategien, die von einem Staat oder einem Bundesland definiert werden. Sie sind nicht als Anleitung für den einzelnen Autor zu verstehen, sondern richten sich als politische Positionspapiere eher an Institutionen und Organisationen und beschreiben in einem umfassenderen Kontext, wie diese Einrichtungen dafür Sorge tragen sollen, dass das Paradigma des Open-Access-Publizierens umgesetzt wird. Dabei werden nicht nur konkrete Maßnahmen skizziert, deren Umsetzung von den institutionellen Adressaten der Open-Access-Strategien erwartet wird, sondern zunehmend konkrete Ziele und Zeitpunkte definiert, zu denen die Umsetzung erfolgt sein soll. Zugleich führen die Strategien aus, welche Unterstützung von Seiten des Staates oder Bundeslandes für deren Umsetzung gewährt wird.[2]

Begründungsfiguren von Open-Access-Policies

Soweit Wissenschaftsorganisationen Begründungen für ihre dezidierte Unterstützung des freien Zugangs anführen, gleichen sich die Motive stark. In aller Regel sind solche Begründungen nicht den eigentlichen Open-Access-Policies eingeschrieben, sondern finden sich in weiterführenden Positionspapieren oder in Open-Access-Strategien. Motiviert sind Open-Access-Policies insbesondere durch den Wunsch, das Zirkulieren wissenschaftlicher Informationen zu beschleunigen, damit diese in der Anschlussforschung, aber auch in wirtschaftlichen Verwertungskontexten schneller aufgegriffen werden können. Wo Begründungsfiguren im engeren wissenschaftlichen Bereich beschrieben sind, wird betont, dass Open

---

[1] S. v. a. die Registerkarten „Browse" und „Data Visualisation" unter http://roarmap.eprints.org/.
[2] Als europäisches Nachbarland hat z. B. Österreich eine Open-Access-Strategie aufgelegt (Bauer et al. 2015); ähnliche Strategien verfolgen die deutschen Bundesländer Baden-Württemberg, Berlin und Schleswig-Holstein. Im September 2016 hat auch das BMBF eine Open-Access-Strategie vorgelegt.

Access die Qualität der Forschung steigern kann – was sich in unterschiedlichen Wissenschaftsbereichen durchaus unterschiedlich darstellt (ausführlicher dazu Fournier 2012, S. 181 f.). Darüber hinaus wird häufig betont, dass der freie Zugang der Nutzung von Forschungsergebnissen im Bereich der Wirtschaft zuträglich ist. Deshalb fördert die EU Open Access gezielt auch als Instrument des Wirtschaftswachstums (vgl. EC 2016):

> Broader access to scientific publications and data therefore helps to:
> - build on previous research results (improved quality of results)
> - encourage collaboration and avoid duplication of effort (greater efficiency)
> - speed up innovation (faster progress to market means faster growth)
> - involve citizens and society (improved transparency of the scientific process).

In gleichem Tenor weisen auch andere Begründungen für eine Unterstützung des Open Access explizit darauf hin, dass die frei verfügbaren Wissensbestände nicht ausschließlich der (Anschluss)Forschung zu Gute kommen sollen, sondern letztlich allen Gruppen und Akteuren, die in ihren jeweiligen Bereichen auf verlässliche, qualitätsgesicherte Forschungsinformationen angewiesen sind. Namentlich angeführt werden Lehrer, Journalisten, Politiker, Patienten und im Gesundheitswesen tätige Personen sowie Unternehmen, deren Innovation und Produktentwicklung auf Forschungsergebnissen basiert (GRC 2013, S. 1).

Für die Umsetzung einer Open-Access-Policy sind die Forschenden ein entscheidender Akteur. Der freie Zugang zu den eigenen Schriften kann zu einer größeren Leserschaft, zu häufigeren Zitationen, zu höherer Sichtbarkeit und zu einer leichteren Vernetzung insbesondere auf stark interdisziplinär geprägten Forschungsfeldern führen. In diesem Sinne profitieren die Autoren selbst von Open-Access-Policies (Rubow 2015, S. 38).

Entwicklungstendenzen: Harmonisierung und Ausweitung von Policies

In einer globalisierten Welt ist auch die Wissenschaft durch internationale Vernetzung, Kooperation und Wettbewerb geprägt. In ambitionierten Forschungsprojekten arbeiten Wissenschaftler aus unterschiedlichen Ländern zusammen, deren Tätigkeit von unterschiedlichen Förderorganisationen finanziert werden kann. Da die Policies der Förderer in einzelnen Details durchaus voneinander abweichen können, kann es für unterschiedlichen Regelwerken verpflichteten Autoren eine Herausforderung sein, all diesen Unterschieden umfassend gerecht zu werden. Hier setzt der Wunsch nach einer möglichst weitgehenden Angleichung von Open-Access-Policies an.

Als internationales Netzwerk von Förderorganisationen zielt der Global Research Council (GRC) darauf ab, gemeinsame Standards für das wissenschaftliche

Arbeiten und die Forschungsförderung festzulegen und auf diese Weise auch die Zusammenarbeit unter den Förderorganisationen selbst zu vereinfachen. In seinem „Action Plan towards Open Access" charakterisiert der GRC Open-Access-Policies als eines der Instrumente, mit dem Förderer die von ihnen Geförderten dazu ermutigen bzw. dabei unterstützen können, die Ergebnisse ihrer Forschung frei zugänglich zu machen, und weist zugleich auf die Notwendigkeit zur kontinuierlichen Weiterentwicklung der Policies hin (GRC 2013, S. 2). In einer Umfrage sprachen sich die im GRC vernetzten Organisationen klar dafür aus, die unterschiedlichen Ansätze zu Open Access stärker aufeinander abzustimmen, zumal eine stärkere Abstimmung eine Reihe von Vorzügen mit sich bringen dürfte (GRC 2014, S. 7):

> There are many benefits to increased alignment of open access approaches and policies, including: greater clarity for researchers; facilitating research collaboration; a clear starting position for discussions among funders, researchers and publishers; and maximizing the effectiveness of policy implementation, education and promotion efforts, and the development of systems for monitoring and compliance. It is expected that alignment of approaches would help accelerate the transition towards a truly open research literature and scholarly communication system.

So verständlich der Wunsch nach einer Harmonisierung der unterschiedlichen Policies auch ist, so notwendig ist zugleich die Feststellung, dass jede Policy ebenso wie die Instrumente zu ihrer Umsetzung in einem spezifischen nationalen, institutionellen oder organisationellen Kontext eingebettet ist und sich aus dieser unterschiedlichen Einbettung auch unterschiedliche Akzente und Wege für die Umsetzung eröffnen. Schon die unterschiedliche Organisation und Finanzierung der nationalen Wissenschaftssysteme führt zu natürlichen Grenzen einer Harmonisierung, auch wenn eine Annäherung der (Förder)Ansätze erstrebenswert bleibt (GRC 2014, S. 7). Im europäischen Kontext erfolgt eine gewisse Harmonisierung dadurch, dass Forschungs- und Förderorganisationen sich an den einschlägigen Regularien der EU-Kommission orientieren (vgl. Hunt & Picarra 2016, S. 5), die eine offene Bereitstellung von Zeitschriftenartikeln aus der EU-geförderten Forschung im Rahmen von Horizon2020 verpflichtend gemacht hat. Obwohl die Policies vieler Förderorganisationen noch jung sind, befinden sie sich zum Teil bereits in der Überarbeitung. Vergleichende Untersuchungen belegen die Tendenz, Open-Access-Policies stärker verpflichtend auszugestalten (GRC 2014, S. 3). Das zeigt auch eine Analyse der Policies europäischer Förder- und Forschungsorganisationen im Zeitraum zwischen 2012 und 2014 (SE 2016, S. 10 f.).

Die Intensivierung des Verpflichtungsgrads geht dabei einher mit der Bestrebung, Mechanismen einzuführen, über die beobachtet werden kann, inwieweit die den Autoren auferlegten Mandate erfüllt werden (vgl. Söllner 2014). Um die Transformation in den Open Access nach Kriterien zu gestalten, die von Seiten der Wissenschaft definiert sind, werden Bedingungen insbesondere an die Finanzierung von

Publikationsgebühren geknüpft (SE 2016, S. 16 f.). Eine Sanktionierung der gegen die Policy verstoßenden Autoren stellt jedoch den seltenen Ausnahmefall dar.³

Mit der zunehmend stärkeren Verpflichtung geht einher, dass Leitlinien und Strategien immer häufiger konkrete Zielmarken für die Umsetzung des Open Access definieren. Ende Mai 2016 plädierte der Wettbewerbsrat der Europäischen Kommission dafür, dass Open Access bis zum Jahr 2020 die Norm des wissenschaftlichen Publizierens sein soll (EC 2016a, S. 8). Während sich Norwegen an dieser Marke orientiert, streben auch die Niederlande und Österreich eine vollständige Umstellung auf Open Access an, geben sich dafür jedoch bis zum Jahr 2024 bzw. 2025 Zeit. Das Bundesland Berlin oder die Helmholtz-Gemeinschaft wiederum beabsichtigen, bis zum Jahr 2020 60 % der von wissenschaftlichen Einrichtungen in Berlin bzw. der von Einrichtungen der Helmholtz-Gemeinschaft verantworteten Publikationen über das Internet frei verfügbar zu machen. Charakteristisch für die aktuelle Entwicklung von Open-Access-Policies ist außerdem eine Ausweitung auf Formate jenseits des Zeitschriftenartikels. So verpflichtete der European Research Council (ERC) auch die Autoren von Monographien bereits in seiner Policy von 2007, ihre Bücher über das Internet entgeltfrei zur Verfügung zu stellen. Mit der aktuellen Policy aus dem Jahr 2016 verlangt der ERC, dass Monographien in Repositorien archiviert und nach längstens 12 Monaten im Open Access zugänglich gemacht werden; dabei wird eine Veröffentlichung über die OAPEN Library (quasi als fachliches Repositorium für Bücher) angeregt (ERC 2016).

Der Einbezug auch von Forschungsdaten in Open-Access-Policies zielt nicht nur auf den Zugang, sondern auf die Möglichkeit zur aktiven Nachnutzung von Forschungsdaten durch Dritte. Deshalb finden sich in den entsprechenden Policy-Passus explizite Hinweise z. B. auf zu nutzende Daten-Repositorien, auf die Notwendigkeit zitierbarer Formate oder Vorschriften für eine die Nachnutzung absichernde Lizenzierung.⁴ Angesichts dessen, dass nicht alle Forschungsdaten für eine Veröffentlichung bestimmt sein können, wird das Verfügbarmachen von Forschungsdaten unter das Motto „as open as possible, as closed as necessary" gestellt (EC 2016, S. 8).

Zur rechtlichen Legitimation von Open-Access-Policies

Immer wieder steht die Frage im Raum, ob eine Verpflichtung von Autoren zum Open Access deren Wissenschaftsfreiheit konterkariert. Da diese Frage letztlich nur

---

3 Der Wellcome Trust behält 10 % der Fördersumme zurück, sofern Publikationen nicht in den Open Access gestellt werden, s. unter https://wellcome.ac.uk/funding/managing-grant/10-cent-retention-policy.
4 Als Beispiel sei auf die Open-Access-Policy des FWF verwiesen, s. unter https://www.fwf.ac.at/de/forschungsfoerderung/open-access-policy/.

mit Blick auf urheberrechtliche Rahmenbedingungen zu beantworten ist und diese Bedingungen von Land zu Land variieren können, können an dieser Stelle nur Ansätze zur Diskussion dieser Frage nachgezeichnet werden.

Augenfällig ist die Freiwilligkeit der Verpflichtung im Fall sog. „Faculty Mandates", die etwa an renommierten US-amerikanischen Universitäten erlassen wurden. Hier stimmen ganze Fachbereiche darüber ab, der Universität einfache Rechte dafür abzutreten, ihre künftigen Publikationen über das institutionelle Repositorium frei zugänglich zu machen. Da dieses Recht bereits vor dem Zeitpunkt gilt, zu dem ein Verlag einen Zeitschriftenartikel publiziert, entfällt die Notwendigkeit, mit dem publizierenden Verlag besondere Bedingungen für eine Open-Access-Zweitpublikation zu verhandeln oder auf Embargofristen Rücksicht zu nehmen (Suber, 80 f.).

Erlässt hingegen eine Förderorganisation eine Open-Access-Policy, wirkt ein Mandat erst, nachdem ein Autor sich dafür entschieden hat, für seine Forschung Mittel bei genau dieser Förderorganisation einzuwerben. Deshalb wird durchaus argumentiert, dass ein Autor sich in diesem Fall auf die Spielregeln einlassen müsse, die den Umgang mit den Publikationen aus der Förderung regeln, ebenso wie der Forschende sich auf die sonstigen Rahmenbedingungen des Förderers einlassen muss. In diesem Sinne gehe der Autor die Verpflichtung zum Open Access freiwillig ein: „The OA ‚mandate' is a condition on a voluntary contract, not an unconditional requirement." (Suber, S. 83).

Mit Blick auf das deutsche Grundgesetz muss diese Auffassung allerdings in einem wichtigen Punkt ergänzt werden. Als „freiwillige Vereinbarung" kann die Förderung nämlich nur dann beschrieben werden, wenn ein Wissenschaftler seine Forschung ausschließlich auf Basis einer hinreichenden Grundausstattung durchführen könnte und somit *nicht* auf eine Finanzierung aus externen Quellen angewiesen wäre. Nach deutschem Recht ist eine Open-Access-Verpflichtung deshalb nur dort möglich, wo diese an die Vergabe *zusätzlichen* Geldes gekoppelt ist (Fehling 2014, S. 194 ff.).

Resümee

Abschließend bleibt zu konstatieren, dass das Paradigma des Open Access letztlich eine Folge der Digitalisierung ist. Mit den technischen Möglichkeiten des Internet eröffneten und eröffnen sich noch immer neue Weisen, um Informationen und Forschungsergebnisse nicht nur einem breiten Nutzerkreis zugänglich zu machen, sondern darüber hinaus höchst effizient zu bearbeiten. Je deutlicher werden wird, in welchem Maß der freie Zugang neue Forschungsmethoden unterstützt und so zu neuen Erkenntnissen führt, desto stärker werden Open-Access-Policies sich verbreiten und desto präziser werden sie formuliert werden. Dies zielt letztlich darauf ab, die Potenziale der Digitalisierung für Forschung und Innovation bestmöglich auszuschöpfen.

Literatur

Bauer, Bruno et al. (2015): Empfehlungen für die Umsetzung von Open Access in Österreich. URL: doi:10.5281/zenodo.33178.

[EC] European Commission (2016): Guidelines on Open Access to Scientific Publications and Research Data in Horizon2020. URL: http://ec.europa.eu/research/participants/data/ref/h2020/grants_manual/hi/oa_pilot/h2020-hi-oa-pilot-guide_en.pdf.

[EC] European Commission (2016a): The transition towards an Open Science system – Council conclusions (adopted on 27/05/2016). URL: http://data.consilium.europa.eu/doc/document/ST-9526-2016-INIT/en/pdf.

[ERC] European Research Council (2016): Open Access Guidelines for Research Results funded by the ERC. Revised February 2016. URL: https://erc.europa.eu/sites/default/files/document/file/ERC_Open_Access_Guidelines-revised_feb_2016.pdf.

Fehling, Michael (2014): Verfassungskonforme Ausgestaltung von DFG-Förderbedingungen zur Open-Access-Publikation. In: Ordnung der Wissenschaft 4, S. 179–214. URL: http://www.ordnungderwissenschaft.de/Print_2014/24_fehling_dfg_odw_ordnung_der_wissenschaft_2014.pdf.

Fournier, Johannes (2012): Zugang, Nachnutzung und Reproduzierbarkeit. Anmerkungen zur künftigen Ausrichtung einer wissenschaftsadäquaten Informationsinfrastruktur. In: *Bibliothek. Forschung und Praxis* 36, S. 180–188.

[GRC] Global Research Council (2013): Action Plan towards Open Access to Publications. URL: http://www.globalresearchcouncil.org/sites/default/files/pdfs/grc_action_plan_open_access%20FINAL.pdf.

[GRC] Global Research Council (2014): Review of Implementation of the Global Research Council's Action Plan Towards Open Access. Main Outcome of the 2014 Survey of GRC Participating Organisations. URL: http://www.globalresearchcouncil.org/sites/default/files/pdfs/Review%20of%20Implemention%20of%20GRC%20Action%20Plan.pdf.

Hunt, Meg; Picarra, Mafalda (2016): Open Access Policy Alignment. Pasteur4OA Briefing Paper. URL: http://www.pasteur4oa.eu/sites/pasteur4oa/files/resource/Briefing%20paper%20-%20policy%20alignment%20final_0.pdf.

Johnson, Rob; Fosci, Mattia (2016): Putting down roots: securing the future of open-access policies. URL: http://repository.jisc.ac.uk/6269/10/final-KE-Report-V5.1-20JAN2016.pdf.

Rubow, Lexi. Shen, Rachael. Schofield, Brianna. Samuelson Law, Technology, and Public Policy Clinic (2015): *Understanding Open Access. When, Why, & How to Make Your Work Openly Accessible.* Authors Alliance No. 2. URL: http://authorsalliance.org/wp-content/uploads/Documents/Guides/Authors%20Alliance%20-%20Understanding%20Open%20Access.pdf.

[SE] Science Europe (2016): Open Access Publishing Policies in Science Europe Member Organisations. Key Results from The Science Europe and the Global Research Council Surveys. URL: http://www.scienceeurope.org/wp-content/uploads/2016/10/SE_OpenAccess_SurveyReport.pdf.

Söllner, Konstanze (2014): Open Access Policies und Mandate – Compliance und die Rolle der Fachkulturen. In: *Bibliotheken. Innovation aus Tradition. Rolf Griebel zum 65. Geburtstag*, hrsg. von Klaus Ceynowa und Martin Herrmann. Berlin/München/Boston, S. 232–246.

Suber, Peter (2012): *Open Access*. Cambridge/Massachussetts (The MIT Press Essential Knowledge Series).

Ulrike Eich
1d Open Access und akademische Reputationssysteme

Fragestellung

Gegenstand der Open-Access-Diskussion sind – derzeit und auch hier – Publikationen. In Publikationen werden Ergebnisse und Leistungen der Wissenschaft manifestiert, dokumentiert und sichtbar gemacht. Publizieren bedeutet aktive Beteiligung am Forschungsprozess. Es richtet sich zuerst an die Wissenschaft selbst, welche wissenschaftliche Literatur regelmäßig und notwendig nutzt. Dem Publizieren geht mit dem Verfahren des peer-review in der Regel eine wissenschaftsinterne Begutachtung voraus (Flink & Simon, 2014, S. 125). Hier vor allem entwickelt sich die Wissenschaft, werden Leistungen anerkannt und ihre Schöpferinnen und Schöpfer mit Resonanz geehrt. Die Neurowissenschaftlerin Susan Greenfield hat es für eine breitere Öffentlichkeit prägnant und anschaulich beschrieben:

> My reaction was, and has been, that I'm happy to discuss the science prompting my ideas and, if trumped by hard facts, then wave the white flag. That is what scientists do: it's how we publish our peer-reviewed papers and it's how we develop theories. Most of us take professional criticism as the warp and weft of the research process. (Greenfield, 2014, S. XI).

Susan Greenfields Aussage weist implizit schon darauf hin, dass es disziplinspezifische Unterschiede gibt, „hard facts" gelten in den Natur- und Ingenieurwissenschaften, teilweise in den Lebenswissenschaften, aber weit weniger und jedenfalls nicht ausschließlich in den Geistes- und Sozialwissenschaften. Nach dem Publizieren werden Resonanz und Anerkennung in Zitationen ausgedrückt. Weitere Formen wissenschaftlicher Anerkennung finden sich auf Konferenzen und Tagungen sowie zunehmend in akademischen sozialen Netzwerken wie ResearchGate, Academia oder Mendeley. Hier ist die Wissenschaft wieder unter sich, auf die Implikationen dieser Entwicklung wird zurückzukommen sein. Seit dem Ende des letzten Jahrhunderts werden wissenschaftliche Leistung und Anerkennung auch in der akademischen Öffentlichkeit, in wissenschaftlichen Institutionen und Förderorganisationen, bei Drittmittelgebern, in Regierungen und politischen Organisationen wahrgenommen und genutzt. Die deutschen Universitäten verwalten sich stärker unternehmerisch oder betriebswirtschaftlich, und als öffentlich finanzierte Einrichtungen stehen sie unter Legitimationszwang (Neidhardt, 2010, S. 281). Universitäten werden mit der Summe ihrer Wissenschaftlerinnen und Wissenschaftler verglichen, gerankt und ausgezeichnet (Hornbostel, 2010). Aber auch die Forscherinnen und Forscher selbst stehen im Wettbewerb, innerhalb ihrer Disziplin und innerhalb ihrer Einrichtung.

Für diese Interessen und Zwecke müssen die wissenschaftlichen Leistungen messbar und vergleichbar gemacht werden. Sie werden zu Kriterien in einem Bewertungssystem, welches innerhalb einer Universität z. B. enthalten kann: Publikationen, eingeworbene Drittmittel, Patente, betreute Abschlussarbeiten und Promotionen, Arbeit in wissenschaftlichen Gremien und Editorial Boards, Auszeichnungen (Willinsky, 2011). Diese Daten werden inzwischen regelmäßig oder jährlich abgefragt, wenn sie zur Mittelvergabe herangezogen werden; darüber hinaus sind sie relevant für die persönliche wissenschaftliche Karriere, für Berufungs- und Bleibeverhandlungen und den tenure track. Publikationen spielen in diesen Bewertungssystemen eine zentrale Rolle (Wolff, Rod & Schonfeld, 2016, S. 6). Im inneruniversitären Wettbewerb wird in diesen Verfahren auch zwischen Disziplinen verglichen und gewertet. Für Publikationen ist das besonders problematisch, weil die Publikationskulturen der Fächer sich immer noch signifikant unterscheiden (vgl. Flink & Simon, 2014), obwohl Annäherungsprozesse stattfinden und zunehmend vor allem in interdisziplinären Kontexten auch neue Formen der Kommunikation praktiziert werden (Alexander von Humboldt-Stiftung, 2009).

In den Geisteswissenschaften dominiert nach wie vor die Monografie, in bestimmten Disziplinen gewinnen Tagungs- und Kongressbeiträge an Bedeutung. Im Forschungsprozess selbst und im internationalen Kontext wird der persönliche und aktuelle Austausch wichtig (vgl. Wolff, Rod & Schonfeld, 2016, S. 19). In den Rechtswissenschaften gelten die konventionellen Publikationsformate. Eine wichtige Rolle spielt aber auch der Einfluss der Wissenschaft auf die Rechtsprechung und damit die außerakademische Wirkung. Diese Disziplin hat somit schon eine Tradition und Erfahrung in einem Bereich, der heute in der politischen Diskussion über die Funktion und Bedeutung von Wissenschaft immer stärker in den Fokus rückt. Mit der Entwicklung von Open Access und neuen sozialen Medien ist diese Funktion aber auch in anderen Disziplinen aufgegriffen worden (Wolff, Rod & Schonfeld, 2016, S. 60). In den Sozialwissenschaften zählen Aufsätze und Konferenzbeiträge, aber nur mit der Qualitätsprüfung des peer-review (vgl. Borgman, 2007, S. 65). In den Naturwissenschaften, in der Medizin und in den Lebenswissenschaften sowie in den Ingenieurwissenschaften werden peer-reviewte Aufsätze publiziert. Diese Norm wird in einzelnen Teildisziplinen dieser großen Fächer um weitere Publikationsformate ergänzt. Sie wurden geschaffen oder notwendig, um Forschungsergebnisse schnell und aktuell bekanntmachen zu können, die wichtigste Format dafür sind pre-prints, die auch eine Art vorgeschaltetes peer-review darstellen. Die anwendungsorientierte Forschung muss über den disziplinspezifischen und auch akademischen Bereich hinaus wirken, um Partner zum Beispiel in Industrie und Wirtschaft zu erreichen. Diese Ausrichtung gilt aber für die meisten Fächer dieser Gruppe, weil neue Fragestellungen und Erkenntnisse mittlerweile überwiegend in inter- und transdisziplinären Forschungsverbünden gefunden werden (vgl. Hemlin & Rasmussen, 2006). In dieser relativ homogenen, sehr großen und damit strukturbildenden Publikationsumgebung wissenschaftlicher Verlagszeitschriften konnten die bibliometrischen Instrumente und Verfahren entstehen, die notwendig sind, um Publikationen zu gewichten und zu vergleichen: der Impact Factor aus dem Science Citation Index, SNIP, IPP und SJR in Scopus sowie der Hirsch-Index. Gezählt und gemessen werden die Zitationen einer Zeitschrift bzw. der einzelnen Aufsätze eines Autors oder einer Autorin. Die Zitationsanalysen wurden nach und nach auf alle Fachgebiete ausgeweitet und dominieren bis heute das akademische Milieu; die Orientierung der Wissenschaftlerinnen und Wissenschaftler an diesen Kriterien und Faktoren hat eher zugenommen (Wolff, Rod & Schonfeld, 2016, S. 6; vgl. Görtz, 2014, S. 121ff.; Borgman, 2007, S. 63). Die standardisierten Zitationsanalysen erfassen aber nur bestimmte Publikationsformen, im Wesentlichen Artikel in Zeitschriften und Kongressberichten, sie werden deshalb vornehmlich in den und für die Naturwissenschaften diskutiert. Die San Francisco Declaration on Research Assessment/DORA (2012) z. B. fordert, den Impact Factor zu modifizieren, dabei weniger die Zeitschrift als die Artikel zu bewerten und zwischen der Publikation von eigenen Forschungsergebnissen und Forschungsberichten zu unterscheiden. Unterzeichnet wurde die Deklaration zu über 90 % von Naturwissenschaftlerinnen und Naturwissenschaftlern. In allen Diskussionen – nicht nur zu Aufsätzen – wird peer-review als einziges oder entscheidendes Kriterium der Qualitätssicherung einer wissenschaftlichen Publikation genannt; das Gütesiegel bleibt die wissenschaftsinterne Anerkennung.

Open Access

Die Open-Access-Bewegung hat bisher an der Bedeutung und Bewertung von Publikationen in den Reputationssystemen wenig geändert. Die Diskussion bezieht sich auch hier vornehmlich auf die Veröffentlichung von Aufsätzen, sowohl originär im Open Access publiziert als Verlagspublikation oder auf einer nichtkommerziellen Plattform sowie als Sekundärpublikation in einem eigenen oder institutionellen Archiv. Auch die Gegenstände von pre-prints gelten erst dann als reputationsrelevant, wenn sie anschließend in einer angesehenen Zeitschrift veröffentlicht wurden. Das prominenteste Modell bietet die Hochenergiephysik mit dem pre-print-Server arXiv (arxiv.org) und dem Open-Access-Publikationsverbund SCOAP3 (Brown, 2016; vgl. Kaiser, 2006). Angebote, Open Access zu publizieren, bestehen ebenfalls vor allem für Aufsätze. Das gilt für kommerzielle Verlage, die hierfür schnell das author-pays-Finanzierungsmodell eingeführt haben, wie auch für Initiativen und Plattformen von Fachgesellschaften und wissenschaftlichen Institutionen. Prominentes Beispiel hierfür ist die Public Library of Science (PLOS). Die Publikationsserver der Universitäten sind zwar für alle Veröffentlichungsarten einschließlich nicht-textueller Dokumente ausgelegt, faktisch dominieren auch hier sekundär publizierte Aufsätze sowie Hochschulschriften, die aber als eigene Gattungsform nicht in die Zähl- und Bewertungssysteme der Institutionen oder Rankings passen. Entsprechend wurde Wissenschaftlerinnen und

Wissenschaftlern an skandinavischen Universitäten eine Strategie mit drei Komponenten empfohlen (Linde & Grahn, 2011): 1. Veröffentlichung von Aufsätzen in anerkannten, d. h. im Web of Science gelisteten Zeitschriften; 2. möglichst unter einer Open-Access-Lizenz; 3. frühestmögliche Sekundärpublikation in einem fachspezifischen oder institutionellen Repository. Für das Reputationswesen hat das Open-Access-Publizieren zunächst und bisher vor allem mittelbaren Zweck: es erhöht die Sichtbarkeit der Artikel, weil sie schneller und leichter gefunden werden, z. B. über Suchmaschinen, die regelmäßig und inzwischen häufiger als Datenbanken auch für wissenschaftliche Recherchen genutzt werden (Wolff, Rod & Schonfeld, 2016, 16). Auf diesen Zusammenhang ist wohl der Umstand zurückzuführen, dass die unter PLOS neu gegründete Zeitschrift „Biology" in kurzer Zeit den höchsten Impact Faktor für dieses Fachgebiet erreichen konnte (Willinsky, 2010, S. 299). Und grundsätzlich gilt, dass nur zitiert werden kann, was gesehen wurde, so dass Open Access schließlich doch die Zitationsrate erhöht (Borgmann, 2007, S. 101; Fries, 2014, S. 272) und sich so in den Bewertungsverfahren auswirkt. Diese sind nach wie vor traditionell organisiert; bewertet wird, was gemessen, summiert und verglichen werden kann. In das Schema passen nur wenige Publikationsformen und bestimmte Disziplinen, die STM-Fächer sowie einige Sozialwissenschaften.

Für Netzpublikationen – mit Open oder Restricted Access – sind neue und andere Analyse- und Bewertungsverfahren geboten und denkbar. Bisher aber sind diese alternativen Metriken (Altmetrics, Webometrics usw.) noch weit davon entfernt, verlässlich und verbindlich nutzbar zu sein (Ball, 2015, S. 48; vgl. Franzen, 2015). Es scheint sich abzuzeichnen, dass die Artikel mehr Aufmerksamkeit finden werden als die Zeitschrift, der sie – noch – zugehören (Fenner, 2014; Taubert, 2010), damit vielleicht auch die Aktualität und Schnelligkeit der Verfügbarkeit von Forschungsergebnissen.

Potenziale von Open Access

Vor allem aber die Dynamik des wissenschaftlichen Publizierens und Kommunizierens im Internet wird die tradierten Reputationssysteme zumindest in Frage stellen (Ginsparg, 2007; Brown, 2016). Wissenschaftlerinnen und Wissenschaftler wollen schnellen und unmittelbaren Austausch und aktuelle Informationen zu Forschungsergebnissen, Forschungsvorhaben und Kooperationsmöglichkeiten (vgl. Wolff, Rod & Schonfeld, 2016). Tradierte Publikationsformate werden modernisiert. Ein typisches und prägnantes Beispiel gibt es für den Bereich der Zeitschriften: Die neue Linguistik-Zeitschrift „Glossa" (http://www.glossa-journal.org/) ist eine Art Gegengründung zu der Zeitschrift „Lingua" (http://www.sciencedirect.com/science/journal/00243841) im Verlag Elsevier; „Glossa" wird als reine Open-Access-Zeitschrift ohne Verlag publiziert, ist peer-reviewt, aber jeder Artikel wird nach positiver Begutachtung sofort zugänglich gemacht und nicht mehr in Konvolute wie Hefte oder Bände sortiert (vgl. Heller, 2015). Auch Handbücher und Nachschlagewerke können im online-Format kontinuierlich aktualisiert und erweitert werden. „Scholarpedia" (www.scholarpedia. org) ist eine wissenschaftliche Variante zu Wikipedia für Teilgebiete der Physik. Die Plattform Handbuch.io (http://handbuch.io/w/Handbuch.io) ermöglicht es, Handbücher dynamisch und kooperativ zu publizieren.

In Forschung und Lehre wird bereits intensiv und breit mit neuen Medien und Formaten gearbeitet: Videos, Webinare, Lehr- und Lernplattformen, Email, Telekonferenzen, Blogs, Wikis, YouTube, Github und vieles mehr (Brown, 2016). Die neuen sozialen Medien wurden in der Wissenschaft sehr schnell adaptiert, entstanden sind die Netzwerke ResearchGate, Academia, dazu zählen auch die kooperativ genutzten Literaturverwaltungsprogramme wie CiteULike oder Mendeley (Nentwich & König 2014), und die wissenschaftlichen Blogs wie Nature.com, Research Blogging, Science Seeker (Weller, 2015, S. 264; Hoffmann, 2015, S. 301).

Ein ganz neues Format, das bei einer Revision der Reputationssysteme unbedingt zu berücksichtigen wäre, sind die Forschungsdaten. Forschungsdaten werden geprüft, bewertet und nachgenutzt, aber nicht oder wenig zitiert. Entsprechendes gilt auch für Open Source Software.

Open Access und Open Source sind mittlerweile Teil der umfassenderen Open-Science- und Citizen-Science-Strategie, die vor allem politisch forciert wird und nach der wirtschaftlichen und sozialen Bedeutung von Wissenschaft und Forschung fragt. Aber auch die Wissenschaft und ihre Institutionen haben vor allem in interdisziplinären Projekten und Kooperationen die eigenen Grenzen überschritten und kennen den „unaffiliated knowledge worker" (Brown, 2016). Auch die Entwicklung der Evidence Based Medicine ist in diesem Zusammenhang zu sehen. Unter dem Blickwinkel von Open Science werden Netzwerke, Kontakte und Beziehungen analysiert (Mohammadi & Thelwall, 2014), daraus lässt sich auf Wirkungen und Wirksamkeit schließen. Diese Verfahren sind auch auf alle Fächer anwendbar. Aber relevant ist einstweilen das System, weniger der einzelne Wissenschaftler oder die einzelne Wissenschaftlerin (Friesike & Schildhauer, 2015, S. 283). Für diese werden neue Metriken erst dann interessant, wenn sie von ihren Institutionen, Geldgebern und Förderern als Erfolgsfaktoren anerkannt sind (Borgman, 2007, S. 240). In den Lebenslauf und die Bewerbung gehört noch das fertige, abgeschlossene und von peers begutachtete Werk (Fitzpatrick, 2011).

Fazit: System und Prozesse

Wissenschaft basiert auf fachlich geprüfter und anerkannter individueller Leistung, die in Publikationen auch öffentlich verbreitet wird. Symbolisch steht dafür der peer-reviewte Zeitschriftenaufsatz, der immer noch für akademische Reputationssysteme verwendet wird. Diese sind damit einseitig und inzwischen auch traditionell, aber sie sind mächtig und für die Forschenden existenziell. Sie werden deshalb bedient und genutzt, auch mithilfe des Open-Access-Publizierens. Dessen eigentliche Dynamik – Schnelligkeit, Unmittelbarkeit, breitere Streuung – wird innerhalb der Wissenschaften schon intensiv genutzt und wird deren Prozesse revolutionieren. Diese Dynamik wird diskutiert und analysiert, aber ob und wie daraus neue und adäquatere Systeme zur Bewertung wissenschaftlicher Leistung und Wirksamkeit entwickelt werden können, bleibt abzuwarten.

Literatur

Alexander von Humboldt-Stiftung (Ed.) (2009). *Diskussionspapiere der Alexander von Humboldt-Stiftung. Publikationsverhalten in unterschiedlichen wissenschaftlichen Disziplinen: Beiträge zur Beurteilung von Forschungsleistungen* (2., erw. Auflage). Berlin.

Ball, R. (2015). *Bibliometrie im Zeitalter von Open und Big Data: Das Ende des klassischen Indikatorenkanons (Neue Ausg). B.I.T.online INNOVATIV: Vol. 56.* Wiesbaden: Dinges & Frick.

Bartling, S., & Friesike, S. (Eds.) (2014). *Opening science: The evolving guide on how the Internet is changing research, collaboration and scholarly publishing.* Heidelberg, New York: Springer Open.

Borgman, C. L. (2010). *Scholarship in the digital age: Information, infrastructure, and the Internet* (First MIT Press paperback ed.). Cambridge, Mass.: MIT Press.

Brown, D. J. (2016). *Access to scientific research. Global studies in libraries and information:* De Gruyter.

Fenner, M. (2014). Altmetrics and other novel measures for scientific impact. In S. Bartling & S. Friesike (Eds.), *Opening science. The evolving guide on how the Internet is changing research, collaboration and scholarly publishing* (pp. 179–189). Heidelberg, New York: Springer Open.

Fitzpatrick, K. (2011). *Planned obsolescence: Publishing, technology, and the future of the academy.* New York: New York University Press.

Flink, T., & Simon, D. (2014). Erfolg in der Wissenschaft: Von der Ambivalenz klassischer Anerkennung und neuer Leistungsmessung. In D. Hänzi (Ed.), *Leviathan : Sonderband: Vol. 29. Erfolg. Konstellationen und Paradoxien einer gesellschaftlichen Leitorientierung* (1st ed., pp. 123–144). Baden-Baden: Nomos.

Franzen, M. (2015). Der Impact Faktor war gestern.: Altmetrics und die Zukunft der Wissenschaft. *Soziale Welt, 66,* 225–242.

Fries, T. (2014). The social factor of open science. In S. Bartling & S. Friesike (Eds.), *Opening science. The evolving guide on how the Internet is changing research, collaboration and scholarly publishing* (pp. 271–283). Heidelberg, New York: Springer Open.

Friesike, S., & Schildhauer, T. (2015). Open Science. Many good resolutions, very few incentives, yet. In I. Welpe, J. Wollersheim, S. Ringelhan, & M. Osterloh (Eds.), *Incentives and performance. Governance of research organizations* (pp. 277–289). Cham: Springer.

Ginsparg, P. (2007). Next-generation implications of open access. *CTWatch Quarterly, 3*(3), from http://www.ctwatch.org/quarterly/articles/2007/08/next-generation-implications-of-open-access/.

Görtz, R. v. (2014). *Governance von Forschungsnetzwerken: Eine empirische Untersuchung deutscher Forschungsgruppen aus Astrophysik, Nanowissenschaft und Volkswirtschaftslehre (1. Aufl.). Interdisziplinäre Schriften zur Wissenschaftsforschung*: Vol. 14. Baden-Baden: Nomos.

Greenfield, S. (2014). *Mind change: How digital technologies are leaving their mark on our brains.* London: Rider Books.

Hänzi, D. (Ed.) (2014). *Erfolg: Konstellationen und Paradoxien einer gesellschaftlichen Leitorientierung* (1. Aufl.). Baden-Baden: Nomos. *Leviathan : Sonderband: Vol. 29.*

Harley, D. (2013). Scholarly communication: Cultural contexts, evolving models. *Science, 342*, 80–82, http://science.sciencemag.org/content/342/6154/80.full.

Haustein, S., & Larivière, V. (2015). The use of bibliometrics for assessing research: Possibilities, limitation and adverse effects. In I. Welpe, J. Wollersheim, S. Ringelhan, & M. Osterloh (Eds.), *Incentives and performance. Governance of research organizations* (pp. 121–139). Cham: Springer.

Heller, L. (2015). Wie frei soll das Betriebssystem der Wissenschaft sein? *irights info*. Retrieved August 11, 2016, from https://irights.info/artikel/lambert-heller-wie-frei-soll-das-betriebssystem-der-wissenschaft-sein/26413.

Heller, L., The, R., & Bartling, S. (2014). Dynamic publication formats and collaborative authoring. In S. Bartling & S. Friesike (Eds.), *Opening science. The evolving guide on how the Internet is changing research, collaboration and scholarly publishing* (pp. 191–211). Heidelberg, New York: Springer Open.

Hemlin, S., & Rasmussen, S. B. (31). The shift in academic quality control. *Science, technology and human values, 2006*(2), 173–198.

Hoffmann, C. P. (2015). Success measurement of scientific communication: The contribution of new media to the governance of universities. In I. Welpe, J. Wollersheim, S. Ringelhan, & M. Osterloh (Eds.), *Incentives and performance. Governance of research organizations* (pp. 291–306). Cham: Springer.

Hornbostel, S. (2010). (Forschungs-)Evaluation. In D. Simon, A. Knie, & S. Hornbostel (Eds.), *Handbuch Wissenschaftspolitik* (1st ed., pp. 293–309). Wiesbaden: VS Verlag für Sozialwissenschaften.

Kaiser, J. (2006). Particle physicists want to expand open access. *Science, 313*, 1215, from http://science.sciencemag.org/content/313/5791/1215.full.

King, C. J., Harley, D., Earl-Novell, S., Arter, J., Lawrence, S., & Perciali, I. (2006, July 27). *Scholarly communication: Academic values and sustainable models.* Retrieved August 03, 2016, from http://www.cshe.berkeley.edu/sites/default/files/shared/publications/docs/scholarlycomm_report.pdf.

Laasko, M. (2014). *Measuring open access: Studies of Web-enabled innovation in scientific journal publishing. Ekonomi och Samhälle: Vol. 268.* Helsinki: Hanken.

Lawrence, P. A. (2003). The politics of publication. *Nature, 422*(6929), 259–261.

Linde, P., & Grahn, H. (2011). Strategic publishing rules – A manual for researchers. *Sciecom Info*, (4), from http://journals.lub.lu.se/index.php/sciecominfo/article/view/5337/4707.

Mohammadi, E., & Thelwall, M. (2014). Mendeley readership altmetrics for the social sciences and humanities. Research evaluation and knowledge flows. *Journal of the Association for Information Science and Technologa : JASIST, 65*, 1627–1638.

Morrisey, L. J. (2002). Bibliometric and bibliographic analysis in an era of electronic scholarly communication. *Science & Technology Libraries, 22*(3-4), 149–160.

Neidhardt, F. (2010). Selbststeuerung der Wissenschaft: Peer Review. In D. Simon, A. Knie, & S. Hornbostel (Eds.), *Handbuch Wissenschaftspolitik* (1st ed., pp. 280–292). Wiesbaden: VS Verlag für Sozialwissenschaften.

Nentwich, M., & König, R. (2014). Academia goes Facebook? The potential of social network sites in the scholarly realm. In S. Bartling & S. Friesike (Eds.), *Opening science. The evolving guide on how the Internet is changing research, collaboration and scholarly publishing* (pp. 107–124). Heidelberg, New York: Springer Open.

Ochsner, M., Hug, S. E., & Daniel, H.-D. (2012). Indicators for research quality for evaluation of humanities research: Opportunities and limitations. *Bibliometrie – Praxis und Forschung, 1*, 1–17, from urn:nbn:de:bvb:355-bpf-157-0.

Osterloh, M., & Kieser, A. (2015). Double-blind peer review: How to slaughter a sacred cow. In I. Welpe, J. Wollersheim, S. Ringelhan, & M. Osterloh (Eds.), *Incentives and performance. Governance of research organizations* (pp. 307–321). Cham: Springer.

Parra, C., Casati, F., Daniel, F., Marchese, M., Cernuzzi, L., dumas, M. et al. (2011). *Investigating the nature of scientific reputation.* Retrieved July 12, 2016, from http://www.floriandaniel.it/papers/ParraISSI2011.pdf.

San Francisco Declaration on Research Assessment (2012). Retrieved August 05, 2016, from http://www.ascb.org/dora/.

Scholarpedia. Retrieved August 11, 2016, from http://www.scholarpedia.org/article/Main_Page.

Simon, D., Knie, A., & Hornbostel, S. (Eds.) (2010). *Handbuch Wissenschaftspolitik* (1. Aufl.). Wiesbaden: VS Verlag für Sozialwissenschaften.

Taubert, N. C. (2010). Open Access. In D. Simon, A. Knie, & S. Hornbostel (Eds.), *Handbuch Wissenschaftspolitik* (1st ed., pp. 310–321). Wiesbaden: VS Verlag für Sozialwissenschaften.

Weller, K. (2015). Social media and altmetrics: An overview of current alternative approaches to measuring Ssholarly impact. In I. Welpe, J. Wollersheim, S. Ringelhan, & M. Osterloh (Eds.), *Incentives and performance. Governance of research organizations* (pp. 261–276). Cham: Springer.

Welpe, I., Wollersheim, J., Ringelhan, S., & Osterloh, M. (Eds.) (2015). *Incentives and performance: Governance of research organizations.* Cham: Springer.

Willinsky, J. (2010). Open access and academic reputation. *Annals of Library and Information Studies, 57*, 296–302.

Willinsky, J. (2011). *Open access and academic reputation: A BIT of the reputation society.* Retrieved July 12, 2016, from https://mitpress.mit.edu/books/open-access-and-academic-reputation-john-willinsky.

Wolbring, T. (2015). Anatomie des Journal Impact Faktors: Die ‚Soziale Welt' im Spiegel bibliometrischer Indikatoren. *Soziale Welt, 66*(2), 121–140.

Wolff, C., Schonfeld, R., & Rod, A. (2016). *UK survey of academics 2015*: Ithaka S + R.

Dirk Tunger

1e Sichtbarkeit und Wahrnehmung von Open-Access-Veröffentlichungen unter bibliometrischen Aspekten

Mit der zunehmenden Verbreitung des Open-Access-Gedankens in der wissenschaftlichen Praxis stellt sich zunehmend die Frage, welcher Einfluss von Open-Access-Veröffentlichungen bibliometrisch nachweisbar ist. Diese Frage ist nicht unberechtigt, denn frei zugängliche Literatur hat potentiell einen größeren Kreis an Rezipienten. Damit verbunden ist die Annahme, dass dies auch zu einer größeren Zahl an Zitaten führt. Bibliometrische Analysen bieten die Möglichkeit, einen Überblick über eine große Menge an Veröffentlichungen zu geben und in dieser Betrachtung sowohl Aspekte der Publikationsmenge bzw. -häufigkeit wie auch der Wahrnehmung zu berücksichtigen. Gerade für Bibliotheken sind derartige Auswertungen immer von hohem Interesse, um den teilweise unübersichtlichen Publikationsmarkt zu bewerten.

Eine Zitation ist die Bezugnahme in einer wissenschaftlichen Arbeit auf eine vorhergehende Publikation (vgl. hierzu Stock, 2001, S. 34). Sie markiert einen Informationsfluss und signalisiert damit inhaltliche Nähe. So simpel dieses Prinzip klingt, es ist doch die Grundvoraussetzung dafür, dass Zitationsindices wie das Web of Science oder Scopus Sinn ergeben und funktionieren. Ein Zitationsindex „is an ordered list of cited articles each of which is accompanied by a list of citing articles" (Garfield, 1984, S. 528). Es werden in einem Zitationsindex nicht nur die reinen bibliographischen Angaben verzeichnet, sondern zusätzlich die in einem Artikel referenzierten Fußnoten. Dies ist die Grundlage, um die Verbindungen zwischen den einzelnen wissenschaftlichen Artikeln nachzuweisen. „Any source citation may subsequently become a reference citation" (Garfield 1984, S. 528).

Ziel ist es also, „... [to] find out the authors and documents, that have cited the given author or document" (Diodato, 1994, S. 35). Auf diesem grundlegenden Prinzip bauen alle Zitationsdatenbanken auf. Sie stellen eine Verbindung der in ihnen gelisteten Publikationen über die Fußnoten der zitierten Literatur her. Da Wissenschaft auf Reputation basiert und diese wiederum auf der Zitation wissenschaftlicher Veröffentlichungen, sind die Aspekte von Publikationshäufigkeit und Wahrnehmung wissenschaftlicher Veröffentlichungen im Bereich Open Access von zentraler Bedeutung. Dies bedeutet, dass eine entsprechende Sichtbarkeit und Wahrnehmung auf Dauer unverzichtbar sind.

Grundlegende Kennwerte der Bibliometrie sind die absolute Zahl an veröffentlichten Publikationen (P) und die darauf entfallende Menge an Zitationen (C) sowie das Verhältnis hieraus, das als Zitationsrate (CPP) bezeichnet wird. Es liegt die Annahme zu Grunde, dass wissenschaftliche Veröffentlichungen die formale Kommunikation von Forschungsaktivität und damit die wissenschaftliche Produktivität widerspiegeln. Zitate, als die formalisierte Nennung einer Veröffentlichung in der Referenzliste einer anderen Publikation, gelten als Kennzeichnung des Informationsflusses und sind daher als Währung im Wissenschaftssystem anzusehen (Merton, 1973). Je häufiger ein Dokument zitiert wird, desto mehr Einfluss wird ihm innerhalb der wissenschaftlichen Community zugeschrieben. Die Zitation wird somit zur Messung der Wahrnehmung genutzt (vgl. Haustein & Tunger, 2013).

Diese Überlegungen lassen deutlich werden, auf welchem Weg bibliometrische Aussagen über den bisherigen Stand von Open Access getroffen werden können. Es ist hierbei noch zu beachten, dass generell in Datenbeständen nicht von einer Gleichverteilung auszugehen ist: Dies betrifft beispielsweise die Verteilung von thematischen Veröffentlichungen auf Zeitschriften, aber auch die Verteilung von Zitationen auf Veröffentlichungen, die alle einem schiefen Verteilungsmuster folgen. Schon lange ist bekannt, dass sich die Artikel eines wissenschaftlichen Themas auf drei Gruppen von Zeitschriften verteilen lassen. Dabei enthält jede Gruppe ähnlich viele Publikationen zu einem gegebenen Thema; die Zahlen der Zeitschriften in jeder der drei Gruppen stehen im Verhältnis $1:n:n^2$, wobei n als *Bradford multiplier* bezeichnet wird. Die erste und gleichzeitig kleinste Gruppe enthält die Kernzeitschriften des Themengebietes, die zweite Gruppe beinhaltet solche, die im regelmäßigen Turnus zu einem Thema veröffentlichen, und die dritte Gruppe besteht aus Zeitschriften, die eher wenig zu einem Thema beitragen (Bradford, 1934; de Bellis, 2009).

Auf dieser Grundlage basiert die Möglichkeit, einen Zitationsindex rentabel nach wirtschaftlichen Maßstäben aufzubauen und von Beginn an keine hundertprozentige Abdeckung von Zeitschriften eines Fachgebietes erreichen zu wollen oder zu müssen. Trotzdem ist es absolut gerechtfertigt, auf dieser Datengrundlage fundierte bibliometrische Auswertungen zu erstellen. Dies ist möglich, soweit bibliometrische Analysen die Kernzeitschriften einer Disziplin enthalten. Für die beiden großen und multidisziplinären wissenschaftlichen Datenbanken Web of Science und Scopus gilt dies in Bezug auf die naturwissenschaftlichen, ingenieurwissenschaftlichen und medizinischen Disziplinen. Ein großer Anteil bibliometrischer Analysen wird gegenwärtig mit dem Web of Science durchgeführt. Vergleiche mit Scopus haben eine hohe Quote an Übereinstimmung in den Ergebnissen, vor allem bei den relativen und den an wissenschaftlichen Feldern bzw. an Zeitschriften normierten Indikatoren, gezeigt (Archambault, 2009; Ball & Tunger, 2006). Dies bestätigt die zuvor getätigte Grundannahme, die auf Bradfords Law basiert, dass es sogenannte Kernzeitschriften (Core Journals) gibt: In einer relativ geringen Zahl an Zeitschriften findet sich der überwiegende Teil der zu einem Thema veröffentlichten Literatur wieder.

Mit diesen Vorüberlegungen besteht ein Rüstzeug an gemeinsamer inhaltlicher Grundlage, das es nun ermöglicht, hierauf aufbauend die Open-Access-Veröffentlichungen bibliometrisch zu untersuchen. Datengrundlage der folgenden Untersuchung ist das Web of Science. Wie gerade zuvor hergeleitet, würde die gleiche Untersuchung auf Basis von Scopus nicht zu wesentlich anderen Ergebnissen führen. Untersucht werden soll die Entwicklung des Anteils an Open-Access-Veröffentlichungen und deren Sichtbarkeit in der Datenbank insgesamt sowie in der Betrachtung einzelner Disziplinen. Die disziplinspezifische Untersuchung basiert auf der Erkenntnis, dass wissenschaftliche Kommunikation disziplinspezifisch ist (Haustein & Tunger, 2013, S. 483).

Neben einer Gesamtbetrachtung werden nachfolgend beispielhaft die drei Disziplinen Biologie, Chemie und Physik betrachtet.

Biologie: „Biochemical Research Methods" or „Biochemistry & Molecular Biology" or „Biodiversity Conservation" or „Biology" or „Biophysics" or „Biotechnology & Applied Microbiology" or „Cell Biology" or „Developmental Biology" or „Ecology" or „Entomology" or „Evolutionary Biology" or „Marine & Freshwater Biology" or „Mathematical & Computational Biology" or „Microbiology" or „Mycology" or „Ornithology" or „Paleontology" or „Parasitology" or „Plant Sciences" or „Reproductive Biology" or „Zoology"

Chemie: „Chemistry, Analytical" or „Chemistry, Applied" or „Chemistry, Inorganic & Nuclear" or „Chemistry, Medicinal" or „Chemistry, Multidisciplinary" or „Chemistry, Organic" or „Chemistry, Physical" or „Electrochemistry" or „Polymer Science" or „Spectroscopy"

Physik: „Acoustics" or „Astronomy & Astrophysics" or „Mechanics" or „Optics" or „Physics, Applied" or „Physics, Atomic, Molecular & Chemical" or „Physics, Condensed Matter" or „Physics, Fluids & Plasmas" or „Physics, Mathematical" or „Physics, Multidisciplinary" or „Physics, Nuclear" or „Physics, Particles & Fields" or „Thermodynamics"

In einem ersten Schritt wird der Anteil der Open-Access-Publikationen im Web of Science sowie in den drei benannten Disziplinen betrachtet (Tabelle 1). Da unterschiedliche Dokumenttypen statistische Auswertungen verzerren können, bleibt diese Analyse auf den Dokumenttyp „Article" beschränkt, der als der Hauptträger wissenschaftlicher Originalveröffentlichungen angesehen werden kann. Für die Jahre 2011, 2013 und 2015 werden jeweils drei Parameter erhoben:
- Die Publikationen in der Disziplin bzw. der gesamten Datenbank Web of Science insgesamt
- Die Open-Access-Publikationen aus der zuvor angegebenen Menge
- Der Anteil an Open-Access-Veröffentlichungen, der sich hiermit für das jeweilige Jahr ergibt

Tab. 1: Publikationsaufkommen im Web of Science insgesamt und disziplinspezifisch sowie in Bezug auf Open–Access-Publikationen.

	2011			2013			2015		
	Publika-tionen gesamt	Publika-tionen OA	Anteil OA	Publika-tionen gesamt	Publika-tionen OA	Anteil OA	Publika-tionen gesamt	Publika-tionen OA	Anteil OA
Biologie	198.213	17.227	8,7 %	197.955	24.588	12,4 %	211.641	32.852	15,5 %
Chemie	182.613	3.978	2,2 %	196.423	6.212	3,2 %	213.839	9.022	4,2 %
Physik	177.056	4.106	2,3 %	188.937	5.951	3,1 %	194.469	9.527	4,9 %
WoS gesamt	1.371.598	92.062	6,7 %	1.483.054	142.418	9,6 %	1.632.629	212.814	13,0 %

Wie bereits zuvor beschrieben, unterliegen nahezu alle Verteilungsprozesse in der Bibliometrie einer schiefen Verteilung. Dies trifft auch auf die Verteilung von Open-Access-Publikationen auf Disziplinen bzw. Subject Categories zuc (Abbildung 1): So ist der Anteil der Open-Access-Publikationen in der Biologie deutlich höher als in der Physik bzw. der Chemie. Auch der Anstieg des Anteils von Open-Access-Publikationen ist in der Biologie deutlich schneller als in den anderen beiden Disziplinen.

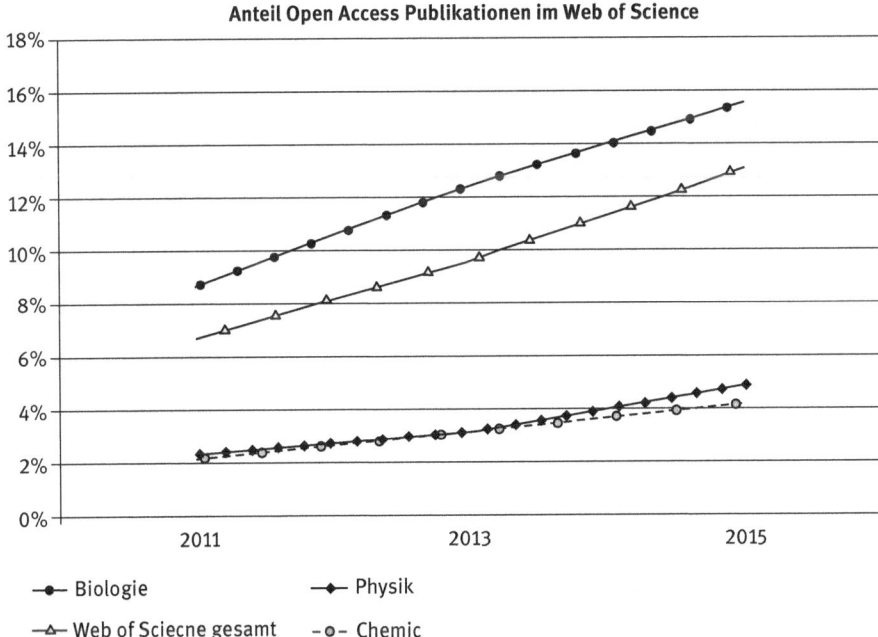

Abb. 1: Anteil Open Access Publikationen im zeitlichen Verlauf im Web of Science insgesamt und disziplinspezifisch.

Diese Beobachtung ist ein Beleg dafür, dass sich Publikationsprozesse stark disziplinspezifisch verhalten. Gleiches gilt auch generell in der Bibliometrie und erstreckt sich auch auf Zitationsgewohnheiten.

Es wird aus der Grafik ersichtlich, dass der Anstieg von Open-Access-Publikationen in der Biologie von der Wachstumsdynamik her ähnlich schnell verläuft wie im gesamten Web of Science, während dieser Prozess in der Physik und der Chemie deutlich langsamer verläuft, und die geringere Wachstumsdynamik in diesen beiden Disziplinen somit dazu führt, dass die Lücke zur Gesamtdatenbank laufend größer wird. Anschaulich wird dies, wenn man für die konkreten jährlichen Ergebnisse in der Tabelle die Abstände der Einzeldisziplinen zur Gesamtdatenbank berechnet: Im Jahr 2011 liegen die Physik und die Chemie ungefähr 4 Prozentpunkte hinter dem Durchschnitt der Open-Access-Publikationen in der Gesamtdatenbank, während die Biologie ungefähr 2 Prozentpunkte über dem Datenbankdurchschnitt lag. Im Jahr 2015 liegt die Biologie weiterhin ungefähr 2 Prozentpunkte vor der Gesamtdatenbank, Physik und Chemie liegen zu diesem Zeitpunkt aber bereits 8 bzw. 9 Prozentpunkte hinter der Gesamtdatenbank.

Eine Erklärung der vorstehend beschriebenen Beobachtung liegt darin, dass in der Biologie wie auch der Medizin die wissenschaftliche Publikationskultur hin zu Open Access bereits deutlich weiter fortgeschritten ist als in der Physik bzw. der Chemie. Dies wird auch in der aktuellen Literatur bestätigt, z. B. bei Walters & Linvill (2011). Da fast das halbe Publikationsaufkommen des Web of Science aus der Biologie oder Medizin stammt, ist es verständlich, dass deren Entwicklung maßgeblich die Entwicklung der Gesamtdatenbank beeinflusst. Zusammenfassend ist für diesen Punkt festzuhalten, dass der Trend zu Open-Access-Publikationen auch in den großen multidisziplinären Publikationsdatenbanken nachweisbar sowie sichtbar ist.

Schwieriger ist es da, den Rezeptionserfolg zu betrachten. Es würde zu kurz greifen, an dieser Stelle nur einzelne Zeitschriften herauszugreifen und isoliert zu betrachten. Auch der Blick in die Literatur ist an dieser Stelle eher verwirrend, kursieren zu diesem Thema doch viele unterschiedliche Studien mit entsprechend variierenden Betrachtungszeiträumen und Benchmarks. Einen Überblick hierüber enthält z. B. Moritz (2013). Ausgangspunkt für eigene Untersuchungen war die Frage des adäquaten Benchmarks: Natürlich kann man eine feldnormalisierte Betrachtung[1]

---

[1] In einer feldnormalisierten Betrachtung wird die Zitationsrate der Open-Access-Publikationen einer Teildisziplin (z. B. Ecology in der Disziplin Biologie) verglichen mit der Zitationsrate aller Publikationen, die dieser Teildisziplin zugeordnet sind. Hieraus ergibt sich eine relative Zitationsrate als Prozentwert. Da die Disziplin „Biologie" aus einer Vielzahl an einzelnen Teildisziplinen besteht, erfolgt eine Gewichtung über die Zahl der Veröffentlichungen. Ergebnis ist ein prozentualer Wert, der die durchschnittliche Wahrnehmung der Open-Access-Veröffentlichungen im Vergleich zu allen Veröffentlichungen der Disziplin ausweist. Ein Wert von 100 % entspricht in diesem Zusammenhang dem Erwartungswert und ist gleichbedeutend mit einer durchschnittlichen Wahrnehmung. Werte deutlich über 100 % sind gleichbedeutend

des Zitationserfolgs der Open-Access-Publikationen beispielsweise im Fach Biologie durchführen (Tabelle 2). Ergebnis ist, dass für das Fach als Ganzes die Wahrnehmung von Open-Access-Publikationen etwa 107 % des Erwartungswertes beträgt. Diese Betrachtungsweise nivelliert allerdings die beträchtlichen Unterschiede, die in den einzelnen Teildisziplinen herrschen: So reicht der Anteil an Open-Access-Publikationen von knapp 41 % in der Parasitologie bis zu kaum wahrnehmbaren 0,3 % in der Biophysik.

Es wird also deutlich, dass auch hier wieder der Grundsatz der schiefen Verteilung gilt, und dass der Wert von 15,5 % Open-Access-Publikationen in der Biologie einer großen Schwankungsbreite in den Teildisziplinen unterliegt.

Besonders herausragend sind in der Beurteilung der Wahrnehmung die Biochemie und Molekularbiologie, die einen Zitationserfolg von über 30 % über dem Erwartungswert von 100 % erzielen. Ebenfalls überdurchschnittlich erfolgreich sind die Open-Access-Publikationen, die der Kategorie „Biologie" zugeordnet sind, mit 128 %, sowie die Paläontologie mit 121 % und die Parasitologie mit 117 %.

Tab. 2: Disziplinspezifischer Publikationsanteil von Open-Access-Publikationen sowie deren disziplinspezifische relative Wahrnehmung; dargestellt sind alle Subject Categories mit mindestens 10 %-Anteil Open-Access-Publikationen.

Teildisziplin	Anteil OA-Publikationen (nur Publikationsjahr 2015)	relative Wahrnehmung der OA-Publikationen im Vergleich zu allen Publikationen der jeweiligen Disziplin (nur Publikationsjahr 2015)
Parasitology	40,9 %	117 %
Mathematical & Computational Biology	29,9 %	93 %
Biology	24,6 %	128 %
Biotechnology & Applied Microbiology	23,5 %	65 %
Microbiology	22,2 %	79 %
Evolutionary Biology	19,9 %	77 %
Cell Biology	12,7 %	87 %
Plant Sciences	10,9 %	82 %

In der Physik und der Chemie ist das Bild ein wenig anders: In der Chemie schafft es keine der Teildisziplinen, mit den Publikationen aus 2013 oder 2015 einen Wert über 100 % zu erreichen. Lediglich die Publikationen der Subject Category „Chemistry, Medicinal" aus dem Jahr 2011 schaffen es mit einer Zitation von 105 % knapp über den Erwartungswert. In der Physik ist vor allem das Feld „Physics, Nuclear" erfolgreich, die Open-Access-Publikationen aus 2015 liegen hier mit einer Wahrnehmung von 147 % sehr weit über dem Erwartungswert. Der Anteil von 14 % Open-Access-Veröffentlichungen in diesem Gebiet ist herausragend. Worin bestehen Vor- und Nachteile in einer feldnormalisierten Betrachtung für die Ermittlung eines möglichen

Zitationsvorteils von Open-Access-Veröffentlichungen? In einer feldnormalisierten Betrachtung wird die Wahrnehmung der Open-Access-Publikationen den restlichen Publikationen des gleichen Feldes gegenübergestellt. Hierbei sind Zeitschriften innerhalb eines Publikationsjahres entweder komplett Open Access oder komplett Nicht-Open-Access. Diese Betrachtung berücksichtigt somit nur Goldene Open-Access-Zeitschriften, während Hybrid-Zeitschriften als Nicht-Open-Access eingestuft sind. Vorteil dieser Betrachtung ist es, eine Aussage über ein komplettes Feld oder eine Teildisziplin treffen zu können und hierbei einen vertretbaren Arbeitsaufwand zu Grunde legen zu können. Als verzerrend mag bei dieser Betrachtungsweise empfunden werden, dass zum Teil neue Zeitschriften sich gegen klassische und über Jahre hinweg eingeführte Zeitschriften behaupten müssen. Dies ist nicht ganz von der Hand zu weisen, relativiert sich aber auch dadurch, dass in einer Disziplin auch auf Seiten der klassischen Zeitschriften solche mit recht niedrigem Impact zu finden sind. Hier gilt die zuvor schon öfters angeführte schiefe Verteilung von Impact für beide Seiten, also Open-Access- und Nicht-Open-Access-Zeitschriften.

Insgesamt lässt sich somit festhalten, dass der Zitationsvorteil von Open Access bei der zuvor dargestellten Methode bibliometrischer Analyse in einigen Teildisziplinen sichtbar ist, auch einen zunehmenden Trend aufweist, aber momentan noch nicht für Gesamtdisziplinen nachweisbar ist.

Eine weitere Methode, den Zitationsvorteil von Open Access zu bestimmen, liegt in einem Vergleich der Wahrnehmung von Open-Access-Veröffentlichungen (vornehmlich in Hybrid-Zeitschriften oder von Autoren frei verfügbar gemachte Publikationen aus klassischen Subskriptionszeitschriften) im Vergleich zu den Nicht-Open-Access-Publikationen der gleichen Ausgabe der gleichen Zeitschrift. Swan (2010) fasst einen großen Teil an Vergleichsstudien zusammen, von denen viele nach dieser zweiten Methode erstellt worden sind: Zeitlich reichen diese Studien zurück bis ins Jahr 2001 und umfassen zwischen einigen Hundert Publikationen bis zu über einer Million. Zusammenfassendes Ergebnis dieser Untersuchungen ist zum überwiegenden Teil, dass es einen Zitationsvorteil für Open-Access-Publikationen gibt. Die prozentuale Höhe dieses Vorteils variiert stark zwischen den einzelnen Studien, im Mittel liegt sie etwa beim Zwei- bis Dreifachen des Impacts im Vergleich zu den Nicht-Open-Access-Publikationen. Mit dieser Methode bibliometrischer Auswertung ist ein Zitationsvorteil für Open-Access-Publikationen einfacher nachweisbar, weil sich der Vergleich immer innerhalb der gleichen Ausgabe einer Zeitschrift abspielt. Eine mögliche Verzerrung durch Impactunterschiede oder sonstige abweichende Merkmale zwischen unterschiedlichen Zeitschriften spielen hier keine Rolle. Die Aussagekraft der Auswertungen ist aber stark abhängig von der Größe des untersuchten Samples. Für Aussagen auf Ebene von Disziplinen sollte es hinreichend groß sein, um für die entsprechende Disziplin auch repräsentativ zu sein. Studien, die nur einzelne Zeitschriften herausgreifen, erfüllen diese Bedingung nicht.

Für die zuvor vorgestellte Methode wie auch für die Methode einer Feldnormalisierung gilt etwa gleichermaßen folgende Aussage: Nicht unwichtig in dieser Art der Untersuchung ist die Höhe des Anteils an Open-Access-Zeitschriften im Verhältnis zur untersuchten Disziplin: Ein sehr niedriger Anteil an Open-Access-Publikationen führt unter Umständen zu eher zufälligen Ergebnissen während ein Anteil an Open-Access-Publikationen, der sich signifikant auf 100 % zubewegt, dazu führt, dass die Möglichkeit eines überdurchschnittlichen Abschneidens abnimmt.

Abschließend lässt sich insgesamt zur Frage eines Zitationsvorteils von Open-Access-Publikationen aussagen, dass es ihn in vielen Disziplinen gibt, die Bestimmung mit beiden dargelegten Methoden aber nicht einfach ist und von vielen Rahmenbedingungen abhängt.

Ein weiterer Aspekt, der sich auch mit dem Aspekt eines Zitationsvorteils befasst, soll nicht außer Acht gelassen werden: In den Altmetrics werden derzeit Methoden erprobt, Wahrnehmung nicht nur auf Basis von Zitationen in publizierter Literatur darzustellen, sondern auch die Wahrnehmung von Veröffentlichungen in den sozialen Medien und anderen Internetdiensten nachzuweisen. Die Entwicklung von Indikatoren für diesen neuen Bereich von Metriken steht noch am Anfang, aber hier dürften Open-Access-Veröffentlichungen auf jeden Fall einen Vorteil haben, da gerade sie es sind, die sich besonders gut eignen, um als Link per Twitter oder in anderen Posts verbreitet zu werden, in der Gewissheit, dass der Empfänger der Nachricht auf die verlinkte Veröffentlichung auf jeden Fall zugreifen kann, und nicht nur vielleicht.

Literatur

Archambault, E. Campbell, D. Gingras, Y. Larivière, V.: Comparing of science bibliometric statistics obtained from the web and Scopus. *Journal of the American Society for Information Science and Technology* 60 (7), 1320–1326, 2009.

Ball, R. Tunger, D.: Science indicators revisited – Science Citation Index versus SCOPUS: A bibliometric comparison of both citation databases. Information Services and Use 26 (4), 293–301, 2006.

Bradford, S. C.: Sources of information on specific subjects. Engineering 137, 85–86, 1934.

de Bellis, N.: Bibliometrics and Citation Analysis. Plymouth: The Scarecrow Press, 2009.

Diodato, V.: Dictionary of Bibliometrics. New York: Harworth Press, 1994.

Garfield, E.: Science Citation Index – A New Dimension in Indexing. Essays of an Information Scientist, Vol. 7, 525–535, 1984.

Haustein, S. & Tunger, D. (2013). Sziento- und bibliometrische Verfahren. In R. Kuhlen, W. Semar, & D. Strauch (eds.), *Grundlagen der praktischen Information und Dokumentation*, 6. Auflage (S. 479–492). Berlin: De Gruyter Saur.

Merton, R. K.: Sociology of Science: Theoretical and Empirical Investigations. Chicago: The University of Chicago Press, 1973.

Moritz, A.: Bibliometrische Analysen von Open-Access-Zeitschriften – Instrumente, Ergebnisse und Zukunftsfelder von Impactbewertungen in: Bibliometrie – Forschung und Praxis, Band 2, 2013.

Stock, W. G.: Publikation und Zitat – Die problematische Basis empirischer Wissenschaftsforschung. Kölner Arbeitspapiere zur Bibliotheks- und Informationswissenschaft 29. Köln: Fachhochschule Köln, 2001.

Swan, A. (2010): The Open Access citation advantage – Studies and results to date, online abrufbar unter: https://eprints.soton.ac.uk/268516/2/Citation_advantage_paper.pdf.

Walters, W. & Linnvill, A.: Characteristics of Open Access Journals in Six Subject Areas in: College & Research Libraries, vol. 72, no. 4 (2011), S. 372–392.

Thomas Hartmann
1f Open Access rechtlich absichern – warum es ein Opt-in braucht

Problemaufriss

Open Access und Recht. Prallen zwei Welten aufeinander? Ja und nein. Allein aus juristischem Blickwinkel ist die Ausgangslage klar: Ziel des Urheberrechts ist der umfassende rechtliche Schutz der UrheberInnen und somit deren Entscheidungssouveränität. Wissenschaftliche AutorInnen haben es selbst in ihrer Hand, Rechtsklarheit und Rechtssicherheit herbeizuführen! Ausgesprochen wünschenswert ist es, dass WissenschaftlerInnen eine gut informierte Publikationsentscheidung und die damit verbundenen urheber- und lizenzrechtlichen Weichenstellungen treffen können. Für die Bereitstellung entsprechend förderlicher Informations- und Unterstützungsangebote, für verlässliche Infrastrukturen sowie für die Verständigung auf Standards und Empfehlungen zuständig sind Universitäten, Hochschulen, Forschungs- und Bildungseinrichtungen, Wissenschafts-, Forschungs- und Hochschulpolitik, Bibliotheken, Rechen- und Medienzentren sowie weitere wissenschaftsbezogene Services. Eine rechtssichere Ausgestaltung dieser Angebote und Strukturen setzt entsprechende Rechtskenntnisse auch beim nichtjuristischen Fachpersonal in den Einrichtungen voraus.

Ja, Open Access und Recht weisen in ihrer Historie, in Ziel, Verfahren, Dynamik, Aufbau und Ausgestaltung gravierend divergierende Muster auf. Eine Erklärung für viele Reibungspunkte ist die Zielsetzung des Urheberrechts: Es bezweckt den Schutz der UrheberInnen. Das Open-Access-Paradigma hingegen stellt den Zugang zu Wissen voran, somit gerät häufig die Nutzerperspektive in den Vordergrund.

Wissen, Bildung und Wissenschaft für *eine* „Wissenschaftsgemeinschaft", eine Wissensgesellschaft schlechthin, sind Kern von Open Access. Das Urheberrecht jedoch widmet sich an nur wenigen Stellen explizit Wissenschaft und Bildung. Wissenschaftliche AutorInnen stehen urheberrechtlich in einer Reihe mit überaus divers tätigen anderen UrheberInnen etwa aus den Bereichen der Belletristik, aus Musik und Film.

Befördert durch die Digitalisierung setzt Open Access auf eine systematische Wende des elektronischen Publizierens (OA2020 Initiative, 2015).

Das Urheberrecht blickt auf eine Historie zurück, die bis zu den Anfängen des Buchdrucks reicht. Die Urheberrechtsordnung wird seitdem, national wie international, in kleinen, behutsamen Schritten angepasst (Kuhlen, 2008; Hartmann, 2016). Damit muss auch auf Verfahren verwiesen werden: Die Setzung des Urheberrechts erfolgt in demokratischen und rechtsstaatlichen Entscheidungsprozessen, an deren Ende oftmals komplex abgestufte, rechtsverbindliche Normen stehen. Open Access jedoch ist (auch) eine Wissenschaftsbewegung, die für ein Ideal wirbt.

Paradoxerweise kann unser demokratiedeterminierter Handlungsrahmen des (Urheber-)Rechts die Digitalisierung und Globalisierung beim Publizieren nur begrenzt abbilden. Elektronische Publikationen verbreiten sich in Netzen und Fachgemeinschaften, die Setzung des (Urheber-)Rechts erfolgt weithin in national legitimierten Verfahren. Dieser rechtliche Verfahrensrahmen ist vorgegeben von elementaren Pfeilern der Demokratietheorie wie etwa der Volkssouveränität. Auf diesem Fundament ist das (Urheber-)Recht nur begrenzt kompatibel mit globaler Internetregulierung oder einem global auftretenden Open-Access-Wissenschaftsurheberrecht. Das sind strukturelle Unterschiede von (Urheber-)Recht und Open Access. Auf ihnen fußen vielfältige Rechtsfragen, die bei elektronischem Publizieren teils besonders deutlich zutage treten. Die fehlenden Parallelitäten von Recht und Open Access begründen auch die im Wissenschaftsalltag stark beklagten Rechtsunsicherheiten.

Nein, Open Access und Recht prallen nicht aufeinander. Das Urheberrecht bildet den gesetzlichen Rahmen, auch um Open Access rechtsverlässlich abzubilden. Dafür zu optieren, das kann unsere freiheitliche Rechtsordnung den betroffenen Personen und Akteuren nicht abnehmen. So liegt es – grundrechtlich verbürgt – an den einzelnen wissenschaftlichen UrheberInnen und den von ihnen einbezogenen AkteurenInnen, sich für Open Access zu entscheiden.

Zielkonflikt

Das Urheberrecht spricht den wissenschaftlichen UrheberInnen exklusive Verwertungsrechte zu. Demnach gilt das Prinzip: *Alle* Rechte sind vorbehalten. Wer die Publikationen nutzen möchte, muss dafür prinzipiell die UrheberInnen oder die RechteinhaberInnen/Verlage um Erlaubnis fragen, d. h. eine Lizenz einholen (Hartmann, 2014, 2). Auf diese Weise sichern sich UrheberInnen mit ihren VerlagspartnerInnen die Möglichkeit der wirtschaftlichen Verwertung ihrer Publikationen.

Von diesem Urheberrechtsgrundsatz weicht Open Access entscheidend ab. Bei Open Access gilt: *Manche* Rechte sind vorbehalten. Damit treffen UrheberInnen eine bewusste Entscheidung, vor allem Verwertungsrechte nicht in Anspruch zu nehmen, d. h. diese „frei" zu lizenzieren. Damit stärken sie die Zugänglichkeit und Nachnutzungen ihrer Publikationen, verzichten aber regelmäßig vollständig oder in Teilen auf eine finanzielle Vergütung ihrer Publikationen. Als Autorenrecht weiterhin vorbehalten bleibt das Recht auf Anerkennung der Urheberschaft (Namensnennungsrecht).

Rechtsklarheit und Rechtssicherheit besteht, wenn sich AutorInnen wissenschaftlicher Publikationen zu einem dieser beiden Wege bekennen: Goldenen Open Access gemäß der Berliner Erklärung, siehe unten, *oder* einem (subskriptionsbasierten) Verwertungs- und Publikationsmodell, Closed Access. Unterbleibt eine solche bewusste Entscheidung, ist Ziel- und damit verbundenen Rechtskonflikten der Boden bereitet.

Zielkonflikte und daraus resultierende rechtliche Komplexität sind nicht selten beim sog. Grünen Open Access zu konstatieren. Wissenschaftliche AutorInnen entscheiden sich für die Publikationen bei einer Verlagszeitschrift, die dem traditionellen, subskriptionsbasierten Urheberrecht folgt. Dabei räumen sie typischerweise ihre Verwertungsrechte exklusiv dem Verlag ein. Von diesem Moment an ist Open Access rechtlich häufig nicht mehr realisierbar. Der dennoch bei AutorInnen aufkeimende Wunsch zumindest nach Zugänglichkeit im Internet steht im Widerspruch zu der selbst mit dem Verlag getroffenen Publikationsabsprache. Inwieweit nachträglich einem solchen Zweitveröffentlichungswunsch rechtssicher entsprochen werden kann, ist im konkreten Einzelfall zumeist mit erheblichem Aufwand und hoher Komplexität zu ermitteln und ggf. mit dem Verlag direkt zu verhandeln. Diesen Zielkonflikt nachträglich aufzulösen fällt auch dem Gesetzgeber schwer, wie die detailreichen Restriktionen des erst zum 01.01.2014 novellierten Paragraphen 38 Urheberrechtsgesetz verdeutlichen (Aktionsbündnis, 2015; Allianz, 2015).

Lizenzrechtliche Definition und Umsetzung von Open Access

Das Open-Access-Paradigma beschreibt die „Berliner Erklärung über den offenen Zugang zu wissenschaftlichem Wissen". Zusammengefasst geht es um offenen Zugang *und* um die Erlaubnis der Nachnutzung von wissenschaftlichen Forschungsergebnissen. Die zweite Anforderung wird mitunter nicht beachtet. Werden Publikationen in das Internet zum Abruf bereitgestellt, gilt damit weiterhin das Urheberrechtsprinzip „Alle Rechte vorbehalten" (siehe oben).

Erforderlich ist demnach eine Lizenzierung, welche rechtswirksame Nachnutzungsmöglichkeiten eröffnet. Nach der Berliner Erklärung ist es unter dem Open-Access-Paradigma mindestens erlaubt, Publikationen „in jedem beliebigen digitalen Medium und für jeden verantwortbaren Zweck – zu kopieren, zu nutzen, zu verbreiten, zu übertragen und öffentlich wiederzugeben sowie Bearbeitungen davon zu erstellen und zu verbreiten" sowie „eine geringe Anzahl von Ausdrucken zum privaten Gebrauch" anzufertigen. Gemäß dieser Zielanforderung lizenzierte Open-Access-Publikationen könnten die Rechtsrisiken etwa auch von (Open Access-)Repositorien und vernetzten Diensten entscheidend reduzieren (Müller, 2011).

Neben Zugänglichkeit müssen Open-Access-Publikationen mit einer Lizenz versehen sein, welche diese Nachnutzungen ermöglicht. In der Praxis verbreitet sind dazu die standardisierten Lizenzbedingungen von Creative Commons (Weller & Di Rosa, 2013). Wie eine Publikation konkret rechtswirksam im Open Access lizenziert werden kann, zeigt zum Beispiel ein Werkstattvortrag (Hartmann, 2015).

Open Access im deutschen Urheberrechtsgesetz

Wie dargestellt ermöglichen es die allgemeinen Bestimmungen des Urheberrechtsgesetzes, Publikationen im Open Access zu verbreiten (Schmidt, 2016; Spindler, 2006). Explizit auf Open Access gerichtete Gesetzesbestimmungen fehlen im Übrigen weitgehend.

Lediglich zwei Leuchttürme strahlen im Urheberrechtsgesetz den Open-Access-Gedanken aus: Erstens ermöglicht die sog. Linux-Klausel im Bereich von Open Source und Open Content, dass UrheberInnen unentgeltlich ein einfaches Nutzungsrecht für jedermann einräumen können (Paragraph 32 Absatz 3 Satz 3 Urheberrechtsgesetz). Dies ist urheberrechtsdogmatisch wichtig, weil UrheberInnen prinzipiell ein Anspruch auf angemessene Vergütung unverzichtbar zusteht.

Zweitens ist vor allem die Gesetzesbegründung zum novellierten Paragraphen 38 aus Open-Access-Sicht bemerkenswert: Der Gesetzgeber greift an dieser Stelle erstmals zentrale Begründungen des Open-Access-Paradigmas explizit auf. So lautet die Gesetzesbegründung (Bundestagsdrucksache 17/13423, S. 9–10): „Nur wenn Forschungsergebnisse frei verfügbar sind, können sie Grundlage weiterer Forschungsaktivitäten sein (...)." Weiter heißt es: „Im Bereich von Forschungsaktivitäten, die überwiegend mit öffentlichen Geldern gefördert werden, bedeutet dies, dass die mit Steuergeldern finanzierten Ergebnisse wissenschaftlicher Forschung für weitere Forschungsarbeiten ein zweites Mal durch entsprechende Vergütungen für die Wissenschaftsverlage durch die öffentliche Hand bezahlt werden müssen." Mit der neuen Regelung von Paragraph 38 zum 01.01.2014 will der deutsche Gesetzgeber „die rechtlichen Rahmenbedingungen für einen möglichst freien Zugang zu wissenschaftlichen Informationen" verbessern. In der Gesetzesbegründung wird zudem konstatiert: „Viele Wissenschaftler haben ein Interesse daran, ihre veröffentlichten Forschungsergebnisse einer breiteren (Fach-)Öffentlichkeit zugänglich zu machen." Gerade damit haben zentrale Argumente der Open-Access-Befürworter Eingang in die amtliche Begründung des Urheberrechtsgesetzes gefunden. Dies kann für die weitere Entwicklung eines wissenschaftsfreundlichen und zugangsorientierten Urheberrechts noch eine wichtige Flankierung darstellen.

Soft Law für Open Access

Richtlinien, Empfehlungen, Absichtserklärungen, Policies und andere Erklärungen für Open Access erfahren zusehends Verankerung und Akzeptanz an Hochschulen und anderen Wissenschaftseinrichtungen. Hinzu kommen Strategien, Kampagnen und Initiativen zur Förderung von Open Access seitens der Politik, von Verbänden und anderen AkteurInnen. Solche Dokumente entfalten im Allgemeinen keine unmittelbare Rechtswirkung wie dies insbesondere Gesetze, Satzungen oder

Verträge tun. Ihnen sollte dennoch nicht jegliche juristische Strahlkraft abgesprochen werden (Hartmann, 2014, 1).

Für Regelungen in der Wissenschaft ist der Gesetzgeber in vergleichsweise geringem Umfang zuständig. Dies hängt wesentlich mit der grundgesetzlich verbürgten Hochschulautonomie und dem Selbstverwaltungsrecht der Wissenschaftseinrichtungen zusammen. Viele rechtsverbindliche Regelungen werden auf Einrichtungsebene diskutiert und rechtswirksam beschlossen. Das betrifft auch Publikationsvorgaben, so statuieren zum Beispiel seit langem Prüfungs- und Studienordnungen recht genau, ob und wie Abschlussarbeiten zur Erlangung eines akademischen Grades veröffentlicht werden müssen. Hinzu kommt, dass Wissenschaftskommunikation mit ihren Wissenschaftspublikationen Teil der grundrechtlichen Wissenschaftsfreiheit gemäß Artikel 5 Absatz 3 Grundgesetz ist. Demnach entscheiden die einzelnen WissenschaftlerInnen (ggf. in ihren Selbstverwaltungsgremien) darüber, wie publiziert werden kann, soll oder muss. Dies führt in der Praxis immer wieder dazu, dass initial eher „soft" formulierte Erklärungen – etwa Publikationsempfehlungen – schließlich auch in bindendes Wissenschafts- oder Vertragsrecht münden.

Ferner ist zu beobachten, dass Gerichte zur Auslegung rechtlich noch nicht näher konturierter (Open Access-)Lizenzregelungen auch Materialien heranziehen, die nicht formelle Rechtsdokumente sind, sondern die jeweiligen Einschätzungen und Gepflogenheiten aus der Wissenschaft repräsentieren.

Open-Access-Mandatierungen

Bislang widmet sich das Urheberrecht vor allem den Rechtsbefugnissen der AutorInnen. Diese können ihre Publikationen im Einklang mit Open Access veröffentlichen und lizenzieren. Sie haben also das Recht, nicht aber die Pflicht zu Open Access. Dies wurde erstmals gesetzlich durchbrochen in Baden-Württemberg mit dem dort im Jahr 2014 neu gefassten Paragraph 44 Absatz 6 des Landeshochschulgesetzes. Im Verfahren etwas aufwändiger, aus Gründen der Hochschulautonomie aber gut vertretbar, gibt das Landeshochschulgesetz den Hochschulen vor, jeweils satzungsrechtlich eine Zweitveröffentlichungs*pflicht* zu erlassen. Eine solche Satzung, wie sie etwa die Universität Konstanz Ende 2015 verabschiedet hat, ist für alle Hochschulangehörigen bindendes Recht.

Diese Pionierbestimmung im deutschen Recht bringt wichtige Rechtsfragen mit sich. Zunächst ist eine gewisse Konkurrenz zwischen Landesdienstrecht für Hochschulangehörige und Urheberrechtsvorgaben (Bundeskompetenz) erkennbar. Diese Konkurrenz offenbart sich für Zweitveröffentlichungen an Hochschulen konkret in politischen Regelungsunterschieden zwischen Paragraph 38 Absatz 4 Urheberrechtsgesetz und Paragraph 44 Absatz 6 Landeshochschulgesetz Baden-Württemberg. Grundlegend und nicht verfassungsgerichtlich geklärt in Deutschland ist aber die

Rechtsfrage, ob Publikationsverpflichtungen einer Universität unzulässig in die nach Artikel 5 Absatz 3 Grundgesetz geschützte Wissenschaftsfreiheit wissenschaftlicher AutorInnen eingreifen (Fehling, 2014).

Im Effekt ähnlich wie gesetzliche Open-Access-Mandatierungen wirken können Förderauflagen. Juristisch jedoch sind Förderbedingungen mit verpflichtenden Open-Access-Vorgaben wie etwa das EU-Forschungsrahmenprogramm Horizon2020 (vgl. MPDL, 2014) wahrscheinlich dem (Urheber-)Vertragsrecht zuzuordnen und erfahren damit eine abweichende urheber- und verfassungsrechtliche Beurteilung. Dabei ist die Ausgangslage für Open-Access-Mandatierungen, neben dem hier für Deutschland angesprochenen Rechtsrahmen, mitunter auch hinsichtlich Tradition, Verständnis und Akzeptanz uneinheitlich (vgl. Schmidt & Kuchma, 2012).

Open Access für Unterrichtsmaterialien, Forschungsdaten & Co.

Open Access richtet sich zunächst explizit auf wissenschaftliche Forschungsergebnisse, erstreckt sich aber dem Open-Science-Gedanken folgend auch auf andere Bereiche des Lernens und Forschens. Urheberrechtlich werden Unterrichtsmaterialien in vielen Fällen ähnlich einzuordnen sein wie Forschungspublikationen. Damit kann der besprochene urheber- und lizenzrechtliche Rahmen der Forschungspublikationen auch hinsichtlich freier Zugänglichkeit von Bildungsmaterialien (Open Educational Resources, OER) herangezogen werden.

Anderes kann gelten für (digitale) Forschungsdaten. Insbesondere bei Forschungsdaten in den Natur- und Lebenswissenschaften kann sich eine prinzipiell andere Rechtslage ergeben, die keinen Urheberschutz vorsieht (Hartmann, 2013, 2). Wie sich ein solch abwesender Rechtsschutz auf die (Open Access-)Veröffentlichungsbereitschaft der ForscherInnen hinsichtlich ihrer Forschungsdaten (Open Research Data) auswirkt, ist noch weitgehend unerforscht.

Fazit

Wer nach dem Open-Access-Prinzip veröffentlichen will, kann dies rechtssicher tun. Eine Entscheidung der UrheberInnen pro Open Access ist unerlässlich, weil die urheberrechtliche Ausgangslage vom Grundsatz „Alle Rechte sind vorbehalten" ausgeht. Für eine Open-Access-Veröffentlichung reicht es vor allem nicht aus, eine Publikation lediglich in das Internet zu stellen. Vielmehr bedarf es einer geeigneten, sog. freien Lizenzierung, damit Nachnutzungen der Publikation wie von der Berliner Erklärung vorgegeben urheberrechtlich zulässig sind. Eine nachträgliche Änderung des (auch rechtlich) eingeschlagenen Veröffentlichungsweges erfordert in der Regel eine genaue Rechteprüfung des konkreten Einzelfalls, was mit erheblichem Aufwand und hoher urheber- und lizenzrechtlicher Komplexität verbunden sein kann. Wie bei der (auch lizenzrechtlichen) Publikationsberatung allgemein sollten Bibliotheken und andere Stellen ihre AutorInnen mit Angeboten, Services und Hilfsmitteln rechtskompetent auf dem Weg zu Open Access begleiten. Die erforderliche juristische Expertise dafür können Bibliotheken, IT-Zentren und andere Unterstützungsstellen im Verbund aufbauen und in Empfehlungen und Gütestandards (DINI, 2016) abbilden.

Literatur

Aktionsbündnis „Urheberrecht für Bildung und Wissenschaft" (2015). *Das Recht auf eine Zweitveröffentlichung (Flyer)*. Abrufbar unter (pdf-Datei) http://urheberrechtsbuendnis.de/docs/zvr-folder-2015-a4.pdf.

Allianz der deutschen Wissenschaftsorganisationen, Schwerpunktinitiative „Digitale Information" (2015). *FAQ zum Zweitveröffentlichungsrecht*. Abrufbar unter http://www.allianzinitiative.de/handlungsfelder/rechtliche-rahmenbedingungen/faq-zvr.html.

DINI, Deutsche Initiative für Netzwerkinformation e. V. (2016). *DINI-Zertifikat 2016 „Open-Access-Repositorien und -Publikationsdienste"* (siehe in Kap. 2.4 die rechtlichen Zertifizierungsanforderungen und -empfehlungen). URL: https://dini.de/dini-zertifikat/.

Fehling, M. (2014). Verfassungskonforme Ausgestaltung von DFG-Förderbedingungen zur Open-Access-Publikation. *OdW. Ordnung der Wissenschaft*, 2014(4), 179–214. Abrufbar unter (pdf-Datei): http://www.ordnungderwissenschaft.de/Print_2014/24_fehling_dfg_odw_ordnung_der_wissenschaft_2014.pdf.

Hartmann, T. (2016). Eine juristische Agenda für digitale Inhalte. *RBD. Recht, Bibliothek, Dokumentation*, 46(1), 21–39. Als Zweitveröffentlichung abrufbar unter: http://hdl.handle.net/11858/00-001M-0000-002B-B282-8.

Hartmann, T. (2015): *Offene Lizenzen – ein Werkstattbericht zu den rechtlichen Herausforderungen im Jahr 2015*. Tagung „Offene Lizenzen in den Digitalen Geisteswissenschaften", Vortragsaufzeichnung, 28.04.2015 in Bayerischer Akademie der Wissenschaft, München. Abrufbar bei L.I.S.A. – Das Wissenschaftsportal der Gerda Henkel Stiftung unter http://www.lisa.gerda-henkelstiftung.de/offene_lizenzen_ein_werkstattbericht_zu_den_rechtlichen_herausforderungen_im_jahr_2015?nav_id=5693.

Hartmann, T. (2014, 2). *Urheberrecht in der Bildungspraxis. Leitfaden für Lehrende und Bildungseinrichtungen*. Bielefeld: W. Bertelsmann Verlag.

Hartmann, T. (2014, 1). Compliance-Anforderungen für das Forschungs- und Publikationsmanagement. Tagung „8. Open-Access-Tage", Vortragsaufzeichnung, 09.09.2014 in Fachhochschule Köln. Abrufbar via YouTube unter https://youtu.be/BegYmuqD804.

Hartmann, T. (2013, 2). Zur urheberrechtlichen Schutzfähigkeit der Forschungsdaten. *InTeR. Zeitschrift zum Innovations- und Technikrecht*, 1(4), 199–202. Abrufbar unter http://hdl.handle.net/11858/00-001M-0000-0014-1208-E.

Hartmann, T. (2013, 1). Mantra Rechtssicherheit. *LIBREAS. Library Ideas*, 22, 5–15. Abrufbar unter resolving.de/urn:nbn:de:kobv:11-100208904.

Kuhlen, R. (2008). *Erfolgreiches Scheitern – eine Götterdämmerung des Urheberrechts? (Schriften zur Informationswissenschaft 48)*. Boizenburg: Verlag Werner Hülsbusch. Abrufbar unter (pdf-Datei) http://www.kuhlen.name/MATERIALIEN/RK2008_ONLINE/files/HI48_Kuhlen_Urheberrecht.pdf.

Max Planck Digital Library (2014). Open Access to Scientific Publications in Horizon 2020 (Flyer in der Reihe „MPDL Fact Sheets on Open Science"). Abrufbar unter (pdf-Datei) https://www.mpdl.mpg.de/images/documents/oa/open_science_fact_sheet_horizon2020.pdf.

Müller, U. (2011). Rechtliche Folgen der Vernetzung von Repositorien. In IUWIS (Hrsg.), *Zur urheberrechtlichen Gestaltung von Repositorien. Handreichung für Universitäten, Forschungszentren und andere Bildungseinrichtungen* (S. 42–45). Berlin. Broschüre abrufbar unter http://hdl.handle.net/11858/00-001M-0000-000F-88F6-9.

OA2020 Initiative (2015). *Initiative fort he large-scale transition to open access.* Max Planck Digital Library/Max Planck Gesellschaft e. V. URL: http://oa2020.org/.

Schmidt, B. & Kuchma, I. (2012). *Implementing Open Access Mandates in Europe. OpenAIRE Study on the Development of Open Access Repository Communities in Europe.* Göttingen: Universitätsverlag Göttingen. Abrufbar unter http://resolver.sub.uni-goettingen.de/purl?isbn-978-3-86395-095-8.

Schmidt, N. (2016). *Open Access.* Baden-Baden: Nomos.

Spindler, G. (2006). *Rechtliche Rahmenbedingungen von Open Access-Publikationen.* Göttingen: Universitätsverlag Göttingen. Abrufbar unter http://resolver.sub.uni-goettingen.de/purl?isbn-3-938616-45-8.

Weller, M. & Di Rosa, E. (2013). Lizenzierungsformen. In R. Kuhlen, W. Semar & D. Strauch (Hrsg.): *Grundlagen der praktischen Information und Dokumentation* (6., völlig neu gefasste Ausg., S. 454–465). Berlin: Walter de Gruyter. Abrufbar unter http://nbn-resolving.de/urn:nbn:de:bsz:14-qucosa-114810.

Uwe Müller
1g Standards und Best Practices im Kontext von Open Access

Einleitung

Open Access ist als besondere Ausprägung des wissenschaftlichen elektronischen Publizierens zunächst eine Form der Wissenschaftskommunikation insgesamt und muss sich folglich in erster Linie an den Anforderungen messen lassen, die gemeinhin an das wissenschaftliche Publizieren gestellt werden. Um diesen Anforderungen zu genügen, für die in der papiergebundenen Wissenschaftskommunikation teilweise seit Jahrhunderten Standards gelten, haben sich auch für das elektronische Publizieren und insbesondere für Open Access entsprechende Lösungen und Best Practices entwickelt.

Im Allgemeinen können für das wissenschaftliche Publikationssystem folgende Anforderungen identifiziert werden (Müller, 2009):
- Zugänglichkeit – also einerseits die Verfügbarmachung der erschienenen Publikationen für die intendierte Zielgruppe und andererseits der ungehinderte und nur von der Qualität der Arbeit abhängige Zugang für wissenschaftliche Autoren,
- Nachhaltigkeit – also die dauerhafte Verfügbarkeit einmal veröffentlichter wissenschaftlicher Werke,
- Nachvollziehbarkeit – bezogen auf den gesamten Publikationsprozess von der Einreichung bis zur Veröffentlichung, insbesondere auch die eindeutige und dauerhafte Identifizierbarkeit von Publikationen,
- Authentizität – also die Gewähr dafür, dass die im Rahmen einer Publikation genannten Autoren tatsächlich deren Verfasser sind und der Inhalt in dieser Form von ihnen stammt, sowie
- Qualitätssicherung – also die verlässliche Sicherstellung eines bestimmten Maßes an Relevanz, Originalität und Qualität der Publikationen.

In diesem Beitrag wird vor allem auf Standards und Best Practices mit Bezug zu den Anforderungen nach Zugänglichkeit, Nachvollziehbarkeit und Authentizität eingegangen. Die Frage der Qualitätssicherung wird in anderen Beiträgen dieses Bandes dezidiert beleuchtet (siehe Kapitel 1c und 6d).

Zugänglichkeit: Interoperabilität und Offene Lizenzen

Die – möglichst ungehinderte – Zugänglichkeit zu wissenschaftlichen Publikationen ist das Kernthema von Open Access. Bei der Umsetzung dieses Anspruchs in die Praxis sind zwei zentrale Aspekte zu berücksichtigen: Erstens die Schaffung der notwendigen technischen Voraussetzungen zur Unterstützung einer möglichst weiten Verbreitung und guten Auffindbarkeit veröffentlichter Arbeiten sowie zweitens die notwendigen rechtlichen Grundlagen mit dem Ziel, Klarheit über die tatsächlich aus rechtlicher Sicht erlaubten Nutzungsmöglichkeiten von Publikationen zu schaffen.

Interoperabilität

Diese Aspekte ergeben sich auch aus den beiden in der Berliner Erklärung genannten Bedingungen, die für Open-Access-Veröffentlichungen gelten müssen (Bullinger et al., 2003).[1] Darin heißt es zur Frage der technischen Bereitstellung einer Open-Access-Publikation, sie müsse vollständig und in einem geeigneten Dateiformat auf einem Repositorium abgelegt sein, dessen Betreiber „an academic institution, scholarly society, government agency, or other well-established organization" ist und das – vor allem hinsichtlich der Interoperabilität – aktuelle technische Standards erfüllt.

Als konkretes Beispiel wurde damals bereits das zu diesem Zeitpunkt gerade veröffentlichte Open Archives Protocol for Metadata Harvesting (OAI-PMH) genannt,[2] das trotz all seiner Grenzen neben der für Webcrawler durchsuchbaren Webrepräsentation noch heute die wichtigste Schnittstelle für die maschinelle Weitergabe von Metadaten wissenschaftlicher Publikationen darstellt. Es bildet die Grundlage des standardisierten regelmäßigen Datenaustauschs, der unter anderem für die Errichtung übergreifender Such- und Nachweisdienste wie etwa der Wissenschaftssuchmaschine BASE erforderlich ist. Das OAI-PMH ist ein sehr leichtgewichtiges und damit einfach zu implementierendes Kommunikationsprotokoll, das die Bereitstellung der Metadatensätze zumindest im Format Dublin Core vorsieht, mit dem aber auch komplexere Datenformate transportiert werden können und das auch einen Mechanismus zur inhaltlichen Selektion innerhalb eines Bestandes bereitstellt. OAI wird seit Jahren durch alle für die Speicherung und Online-Bereitstellung wissenschaftlicher Veröffentlichungen verwendeten Repository-Systeme (siehe Kapitel 6b) unterstützt. Um die durch das OAI-PMH zunächst ermöglichte rein technische Interoperabilität

---

1 Deutsche Fassung siehe https://openaccess.mpg.de/68053/Berliner_Erklaerung_dt_Version_07-2006.pdf.
2 Siehe https://www.openarchives.org/.

ein Stück weiter auf die semantische Ebene zu heben, gibt es zahlreiche Bemühungen, Anwendungsprofile bzw. Verwendungshinweise für das Protokoll zu entwickeln. Dazu zählen unter anderem die OpenAIRE Guidelines[3] sowie die OAI-Richtlinien von DINI, die inzwischen als Anhang A unmittelbarer Bestandteil des DINI-Zertifikats sind (siehe unten).

Während das OAI-PMH zum Zeitpunkt der Berliner Erklärung bereits eine gewisse Bekanntheit hatte und wohl auch deswegen Aufnahme in den verabschiedeten Text fand, steckte eine weitere Entwicklung damals noch in den Kinderschuhen: Linked (Open) Data und das so genannte Semantic Web (Berners-Lee, Hendler & Lassila, 2001). Unter Linked Data werden Informationen im Web verstanden, denen eindeutige Bezeichner in Form von URIs zugeordnet sind und die damit eine klar definierte Bedeutung erhalten und so auch für maschinelle Nutzer interpretierbar sind. Wenn dergestalt strukturierte Daten frei verfügbar sind, spricht man von Linked Open Data (LOD). Inzwischen hat Linked Data längst Einzug in das wissenschaftliche Publikationswesen gehalten: Große Wissenschaftsverlage wie Elsevier oder Springer nutzen die Technologie für die auf ihren Daten aufbauenden Dienste. Analog dazu zeichnet sich für Open-Access-basierte Publikationsformen ein gewisser Trend ab, die Metadaten als LOD zu exponieren und damit ihre Wiederverwendbarkeit deutlich zu vereinfachen. So bieten Repository-Systeme wie etwa DSpace LOD-Module an. Ihre tatsächliche Nutzung in produktiven Instanzen hält sich derzeit allerdings noch in Grenzen.

Um die Auffindbarkeit veröffentlichter Dokumente zu steigern, spielt darüber hinaus die Suchmaschinenoptimierung (SEO) eine inzwischen kaum zu überschätzende Rolle (Arlitsch & OBrien, 2013). Darunter sind technische Maßnahmen zu verstehen, die darauf ausgerichtet sind, einzelne Seiten von Websites den Suchmaschinen überhaupt bekannt zu machen und darauf hinzuwirken, dass sie auf Suchergebnisseiten prominent – also weit oben – platziert werden. Explizit ausgewiesene Metadaten wie die althergebrachten HTML-Metatags im Header-Bereich von HTML-Seiten oder die mehr oder weniger standardisierten bzw. von den großen Suchmaschinen empfohlenen Micro-Formate wie schema.org haben hier eine wesentliche Bedeutung. Um die Struktur von Webseiten zu exponieren und dabei Links zu allen Unterseiten bereitzustellen, sind Sitemaps nach wie vor wichtig – allerdings nicht notwendigerweise in Form einer auch an Endnutzer gerichteten HTML-Seite, sondern als XML-Sitemap. Dabei handelt es sich um einen von Google, Microsoft und Yahoo beschlossenen Standard, der Webcrawlern das Auslesen von Seitenstrukturen vor allem umfangreicherer Websites erleichtern soll. Dessen Nutzung ist für Open-Access-Angebote wie etwa Repositorien vor allem dann empfehlenswert, wenn die Dokumente bzw. die häufig vorgeschalteten Frontpages nicht über browsingbasierte Einstiege durch Links erreichbar sind, sondern nur über die interne Suche.

---

[3] Siehe https://guidelines.openaire.eu/en/latest/literature/index.html.

Offene Lizenzen

Die Berliner Erklärung verlangt für Open-Access-Publikationen, dass deren Autoren bzw. Rechteinhaber allen Nutzern ein unwiderrufliches, weltweites Zugriffsrecht und darüber hinaus „a license to copy, use, distribute, transmit and display the work publicly and to make and distribute derivative works" einräumen, die freilich die Nennung der Autorenschaft als wesentliche Bedingung einschließt. Abgesehen davon, dass Open Access heute nicht immer so interpretiert wird, dass damit diese sehr weitreichenden Nutzungsrechte auch tatsächlich eingeräumt werden (müssen), wird hier die Notwendigkeit einer Lizenzierung der publizierten Inhalte deutlich, die – um es potenziellen Nutzern möglichst einfach zu machen – idealerweise auf einheitlichen Grundlagen basieren sollte. Das Mittel der Wahl sind hier so genannte Open-Content-Lizenzen, mit denen Rechteinhaber urheberrechtlich geschützter Werke standardisierte Nutzungsrechte an jedermann einräumen können (Kreutzer, 2015). Die mit Abstand größte Verbreitung haben die Creative Commons[4] (CC), die aus sechs Standardlizenzverträgen bestehen und neben den in unterschiedliche nationale Rechtssysteme portierten juristischen Lizenztexten zwei weitere Darstellungsarten umfassen – die für juristische Laien allgemeinverständlich formulierten und mit eingängigen Piktogrammen versehen „Commons Deed" und die maschinenlesbare RDF-Version, die unter anderem durch Suchmaschinen und andere übergreifende Nachweissysteme ausgelesen und genutzt werden kann (Weller & Di Rosa, 2013). Viele Open-Access-Zeitschriften ermöglichen ihren Autoren die Lizenzierung ihrer Beiträge mit CC-Lizenzen oder verpflichten sie sogar darauf. Auch auf Open-Access-Repositorien beginnt sich dieser Trend zu übertragen, wobei eine gewisse Schwierigkeit hier darin liegt, dass im Falle von Parallelpublikationen – also Grünem Open Access – Urheber mangels der dafür notwendigen exklusiven Rechte oftmals keine CC-Lizenzen an ihren Werken mehr einräumen können.

Nachvollziehbarkeit: Persistent Identifiers

Um Publikationen dauerhaft adressieren und zitieren zu können, sind eindeutige und stabile Identifikatoren erforderlich. Für das (wissenschaftliche) Publikationswesen in vordigitaler Zeit haben sich dabei unterschiedliche de-facto-Standards etabliert, die zumeist auf Metadaten basieren – beispielsweise dem Titel einer Zeitschrift, einer Band- oder Jahrgangsangabe und der Seitenzahl – und seit der zweiten Hälfte des 20. Jahrhunderts teilweise auch explizite Identifikationssysteme einschließen – vor allem ISBN und ISSN. Dadurch lassen sich einmal erschienene Publikationen nicht nur zitieren, sondern – etwa in Bibliotheken – auch wiederauffinden.

---

4 Siehe https://creativecommons.org/.

Elektronische Publikationen werden online im Web bereitgestellt – sei es auf Verlagswebseiten, (Open-Access-)Zeitschriftenplattformen oder in Repositorien. Um die Potenziale dieser Veröffentlichungsformen voll auszuschöpfen, ist neben einer formalen Zitation eine direkte Verlinkung auf die elektronischen Volltexte sinnvoll und üblich. Allerdings sind die im Internet als Adressierungsmethode gebräuchlichen URLs häufig Veränderungen unterworfen, so dass bei Zitationen verwendete Links auf elektronische Publikationen nach einer gewissen Zeit potentiell ins Leere führen. Um diesem Problem zu begegnen, werden so genannte Persistent Identifiers (PI) genutzt. Deren Prinzip besteht darin, jeder Publikation eine von der konkreten Internet-Domain sowie dem verwendeten Bereitstellungssystem – etwa einer Repository-Software – unabhängige Kennung zuzuweisen, die durch eine vertrauenswürdige und angebotsübergreifende Instanz (PI-Betreiber) verwaltet wird. Zur Referenzierung der Publikation wird dann nicht die URL, sondern der dazugehörige PI verwendet, der durch einen vorgeschalteten Resolving-Mechanismus auf die aktuelle URL verweist.[5] Ändert sich nun die URL einer Publikation – also deren Standort im Web – wird dies dem PI-Betreiber mitgeteilt und damit auch dem dazugehörigen Resolver bekannt gemacht. Der PI selbst ändert sich dabei nicht, so dass einmal mit dem PI zitierte Publikationen auch weiterhin aufgefunden werden können.

Im Bereich des wissenschaftlichen elektronischen Publizierens haben sich unterschiedliche PI-Systeme etabliert. Das bekannteste unter ihnen ist DOI (Digital Object Identifier), das durch die International DOI Foundation (IDF) betrieben wird und sich beispielsweise im Bereich wissenschaftlicher Zeitschriften zum de-facto-Standard entwickelt hat (Paskin, 2010). DOI basiert auf dem so genannten Handle-System, das als verteiltes PI-System Dienste und Protokolle für die global eindeutige und persistente Identifizierung von Informationseinheiten, die Verwaltung der Identifier und Namensräume sowie deren effiziente Auflösung für unterschiedliche Anwendungsszenarien und Communities bereitstellt.[6] Für DOI gibt es weltweit mehrere Registrierungsagenturen, unter ihnen die TIB Hannover. Sie hat sich vor allem auf die Vergabe von DOIs im Bereich der grauen Literatur und für Open-Access-Publikationen spezialisiert und bietet darüber hinaus seit 2009 im Rahmen von DataCite die Vergabe von DOIs für Forschungsdaten an (Brase, Lautenschlager & Sens, 2015). Auch die Uniform Resource Identifiers (URN) wurden als Persistent Identifiers entwickelt (Moats, 1997) und abstrahieren anders als URLs von der konkreten Lokalität digitaler Objekte. Für URNs gibt es allerdings keinen zentralen Betreiber bzw. übergreifenden Resolver. Auf ihrer Basis haben sich stattdessen unterschiedliche Dienste entwickelt, die für entsprechende Namensräume als PI-Systeme fungieren. Dazu zählt der im deutschsprachigen Raum weit verbreitete URN-Service der Deutschen Nationalbibliothek,[7]

---

5 Für Beispiele siehe diverse Persistent Identifier im Literaturverzeichnis dieses Beitrags.
6 Siehe https://www.doi.org/factsheets/DOIHandle.html.
7 Siehe http://www.dnb.de/urnservice.

mit dem innerhalb des Namensraums urn:nbn:de URNs für Online-Publikationen vergeben werden und der vor allem durch Open-Access-Repositorien verwendet wird (Schöning-Walter, 2008). Kennzeichen dieses Dienstes ist neben der Stabilität des Identifiers selbst auch die Unveränderlichkeit der referenzierten Inhalte, die in der Policy festgeschrieben ist (Ackermann et al., 2012).

Authentizität: Autorenidentifikation mit ORCID

Ein wesentlicher Anspruch, den das wissenschaftliche Publizieren zu erfüllen hat, ist die Sicherstellung der Authentizität, also die korrekte Zuordnung von Publikationen zu ihren Verfassern. Hierfür ist einerseits die Vertrauenswürdigkeit der Publikationskanäle ein zentrales Kriterium: Beispielsweise bürgen Herausgeber wissenschaftlicher Zeitschriften dafür, dass die bei einem Artikel genannten Autoren auch tatsächlich dessen Urheber sind. Die korrekte und vor allem die eindeutige Zuordnung von Autorennamen zu den dazugehörigen Wissenschaftlerinnen und Wissenschaftlern – also zu den Personen – ist aber andererseits ein organisatorisches Problem mit zahlreichen technischen Aspekten. Denn die Zeichenkette eines Autorennamens, die diesen wegen der Verwendung von Initialen oft auch noch verkürzt, ist in der Regel nicht eindeutig[8] und auch im Zusammenhang mit der dazugehörigen wissenschaftlichen Institution selten ein Leben lang persistent.

In der bibliothekarischen Erschließungspraxis begegnet man dieser Art von Problemen mit so genannten Normdateien, bei denen Entitäten unterschiedlicher Art mit eindeutigen Kennungen versehen werden. Im deutschsprachigen Raum ist hier die Gemeinsame Normdatei (GND) das Maß der Dinge, zu der seit ihrer Etablierung im April 2012 neben anderen Entitätstypen etwa für Orte und Körperschaften vor allem auch die Personenentitäten der früheren Personennormdatei (PND) gehören (Behrens-Neumann & Pfeifer, 2011). Die Verknüpfung bestehender Kennungen mit Autorinnen und Autoren bzw. die Vergabe neuer Kennungen erfolgt dabei im Zuge der Erschließung von Publikationen und damit nach Abschluss des Publikationsprozesses.

Ein anderer Ansatz wird mit der Open Researcher and Contributer ID (ORCID)[9] verfolgt. Der im Oktober 2012 gestartete offene, nicht-kommerzielle Dienst richtet sich unmittelbar an Wissenschaftlerinnen und Wissenschaftler und bietet ihnen eine weltweit eindeutige Kennung an, mit der ihre Publikationen und sonstigen wissenschaftlichen Beiträge – beispielsweise auch Software – verknüpft werden können (Haak et al., 2012). Anders als etwa bei der GND liegt die Kontrolle über die eigene ORCID bei den Autoren selbst: Von der eigentlichen Beantragung der Kennung über

---

8 Der weit verbreitete Name des Verfassers dieses Beitrages ist dafür ein einleuchtendes Beispiel.
9 Siehe https://orcid.org/.

das Hinzufügen und Veröffentlichen weiterer persönlicher Merkmale wie etwa der akademischen Laufbahn bis hin zur Zuordnung eigener Publikationen bzw. Manuskripte gehen alle Schritte von ihnen selbst aus. ORCID bietet damit neben der eindeutigen Identifizierung von Autoren die Möglichkeit, ein umfassendes persönliches Profil zu verwalten, in dessen Zentrum in der Regel die eigenen Publikationen stehen. Daneben bietet ORCID eine Reihe von Programmierschnittstellen (APIs) an, mit denen eine Integration in andere Systeme ermöglicht wird – beispielsweise institutionelle Repositorien oder (Open-Access-)Zeitschriftenplattformen. ORCID wird gegenwärtig (Stand Herbst 2016) von etwa 300 wissenschaftlichen Einrichtungen, Verlagen und anderen Organisationen unterstützt und durch mehr als 2,5 Mio. Wissenschaftlerinnen und Wissenschaftler genutzt, die bereits über eine eigene ORCID-ID verfügen.

Seit Mitte 2016 widmet sich das DFG-Projekt ORCID DE[10] der Verbreitung des Identifikationssystems ORCID in Deutschland und der Implementierung des de-facto-Standards an deutschen Hochschulen und außeruniversitären Forschungseinrichtungen (Bertelmann et al., 2015). Dabei liegt ein besonderer Schwerpunkt darauf, ORCID im Bereich von Open-Access-Repositorien und -Publikationsdiensten zu verbreiten und zu vernetzen.

Außerdem schlägt das Projekt eine Brücke zur GND und soll die Verknüpfung zwischen Personen-Identifikatoren beider Systeme technisch vereinfachen.

DINI-Zertifikat als Sammlung von Standards und Best Practices

In Deutschland widmet sich das seit 2004 veröffentlichte und inzwischen in der fünften Auflage erschienene DINI-Zertifikat der Standardisierung von Open-Access-Repositorien und -Publikationsdiensten.[11] Der dem Zertifikat zugrunde liegende Kriterienkatalog umfasst etwa 70 Mindestanforderungen sowie zahlreiche Empfehlungen in insgesamt acht Kriterienbereichen (Müller, Scholze et al., 2016): (1) Sichtbarkeit des Gesamtangebots, (2) Leitlinien (Policy), (3) Unterstützung für Autor(inn)en und Herausgeber(innen), (4) Rechtliche Aspekte, (5) Informationssicherheit, (6) Erschließung und Schnittstellen, (7) Zugriffsstatistik sowie (8) Langzeitverfügbarkeit und wird durch einen umfangreichen Anhang zur Ausgestaltung der OAI-Schnittstelle ergänzt. Darin wird unter anderem eine nach fachlichen Gesichtspunkten[12] sowie eine nach formalen Kriterien[13] ausgerichtete Set-Struktur definiert. Der Kriterienkatalog

---

10 Siehe https://dini.de/projekte/orcid-de/.
11 Siehe https://dini.de/dini-zertifikat/.
12 Grundlage bilden hier die DDC-basierten Sachengruppen der Deutschen Nationalbibliografie.
13 Hier liegt das gemeinsame Vokabular für Dokument- und Publikationstypen zugrunde, das von DINI, der DNB und dem BSZ entwickelt wurde (DINI et al., 2010).

deckt damit neben vielen anderen auch die im vorliegenden Beitrag angesprochenen Aspekte ab. Das von der Deutschen Initiative für Netzwerkinformation (DINI e.V.) und deren Arbeitsgruppe „Elektronisches Publizieren" getragene DINI-Zertifikat soll „der Verbesserung der Publikations-infrastruktur für das elektronische Publizieren sowie der Stärkung Open-Access-basierter Publikationsformen" dienen.

Die Anforderungen und Empfehlungen sind in Form einer Checkliste formuliert und können für die Beantragung des Zertifikats mittels eines online bereitgestellten Fragebogens ermittelt werden. Daran schließt sich der Begutachtungsprozess an, bei dem zwei von DINI bestimmte Gutachter die Richtigkeit der Angaben überprüfen und nach ggf. erforderlichen Rückfragen und Nachbesserungen über die Erteilung des DINI-Zertifikats für den beantragten Dienst entscheiden. Seit der Veröffentlichung der ersten Version des DINI-Zertifikats wurden etwa 80 Begutachtungsverfahren durchgeführt. Derzeit verfügen mehr als 50 Repositorien bzw. Publikationsdienste über ein DINI-Zertifikat.

Das DINI-Zertifikat entfaltet als allgemein anerkannter Kriterienkatalog auch diesseits der durch Betreiber oftmals als erhebliche Hürde empfundenen formalen Zertifizierung weitreichende Wirkung und dient als konzeptionelle Grundlage für den Aufbau bzw. die Weiterentwicklung vieler Open-Access-basierter Publikations-angebote im deutschsprachigen Raum – und darüber hinaus: Alle fünf Versionen wurden ins Englische übersetzt, einige darüber hinaus auch ins Französische und ins Spanische.

Literatur

Ackermann, U., Berner, Ch., Elbert, N., Kett, J., Koçer, K.K., von der Hude, N., Wiegand, M. (2012). Policy für die Vergabe von URNs im Namensraum urn:nbn:de. Version 1.0. http://nbn-resolving.de/urn:nbn:de:101-2012121200.

Arlitsch, K., & OBrien, P. S. (2013). Improving the visibility and use of digital repositories through SEO. Chicago: ALA TechSource.

Behrens-Neumann, R., & Pfeifer, B. (2011). Die Gemeinsame Normdatei – ein Kooperationsprojekt. *Dialog mit Bibliotheken*, 23 (1), 37–40. http://nbn-resolving.de/urn:nbn:de:101-2011101186.

Berners-Lee, T., Hendler, J., & Lassila, O. (2001). The Semantic Web. A new form of Web content that is meaningful to computers will unleash a revolution of new possibilities. *Scientific American*, 284 (5), 1–5.

Bertelmann, R., Niggemann, E., Pieper, D., Elger, K., Fenner, M., Hartmann, S., Höhnow, T., Jahn, N., Müller, U., Pampel, H., Schirrwagen, J. & Summann, F. (2015): ORCID DE – Förderung der Open Researcher and Contributer ID in Deutschland. Projektantrag. doi:10.2312/lis.16.01.

Brase, J., Lautenschlager, M., & Sens, I. (2015). The tenth anniversary of assigning DOI names to scientific data and a five year history of DataCite. *D-Lib magazine*, 21 (10) doi:10.1045/january2015-brase.

Bullinger, H.-J., Einhäupl, K. M., Gaehtgens, P., Gruss, P., Henkel, H.-O., Kröll, W., Winnacker, E.-L. et al. (2003). Berlin declaration on open access to knowledge in the sciences and humanities. https://openaccess.mpg.de/67605/berlin_declaration_engl.pdf.

DINI-AG Elektronisches Publizieren, Deutsche Nationalbibliothek & Bibliotheksservice-Zentrum Baden-Württemberg (2010). Gemeinsames Vokabular für Publikations- und Dokumenttypen. DINI-Schriften 12, Version 1.0. http://nbn-resolving.de/urn:nbn:de:kobv:11-100109998.

Haak, LL., Fenner, M., Paglione, L., Pentz, E. & Ratner, H. (2012). ORCID: a system to uniquely identify researchers. *Learned Publishing*, 25, 259–264. doi:10.1087/20120404.

Keutzer, T. (2015). Open Content – Ein Praxisleitfaden zur Nutzung von Creative-Commons-Lizenzen. Bonn: Deutsche UNESCO-Kommission; Köln: Hochschulbibliothekszentrum des Landes Nordrhein-Westfalen; Berlin: Wikimedia Deutschland. https://irights.info/wp-content/uploads/2015/10/Open_Content_Ein_Praxisleitfaden_zur_Nutzung_von_Creative-Commons-Lizenzen.pdf.

Moats, R. (1997). URN syntax. No. RFC 2141. https://www.rfc-editor.org/rfc/pdfrfc/rfc2141.txt.pdf.

Müller, U. (2009). Peer-Review-Verfahren zur Qualitätssicherung von Open-Access-Zeitschriften – systematische Klassifikation und empirische Untersuchung. Dissertation, Humboldt-Universität zu Berlin, Philosophische Fakultät I. http://nbn-resolving.de/urn:nbn:de:kobv:11-10096430.

Müller, U., Scholze., F. et al. (2016): DINI-Zertifikat für Open-Access-Repositorien und -Publikationsdienste 2016. DINI-Schriften 3, Version 5.0. http://nbn-resolving.de/urn:nbn:de:kobv:11-100239432.

Paskin, N. (2010). Digital object identifier (DOI®) system. Encyclopedia of library and information sciences, 3, 1586–1592. doi:10.1081/E-ELIS3-120044418.

Schöning-Walter, Ch. (2008). Persistent Identifier für Netzpublikationen. *Dialog mit Bibliotheken*, 20 (1), 32–38. http://nbn-resolving.de/urn:nbn:de:101-20090511102.

Weller, M. & Di Rosa, E. (2013). Lizenzierungsformen. In R. Kuhlen, W. Semar & D. Strauch (Hrsg.): *Grundlagen der praktischen Information und Dokumentation*. 6., völlig neu gefasste Ausgabe (S. 454–465). Berlin: Walter de Gruyter. http://nbn-resolving.de/urn:nbn:de:bsz:14-qucosa-114810.

Wolfram Horstmann

1h From collecting to connecting – the role of libraries in Open Access

A short history of libraries and Open Access

In the beginnings of Open Access, libraries were not directly involved. The Budapest Open Access Initiative had no representative of a major library among them (cf. Chan et al., 2002). The Berlin Declaration had the German library association as an initial signatory but still a systematic involvement of libraries worldwide was missing (Berliner Erklärung, 2003). However, first systematic accounts of the role of libraries were discussed (Suber, 2003). Predominantly, these started from the hope that Open Access would be a solution to the 'serial crisis', i. e. the negative spiral of price increases for academic journals introduced by publishers forcing a reduction of subscriptions by libraries, yielding, in turn, to increased pricing for journals since publishers wanted to keep revenues. Whether or not the serial crisis was (or is) the appropriate motivation for Open Access services in libraries remained controversial, even among the Open Access proponents (Bosc & Harnad, 2005). On the one side, rationales dominated that claimed to keep the publishing system largely untouched by putting copies of subscription journal articles in institutional and subject-based repositories, often called the Green route to Open Access or Open Access Archiving. On the other side, rationales that introduced direct forms publishing in journals or other formats dominated, often called Golden route to Open Access. The Golden route was either financed by pre-payment for an individual article (the so called "Author-Pays model", later termed "Article Processing Charges", APC) or through in-kind contributions of mostly public organisations financing free-of-charge Open Access journals (Björk et al., 2010).

Open Access Services in Libraries

Ever since the beginnings of Open Access at the turn of the millennium, the world of Open Access kept differentiating, resulting in the current situation of a 'mixed economy', ranging from subscriptions and archived versions in repositories over full open access journals, either free-of-charge or payable and hybrid journals (see below) to interim models that contain only components of one of those models. And as differentiated as this mixed economy is, the roles of libraries vary. The following description of the role of libraries in Open Access has components of a historic, developmental perspective and shall lead to a service categorization that can be used by newcomers to the field or students of library and information science. The examples

DOI 10.1515/9783110494068-008

given will be biased towards experiences and observations of the author and therefore contain over-proportionally many examples from Germany, UK and Europe.

Advocacy and reference services

Service Definition: Authors receive information from a librarian or a library website on what Open Access is, why it is important, how it can be supported and where to get further information.

Libraries offer advocacy and reference services since the beginnings of Open Access. Initially, existing lists in the library community such as 'Liblicense' (Okerson, 1999) were used to discuss librarians' roles in Open Access. Libraries started to develop information resources. Conferences such as the Berlin conference gained increasing interest among librarians. Today, there is probably almost no library that has not at least one contact point for Open Access among staff and almost no website of an academic library does not mention Open Access. Even national information portals have been developed, for example in Germany (Hätscher, 2007), a continental coordination such as the European National Open Access Desks (Rettberg & Schmidt, 2012) or international bodies for advocacy and exchange such as the Confederation of Open Access Repositories (Peters & Lossau, 2011).

Institutional (Open Access) Repositories

Service definition: An internet service that stores and publicly offers Open Access versions of publications authored by researchers at a given academic institution.

At the third edition of the abovementioned Berlin conferences, it was controversially discussed how to prioritize and support the Green and the Golden route to Open Access, resulting in a simple formula, also known as the *keystroke strategy:* "(1) Implement a policy to require their researchers to deposit a copy of all their published articles in an Open Access repository. And (2) encourage their researchers to publish their research articles in Open Access journals where a suitable journal exists and provide the support to enable that to happen." (Harnad, 2005). At this time Open Access Repositories were already being established (Lynch & Lippincott, 2005). It is noteworthy, though, that early accounts did not necessarily have Open Access in the centre of the institutional repository. A frequently used definition does not even mention Open Access:

> A university-based institutional repository is a set of services that a university offers to the members of its community for the management and dissemination of digital materials created by the institution and its community members. It is most essentially an organizational commitment

to the stewardship of these digital materials, including long-term preservation where appropriate, as well as organization and access or distribution (Lynch, 2003).

However, the notion of an Institutional Open Access Repository became paradigmatic. With the registries ROAR[1] and OpenDOAR[2] (see also below "Registries and Aggregators"), worldwide lists of repositories were established: ROAR shows exponential growth with individual precursors in the 1990s and over 4 000 repositories in 2016. OpenDOAR shows registrations of some dozens of repositories in 2005 up to over 3 000 in 2016. In sum, it can be assumed that the majority of academic libraries today operate an institutional Open Access repository or participate in a shared service.

Subject based (Open Access) Repositories

Service definition: An internet service that stores and publicly offers Open Access versions of publications authored by researchers from a given subject community.

Libraries are mainly focussing on institutionally created content in their institutional Open Access repositories (see above). But the story of Open Access and library services for Open Access cannot be told without mentioning subject based Open Access repositories. These are services that provide articles for a given subject community. And these services even precede the story of Open Access. In the 1990s, arXiv (Ginsparg, 1994) was developed to share *preprints*, i. e. versions of documents that have been submitted to a journal for review but have not yet been published by the journal. It started from high energy physics but expanded into other mathematically formalized disciplines, e. g. computer science (Luce, 2001). The main commonality between all papers in arXiv is actually that they are produced with LaTeX (Lamport, 1994), a type-setting language that allows to produce high-quality layouts of articles already at the stage of submission. Another subject based service is RePEc (Krichel, 2000) that was developed to collect working paper series in Economics before they were published and even before submitted to a journal. These papers were shared by Economy departments around the world on local (institutional) web-servers. It is noteworthy that both arXiv and RePEc deal with pre-published versions of articles but they differ substantially in that arXiv papers serve a function of an early surrogate to the final journal article while RePEc papers also fulfil a discussion function. Additionally arXiv is a genuine repository that stores and shares papers uploaded by the authors in a single, integrated service on the web while RePEc is primarily a bibliographic

---

[1] http://roar.eprints.org
[2] http://www.opendoar.org

aggregation service that collects information from a globally distributed system of local web-servers. A third major subject based Open Access repository is PubMedCentral, PMC.[3] Based on the bibliographic services Medline and PubMed, PMC displays that section of articles that have an Open Access full-text attached. It is functionally similar to arXiv but partly gets the full-text through pipelines to publishing houses rather than relying on direct upload from authors. Recently, Europe PMC[4] has been developed to extend the bibliographic data and supplement the Open Access corpus for medical and life sciences with added value services such as automatic classification, annotation and linking to further databases. There are many other subject based repositories that will not be further mentions for the sake of simplicity.

Libraries play an important role for subject based Open Access repositories. But it is more subtle than the one for institutional repositories. arXiv was originally developed in a lab but then brought to Cornell University and is still operated within Cornell University Libraries. RePEc is based on web-servers from academic institutions – often Universities – and those are partly operated by libraries. And PMC is operated by the National Library of Medicine. These examples indicate that libraries play a role as operator but not directly as initiator and driver. Libraries thus provide a sustainable operational basis for subject based initiatives. This is also becoming clear through a counterexample: the Social Science Research Network, SSRN.[5] SSRN was not operated by a library and has now been acquired by the publisher Elsevier.

Electronic Thesis and Dissertations

Service definition: A service that implements local requirements of departments at a given University to store or publish electronic thesis and dissertations.

Institutional Open Access Repositories may be mentioned alongside services for electronic thesis and dissertations, ETDs. ETD services implement university policies for managing official works in a graduation process, i. e. for registering, retaining and possibly publishing them (Fox et al., 1997). Obviously, ETD services refer to a different document type than the journal articles in institutional repositories. However, ETD services in libraries preceded many institutional repositories, were among the first systematic document servers in libraries and, thus, set standards in the technological implementation of institutional repositories. And they could provide an existing staff contact in the library for supporting open access and repositories. Indeed, many libraries operated both as the same service, which sometimes caused confusion among researchers, who

---

3 https://www.ncbi.nlm.nih.gov/pmc/
4 https://europepmc.org
5 https://www.ssrn.com

did not want to see their highly valuated journal articles among a collection of students' ETDs. Either a separated display of journal articles and dissertations or a fully comprehensive bibliographic database of the whole university, in which ETDs are not the majority, seem to be an established solution for libraries to overcome this problem, today.

Software Development and Deployment

Service definition: Library staff participating in repository software development and operations of repositories.

Technological support of repositories is distinct from other Open Access activities in libraries (see also chapter 6b). It is often located in departments such as "library technology" or "digital library". Most of the software used for repositories is open source, notably DSpace, ePrints or Fedora (Crow, 2004) and relies on contributions from the library community. DSpace, for example, has originated from MIT Libraries. In many cases, staff in libraries contributes to the code base in a collaborative fashion so that local use cases can be supported and sustainability of the software is jointly achieved. Also expertise on the local deployment of the software can be increased by active contributions to the code base and supports stability and usability. In other cases, libraries do not contribute to the software development but only focus on local configuration and deployment or even pay companies to deploy their repository. A technologically specialized international community has been built through the conferences of the Open Archives Initiative in Geneva (Harnad, 2001) or the Open Repositories conferences.[6] The technical *de facto* standard Open Archives Initiative – Protocol for Metadata Harvesting OAI-PMH (Sompel, Nelson, Lagoze, & Warner, 2004) has been a crystallization point for the technological community even though alternatives that are web-native and support more diverse use-cases have been put forward (Lagoze et al., 2008).

Open Access Policy Support

Service definition: Activities that contribute to the formulation and implementation of policies for Open Access.

Institutional Open Access repositories and institutional Open Access policies have been closely related since the beginning and subject to intensive debate (see also chapter 1c). It has been proclaimed that repositories are the tools for implementing an institutional policy and that a mandate should enforce the incorporation of all

---

6 http://sites.tdl.org/openrepositories/

institutional publication output in the repository (Harnad, 2011). The policies have been documented in ROAR (see above). Libraries have been involved in formulating Open Access policies for institutions and, in most cases, are responsible for implementation and monitoring. A typical Open Access policy of an institution recommends or mandates to both archive a journal article in a subject based repository or the institutional repository or publish an article in an Open Access journal. Open Access policy support in libraries may extend to regional, national or international scale. The library community active in DRIVER (Feijen, Horstmann, Manghi, Robinson, & Russell, 2007) and OpenAIRE (Manghi, Manola, Horstmann, & Peters, 2010), for example, can be attributed to having played a vital role in the Open Access policy of the European Commission. A different type of policy support in libraries is checking Open Access policies of journals to identify whether and how which version of a journal article can be registered and shared on a given repository. These journal policies can be intellectually looked up or automatically linked to a given repository through SHERPA/RoMEO,[7] which itself has also originated in a library.

Registries and Aggregators

Service definition: National and international services collecting characteristics and content of a globally distributed repository network.

Institutional and subject based Open Access repositories as well as Open Access journals are distributed by design and show a distinct fraction of the global scholarly output. They are not meant as a resource for scholars to find publications, for example when they write a paper. The aggregation of all repositories and Open Access journals worldwide, though, allows indeed to search bibliographic information and be referenced to an Open Access version of an article in a given repository. A longstanding effort to achieve this is the Bielefeld Academic Search Engine, BASE (Pieper & Summann, 2006). Between 2004 and 2016 BASE has increased its aggregation to almost 5000 sources worldwide and thereby builds a resource of over 100 million document references. In a similar fashion, GoogleScholar[8] references to repositories and thereby promotes Open Access versions when scholars search for literature, for example, when writing a paper. Aggregators and registries also play an infrastructural role of organizing and standardizing the repository landscape. This becomes particularly obvious in the European network OpenAIRE that issues guidelines for repository operators (Schirrwagen et al., 2013). An earlier and highly influential guideline has been issued by the German Initiative for Networked Information (DINI) that

---

7 http://www.sherpa.ac.uk/romeo/
8 https://scholar.google.com

additionally implements a personal validation process for testing guideline compliance.[9] Other registries such as ROAR, OpenDOAR and SHERPA/RoMEO were already mentioned. The World Ranking of repositories even evaluates and displays the web impact of repositories (Aguillo, Ortega, Fernández, & Utrilla, 2010). The Directory of Open Access Journals, DOAJ, registers 'golden' journals that allow direct publishing of articles in an Open Access mode.[10] Libraries play a vital role in the field of aggregators and registries: BASE is operated by a library, OpenDOAR and SHERPA/RoMEO have originated from a library and OpenAIRE is operated by a consortium with many library partners.

Journal Publishing Services

Service definition: Platforms for editors and editorial teams to organize the calls, submissions, review and publishing of complete journals in an Open Access mode.

Due to the massive simplification of the publishing process by the introduction of digital methods, university libraries have started over the last years to establish support for predominantly local editors for publishing complete Open Access journals (see also chapter 6a). The processes involved are different from operating repositories because calls for papers, submissions, review processes, typesetting and publication, including persistent identifiers such as DOIs or URNs (Hilse & Kothe, 2006) have to be implemented and sustainably supported. In many cases, libraries are operating the basic infrastructure, while the journal is driven by a lead editor and an often internationally distributed editorial team. The central role of the editorial manager who is keeping track of all communications, processes and plans is sometimes directly provided by the library but also often located with the local editor because a subject specific education is required to communicate with authors, the editorial team and the subject community. The software Open Journal Systems has become a major player in this field and is used in many initiatives as a platform (Edgar & Willinsky, 2010).

Book Publishing Services

Service definition: Support for the selection, review, typesetting, printing and electronic publication of Open Access books.

Books have not been as central to the Open Access landscape as journal articles. However, libraries are also engaged in Open Access book publishing, particularly

---

[9] https://dini.de/dini-zertifikat/english/
[10] https://doaj.org

with university presses. Not every university press is an Open Access book publisher and not every university press is attached to or operated by a library. But similar to the rise of locally operated Open Access journals (see above) a pattern of university presses (in libraries) that act as Open Access book publishers emerged with the simplifications introduced through electronic publishing. It is now possible to provide economically lean services to distribute an Open Access version of a book digitally and sell the print version on the market. Prints now can be produced on demand with commercial service providers. As for individual journals, it is customary for university presses to have an editorial board for quality assurance and for managing the publishing profile. Presses can be focussed on certain works from select authors at the university or on specialized series including 'extramural' authors or provide a means for excellent doctoral dissertations to be formally published as a monograph. A registry of open access books has been established.[11]

Publication Funds

Service definition: Management of an institutional budget for ('golden') Open Access publications in journals often involving contract management and invoice processing.

Paying for individual articles before publishing existed before Open Access: journals required so called page charges by authors for putting graphics, tables or coloured photos in articles. But the idea to charge authors upfront and then offering an article and the whole journal free for download for everybody on the internet is a genuine Open Access phenomenon. Pioneers such as the Nucleic Acids Research,[12] New Journal of Physics[13] or BioMedCentral,[14] BMC, or the Public Library of Science, PLOS,[15] introduced this model at a larger scale. Initially based on a direct process between publisher and author, BMC and PLOS introduced early institutional memberships that gave discounts to institutional authors and brought libraries, often holders of the membership, into the business. Through the membership, institutional publication funds were introduced, e. g. in Germany by Bielefeld University Library (see also chapter 3b). Systematic funding through funding organisations like the German Research Foundation became available.[16] Other experiments introduced a 'buy-out' of individual articles of an otherwise subscription based journal, the so-called hybrid Open Access. This triggered a discussion about 'double dipping', i. e. the question

---

11 http://www.doabooks.org
12 https://nar.oxfordjournals.org
13 http://iopscience.iop.org/journal/1367-2630
14 https://www.biomedcentral.com
15 https://www.plos.org
16 http://www.dfg.de/foerderung/info_wissenschaft/2010/info_wissenschaft_10_01/index.html

whether publishers get paid twice: one time through the Open Access fees and a second time by the subscription fees (Pinfield, Salter, & Bath, 2015). Transparent models that linked between both revenue sources were tried to be developed, e. g. by Oxford University Press, but were dropped again. It was the Finch Report and the following UK Open Access policy in 2012 that made hybrid Open Access viable at a larger scale (Horstmann, 2013). Since then, institutional publications funds became a standard in many universities and are mostly managed by libraries. Differences between the policies of individual Open Access funds remain, i. e. whether or not hybrid Open Access is an eligible cost.

Bibliographic and Bibliometric Services

Service definition: Production and maintenance of a complete institutional bibliography, sometimes involving bibliometric reporting and research analytics.

Producing an annual institutional bibliography was a traditional task of some libraries. But soon after the introduction of institutional repositories and systematic publication funds, the question about the percentage of Open Access at a given institution became prevalent. Computing the Open Access percentage requires to have an overview of the complete institutional output, equal to an institutional bibliography. Based on an institutional bibliography, reports about research performance in terms of bibliometrics can be produced and libraries have started to gain importance in these tasks (see also chapter 1e). Within the university, this also moved libraries closer to research administration, which formerly was often the sole manager of institutional research indicators. Today, libraries sometimes even operate the research information system, taking on leadership in a completely new role: as a provider of research analytics (Dempsey, 2012). Genuine library tasks such as subject classification, disambiguation and deduplication now appear in utterly different contexts. One example is the ORCID initiative that provides unique identifiers and thereby means for author disambiguation (Haak, Fenner, Paglione, Pentz, & Ratner, 2012).

Negotiation Services

Service definition: Negotiating contracts for a library or a consortium that contain Open Access components.

With the introduction of electronic journal packages from publishers, the acquisition departments in libraries became contract negotiators. Early Open Access models such as the membership model of BMC (see above) already brought Open Access into the acquisition departments in libraries. Over the years, contracts expanded up to regional or national scale and sometimes contain Open Access omponents. In Germany for example, the national licensing activities address Open Access.[17] Recently, the Netherlands negotiated contracts with major publishers at a national scale that also include certain Open Access conditions.[18] Programmatic accounts proclaim that these negotiations will result in the total transformation of the market without adding more money to the academic publishing system (Schimmer, Geschuhn, & Vogler, 2015). Initiators and negotiators are usually libraries.

The Open Access Situation in Libraries So Far

Once a provocative idea of a few activists, Open Access has become mainstream over the last 15 years. Accounts of the Open Access percentage vary. But it can be stated that at least a third of the global production of scholarly journal articles is available in Open Access. And there are certainly scholars who write their articles by using solely GoogleScholar and the articles available in Open Access – without using library subscriptions. Open Access has changed the libraries' role in the academic communication system: from collecting information to connecting articles in repositories and authors to funds. The question whether libraries undermine their own justification of existence is allowed. Simplifying access for scholars to academic publications otherwise not or only laboriously available is a disappearing task for libraries in the end-game of Open Access. A main pillar of the libraries' service profiles over the last decades regarding the electronic era, and over the last centuries regarding the print era is dwindling.

But two obvious points should have become clear in this chapter. First, Open Access may make subscriptions obsolete but it also moves the library profile from focussing on the *distribution* of scholarly materials to the *production* of scholarly materials. And this brings academic libraries back to the scholar where academic libraries originated from. It lifts the veil between the library and the scholar that has been silently fallen with the industrialisation of academic publishing and the commodification of electronic access. Second, Open Access can also be seen as a phenomenon of an academic publishing system as a mixed economy. Scholarly communication has become much more complex, requiring libraries to develop an adequately differentiated service portfolio that is customized to smaller scholarly cultures. There are no indications that this process of differentiation and the need for libraries to continuously develop new roles will terminate.

For libraries, one of the subtle but deeply transformative effects of Open Access refers to skills development. Whether directly or indirectly, Open Access introduced a variety of new services and workflows into libraries. The skills' profiles are variable

---

[17] https://www.nationallizenzen.de/ueber-nationallizenzen/allianz-lizenzen-2011-ff.
[18] http://www.openaccess.nl/en/news-and-events

and differ substantially from traditional acquisitions and cataloguing services – not even mentioning the circulation of printed media. Even in this short chapter, a dozen substantial services can be identified. Some of them represent a further development of rudimentary or traditional library services but many of them are entirely new. They range from computer science to law and economics as well as from data cleaning to transformative strategy. And they may be the basis of conversations between a scholar and a librarian in the local bakery as well as conversations between programmer in Japan and a financial officer in Kenia.

This variety of skills poses the question of curricula for Open Access in Library and Information Science. Many experts for Open Access in libraries do not have a library education or degree. Will this change in the next decade? The world of libraries keeps changing: disruptive innovations such as Sci-Hub keep shedding new light on Open Access and with Research Data management and Data Analytics new challenges for libraries have long begun.

References

Aguillo, I. F., Ortega, J. L., Fernández, M., & Utrilla, A. M. (2010). Indicators for a webometric ranking of open access repositories. *Scientometrics*, *82*(3), 477–486.
Berliner E. (2003). Berlin Declaration on Open Access to Knowledge in the Sciences and Humanities. *Zugriff Am*, *9*, 2011.
Björk, B.-C., Welling, P., Laakso, M., Majlender, P., Hedlund, T., & Guḥnason, G. (2010). Open access to the scientific journal literature: situation 2009. *PloS One*, *5*(6), e11273.
Bosc, H., & Harnad, S. (2005). In a paperless world a new role for academic libraries: providing open access. *Learned Publishing*, *18*(2), 95–100.
Chan, L., Cuplinskas, D., Eisen, M., Friend, F., Genova, Y., Guédon, J.-C., Velterop, J. (2002, February 14). Budapest Open Access Initiative. Retrieved from http://www.opensocietyfoundations.org/openaccess/read.
Crow, R. (2004). A guide to institutional repository software. *New York: Open Society Institute*.
Dempsey, L. (2012). Thirteen ways of looking at libraries, discovery, and the catalog: Scale, workflow, attention. *Educause Review Online*, *10*.
Edgar, B. D., & Willinsky, J. (2010). A survey of scholarly journals using Open Journal Systems. *Scholarly and Research Communication*, *1*(2).
Feijen, M., Horstmann, W., Manghi, P., Robinson, M., & Russell, R. (2007). DRIVER: Building the network for accessing digital repositories across Europe. *Ariadne*, (53).
Fox, E. A., Eaton, J. L., McMillan, G., Kipp, N. A., Mather, P., McGonigle, T., ... DeVane, B. (1997). Networked digital library of theses and dissertations: An international effort unlocking university resources. *D-Lib Magazine*.
Ginsparg, P. (1994). First steps towards electronic research communication. *Computers in Physics*, *8*(4), 390–396.
Haak, L. L., Fenner, M., Paglione, L., Pentz, E., & Ratner, H. (2012). ORCID: a system to uniquely identify researchers. *Learned Publishing*, *25*(4), 259–264.
Harnad, S. (2001). The self-archiving initiative. *Nature*, *410*(6832), 1024–1025.

Harnad, S. (2005). The Implementation of the Berlin Declaration on Open Access: Report on the Berlin 3 Meeting Held 28 February – 1 March 2005, Southampton, UK. *D-Lib Magazine, 11*(3). doi:10.1045/march2005-harnad.

Harnad, S. (2011). Open access to research: Changing researcher behavior through university and funder mandates. *JEDEM Journal of Democracy and Open Government*, 33–41.

Hätscher, P. (2007). Open Access an deutschen Hochschulen: Institutional Repositories und die Informationsplattform open-access. net. *ZfBB, 54*(4/5), 216–223.

Hilse, H.-W., & Kothe, J. (2006). *Implementing persistent identifiers*. Consortium of European Reasearch Libraries.

Horstmann, W. (2013). Finch und die Folgen—Open Access in Grossbritannien. *Zeitschrift Für Bibliothekswesen Und Bibliographie, 60*(5), 251–254.

Krichel, T. (2000). Working towards an Open Library for economics: The RePEc project. *PEAK. The Economics and Usage of Digital Library Collections, Ann Arbor, Mi*, 23–4.

Lagoze, C., Van de Sompel, H., Nelson, M. L., Warner, S., Sanderson, R., & Johnston, P. (2008). Object re-use & exchange: A resource-centric approach. *arXiv Preprint arXiv:0804.2273*.

Lamport, L. (1994). *Latex*. Addison-Wesley.

Luce, R. E. (2001). E-prints intersect the digital library: inside the Los Alamos arXiv. *Issues in Science and Technology Librarianship, 29*(Winter).

Lynch, C. A. (2003). Institutional repositories: essential infrastructure for scholarship in the digital age. *Portal: Libraries and the Academy, 3*(2), 327–336.

Lynch, C. A., & Lippincott, J. K. (2005). Institutional Repository Deployment in the United States as of Early 2005. *D-Lib Magazine, 11*(9), 1082–9873.

Manghi, P., Manola, N., Horstmann, W., & Peters, D. (2010). An Infrastructure for Managing EC Funded Research Output—The OpenAIRE Project. *International Journal on Grey Literature, 6*, 31–40.

Okerson, A. (1999). The LIBLICENSE Project and How it Grows. *D-Lib Magazine, 5*(9). doi:10.1045/september99-okerson.

Peters, D., & Lossau, N. (2011). DRIVER: building a sustainable infrastructure for global repositories. *The Electronic Library, 29*(2), 249–260.

Pieper, D., & Summann, F. (2006). Bielefeld Academic Search Engine (BASE) An end-user oriented institutional repository search service. *Library Hi Tech, 24*(4), 614–619.

Pinfield, S., Salter, J., & Bath, P. A. (2015). The "total cost of publication" in a hybrid open-access environment: Institutional approaches to funding journal article-processing charges in combination with subscriptions. *Journal of the Association for Information Science and Technology*.

Rettberg, N., & Schmidt, B. (2012). OpenAIRE—Building a Collaborative Open Access Infrastructure for European Researchers. *Liber Quarterly, 22*(3), 161.

Schimmer, R., Geschuhn, K. K., & Vogler, A. (2015). Disrupting the subscription journals' business model for the necessary large-scale transformation to open access.

Schirrwagen, J., Manghi, P., Manola, N., Bolikowski, L., Rettberg, N., & Schmidt, B. (2013). Data curation in the openaire scholarly communication infrastructure. *Information Standards Quarterly, 25*(3), 13–19.

Sompel, H. van de, Nelson, M. L., Lagoze, C., & Warner, S. (2004). Resource harvesting within the OAI-PMH framework. *D-Lib Magazine; 2004* (10), 12.

Suber, P. (2003). Removing the barriers to research: an introduction to open access for librarians. *College & Research Libraries News*, 64.

2 Geschäftsmodelle

Dirk Pieper
2a Open-Access-Publikationsgebühren

Einleitung

Open-Access-Publikationsgebühren (auch: article processing charges, APCs) spielen eine zentrale Rolle für das kostenpflichtige Open-Access-Publizieren mit Verlagen. Sie sind in den verschiedenen Geschäftsmodellen genuiner Open-Access-Verlage ein wesentlicher Faktor zu Generierung von Einkommen. Die ökonomische Bedeutung von Open-Access-Publikationsgebühren nimmt auch bei traditionellen Verlagen stetig zu, die für subskriptionsgebundene Zeitschriftentitel derzeit noch das sogenannte hybride Open-Access-Publizieren anbieten (siehe Kapitel 2b), vorhandene Titel ganz in den Open Access überführen (*journal flipping*, vgl. Kapitel 3c), oder zunehmend neue, von vornherein nur im Open Access erscheinende Zeitschriften gründen.

Publikationsgebühren können als Preis für die Veröffentlichung eines Artikels in einer kostenpflichtigen wissenschaftlichen Open-Access-Zeitschrift definiert werden. Unter Umständen versuchen Verlage, weitere „Gebühren" zu erheben. Zu den sogenannten *post acceptance fees* gehören neben den APCs die noch aus der Print-Welt stammenden *page* bzw. *color charges*. *Submission fees* oder individuelle *membership fees*, wie im Falle des Journals *PeerJ*, werden auch als *pre-acceptance fees* bezeichnet.

Gegenstand dieses Beitrags sind ausschließlich die Open-Access-Publikationsgebühren. In der Regel fördern Publikationsfonds von Universitäten oder außeruniversitären Forschungseinrichtungen auch nur diese Art von Gebühren. Die von einem Verlag festgelegte Preishöhe kann von den tatsächlichen Kosten für einen kostenpflichtigen Open-Access-Zeitschriftenartikel abweichen. Neben Auf- und Abschlägen durch Steuern und Rabatte entstehen den Bibliotheken – ebenso wie bei der Verwaltung von Zeitschriftenabonnements – zusätzliche Transaktionskosten. Diese fallen zum Beispiel bei der Prüfung von Autoren-Affiliationen, Rechnungsbearbeitung und Zahlungsabwicklungen, oder bei der institutionellen Verzeichnung von Open-Access-Zeitschriftenartikeln an. Publikationsgebühren sind des Weiteren ein wichtiger Hebel für den laufenden Prozess der Open-Access-Transformation. Sie stehen in der Zielvorstellung für die Ablösung des subskriptionsbasierten Systems des Publizierens in wissenschaftlichen Zeitschriften hin zu einem Publikationssystem, das im Sinne der Wissenschaft einen umfassenden Zugang zu aktuellen wissenschaftlichen Forschungsergebnissen erlaubt und damit die reputationsbildende Funktion des wissenschaftlichen Publizierens sicherstellt. In einem *pay-as-you-publish*-Modell bemessen sich die Kosten der wissenschaftlichen Einrichtungen nach deren jeweiligem Publikations-Output. Die Preisbildung für den Bezug von Zeitschriftentiteln wird dabei ersetzt durch eine Preisbildung auf Ebene der (Open-Access-) Zeitschriftenartikel.

Zur Durchsetzung dieses Modells ist es notwendig, dass die Faktoren, die zur Dysfunktionalität des Marktes für Zeitschriftenabonnements geführt haben, vermieden werden. Diese ist im Wesentlichen in den jahrelangen überproportionalen Preissteigerungen sowie in den intransparenten Bezugsmodellen und Vertraulichkeitsvereinbarungen in den Lizenzverträgen zwischen Bibliotheken und Verlagen begründet. Preis- und Kostentransparenz auf dem Markt für Open-Access-Publikationsgebühren sind daher ebenso unabdingbar wie die Orientierung an marktgerechten Preisen für kostenpflichtige Open-Access-Zeitschriftenartikel durch Bibliotheken und Autoren. Bei vorhandener Markttransparenz können wirtschaftlich handelnde wissenschaftliche Einrichtungen und Forschungsförderer aufgrund abnehmender Grenzkosten der Verlage für die Produktion von Zeitschriftenartikeln die bisherige angebliche Logik kontinuierlicher Preissteigerungen durchbrechen.

Wissenschaftspolitische Rahmenbedingungen

Preis- und Kostentransparenz für das kostenpflichtige Open-Access-Publizieren werden auf europäischer sowie auf nationaler Ebene in wesentlichen Strategiepapieren adressiert. In allen kommt Open-Access-Publikationsgebühren eine wesentliche Rolle zu. *Science Europe* geht davon aus, dass alleine durch die technischen Fähigkeiten des wissenschaftlichen Nachwuchses und neue Arten des sozialen Teilens von Informationen das herkömmliche Geschäftsmodell von Verlagen in Kürze obsolet sein wird. Das *briefing paper* „Open Access Business Models and Current Trends in the Open Access Publishing System"[1] stellt verschiedene Wege der Open-Access-Transformation vor. Des Weiteren fordert *Science Europe* wissenschaftliche Einrichtungen zur kontinuierlichen Erhebung von Schlüsseldaten, zum Beispiel zum Publikations-Output und den damit verbundenen Kosten, sowie deren transparenten Darlegung auf. Als zusätzliche Herausforderung bezeichnet *Science Europe* die Erhebung von weiteren Finanz- und Kostendaten, die aus der individuellen Forschungsförderung schon heute in Richtung Open Access fließen sowie der für den Publikationsprozess häufig unentgeltlich geleisteten Beiträge von Wissenschaftlerinnen und Wissenschaftlern in Form von Gutachter- oder Herausgeber-Tätigkeiten.

Der im April 2016 veröffentlichte „Amsterdam Call for Action on Open Science"[2] stellt ebenfalls fest, dass die gegenwärtige Finanzierung des auf Subskriptionen basierenden wissenschaftlichen Publikationssystems nicht nachhaltig ist und fordert ausdrücklich dazu auf, Kosten und Rahmenbedingungen der wissenschaftlichen

---

[1] http://www.scienceeurope.org/wp-content/uploads/2016/04/SE_Briefing_Paper_OA_Business_Models.pdf
[2] https://english.eu2016.nl/documents/reports/2016/04/04/amsterdam-call-for-action-on-open-science

Informationsversorgung transparent darzulegen. Der Europäische Rat erwartet im Zuge der angestrebten Open-Access-Transformation unter anderem eine faire Preisbildung und damit geringere Kosten auf dem Markt für wissenschaftliche Kommunikation. Eine möglichst umfassende Markttransparenz ist dafür wesentliche Voraussetzung. Im September 2016 hat das Bundesministerium für Bildung und Forschung (BMBF) das Strategiepapier „Open Access in Deutschland"[3] vorgelegt. Das BMBF sieht die Umstellung eines überwiegend subskriptionsbasierten Publikationsmodells hin zu einem Open-Access-Publikationsmodell unter anderem als eine Umstellung der Finanzierung, die weg von dem Erwerb von Zeitschriften durch Bibliotheken hin zu einer direkten Finanzierung von Open-Access-Publikationen verlagert wird. Während genuine Open-Access-Verlage, wie zum Beispiel in Deutschland *Copernicus Publications*, schon seit einigen Jahren erfolgreich mit einem entsprechenden Geschäftsmodell arbeiten, stehen insbesondere die traditionellen Verlage vor der Herausforderung, etablierte subskriptionsbasierte Zeitschriftentitel in den Open Access umzuwandeln. Nur mit angepassten und konkurrenzfähigen Geschäftsmodellen können Verlage ihre Rolle in der wissenschaftlichen Kommunikation innerhalb einer digitalen Wissenschaft wahrnehmen. Dieser Transformationsprozess im Publikationssystem betrifft jedoch nicht nur die Verlage, sondern auch die Bibliotheken, die ihre Geschäftsprozesse und Services anpassen müssen (Geschuhn & Pieper 2016).

Der Markt für Open-Access-Publikationsgebühren

Im 2015 vorgelegten Whitepaper der Max-Planck-Gesellschaft „Disrupting the subscription journals' business model for the necessary large-scale transformation to open access" (Schimmer, Geschuhn & Vogler 2015) werden erstmals valide Zahlen über den globalen Markt für wissenschaftliche Zeitschriftenartikel vorgelegt. Demnach werden pro Jahr rund 2 Millionen Artikel in wissenschaftlichen Zeitschriften veröffentlicht, Bibliotheken wenden pro Jahr rund 7,6 Milliarden € auf, um diese über Subskriptionen zur Verfügung zu stellen. Der Preis pro Artikel beträgt durchschnittlich rund 3 800 €.

Wesentliche Erkenntnis der Studie ist, dass das im Subskriptionssystem befindliche Geld ausreicht, um eine Umstellung von Subskriptionszahlungen auf die Finanzierung von OA-Publikationsgebühren zu erreichen. Selbst unter der Annahme einer relativ hohen durchschnittlichen Open-Access-Publikationsgebühr in Höhe von 2 000 € würde das angestrebte *pay-as-you-publish*-Modell eine Kostenersparnis für Bibliotheken gegenüber dem jetzigen System des Bezugs von Zeitschriftentiteln in Höhe von rund 3,6 Milliarden € erzielen. Gleichzeitig wäre mit dem weltweit freien Zugang zu allen Zeitschriftenartikeln das Versorgungs- und Zugangsproblem für alle

---

[3] https://www.bmbf.de/pub/Open_Access_in_Deutschland.pdf

Wissenschaftler behoben, zudem gäbe es für Personen außerhalb dieser Einrichtungen ebenfalls keine Zugangsbeschränkungen mehr.

Die Sichtbarkeit des wissenschaftlichen Publikations-Outputs wäre für alle Einrichtungen umfassender als bislang gewährleistet, zudem wäre eine wesentliche Voraussetzung für den im „Amsterdam Call for Action" beschriebenen gesamtgesellschaftlichen und wirtschaftlichen Nutzen von Open Science erfüllt.

Der Markt für Publikationsgebühren ist zunehmend Gegenstand wirtschaftswissenschaftlicher Forschung. Aus ökonomischer Sicht erscheint es für einen Verlag zunächst ineffizient, interessierte Leser eines wissenschaftlichen Zeitschriftenartikels nicht zu bedienen, wenn die Gewährung eines weiteren Zugangs zu diesem Artikel dem Anbieter keine zusätzlichen Kosten verursacht (Armstrong 2015). Dem Verlag entgehen zum einen mögliche Einnahmen, zum anderen entstehen dem Verlag durch den Ausschluss von großen Lesergruppen „politische Kosten", die sich zum Beispiel in Initiativen wie „The cost of knowledge",[4] die sich gegen die Preispolitik des Verlags Elsevier richtet, als auch in den oben zitierten politischen Forderungen nach Open Access manifestieren. Der von Verlagen massenhaft betriebene Ausschluss einer großen Anzahl von potenziellen Lesern ist einer der Gründe, warum Plattformen wie Sci-Hub eine stürmische Nutzung erleben. Denn auch die wissenschaftlichen Einrichtungen in Ländern mit einer vergleichsweisen hohen Wirtschaftskraft sind nicht mehr in der Lage, ihren Lesern über das Subskriptionsmodell – selbst in Kombination mit Fernleih- oder Dokumentliefersystemen – den Zugang zu der benötigten Zeitschriftenliteratur bereit zu stellen (Bohannon, 2016).

Wesentlicher Grund für die Preispolitik der Verlage auf dem Subskriptionsmarkt ist der quasi-monopolistische Charakter von Zeitschriftartikeln. Dieser erlaubt es den Verlagen bislang, von Bibliotheken für Zeitschriftentitel Preise zu verlangen, die weit über den tatsächlichen Kosten für eine Zeitschrift liegen können. Zusätzlich haben Verlage eine sogenannte diskriminierende Preispolitik auf diesem Markt etabliert, die zu unterschiedlichen Preisen für dieselben Produkte und Services für verschiedene Kunden – zum Teil selbst innerhalb von Konsortien – geführt hat. Durch Bündelung von Zeitschriftentiteln in Pakete und Segmentierung in „Abonnements-Bestand" und zusätzlichen „Zugangs-Bestand" gelingt es Verlagen, den jeweils für sie maximalen Anteil am Budget einer Bibliothek zu realisieren. Aufgrund der Tatsache, dass Verlage für den wesentlichen Beitrag zu ihrem Geschäft, nämlich die von Autoren erstellten Zeitschriftenartikel, in der Regel nichts bezahlen, können sie überdurchschnittlich hohe Renditen erzielen.

In einem über Open-Access-Publikationsgebühren finanzierten Modell entfällt der quasi-monopolistische Charakter von Zeitschriftenartikeln, wenn diese sofort frei zugänglich sind. Armstrong (2015) führt als Analogie den Markt für Kreditkarten an. Hier werden die Kosten pro Transaktion von den Händlern bezahlt, die Besitzer einer Kreditkarte können diese häufig kostenfrei benutzen, wenn sie

---

4 http://www.thecostofknowledge.com/

in der Lage sind, den „Kredit" am Monatsende auf einmal zurück zu zahlen. Ein weiterer analoger Markt wäre der für die Benutzung von Suchmaschinen, auf dem die Betreiber nicht direkt von den Nutzern, sondern von der werbetreibenden Wirtschaft bezahlt werden. Diese Analogien zeigen auch, dass nicht der auf dem Markt befindliche Grad der Anbieterkonzentration der wesentliche Faktor für die überdurchschnittlich hohen Preise für Zeitschriftenartikel ist.

Da in einer über Publikationsgebühren finanzierten Welt des Goldenen Open Access die Preise für Zeitschriftenartikel nicht mehr wie im Subskriptionssystem völlig losgelöst von den tatsächlichen Kosten der Verlage gestaltet werden können und die Verlage weiterhin die Autoren für deren Artikel nicht bezahlen, rücken die Mehrwertdienste und die entsprechenden Kosten der Verlage in den Mittelpunkt der Preisbildung. Bei Vernachlässigung der Kosten für die digitale Distribution von Zeitschriftenartikeln sind die Kosten pro Zeitschriftenartikel umso höher, je größer der Grad der Selektivität beziehungsweise der Anteil abgelehnter Einreichungen nach mehreren Begutachtungs-Runden, bei gleichzeitig hoher Anzahl von Einreichungen, ist. Beispiel für diese Art von Preisbildung sind die Journals PLOS Biology und PLOS One. PLOS Biology ist ein hoch selektives Journal mit einem Preis pro Artikel von derzeit 2 900 USD, während PLOS One derzeit einen Preis von 1 495 USD verlangt. Ein anderes Beispiel ist die Zeitschrift Nature Communications, die hohe Selektivität mit einer diskriminierenden Preispolitik nach Ländern und Regionen miteinander verbindet.

Autoren, die glauben, einen hervorragenden Artikel geschrieben zu haben, tendieren zunächst dazu, diesen in hochselektive Journals einzureichen, um darüber die Bestätigung der überdurchschnittlichen Qualität ihres Beitrags zu erreichen. Eine der diskutierten möglichen negativen Auswirkungen der Preisbildung über Open-Access-Publikationsgebühren ist, dass Autoren oder wissenschaftliche Einrichtungen, die die hohen Preise nicht bezahlen können, dann gezwungen sind, trotz der hohen Qualität ihres Beitrags in günstigere Journals, wie zum Beispiel Mega-Journals, auszuweichen. Durch die freie Zugänglichkeit des Zeitschriftenartikels kann die genuine Qualität eines Beitrags jederzeit direkt überprüft werden. Des Weiteren können Open-Access-Beiträge allein aufgrund ihrer Relevanz hohe Nutzungs- und Zitationsraten erreichen, ohne dass sie an eine hochselektive Zeitschriftenmarke gebunden sind. Damit wird die Preisbildung aufgrund vergleichsweise hoher Kosten für ein Review-Verfahren relativiert. Aufgrund der Konkurrenz um möglichst hochwertige Artikel müssen Verlage und Zeitschriften daher nicht ihre Standards, aber ihre Kosten für das Begutachten und Ablehnen von Beiträgen senken. Dies kann durch innovative und effiziente Verfahren des Peer-Reviews oder durch anderweitige Zertifizierung der Qualität von Beiträgen geschehen. Bei extrem hohen Einreichungszahlen und Ablehnungsraten kann die Erhebung von *submission fees* die entsprechenden Kosten senken.

Armstrong kommt zu folgender Bewertung:

> In the longer term, though, the cost of processing journal submissions may fall to such a degree that a gold policy will not require high fees from authors. A move towards journals offering a

pure certification service, rather than requiring multiple rounds of revision, will reduce journal costs (and the required publication fees) and lessen the time spent on writing referee reports. A ‚light touch' editorial process will also reduce the delay from submission to ultimate publication; arguably accelerating access by readers to research is as important as ensuring that the research is freely available once eventually published. (Armstrong 2015)

Ein konsequent wirtschaftliches Verhalten von Bibliotheken, Autoren und Forschungsförderern ist Voraussetzung dafür, dass sich die tendenziell abnehmenden Kosten für die Produktion von Open-Access-Zeitschriften auch in der Preisbildung für Open-Access-Publikationsgebühren niederschlagen. Das gilt insbesondere für Journals, die keine herausgehobene Position aufgrund besonderer Qualitätsansprüche haben, was für die überwiegende Mehrzahl der Zeitschriften gilt. Gerade in diesem Segment sollten Bibliotheken und Autoren keine Preissteigerungen von Open-Access-Publikationsgebühren akzeptieren, sondern im Gegenteil schon jetzt versuchen, Preissenkungen durchsetzen. Die umfassende Kenntnis des Marktes in Bezug auf die Höhe und Verteilung des Publikationsaufkommens sowie die damit verbundenen Kosten ist dafür eine wesentliche Voraussetzung.

Kosten- und Preistransparenz

Die transparente und faire Ausgestaltung von Open-Access-Publikationsgebühren ist nicht nur eine wichtige Bedingung, um einer erneuten Kostenexplosion im wissenschaftlichen Publikationssystem entgegen zu wirken, sondern auch, um die Akzeptanz von Open Access in der Wissenschaft selbst zu erhöhen. Die Befürchtung von überproportionalen Preissteigerungen auf dem Markt für Publikationsgebühren ist nicht von der Hand zu weisen.

2012 haben Solomon/Björk in ihrer Studie „A Study of Open Access Journals Using Article Processing Charges" für Open-Access-Publikationsgebühren eine durchschnittliche Höhe von rund 900 USD ermittelt. Gleichwohl in Kenntnis dieser Studie kalkulierte der folgenreiche *Finch-Report*[5] mit Publikationsgebühren zwischen 1 500 und 2 000 GBP (Lawson 2014). Zwei Jahre später schätzten Björk/Solomon (2014) die durchschnittliche Höhe von Publikationsgebühren für echte Open-Access-Zeitschriften zwischen 1 418 USD und 2 097 USD, die durchschnittliche Höhe in hybriden Zeitschriften auf 2 727 USD. Inzwischen existieren eine ganze Reihe von Datensätzen und Analysen, die die Preis- und Kostenentwicklung auf diesem Markt empirisch fundierter nachvollziehbar machen. In ihrem Beitrag „A study of institutional spending on open access publication fees in Germany" haben Jahn/Tullney (2016) die aus verschiedenen Quellen verfügbaren Kostendaten durch berichterstattende Einrichtungen für die Jahre 2014 und 2015 normalisiert und in folgender Tabelle 1 zusammengestellt:

---

5 https://www.acu.ac.uk/research-information-network/finch-report

Tab. 1: Kostenvergleich von Open-Access-Publikationsgebühren 2014–2015.[6]

Cost data-set	Journal Type	Articles funded	Total costs in €	Mean
FWF				
2014	Fully OA	247	316.765	1.282
	Hybrid OA	780	1.794.604	2.301
2015	Fully OA	288	418.408	1.453
	Hybrid OA	912	2.376.356	2.606
Jisc				
2014	Fully OA	1.161	1.897.862	1.635
	Hybrid OA	2.938	5.409.623	1.841
2015	Fully OA	1.168	2.211.958	1.894
	Hybrid OA	2.944	6.977.753	2.370
Open APC				
2014	Fully OA	1.832	2.353.665	1.285
	Hybrid OA	15	26.546	1.770
2015	Fully OA	1.991	2.820.445	1.417
	Hybrid OA	8	23.412	2.927
Wellcome Trust				
2013–2014	Fully OA	607	911.302	1.501
	Hybrid OA	1.894	4.648.878	2.455
2014–2015	Fully OA	775	1.418.097	1.830
	Hybrid OA	2.065	5.690.178	2.756

Sowohl die eingangs zitierten Schätzungen als auch die von Jahn/Tullney zusammengestellten Daten zeigen deutliche Unterschiede sowohl in der absoluten Höhe der im Durchschnitt bezahlten Open-Access-Publikationsgebühren als auch in den Wachstumsraten. Die niedrigsten Kosten haben demnach die deutschen wissenschaftlichen Einrichtungen, die gemäß den DFG-Förderrichtlinien für Publikationsfonds überwiegend APCs für reine OA-Zeitschriften finanzieren, gleichwohl lag die Wachstumsrate für die Durchschnittskosten zwischen 2014 und 2015 auch dort bei rund 10%. Die durchschnittliche Höhe von Publikationsgebühren in reinen Open-Access-Zeitschriften liegt bei allen berichtenden Einrichtungen unterhalb der von der DFG festgelegten Preisgrenze von 2 000 €.

Die international umfangreichste Datensammlung über die Kosten von Publikationsgebühren wird derzeit von der Open-APC-Initiative[7] an der Universitätsbibliothek Bielefeld im Rahmen des DFG-geförderten Projekts INTACT[8] zusammengetragen. Das Datenschema erlaubt die getrennte Betrachtung der Kostenentwicklung von hybriden sowie Veröffentlichungen in reinen Open-Access-Zeitschriften. Mit den Ende Oktober 2016 hinzugekommenen Daten der Harvard University Library wurde ein weiterer

---

6 doi:10.7717/peerj.2323/table-2
7 https://openapc.github.io/
8 Zusammen mit den Projektpartnern Max Planck Digital Library und dem Institute for Interdisciplinary Studies of Science (I²SoS) der Universität Bielefeld, siehe https://intact-project.org/

Meilenstein in der Internationalisierung der Kostenbetrachtung von Open-Access-Publikationsgebühren erreicht. Damit nimmt die Bedeutung von Open APC als zentrale internationale Datengrundlage für das Monitoring von Publikationsgebühren stetig zu.

Zum Zeitpunkt der Abfassung dieses Beitrags (28.10.2016) weist der Datensatz Ausgaben in Höhe von 33 002 414 € für 18 538 sowohl reiner als auch hybrider Zeitschriftenartikel nach, die von den teilnehmenden Institutionen finanziert worden sind. Die durchschnittliche Höhe der Publikationsgebühr über den gesamten Datensatz beträgt rund 1 780 €, der Median 1 542 €. Betrachtet man nur die Publikationsgebühren für die Artikel in reinen Open-Access-Zeitschriften, beträgt die durchschnittliche Höhe rund 1 360 €, der Median 1 274 €.

Die Förderung des reinen Open-Access-Publizierens inklusive einer festgesetzten Preisgrenze führt zu geringeren Kosten als das Fördern des hybriden Open-Access-Publizierens. Um die befürchtete Kostenexplosion auf dem Markt für Publikationsgebühren zu verhindern, wäre ein über nationale Grenzen hinaus gemeinsames Fördern beschränkt auf reine Open-Access-Zeitschriften mit einer im ersten Schritt abzusenkenden Preisgrenze auf 1 500 € ein sinnvoller Schritt. Diese und weitere mögliche Absenkungen der maximalen Preisgrenze wären ein Signal für die Verlage, ihre wie oben dargelegten Kostenstrukturen zu verbessern.

Fazit

Politische Intervention durch Forschungsförderer kann die Wiedereinführung von Marktelementen im wissenschaftlichen Publikationssystem erfolgreich gestalten. Die Förderung von Publikationsgebühren kann der Mechanismus zur Verstärkung der Open-Access-Transformation sein, die in einem *pay-as-you-publish*-Modell mündet. Weitere Schritte in diese Richtung wären die internationale Einstellung der Förderung von Open-Access-Publikationsgebühren für hybride Zeitschriftenpublikationen nach den Vorbildern DFG und OpenAIRE,[9] sowie die weitere Senkung der maximalen APC-Preisgrenzen. Des Weiteren sollten Bibliotheken und Autoren preissensitiv agieren und die gesetzten Preisgrenzen nicht negieren. Verlage müssen, wie Anbieter auf anderen Märkten auch, kontinuierlich ihre Kostenstrukturen verbessern und ihre Geschäftsprozesse effizienter organisieren.

Jeffrey MacKie-Mason hat in seinem Blog-Beitrag „Economic thoughts about ‚gold' open access" (2016) die häufig hervorgebrachten Einwände gegen eine Open-Access-Transformation diskutiert. Goldener Open Access an sich fördert nicht die Konzentration auf Anbieterseite, er ist vielmehr der einzige Weg für die Etablierung neuer innovativer

---

9 Siehe die Förderbedingungen für den „FP7 post-grant Open Access publishing funds pilot" im Rahmen des EU-Projekts OpenAIRE2020: https://www.openaire.eu/postgrantoapilot

Verlage, wie Copernicus, Frontiers, Hindawi, MPDI, PLOS und andere, die in der Diskussion um die Herausforderungen der traditionellen Verlage weniger beachtet werden, aber inzwischen eine wichtige Rolle im Open-Access-Publikationssystem spielen. Des Weiteren ist, wie im Beitrag gezeigt, eine Anbieterkonzentration nicht der wesentliche Grund für überproportionale Preissteigerungen im wissenschaftlichen Publikationssystem. Forschungsförderer können durch Einsparungen für Aufwendungen in der Literaturversorgung und Umlenkung von Mitteln dafür sorgen, dass forschungsintensive und publikationsstarke wissenschaftliche Einrichtungen in einem *pay-as-you-publish*-Modell einen Ausgleich für ihre institutionell höheren Open-Access-Publikationskosten erhalten. Es bleibt die Frage nach den Kosten während der Transformationsphase und dem Zeithorizont, innerhalb dessen die Transformation bewältigt werden soll.

Die derzeit in mehreren Ländern abgeschlossenen sogenannten *offsetting-agreements* deuten in ihrer jetzigen Form darauf hin, dass die Transformationsphase zunächst mit höheren Kosten verbunden ist. Umso mehr kommt es deshalb darauf an, diese letzte Möglichkeit für die traditionellen Verlage, noch vorhandene subskriptionsbasierte Zeitschriftentitel in den Open Access umzustellen und ihre Kosten zu senken, zeitlich einzugrenzen, den Subskriptionsanteil in den folgenden Agreements zurückzufahren und die derzeit noch pauschalisierte Komponente der Open-Access-Publikationsgebühren durch marktgerechte Preise zu ersetzen. Die evidenzbasierte Analyse von APC-Daten kann dazu einen Beitrag leisten und ist somit ein Baustein in der großflächigen OA-Transformation, wie sie von der Max Planck Gesellschaft mit der OA2020-Initiative[10] initiiert wurde (Schimmer 2016; siehe auch Kapitel 3c).

Literatur

Armstrong, M. (2015). Opening Access To Research. The Economic Journal, 125 (August), F1–F30. 10.1111/ecoj.12254.

Björk, B-C. & Solomon, D. (2014). Pricing principles used by scholarly open access publishers. Learned Publishing 25(2), 132–137.

Bohannon, J. (2016). Who's downloading pirated papers? Everyone. Science Mag, Apr. 28. http://www.sciencemag.org/news/2016/04/whos-downloading-pirated-papers-everyone.

Geschuhn, K. & Pieper, D. (2016). Wandel aktiv gestalten: Das Projekt INTACT- Transparente Infrastruktur für Open-Access-Publikationsgebühren. In B. Mittermaier (Hrsg.): Der Schritt zurück als Schritt nach vorn – Macht der Siegeszug des Open Access Bibliotheken arbeitslos?. 7. Konferenz der Zentralbibliothek, Forschungszentrum Jülich, WissKom 2016, Jülich, Germany, 14 Jun 2016 – 16 Jun 2016. http://hdl.handle.net/2128/11559.

Jahn, N. & Tullney, M. (2016) A study of institutional spending on open access publication fees in Germany. PeerJ 4:e2323. doi:10.7717/peerj.2323.

Lawson, S. (2014): APC pricing. figshare. doi:10.6084/m9.figshare.1056280.v3.

---

10 http://oa2020.org/

MacKie-Mason, J. (2016). Economic thoughts about „gold" open access. 23. Apr 2016. http://madlibbing.berkeley.edu/economic-thoughts-about-gold-open-access/.

Schimmer, R., Geschuhn, K. & Andreas, V., (2015). Disrupting the subscription journals' business model for the necessary large-scale transformation to open access. A Max Planck Digital Library Open Access Policy White Paper. doi:10.17617/1.3.

Schimmer, R. (2016) Initiatives for the Large-Scale Transition to Open Access. Talk at LIBER ANNUAL CONFERENCE, Helsinki, Finland, 29 Jun 2016 – 1 Jul. 2016. http://liber2016.org/wp-content/uploads/2015/10/1400-1420_Schimmer_Open_Access_2020.pdf.

Solomon, D. & Björk, B-C. (2012). A study of open access journals using article processing charges. Journal of the Association for Information Science and Technology 63(8), 1485–1495.

Bernhard Mittermaier
2b Hybrider Open Access

Zur Entstehung

Hybride Zeitschriften geben Autoren die Möglichkeit, ihre Publikationen gegen die Zahlung einer Gebühr „freizukaufen" und somit auch all denjenigen, die keine Subskription der betreffenden Zeitschrift haben, den Zugang zum Artikel kostenfrei zur Verfügung zu stellen. Zum ersten Mal hat 1994 die *Entomological Society of America* diese Option für ihre Zeitschrift *Florida Entomologist* angeboten. Hintergrund war seinerzeit der Transformationsprozess von der gedruckten zur elektronischen Zeitschrift. Traditionell hatten Autoren Reprints ihrer Publikationen beim Verlag kostenpflichtig bestellt, um sie an Kollegen verteilen zu können. In Analogie dazu wurde an e-Reprints gedacht, die elektronisch verteilbar und sogar völlig frei für jedermann zugreifbar sein sollten. Die Kosten hierfür sollten in der gleichen Größenordnung wie die Kosten liegen, die Autoren für die typischerweise georderten 100 Reprints bezahlt hatten (Walker, 2004). Motivation war also, die Finanzströme auch unter den veränderten Bedingungen einer elektronischen Zeitschrift annähernd gleich zu belassen. Allerdings wurde auch damals schon erkannt, dass dies ein Weg sein könnte, aus einer (gedruckten) Subskriptionszeitschrift eine elektronische Open-Access-Zeitschrift zu machen, selbst wenn der Begriff „Open Access" noch gar nicht existierte:

> Only if all authors publishing in a journal choose to pay for e-reprints do subscriptions and printed issues of that journal become expendable. Once that occurs, the publisher and its authors or the members of a journal-publishing society may agree that it is time to end traditional distribution of the journal. (..) Authors and their grants and institutions will probably pay all costs of electronic journals, much as they now do for printed journals, except that page charges are likely to be universal and high, and institutional libraries are no longer likely to contribute through journal subscriptions. (Walker, 1996).

Diese Intention der Transformation zu Open Access griff David Prosser eine Dekade später auf:

> Authors would be presented with two options: 1. To pay a publication charge – the paper is then made open access on publication. 2. Not to pay the publication charge – the paper is only made available to subscribers. This would result in a hybrid journal in which access to each paper would depend on the authors' willingness to pay the publication fee. This is a low-risk strategy for the journal's owner as they would still collect subscription revenue. In year one (say 2004), authors would be invited to pay for open access. The subscription price would be set to what is required to generate the required income, even if no authors took up the offer. Any author payments would then be a bonus! In year two (2005), the subscription price would be set based on the experience in 2004. Over time, as the proportion of authors willing to pay increased, the subscription price would continue to be reduced. (Prosser, 2003)

In seinem bemerkenswerten Artikel führte Prosser also nicht nur den Begriff „Hybride Zeitschrift" ein (aus dem später „Hybrider Open Access" abgeleitet wurde), sondern stellt das Modell auch als eine für Verlage risikoarme Strategie zur Transformation zu OA vor, benennt die Einnahmen aus den Gebühren als zusätzliche Einnahmen (das sogenannte „Double Dipping") und fordert außerdem einen Mechanismus zur Reduktion der Subskriptionsgebühren in Folgejahren wegen dieser Mehreinnahmen.

Hybrider Open Access in der Diskussion

Im Lauf der Jahre haben immer mehr Verlage Hybriden Open Access in ihr Angebot aufgenommen. Eine Übersicht mit Stand 2009 listet auf Basis von SHERPA/RoMEO 69 internationale Verlage auf (Pinfield, 2010); im Juni 2016 waren es 254 Verlage (SHERPA/Romeo, 2016). Bei deutschen Verlagen ist eine deutliche Zurückhaltung zu spüren: Während international nur 10 % der 22 größten Verlage kein hybrides Open-Access-Angebot haben, bietet in Deutschland nicht einmal die Hälfte der Verlage hybriden Open Access an (Mittermaier, 2015a). Ob dies an einer tendenziell restriktiven Haltung mancher Verlage zu Open Access oder an der geringen Akzeptanz von hybridem Open Access in Deutschland liegt, bleibt dahingestellt.

Die heute praktizierten (Geschäfts-)Modelle für hybride Open-Access-Zeitschriften unterscheiden sich zum Teil erheblich; das „Open Access Directory" zählt 11 verschiedene Varianten (Open Access Directory, 2014). Unterschiede liegen beispielsweise darin, dass manche Verlage unter proprietären Lizenzen veröffentlichen, manche dagegen Creative Commons-Lizenzen anbieten. Hierbei ist wiederum in manchen Fällen nur eine bestimmte CC-Lizenz verfügbar, in anderen haben die Autoren eine Auswahl (wobei bei einigen Verlagen CC BY teurer ist als restriktivere Lizenzen). In einigen Fällen wie z. B. bei Wiley ist es möglich, hybride Open-Access-Gebühren im Rahmen sogenannter „institutioneller Mitgliedschaften" abzuwickeln, vgl. dazu das nachfolgende Kapitel 2c. In der Regel erfolgt die Abwicklung der Gebühren jedoch per Einzelabrechnung mit dem Corresponding Author bzw. mit der Bibliothek, vgl. Kapitel 2a. Als Sonderfall ist die pauschale Abgeltung von hybriden Open-Access-Gebühren für alle Publikationen einer Einrichtung in sogenannten „Offsetting-Verträgen" zu nennen, vgl. Kapitel 3e. Die Gebühren werden von den Verlagen festgelegt; zumindest im Rahmen von institutionellen Mitgliedschaften sind sie verhandelbar (Gillies, 2014).

Trotz des großen Angebots bleibt die Akzeptanz von hybridem Open Access seitens der Autoren sehr überschaubar: Bei den meisten großen Verlagen liegt der Anteil der Hybrid-Artikel bei weniger als 2 % (Björk, 2012); in der Einrichtung des Autors entfallen 4 % der Downloads auf hybriden Open Access (Mittermaier & Barbers, 2016). In jüngster Zeit gab es lediglich in Großbritannien als Auswirkung des Finch-Reports eine deutliche Zunahme (Mittermaier, 2015b). Im Zuge von Offsetting-Verträgen könnte zukünftig der Anteil insgesamt weiter zunehmen. Solange diese aber die Ausnahme unter den Zeitschriftenverträgen sind, wird weiter die Entscheidung auf Ebene einzelner Artikel fallen. Dabei bringt hybrider Open Access Vor- und Nachteile sowohl im Vergleich zu einer Publikation in einer Subskriptionszeitschrift ohne Open-Access-Freischaltung als auch im Vergleich zur Publikation in einer Goldenen Open-Access-Zeitschrift. Diese werden nachstehend gegenübergestellt:

Vorteile der Publikation im hybriden Open Access:
- Autoren können weiterhin in den vertrauten (Subskriptions-)Zeitschriften publizieren und machen ihre Artikel trotzdem im Open Access verfügbar.
- Es steht eine größere Auswahl an Zeitschriften zur Verfügung: Der Journal Citation Report 2015 enthält 11 813 Zeitschriften, von denen nur gut 10 % Goldene Open-Access-Zeitschriften sind. Zwar bieten sicher nicht alle Subskriptionszeitschriften hybriden Open Access an, aber von den knapp 90 % Zeitschriften des JCR ist es sicher die deutliche Mehrheit (ThomsonReuters, 2016).
- Subskriptionszeitschriften haben in der Tendenz einen höheren Impact Factor (IF): Bei den Goldenen Open-Access-Zeitschriften im JCR 2015 beträgt der IF im Mittel 1,68 bei einem Median von 1,08. Alle Zeitschriften haben einen durchschnittlichen IF von 2,00 bei einem Median von 1,34 (eigene Berechnung 12.08.2016).
- Forschungsförderungsorganisationen erwarten zunehmend, dass die von ihnen geförderten Publikationen im Open Access verfügbar sind. Wenn man (aus welchen Gründen auch immer) nicht auf dem Grünen Weg zweitveröffentlichen will oder kann, ist hybrider Open Access ein Weg zur Erfüllung der Förderbedingungen.

Nachteile der Publikation als Hybrid Open Access:
- Die Sichtbarkeit von Hybrid-Artikeln auf den Webseiten des Verlags ist oftmals unbefriedigend; außerdem sind einzelne Artikel in Link-Resolvern in der Regel nicht nachgewiesen. Potentielle Leser können so den Eindruck gewinnen, der Artikel sei für sie gar nicht verfügbar, wenn die Bibliothek die Zeitschrift nicht subskribiert hat (Chumbe, 2015).
- Für Artikel in Goldenen Open-Access-Zeitschriften wird in der Regel ein *Citation Advantage* beobachtet; frei verfügbare Artikel werden tendenziell häufiger zitiert als Subskriptionsartikel (Swan, 2010). Bei Hybrid-Artikeln wurde dagegen keine signifikante Steigerung der Zitationszahl festgestellt (Mueller-Langer & Watt, 2014).
- Für hybrides Publizieren muss eine Gebühr entrichtet werden. Diese erreicht in vielen Fällen 3 000 USD, zum Teil liegt sie niedriger, zum Teil sogar noch höher (Björk, 2012; Emery, 2013). In Subskriptionszeitschriften fallen dagegen in den meisten Fällen keine Publikationsgebühren an.

- Die Publikationsgebühr ist meist deutlich höher als in Goldenen Open-Access-Zeitschriften, wo sie im Mittel bei rund 1 000 USD liegt (Solomon & Björk, 2012).[1]
- Trotz der hohen Gebühren behalten sich Verlage in vielen Fällen immer noch Rechte an den Artikeln vor, die über das einfache „Right to Publish" weit hinausgehen[2] oder erheben Zuschläge, wenn man eine Creative-Commons-Lizenz möchte.[3]
- Seitens der Wissenschaft wird an den Verlag sowohl für das Lesen (Subskriptionskosten) als auch für das Publizieren (hybride Open-Access-Gebühr) bezahlt. Dieser Vorwurf des „Double Dipping" ist wohl der Hauptkritikpunkt an hybridem Open Access. Die in vielen Fällen implementierte „No-Double-Dipping-Policy" ist in der Praxis sehr intransparent (Stigler, 2015). Entgegen allen Beteuerungen der Verlage findet tatsächlich in den meisten Fällen zumindest in gewissem Umfang Double Dipping statt. So reduziert Springer zwar die Listenpreise von Zeitschriften, jedoch nicht Preise in Zeitschriftenpaketen, die von vornherein niedriger sind. Wiley reduziert die Subskriptionspreise nur dann, wenn die Zahl der regulären Artikel („Toll Access") „aufgrund" von hybriden Open-Access-Artikeln sinkt. Bedingung für eine Preisanpassung ist also, dass im Vergleich zum Vorjahr weniger Toll-Access-Artikel und mehr hybride Open-Access-Artikel publiziert werden. Elsevier hat eine ganz eigene Sichtweise: Die mit den Lizenzgebühren bezahlten Artikel sind demnach die Toll-Access-Artikel, hybride Open-Access-Artikel erscheinen zusätzlich und sind nicht durch Lizenzgebühren abgedeckt (Mittermaier, 2015a).
- Folge der unvollständigen Rückerstattung der hybriden Open-Access-Gebühren – zumal auf institutioneller Ebene – ist auch, dass die Gesamtausgaben der Einrichtungen („Total Cost of Ownership") weiter steigen (Pinfield, Salter, & Bath, 2016).

---

1 Dieser schwer nachvollziehbare Umstand kann auf zweierlei Weise erklärt werden: Ein Verlag mit einem großen Zeitschriftenangebot (drei- bis vierstellige Zeitschriftenzahl) wird bei Einführung eines Hybrid-Angebots möglicherweise nicht in der Lage sein, für jede einzelne Zeitschrift die Hybrid-Gebühr exakt zu kalkulieren. Man legt deshalb einen Einheitsbetrag fest, der im Zweifel am oberen Ende der denkbaren Spannbreite liegt. Ein alternativer Erklärungsansatz lautet, dass Verlage bei einer nicht zu erstattenden und lediglich kostendeckenden Hybrid-Gebühr, die jedenfalls niedriger als 50 € liegen würde, von der Nachfrage überrannt würden und sehr viele oder sogar alle Artikel einer Zeitschrift Hybrid-Artikel wären. (Beim pay-per-view wird der Zugriff durch eine einzelne IP-Adresse freigeschaltet, zum Teil nur für eine begrenzte Zeit. Der Preis hierfür beträgt meist 20–30 €. Der Aufwand für die dauerhafte Freischaltung eines Artikels ist eher kleiner.) In der Folge würden die Bibliotheken die Zeitschrift abbestellen, da sie ja (fast) komplett frei verfügbar wäre, ohne dass ein Gold-Open-Access-Modell in Kraft ist.
2 Zum Beispiel ist der Artikel doi:10.3109/02770903.2013.846369 auf der Webseite von Taylor&Francis als „Open Access" gekennzeichnet. Die pdf-Datei enthält jedoch ein Wasserzeichen, demzufolge unbefugte Benutzung verboten sei. „Authorized users can download, display, view and print a single copy for personal use."
3 Beispielsweise erhebt die American Chemical Society einen Zuschlag von 500 USD für Mitglieder und 1 000 USD für Nichtmitglieder, wenn ein Artikel eine CC BY oder CC BY-NC-ND-Lizenz haben soll http://acsopenaccess.org/ (Zugriff am 12.08.2016)

Ausblick

Viele Forschungsorganisationen und Forschungsförderer lehnen hybriden Open Access aus den oben genannten Gründen ab bzw. fördern keine Publikation in dieser Form. So rät die Helmholtz-Gemeinschaft in ihrer Open-Access-Richtlinie „von der Publikation in sogenannten hybriden Open-Access-Zeitschriften" ab.[4]

In ihren Rahmenverträgen mit Open-Access-Verlagen, die eine Vorauszahlung von Open-Access-Gebühren beinhalten, schließen sowohl die Max-Planck-Gesellschaft als auch die Helmholtz-Gemeinschaft die Finanzierung von hybridem Open Access aus.[5] Die Deutsche Forschungsgemeinschaft (DFG) schließt hybriden Open Access in ihrem Förderprogramm „Open Access Publizieren" aus:

> Die Open-Access-Freischaltung von Aufsätzen in prinzipiell subskriptionspflichtigen Zeitschriften nach dem Modell des „Open Choice" ist nicht förderfähig.[6]

Auch in der norwegischen Forschungsförderung sind hybride Publikationen nicht förderfähig.[7] Science Europe, der Zusammenschluss von über 50 europäischen Forschungsorganisationen und Forschungsförderern, betont:

> The hybrid model, as currently defined and implemented by publishers, is not a working and viable pathway to Open Access. Any model for transition to Open Access supported by Science Europe Member Organisations must prevent ‚double dipping' and increase cost transparency.[8]

In Österreich (vgl. Kapitel 4a) fördert der Wissenschaftsfonds FWF zwar auch Publikationskosten von Hybrid-Artikeln. Allerdings setzt die seit November 2014 geltende Kostendeckelung bei hybriden Open-Access-Artikeln bereits bei 1 500 € ein, während Goldene Open-Access-Artikel bis 2 500 € gefördert werden.[9] In Großbritannien (vgl. Kapitel 4d) ist dagegen das Klima für hybriden Open Access deutlich freundlicher: 2012 wurde der Report *„Accessibility, sustainability, excellence: how to expand access to research publication"* („Finch-Report")[10] veröffentlicht. Er bezeichnet Goldenen Open Access als idealen Weg zur Verbesserung des Zugriffs auf wissenschaftliche Literatur und nennt die Publikation in Goldenen Open-Access-Zeitschriften und von

---

[4] http://www.helmholtz.de/fileadmin/user_upload/01_forschung/2013-10-14_OA-Richtlinie-IVF.pdf (Zugriff am 12.08.2016)
[5] http://www.wileyopenaccess.com/details/content/12f25e2eb76/Institutional-and-Funder-Accounts-and-Discounts.html (Zugriff am 12.08.2016)
[6] http://www.dfg.de/formulare/12_20/12_20_de.pdf (Zugriff am 12.08.2016)
[7] http://www.digital-science.com/blog/guest/going-for-true-gold-why-the-norwegian-research-council-is-taking-a-stand-against-hybrid-oa-journals/ (Zugriff am 12.08.2016)
[8] http://www.scienceeurope.org/uploads/PublicDocumentsAndSpeeches/SE_OA_Pos_Statement.pdf (Zugriff am 12.08.2016)
[9] http://www.fwf.ac.at/de/public_relations/oai/index.html (Zugriff am 12.08.2016)
[10] http://www.researchinfonet.org/publish/finch/ (Zugriff am 12.08.2016).

Hybrid-Artikeln als praktisch gleichwertige Möglichkeiten zur Erreichung des Ziels. Bald darauf wurde der Finch-Report durch die britische Regierung zur offiziellen Regierungspolitik erklärt[11] und auch der Forschungsförderer Research Councils UK hat seine eigene „RCUK Policy on Open Access" entsprechend angepasst.[12]

Diese Rahmenbedingungen haben einige Verlage dazu bewogen, Hybrid-Programme auszubauen oder neu aufzulegen. Insgesamt scheint hybrider Open Access aus den erläuterten Gründen jedoch kein besonders erfolgreiches Modell zu sein. Lediglich in Form von Offsetting-Verträgen (Kapitel 3e) könnte seine Bedeutung zukünftig steigen.

Literatur

Björk, B.-C. (2012). The hybrid model for open access publication of scholarly articles: A failed experiment? *Journal of the American Society for Information Science and Technology*, *63*(8), 1496–1504. doi:10.1002/Asi.22709.

Chumbe, S. K., Brian Macleod, R. (2015). Hybrid Journals: Ensuring Systematic and Standard Discoverability of the Latest Open Access Articles. *The Serials Librarian*, *68*, 143–155. doi:10.1080/0361526X.2015.1016856.

Emery, J. (2013). Mining for gold: Identifying the librarians' toolkit for managing hybrid open access. *Insights*, *26*(2), 115–119. doi:10.1629/2048-7754.65.

Gillies, S. (2014). Negotiating Author Fees for Hybrid OA Journals: Library Consortial Leadership. *Collection Management*, *39*, 231–252. doi:10.1080/01462679.2014.935903.

Mittermaier, B. (2015a). Double Dipping beim Hybrid Open Access–Chimäre oder Realität? *Informationspraxis*, *1*(1). doi:10.11588/ip.2015.1.18274.

Mittermaier, B. (2015b). Double dipping in hybrid open access – chimera or reality? *ScienceOpen Research*, 12. doi:10.14293/S2199-1006.1.SOR-SOCSCI.AOWNTU.v1.

Mittermaier, B., & Barbers, I. (2016). *Analyse der COUNTER-Journal Reports 1 GOA des Forschungszentrums Jülich*.

Mueller-Langer, F., & Watt, R. (2014). *The Hybrid Open Access Citation Advantage: How Many More Cites is a $3,000 Fee Buying You?*: Max Planck Institute for Innovation and Competition.

Open Access Directory. (2014). OA journal business models. http://oad.simmons.edu/oadwiki/OA_journal_business_models#Hybrid_OA_journals.

Pinfield, S. (2010). Paying for open access? Institutional funding streams and oa publication charges. *Learned Publishing*, *23*(1), 39–52. doi:10.1087/20100108.

Pinfield, S., Salter, J., & Bath, P. A. (2016). The „total cost of publication" in a hybrid open-access environment: Institutional approaches to funding journal article-processing charges in combination with subscriptions. *Journal of the Association for Information Science and Technology*, *67*(7), 1751–1766. doi:10.1002/asi.23446.

---

11 https://www.gov.uk/government/publications/letter-to-dame-janet-finch-on-the-government-response-to-the-finch-group-report-accessibility-sustainability-excellence-how-to-ex-pand-access-to-research-publications (Zugriff am 12.08.2016).

12 http://www.rcuk.ac.uk/research/openaccess/policy/ (Zugriff am 12.08.2016).

Prosser, D. C. (2003). From here to there: a proposed mechanism for transforming journals from closed to open access. *Learned Publishing*, *16*(3), 163–166. doi:10.1087/095315103322110923.
SHERPA/Romeo. (2016). Publishers with Paid Options for Open Access. http://www.sherpa.ac.uk/romeo/PaidOA.php.
Solomon, D. J., & Björk, B.-C. (2012). A study of open access journals using article processing charges. *Journal of the American Society for Information Science and Technology*, *63*(8), 1485–1495. doi:10.1002/asi.22673.
Stigler, S. (2015). Open Access und das hybride Zeitschriftenmodell – eine Analyse zur Transparenz bei ausgewählten Verlagen. *Mitteilungen der VÖB*, *68*(1), 66–78. https://ojs.univie.ac.at/index.php/voebm/article/view/998/871.
Swan, A. (2010). *The Open Access citation advantage: Studies and results to date:* University of Southampton.
ThomsonReuters. (2016). Journal Citation Report 2015. https://jcr.incites.thomsonreuters.com.
Walker, T. J. (1996). Viewpoint: Electronic reprints—Segueing into electronic publication of biological journals. *BioScience*, *46*(3), 171. doi:10.1093/bioscience/46.3.171.
Walker, T. J. (2004). Electronic publication of journals by the Entomological Society of America. http://entnemdept.ifas.ufl.edu/walker/esaepub.htm.

Bernhard Mittermaier
2c Institutionelle Mitgliedschaften

Zum Begriff

Als „Institutionelle Mitgliedschaft" wird ein Vertrag zwischen einem Verlag und einer wissenschaftlichen Einrichtung/Bibliothek bezeichnet, der Wissenschaftlerinnen und Wissenschaftlern der Einrichtung die Veröffentlichung in Zeitschriften dieses Verlags im Goldenen Open Access oder als hybride Artikel zu rabattierten Konditionen oder sogar ganz kostenfrei ermöglicht (Schmidt 2007). Oft ist noch zusätzlich eine zentrale Rechnungsstellung an die Bibliothek geregelt, in Ausnahmefällen auch nur diese.

Manchmal hat der Vertragsabschluss keine Verpflichtungen für die Bibliothek zur Folge (Modell 1). Meist verpflichtet sich die Bibliothek jedoch zu einer Gegenleistung, wofür es zwei weitere wichtige Modelle gibt: Entweder die Bibliothek leistet eine Vorauszahlung (Deposit), von der die APCs anschließend abgezogen werden (Modell 2) oder sie zahlt eine Jahresgebühr (Modell 3). Einer etwas weiteren Definition von institutioneller Mitgliedschaft genügt ein viertes Modell: Eine Bibliothek subskribiert eine Zeitschrift oder ein Zeitschriftenpaket; die Angehörigen der subskribierenden Einrichtung kommen aufgrund dessen in den Genuss eines Rabattes auf die Publikationsgebühr. Eine solche Vereinbarung kann auch ohne formellen Vertrag zwischen Bibliothek und Verlag bestehen. Der Lizenzvertrag über den Zugriff auf die Zeitschriften ist meist kein Vertrag in diesem Sinne, da er die Publikationsgebühren in der Regel nicht berücksichtigt. Eine Ausnahme sind Offsetting-Verträge, die an anderer Stelle behandelt werden (Kapitel 3e).

Der Begriff „Institutionelle Mitgliedschaft" ist umstritten, weil er eine Nähe zu einem Verlag suggeriert, die so nicht gegeben ist (Ad-hoc-AG Open-Access-Gold 2015). Im Unterschied zu einer institutionellen Mitgliedschaft einer Bibliothek z. B. in einem Bibliotheksverband gibt es hier keine Möglichkeit, die Geschäftspolitik zu beeinflussen, die Leitung zu wählen etc. Auch darf nicht der Eindruck entstehen, die Publikation bei einem bestimmten Verlag sei aufgrund der institutionellen Mitgliedschaft empfohlen, was in Spannung zur Freiheit der Wissenschaft stehen würde. Eine eigentlich angemessenere Bezeichnung wäre „Rahmenvertrag" als Grundlage für die einzelnen Autorenverträge. Im Englischen ist neben „institutional membership" auch „institutional sponsorship" gebräuchlich. Der letztgenannte Begriff bringt richtigerweise zum Ausdruck, dass die eigene Institution als Sponsor der Publikationsgebühren auftritt.

Nachstehend werden die vier oben genannten Modelle diskutiert. Berücksichtigt werden alle Verlage, die nach Kenntnis des Verfassers institutionelle Mitgliedschaften anbieten. Die Mitgliederliste der Open Access Scholarly Publishers Association[1] wurde

---
1 http://oaspa.org/membership/members/ (Zugriff am 20.08.2016)

systematisch nach Angeboten zu institutionellen Mitgliedschaften durchgesehen. Wenn auf der Verlagswebseite keine Angaben zu den Mitgliedern aus DACH-Ländern[2] zu finden waren, wurde der Verlag um Auskunft gebeten. Die Electrochemical Society[3] und Oxford University Press[4] haben die erbetenen Auskünfte erteilt. Manche Verlage bieten zwei Modelle nebeneinander an und sind deshalb in zwei Tabellen aufgeführt.

Institutionelle Mitgliedschaft ohne finanzielle Verpflichtung

Tab. 1: Institutionelle Mitgliedschaften ohne finanzielle Verpflichtung der Bibliotheken. Quelle: eigene Recherchen.

Verlag	Gegenstand	Rabatt	Mitglieder aus D-A-CH
BMJ	Goldener OA	20 % (über DFG) 25 % (Universität Basel)	D: 53 Mitglieder; CH: Universität Basel
Cogitatio	Goldener OA	20 %	keine
Copernicus	Goldener OA	Kein Rabatt, nur zentrale Abwicklung	D: 15 Mitglieder, CH: ETH Zürich
De Gruyter	Goldener OA; Hybrider OA; Bücher	Einzeleinrichtungen 15 %; Konsortien 20 %	keine
MDPI – Multidisciplinary Digital Publishing Institute	Goldener OA	10 % oder 25 %	D: 39 Mitglieder, A: 6 Mitglieder; CH: 8 Mitglieder
Public Library of Science (PLOS)	Goldener OA	Kein Rabatt, nur zentrale Abwicklung	D: 15 Mitglieder; CH: 2 Mitglieder
Ubiquity Press	Goldener OA, Bücher	5 %	keine

Derzeit bieten sieben Verlage institutionelle Mitgliedschaften gemäß Modell 1 an, bei denen seitens der teilnehmenden Einrichtungen keine finanziellen Verpflichtungen eingegangen werden müssen (Tabelle 1). Bei Copernicus und PLOS erhält man allerdings auch keinen Rabatt; die Mitgliedschaft setzt lediglich den Rahmen für die zentrale Rechnungsabwicklung (vgl. hierzu Kapitel 7).

Der bei den anderen Verlagen erzielbare Rabatt liegt zwischen 5 % und 25 %, liegt somit in ähnlicher Höhe wie die Rabatte, die bei anderen Verlagen nur mit einer Vorauszahlung (Deposit) erzielbar sind (siehe unten). In der Beurteilung wird man einerseits den Standpunkt vertreten können, dass ein ohne Gegenleistung erzielbarer Rabatt tief hängenden Früchten entspricht, die man auf jeden Fall „mitnehmen"

---

2 Deutschland / Österreich / Schweiz
3 Email an den Verfasser vom 26.08.2016
4 Emails an den Verfasser vom 12.09.2016 und 13.09.2016

kann. Andererseits stellt sich auch die Frage, ob die Existenz solcher Rabatte ohne echte Gegenleistung nicht letztlich bedeutet, dass der Ausgangspreis zu hoch ist.

Institutionelle Mitgliedschaft mit Vorauszahlung (Deposit Account)

Tab. 2: Institutionelle Mitgliedschaften mit Vorauszahlung (Deposit Account). Quelle: eigene Recherchen.

Verlag/ Journal	Gegenstand	Rabatt	Mitglieder aus D-A-CH
F1000 Research	Goldener OA	Höhe unbekannt (10 % sind jedenfalls möglich)	Keine Angaben
Frontiers	Goldener OA	bis zu 10 %	D: 23 Mitglieder, CH: 2 Mitglieder
Hindawi	Goldener OA	10 %	Forschungszentrum Jülich
Oxford University Press	Goldener OA;, Hybrider OA; weitere Publikationsgebühren	Zur Zeit in der Erprobungsphase	Forschungszentrum Jülich
PAGEPress	Goldener OA	10 %, 15 % oder 20 % beim Kauf von 5, 10 oder 15 APCs bei jeweils einer einzelnen Zeitschrift	Keine Angaben
PeerJ	Goldener OA	11 %; daneben weiteres Modell	Max Planck Gesellschaft, FWF der Wissenschaftsfonds
Pensoft	Goldener OA, Bücher?	5 % oder 10 %	Keine Angaben
Royal Society	Goldener OA; Hybrider OA	10 %;	Leibniz-Institut für Zoo- und Wildtierforschung
SAGE	Goldener OA; Hybrider OA	Keine Angaben	Keine Angaben
Springer Open Biomed Central	Goldener OA; Hybrider OA	bis zu 20 %	D: 41 Mitglieder, A: 7 Mitglieder; CH: 14 Mitglieder (zum Teil Konsortien mehrerer Einrichtungen)
Ubiquity Press	Goldener OA; Bücher	5 %-10 %	keine
Wiley Open Access	Goldener OA; Hybrider OA	bis zu 20 %	D: 15 Mitglieder, A: 1 Mitglied; CH: 2 Mitglieder

Das in Tabelle 2 dargestellte Modell 2 hat wohl die größte Bedeutung; beispielgebend hierfür war BiomedCentral (inzwischen Teil von SpringerOpen). Bei diesem Ansatz leistet eine Einrichtung eine Vorauszahlung auf die Publikationsgebühren an den Verlag; anfallende Publikationsgebühren werden dann aus dieser Vorauszahlung bestritten. Wenn das Deposit zur Neige geht, informiert der Verlag die Bibliothek und fordert zu einer Nachzahlung auf. In manchen Fällen erfolgt dies nicht ad hoc, sondern jährlich. Einige Verlage haben sogenannte „Dashboards" eingerichtet, auf denen man sich über den Stand des eigenen Deposit Accounts informieren und Übersichten zu den eingereichten und akzeptierten Publikationen einsehen und herunterladen kann. Die initiale Höhe des Deposits wird entweder einseitig vom Verlag festgelegt oder zwischen Bibliothek und Verlag ausgehandelt; sie orientiert sich oft an der voraussichtlichen Höhe der Gebühren eines Jahres. Deren Abschätzung fällt bei Vorliegen einer Publikationshistorie einigermaßen leicht; neue Open-Access-Verlage oder traditionelle Verlage, die ein Open-Access-Programm neu auflegen, tendieren dabei erfahrungsgemäß zu einer Überschätzung des Publikationsaufkommens. Vor allem in solchen Fällen ist es hinsichtlich der Vertragsgestaltung keinesfalls akzeptabel, dass – wie es manche Anbieter zumindest vorschlagen – Vorauszahlungen am Jahresende verfallen (dies stellt gleichzeitig eine Übergangsform zum Modell „Jahresgebühr" dar). Ebenfalls gut überlegt werden muss der Ansatz von PagePress, wo vorab APCs für einzelne Zeitschriften gekauft werden müssen, was einem separaten Deposit je Zeitschrift entspricht.

Manchmal ist die Höhe des Rabatts nach der Höhe der Vorauszahlung gestaffelt. Insbesondere wenn der Verlag auf der Webseite keine Angabe zur Höhe des Rabatts macht, sollte man auch über die Rabatthöhe in Verhandlungen eintreten und auf die Konditionen der großen Verlage verweisen, wo 20 % Rabatt erzielbar sind. Bei einigen Verlagen können über den Deposit Account sowohl Gebühren des Goldenen Open Access als auch Hybridgebühren abgerechnet werden. Wer letzteres prinzipiell ablehnt (vgl. Kapitel 2b), der kann die Bezahlung von Hybridgebühren aus dem Deposit auch von vornherein ablehnen.[5] In jedem Fall erhält die Bibliothek eine Benachrichtigung über die Einreichung eines Artikels („notification of submission"), wenn ein einreichender Autor entweder aufgrund von Erkennung der IP-Adresse oder durch eigene Angabe darauf hingewiesen hat, dass er nicht persönlich für die Publikationsgebühr aufkommt, sondern diese aus einem Deposit Account gezahlt werden soll. Die Bibliothek prüft dann die Richtigkeit und informiert (je nach Vereinbarung) den Verlag aktiv oder durch Verschweigen über die Bereitschaft, die Publikationsgebühren zu übernehmen bzw. reklamiert bei einem Fehler. Erfahrungsgemäß empfiehlt es sich auch, die Abrechnung der publizierten Artikel nochmals genau zu kontrollieren. Nachteil

---

5 Beispielsweise bezahlen 17 der 19 institutionellen Mitglieder aus den DACH-Ländern bei Wiley keine Publikationsgebühren in Hybridzeitschriften. http://olabout.wiley.com/WileyCDA/Section/id-828271.html (Zugriff am 12.10.2016)

eines Deposit Accounts ist vor allem die Vorauszahlung als solche. Der Zinsverlust hält sich derzeit zwar in engen Grenzen, doch sind haushaltsrechtliche Probleme denkbar, und es ist vor allem das Insolvenzrisiko nicht zu leugnen. Als Vorteile sind der (in der Regel) mit der Vorauszahlung einhergehende Rabatt sowie die Verminderung der administrativen Arbeit für Autor und Einrichtung zu nennen.

Für Konsortien bietet ein gemeinsam verwalteter Deposit Account die Möglichkeit, die Höhe der individuellen Vorauszahlung selbst festzulegen und so z. B. Einrichtungen ohne entsprechende Publikationshistorie eine Teilnahme zunächst ohne Vorauszahlung zu ermöglichen.

Institutionelle Mitgliedschaft mit Jahresgebühr

Tab. 3: Institutionelle Mitgliedschaften mit Jahresgebühr. Quelle: eigene Recherchen.

Verlag/ Journal	Gegenstand	Rabatt	Mitglieder aus D-A-CH
Cogitatio	Goldener OA	100 %	keine
Hindawi	Goldener OA	100 %	keine
JMIR Publications Inc.	Goldener OA	100 % Die Submissionsgebühr in Höhe von $ 90 fällt weiterhin an	IQWIG
Nucleic Acids Research (OUP)	Goldener OA	50 %	D: 6; CH: 2. Prüfung über https://secure.oxfordjournals.org/licensing/test.html möglich
Pensoft	Goldener OA	100 %	Keine Angaben
Royal Society	Goldener OA; Hybrider OA	25 %	Leibniz-Institut für Zoo- und Wildtierforschung
Springer Open BioMed Central	Goldener OA; Hybrider OA	15 %	(mutmaßlich haben alle Mitglieder aus D-A-CH einen Deposit Account)
Wiley Open Access	Goldener OA; Hybrider OA	15 % („Partner fee")	CH: Universität Basel

In einigen Fällen bieten Verlage alternativ zu einem Deposit Account auch eine institutionelle Mitgliedschaft gegen Zahlung einer Jahresgebühr an (Modell 3; Tabelle 3). Da es sich dabei um eine nicht erstattbare Zahlung handelt, erscheint das Modell als eher unattraktiv – jedenfalls dann, wenn der erzielbare Rabatt sogar geringer ist als bei einer Vorauszahlung (Springer, Wiley).

Die Situation stellt sich anders dar, wenn der Rabatt bei der Jahresgebühr höher als beim Deposit ist (Royal Society), oder wenn man sogar eine völlige Befreiung von APCs erreicht (100 % Rabatt). Für solche institutionellen Mitgliedschaften ist die Kenntnis der Publikationshistorie der eigenen Einrichtung unabdingbar um abschätzen zu können, ob sich eine solche „flat fee" rentiert.

Subskriptionsverträge als institutionelle Mitgliedschaft

Tab. 4: Subskriptionsverträge als institutionelle Mitgliedschaft. Quelle: eigene Recherchen.

Verlag/Journal	Gegenstand	Rabatt	Mitglieder aus D-A-CH
ACS – American Chemical Society	Hybrid-OA	25 % bei Subskription des „All Publications Package"	Viele Einrichtungen; Prüfung unter http://acsopenaccess.org/affiliation-tool/
Biochemical Society (Portland Press)	Goldener OA; Hybrid-OA	14 % – 30 % je nach Zeitschrift	Keine Angaben
BMJ Case Reports	Hybrider OA	100 % bei Bestehen eines „Institutional Fellowship" (Jahresgebühr, welche gleichzeitig eine Subskription enthält)	Charité, Universität Zürich
Electrochemical Society	Hybrider OA	100 % bei Bezahlung einer Jahresgebühr zusätzlich zur Subskription („ECS plus")	D: 3 Mitglieder, A: 1 Mitglied; CH: 1 Mitglied
Proceedings of the National Academy of Science (PNAS)	Hybrider OA	26 % bei Subskription der Zeitschrift	Keine Angaben
Royal Society of Chemistry	Goldener OA; Hybrider OA	15 % bei Subskription von RSC Gold; 100 % bei Nutzung von Voucher im Gold for Gold-Programm (bis Ende 2016)	Keine Angaben

Ziemlich heterogen stellen sich die Geschäftsmodelle dar, bei denen Rabatte auf Publikationsgebühren verknüpft sind mit einer Subskription (Modell 4; Tabelle 4): Publikationen in Zeitschriften der American Chemical Society, der Biochemical Society sowie in PNAS benötigen seitens der Einrichtung / Bibliothek kein aktives Handeln: Durch Bestehen des Subskriptionsvertrags haben Angehörige der Einrichtung automatisch einen Rabattanspruch (die Frage ist allenfalls, ob der Rabatt auch automatisch in Abzug gebracht wird). Bei der Electrochemical Society kann eine Einrichtung zusätzlich zur Subskriptionsgebühr eine Jahresgebühr zahlen, die kostenloses Publizieren ermöglicht. Bei den BMJ Case Reports beinhaltet die Jahresgebühr von vornherein sowohl die Subskription als auch den Wegfall der Publikationsgebühren für die Angehörigen der teilnehmenden Einrichtung. Beide Ansätze stellen Mischformen der Modelle 3 und 4 dar, bei denen Jahresgebühren mit Subskriptionsgebühren kombiniert sind. Die Royal Society hatte schließlich bis 2016 ein Programm namens „Gold for Gold" im Angebot: Wer das gesamte Zeitschriftenpaket lizenziert hatte, erhielt „Voucher" annähernd im gleichen Wert, die für hybride Open-Access-Gebühren eingesetzt werden konnten. Das Modell lief Ende 2016 aus; Versuche zur Implementierung eines Nachfolgemodells waren jedenfalls bis Oktober 2016 nicht erfolgreich.

Fazit

„Institutionelle Mitgliedschaft" ist sicher kein besonders glücklich gewählter Begriff. Die dahinter stehende Idee ist aber – bei aller Unterschiedlichkeit von Verlag zu Verlag- grundsätzlich sinnvoll: Aus der bilateralen Beziehung Verlag ↔ Autor wird eine trilaterale Beziehung zwischen einem Verlag, einer Einrichtung und den Autoren aus der Einrichtung. Prinzipiell ist es so möglich, der per se weitaus überlegenen Verhandlungsmacht der Verlage ein etwas größeres Potential entgegenzusetzen. Bei geeigneter Ausgestaltung der Workflows (zentrale Abrechnung, Sammelrechnungen, Deposit Accounts) hilft das Modell gleichzeitig, die Zahl der Transaktionen zu begrenzen (vgl. Kapitel 7). In diesem Zusammenhang sollte man sich vor Augen führen, dass in der Subskriptionswelt die Zahl der Rechnungsposten von Subskriptionszeitschriften regelmäßig deutlich kleiner ist, als die Zahl der abzurechnenden Publikationen in einer Open-Access-Welt.[6] Zentrale Rechnungsstellung und Deposit Accounts tragen somit dazu bei, den Verwaltungsaufwand zu reduzieren und insbesondere die Wissenschaft davon zu entlasten. Für den Abschluss einer Vereinbarung zu einer institutionellen Mitgliedschaft ist es wichtig, die eigene Publikationshistorie zu kennen, insbesondere im Modell der jährlichen Gebühren. Ebenso ist es wichtig, auch bei Bestehen einer institutionellen Mitgliedschaft die Autoren über die Höhe der Publikationskosten informiert zu halten. Stuart Shieber sieht hier Parallelen zum Subskriptionswesen und der Zeitschriftenkrise:

> Institutional memberships potentially have the same effect for authors, hiding the cost of the journal fees from the authors, presumably leading to overconsumption and raising the specter of hyperinflation of publication fees and membership fees down the line. (Shieber 2011).

---

6 Man muss beachten, dass zwar die Zahl der lizenzierten Zeitschriften häufig deutlich größer als die Zahl der publizierten Artikel ist. Bei den Zeitschriften ist ein Großteil aber meist in Big Deals allokiert, so dass es nur eine Rechnung gibt. Für eine Abschätzung vgl. Mittermaier (2016).

Da es ungünstig ist, wenn diejenigen, die die Qualität eines Produktes am besten beurteilen können, am wenigsten über seinen Preis wissen (Suber 2012), wird es eine zunehmend wichtigere Aufgabe von Bibliotheken sein, Preistransparenz bei Open-Access-Publikationsgebühren zu erzeugen. Dies gilt im besonderen Maße bei institutionellen Mitgliedschaften.

Literatur

Ad-hoc-AG Open-Access-Gold im Rahmen der Schwerpunktinitiative „Digitale Information" der Allianz der deutschen Wissenschaftsorganisationen (2015): „Positionen zur Schaffung eines wissenschaftsadäquaten Open-Access-Publikationsmarktes" doi:10.2312/allianzoa.008 (Zugriff am 12.10.2016).

Mittermaier, B. (2016): Gold Open Access verändert Bibliotheken – Ein Call-To-Action. http://hdl.handle.net/2128/9915 (Zugriff am 12.10.2016).

Schmidt, Birgit (2007): Auf dem „goldenen" Weg? Alternative Geschäftsmodelle für Open-Access-Primärpublikationen. *Zeitschrift für Bibliothekswesen und Bibliographie*, 54 (4–5), 177–182. http://hdl.handle.net/10760/10711.

Shieber, Stuart (2011): Institutional memberships for open-access publishers considered harmful. https://blogs.harvard.edu/pamphlet/2011/03/01/institutional-memberships-for-open-access-publishers-considered-harmful/ (Zugriff am 12.10.2016).

Suber, Peter (2012): *Open Access*. (S. 41–42). Cambridge: MIT Press. http://bit.ly/oa-book (Zugriff am 12.10.2016).

Esther Tobschall
2d Beitragsmodell (arXiv)

Einleitung

Auch nach 25 Jahren ist der E-Print-Server arXiv noch immer eine bedeutende Plattform für die schnelle Veröffentlichung von Forschungsergebnissen und wesentliche Informationsquelle für seine Fachgebiete. arXiv ist zentrales Fachrepositorium und gilt als Prototyp des Open-Access-Publizierens. Dennoch hat Erfolg auch immer seinen Preis: Dieser Beitrag stellt die Informationsplattform arXiv vor und beschreibt die Erfahrungen mit einem Geschäftsmodell, das über Mitgliedsbeiträge eine nachhaltige Finanzierung erreichen will.

Bedeutung von arXiv

arXiv ist ein E-Print-Server für die automatisierte Sammlung und Bereitstellung von wissenschaftlichen Veröffentlichungen aus den Bereichen Astronomie, Informatik, Mathematik, Physik sowie verwandten Teildisziplinen der Biowissenschaften, Chemie und Wirtschaftswissenschaften.

Rückblickend gesehen handelt es sich bei arXiv um eine technische Anpassung wie Ginsparg (2011) feststellt: Nachdem sich in der Kern- und Teilchenphysik eine Kultur der Zirkulation von Forschungsergebnissen über Vorabdrucke von Zeitschriftenartikeln etabliert hatte, ermöglichten die breite Einführung der E-Mail und einheitlicher Textsatzsysteme (TeX/LaTeX) den direkten elektronischen Austausch der Preprints. 1991 richtete Paul Ginsparg für seine Community einen Server ein, auf dem Preprints abgelegt und abgerufen werden konnten. arXiv wurde zum Prototyp des Open-Access-Publizierens, da die Preprints allen Lesern frei zur Verfügung standen. Bereits in den frühen 1990er Jahren wurde arXiv um weitere Teildisziplinen aus der Physik, aber auch aus physiknahen Gebieten wie der Mathematik oder der Informatik erweitert. Obwohl arXiv damit „nur" ein fachliches Repositorium mit einfachen Funktionalitäten und – im Vergleich zum vollen Peer-Reviewing – reduzierten Mechanismen der Qualitätssicherung ist, ist es genau diese Eigenschaft, die die Relevanz von arXiv für seine Communities begründet: Über arXiv werden Forschungsergebnisse schnell publiziert und bekannt gemacht. Auf die Veröffentlichungen kann jederzeit und ohne Zugriffsbeschränkungen zugegriffen werden. Die Inhalte von arXiv sind gut in Suchmaschinen und weitere Fachportale integriert und lassen sich leicht finden.

Die Nutzungszahlen von arXiv sind beeindruckend:
- mehr als 1,2 Millionen Paper auf arXiv
- mehr als 100 000 neue Paper pro Jahr (2015)
- über 100 Millionen Downloads pro Jahr (2015)

Wissenschaftlerinnen und Wissenschaftler aus deutschen Einrichtungen stellen nach den USA weltweit die zweitstärkste Nutzerschaft von arXiv, gefolgt von Großbritannien, Japan, Schweiz und Frankreich.

Eine im April 2016 durchgeführte Nutzerbefragung (Rieger, Steinhart & Cooper, 2016) bestätigt den Rückhalt von arXiv in seinen Fachcommunities und seine hohe Bedeutung für die wissenschaftliche Arbeit: 95 % der Befragten sind (sehr) zufrieden mit arXiv. Die schnelle und schwellenlose Bereitstellung wissenschaftlicher Publikationen wird als zentrale Aufgabe gesehen, die den entscheidenden Wert von arXiv darstellt. Wie Lariviere et al. (2014) zeigen, werden die auf arXiv abgelegten Beiträge zu einem großen Prozentsatz auch in Verlagszeitschriften publiziert. Dennoch hat im Wissenschaftsalltag die Veröffentlichung auf arXiv häufig eine höhere praktische Bedeutung. Die jeweilige Fachkultur hat einen starken Einfluss auf die Art und Intensität der Nutzung von arXiv. In einigen Fachcommunities ist es z. B. üblich, dass die Autoren ausschließlich auf arXiv veröffentlichen, in anderen stellen die Autoren das in einer Zeitschrift veröffentlichte Paper erst nachträglich als Postprint auf arXiv ein. Sind Konferenzbeiträge oder Reports wesentlich für eine Community, werden diese auf arXiv abgelegt. Die Verankerung von arXiv in seinen Fachcommunities ist Basis der inhaltlichen Qualität. Nicht jeder kann alles auf arXiv ablegen! Moderatoren und Unterstützer (Endorser) sichern die Qualität der Inhalte. Das auf arXiv abgelegte Paper muss die Qualität eines wissenschaftlichen Beitrags haben, der akzeptierten Standards der wissenschaftlichen Kommunikation entspricht und geeignet für das Peer-Reviewing ist. Neue Autoren werden für arXiv erst zugelassen, wenn sie durch Endorser bestätigt und empfohlen worden sind. Sie werden so durch ihre eigene Peer-Group verifiziert.

Geschäftsmodell

Seit 2001 wird arXiv von der Cornell University Library betrieben und wurde bis 2010 ausschließlich von dieser finanziert, ergänzt durch Projektförderung der National Science Foundation (USA). Im Januar 2010 stellte die Cornell University Library in ihrem arXiv Business Model White Paper (Cornell University Library, 2010) fest, dass arXiv als weltweit genutzter Dienst nicht von den Finanzen einer Einrichtung abhängig sein darf und dass deshalb eine Internationalisierung seiner Finanzierung angestrebt werden sollte.

In den Jahren 2011/2012 ist ein Finanzierungs- und Organisationsmodell entwickelt worden, das ab dem Frühjahr 2013 als Membership Program (Cornell University Library, 2015) für den Zeitraum von 2013 bis 2017 eingeführt wurde.

Definiert wird das Modell über die arXiv Operating Principles (Cornell University Library, 2012a), in denen neben grundlegenden Prinzipien, wie dem Auftrag und der Funktion von arXiv, auch seine Governance mit Aufgaben und Gremien beschrieben wird. Zentral für das Modell ist die Beteiligung der internationalen Community über die sie repräsentierenden Institutionen als arXiv Member.

Grundlegende Prinzipien

Ausgangspunkt ist, dass arXiv als Open-Access-Plattform für individuelle Nutzer kostenfrei bleiben soll. arXiv bedient die Bedarfe von Forscherinnen und Forschern aus den Fachgebieten Physik (inkl. Astrophysik), Mathematik, Computerwissenschaften, Quantitativer Biologie, Quantitative Finance sowie Statistik.

Gremien

Auch im neuen Governance Modell hat die Cornell University Library (CUL) die führende Rolle inne und trägt die Verantwortung für Betrieb und Weiterentwicklung von arXiv. Zu strategischen und operativen Entscheidungen wird sie durch Advisory Boards beraten.

Member Advisory Board (MAB) als Vertretung der zahlenden Institutionen

Aufgaben und Verantwortlichkeiten des MAB, seine Zusammensetzung und Amtsführung sind in seinen Bylaws (Cornell University Library, 2012c) und den arXiv Operating Principles (Cornell University Library, 2012a) definiert.
- Das MAB berät die CUL zu infrastrukturell-technischen Aspekten und zur weiteren Geschäftsplanung. Das MAB prüft die von der CUL vorgelegten Finanzplanungen und Budgets.
- Die Membership bei arXiv ist Institutionen wie z. B. Bibliotheken, Forschungseinrichtungen und Forschungsförderern (auch Stiftungen) vorbehalten. Die Mitglieder beteiligen sich mit einer Membership Fee an der Finanzierung von arXiv.
- Die Mitglieder wählen aus ihrem Kreis das Member Advisory Board.

Scientific Advisory Board (SAB) als Vertretung der Wissenschaftler

Da arXiv von Anfang an ein Community-getriebener Dienst war, besteht das Scientific Advisory Board schon seit vielen Jahren. Mit der Implementierung des neuen Governance Models hat auch das SAB seine Aufgaben und weitere Formalitäten in Bylaws (Cornell University Library, 2013) beschrieben.
- Das SAB hat die fachliche Aufsicht und berät zu inhaltlichen Fragestellungen. Schwerpunkte sind die Qualitätssicherung im Moderationssystem und Autoren-Workflows.
- Die arXiv-Teildisziplinen haben eigene Subject Advisory Committees, deren Vorsitzenden Mitglieder des SAB sind.

Cornell University Library

Die CUL hat die Verantwortung für Betrieb und Weiterentwicklung von arXiv (Abbildung 1):

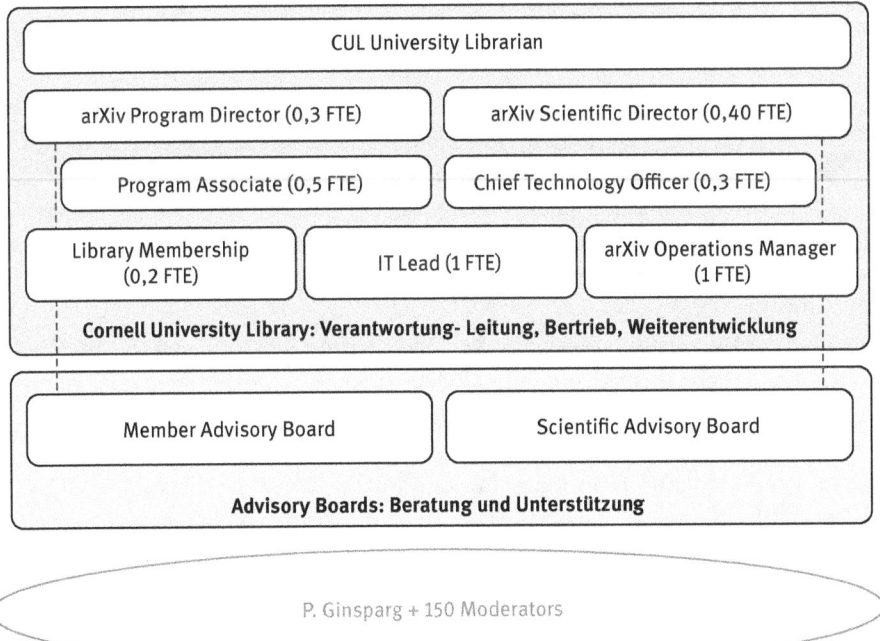

Abb. 1: Organigramm arXiv Januar 2017.

- Organisation des Moderationsprozesses und User Support (*Aufgabenbereich des arXiv Operations Manager*).
- Betrieb der technischen Infrastruktur mit Systemunterhaltung und -weiterentwicklung (*Chief Technology Officer und IT Lead*).
- Finanzielle Verantwortung für arXiv mit jährlicher transparenter Berichterstattung zu Betrieb und Budget und Mitgliederverwaltung (*Librarian Membership*).
- Umsetzung von Notfallmaßnahmen für den Fall des finanziellen Scheiterns.
- Der *arXiv Program Director* verantwortet die Bereiche Governance und Geschäftsmodell sowie Strategieentwicklung und Evaluierung.
- Der *arXiv Scientific Director* ist zuständig für die wissenschaftliche Ausrichtung von arXiv. Schwerpunkte seiner Aufgaben sind die Bereiche Submission und Moderation sowie Qualitätssicherung, so dass er eng mit SAB und den arXiv-Moderatoren zusammenarbeitet.

Insgesamt stehen arXiv knappe 9 Vollzeitäquivalente für Personal zur Verfügung (Januar 2017).

Finanzierung

Die Eckpunkte des Finanzierungsmodells werden in den arXiv Operating Principles (Cornell University Library, 2012a) und den arXiv Financial Projections for 2013–2017 (Cornell University Library, 2012b) beschrieben.

Es gibt drei Finanzierungsquellen für arXiv:
- Die Cornell University trägt $ 75 000 bei – zusätzlich zum „normalen" Mitgliedsbeitrag – und übernimmt alle indirekten Kosten von arXiv.
- Die Simons Foundation stockt den Beitrag der übrigen Mitglieder um einen Matching Grant von maximal $ 300 000 auf und stellt in Anerkennung der Leitungsaufgaben, die die CUL für arXiv übernommen hat, eine zusätzliche Summe von $ 100 000 bereit.
- Über die Membership Fees hat arXiv für 2016 rund $ 375 000 von ca. 200 Mitgliedern erhalten. Zusätzlich wurde 2016 in einer einwöchigen Spendenkampagne über einen Give-Button $ 32 000 eingeworben.

Damit konnten in 2016 Einnahmen in Höhe von $ 882 000 erzielt werden (ohne die von der CUL übernommenen indirekten Kosten). Demgegenüber standen Ausgaben von $ 808 000. (Stand August 2016).

arXiv-Mitglied kann jede wissenschaftliche Institution werden, die bereit ist, einen Mitgliedsbeitrag zu zahlen. Die Mitgliedsbeiträge sollen angemessen und fair sein und dürften (in Rücksprache mit MAB und SAB) jährlich angepasst werden. Im Fokus liegen die 200 Institutionen, die – ermittelt nach institutionellen Downloads – zu den stärksten Nutzern von arXiv gehören. Die Annual Membership Fee ist in 4 Stufen von $ 1 500 bis $ 3 000 gestaffelt (Cornell University Library, 2015) und seit 2013 unverändert. Als zusätzliche Einnahmequelle wurde eine Platinum Membership angeregt: 10 der Institutionen, die arXiv am stärksten nutzen, waren 2016 bereit, arXiv mit $ 10 000 (statt $ 3 000) zu unterstützen. Die Beteiligung von Konsortien oder nationalen Koordinatoren wird ausdrücklich begrüßt und durch einen Konsortialrabatt von 10 % honoriert.

arXiv wird bei der Cornell University Library als „grant-funded account" geführt, so dass die Gelder ausschließlich für arXiv verwendet werden dürfen. Die Verwendung der Gelder wird über die Veröffentlichung jährlicher Budgetübersichten transparent gemacht (Cornell University Library, 2016b).

Von den erwirtschafteten Überschüssen (Reserve Funds) fließt ein Teil in eine Notfallreserve (Operational Fund), der andere Teil wird für Weiterentwicklungen (Development Fund) freigestellt.

Übertragbarkeit des Geschäftsmodells

Abstrahiert man das arXiv-Modell, so lässt sich feststellen:

1. Die Finanzierung beruht auf mehreren Säulen:
   - Den Betrieb sichern Beiträge
     - der betreibenden Einrichtung,
     - einer Förderstiftung sowie
     - institutioneller Mitglieder (ca. 200, mit nutzungsabhängiger Komponente).
   - Projekte zur Weiterentwicklung werden finanziert durch
     - Einzelspenden und
     - Projektförderung.
2. Im Governance Modell finden sich die an der Finanzierung beteiligten Einrichtungen wieder.

Grundprinzipien des arXiv-Modells lassen sich modifiziert auch in Geschäftsmodellen anderer Initiativen auf den Gebiet Open Access und Scholarly Publishing ausmachen:

Das Open-Access-Portal für medizinische Zeitschriften, Kongresse und Forschungsberichte German Medical Science <http://www.egms.de> wird seit 2003 von der Deutschen Zentralbibliothek für Medizin (ZBMed) und dem Deutsche Institut für Medizinische Dokumentation und Information (DIMDI) betrieben. Ein weiterer wichtiger Partner ist die Arbeitsgemeinschaft Wissenschaftlicher Medizinischer Fachgesellschaften (AWMF). Die Publikation über GMS ist für die Autoren kostenfrei, die Gebühren werden von den herausgebenden Fachgesellschaften getragen. Die Finanzierung von GMS ist damit eine Mischfinanzierung durch institutionelle Unterstützung der

Betreiber einerseits und die Übernahme der Publikationsgebühren durch Fachgesellschaften andererseits (Roesner, 2008).

Mit dem Ziel, Open Access in den Geisteswissenschaften voranzubringen, stellt die 2013 initiierte Open Library of Humanities <https://www.openlibhums.org/> eine Plattform für Open-Access-Zeitschriften bereit, die sich nicht über Article Processing Charges, sondern über freiwillige Beiträge von Bibliotheken (Library Partnership Subsidies) finanziert. Die Höhe des Beitrags hängt von der Zahl der teilnehmenden Institutionen ab, was neben der Einbindung in die Governance über das Library Board, Anreiz für eine Beteiligung ist. Im November 2016 werden 209 Einrichtungen als „Supporting Institutions" gelistet. Darüber hinaus wird die OLH von der Andrew W. Mellon Foundation unterstützt. Während eine große Zahl von Einrichtungen aus den USA und Großbritannien unter den Förderern ist, sind mit Regensburg und Konstanz bisher nur zwei Bibliotheken aus Deutschland beteiligt. Damit zeigt gerade das Beispiel der OLH, dass für deutsche Einrichtungen die zentrale Übernahme von Beiträgen wie im Falle von arXiv DH durch die TIB ein zielführenderer Ansatz ist als die Beteiligung von Einzelinstitutionen. Der Beitrag für Österreichische Einrichtungen wird zentral vom Wissenschaftsfonds FWF beigesteuert.

Auf dem Gebiet der Infrastrukturen des Scholarly Publishing sind das Public Knowledge Project <https://pkp.sfu.ca/sponsors/>, DataCite <https://www.datacite.org/members.html> und ORCID <http://orcid.org/about/membership> Beispiele für Initiativen, deren Geschäftsmodelle auf Beiträgen und (institutionellen) Mitgliedschaften fußen. Zur Einbindung deutscher Institutionen als ORCID Member, wurde 2016 das Projekt ORCID DE <http://www.orcid-de.org/> gestartet.

Technische Informationsbibliothek (TIB) und arXiv-DH

Die Unterstützung von arXiv durch die Technische Informationsbibliothek (TIB) ist unmittelbar in ihren Aufgaben als Zentrale Fachbibliothek der arXiv-Fächer begründet. Im Rahmen des DFG-Projektes „arXiv-DH: Entwicklung eines Modells zur gemeinschaftlichen Finanzierung der Open Access-Plattform arXiv" (1.4.2011-31.3.2013) war die TIB an der Entwicklung eines dauerhaften Finanzierungs- und Organisationsmodells für arXiv beteiligt (DFG GEPRIS, 2016). Überträgt man das Membership Model auf die deutschen Einrichtungen, so ist festzustellen, dass neben der Max-Planck-Gesellschaft und zwei Einrichtungen der Helmholtz-Gemeinschaft 26 deutsche Universitäten (Statistik 2015) zu den Top 200 der institutionellen arXiv-Nutzer gehören (Tabelle 1):

Es zeichneten sich folgende Anforderungen an eine Fördergemeinschaft dieser Einrichtungen („arXiv-DH") ab:
- Der finanzielle Aufwand für die Bereitstellung der Summe soll deutlich niedriger als die eigentlich bereitzustellende Summe sein. Dies wird erreicht über

eine zentrale Finanzierung des Beitrags aus Erwerbungsmitteln der TIB als Alternativmodell zur Finanzierung durch Einzeleinrichtungen mit je eigenem Verwaltungsbedarf (gesamtstaatlicher Kontext).
- Der administrative Aufwand soll so gering wie möglich sein (niederschwelliges Modell).
- Eine nationale Koordinierung wird für Nicht-US-Einrichtungen für wichtig erachtet, auch um einer möglichen US-Lastigkeit entgegenzuwirken.
- Eine deutsche Vertretung im Member Advisory Board soll gewährleistet sein.

Tab. 1: Nutzung 2015 von arXiv durch deutsche Einrichtungen und Berechnung des Beitrags 2016 für arXiv-DH.

1–50	51–100	101–150	151–200
(mpg.de)	kit.edu	uni-hamburg.de	*(kfa-juelich.de)*
(desy.de)	rwth-aachen.de	uni-regensburg.de	uni-wuerzburg.de
uni-bonn.de	uni-hannover.de	hu-berlin.de	uni-bielefeld.de
uni-heidelberg.de	tu-berlin.de	fu-berlin.de	uni-ulm.de
uni-mainz.de	uni-frankfurt.de	tu-darmstadt.de	uni-tuebingen.de
	uni-freiburg.de	uni-stuttgart.de	uni-jena.de
	tum.de	uni-erlangen.de	uni-bochum.de
	uni-koeln.de	uni-muenster.de	uni-goettingen.de
3	8	8	7
$ 3.000	$ 2.500	$ 2.000	$ 1.500
Summe der Beiträge von 26 Universitäten			$ 55.500
Beitrag 2016 für arXiv-DH (inkl. Konsortialrabatt)			$ 49.950

Helmholtz-Gemeinschaft (HGF) und TIB haben sich zum „Konsortium arXiv-DH und HGF" zusammengeschlossen und ihre Beteiligung an arXiv in einem Participation Agreement mit der Cornell University Library vertraglich geregelt. Sie erhalten dadurch den Konsortialrabatt und sind als High Contributing Organization Mitglied des Member Advisory Boards. Gemeinsam mit der Max-Planck-Gesellschaft sichern HGF und die TIB so den deutschen arXiv-Anteil.

Das Organisationsmodell für arXiv-DH wurde 2012 im Rahmen eines Workshops abgestimmt. Konsens war es, einen pragmatischen Ansatz zu verfolgen: Zentrales Element des Organisationsmodells für arXiv-DH ist der offene Austausch zu arXiv, auf juristische Regelungen (Satzung) wurde verzichtet. Bei arXiv-DH handelt es sich – im Unterschied zu einem klassischen Konsortium mit definierten (zahlenden) Konsortialteilnehmern – um ein offenes Netzwerk aller arXiv nutzenden deutschen Universitäten und weiterer Forschungsinstitutionen.[1] Als Plattform für das Netzwerk

arXiv-DH, auf der aktuelle Themen, Informationen und Diskussionen zusammengeführt werden, dient das arXiv-DH-Blog http://blogs.tib.eu/wp/arxiv/
Die TIB übernimmt für das Netzwerk arXiv-DH folgende Aufgaben:
- Finanzierung des arXiv-Anteils für arXiv-DH
- Schnittstelle zwischen Cornell University Library und deutschen Einrichtungen
- Beratung von Autoren

Dass die Aktivitäten der TIB für arXiv durch die vertretenen Einrichtungen und wissenschaftlichen Communities gutgeheißen und unterstützt werden, zeigen Unterstützungsschreiben von mehr als 30 Einrichtungen und Fachverbänden.

Ausblick

Die erste Phase des arXiv-Geschäftsmodells läuft von 2013–2017. Für den Zeitraum danach ist das Modell zu evaluieren und anzupassen. Hierzu hat das arXiv-Team 2016 gemeinsam mit SAB und MAB folgende Maßnahmen ergriffen: Eine Nutzerbefragung sollte die Bedeutung von arXiv und seinen Diensten untersuchen. Die Ergebnisse sind auch für die weitere Erarbeitung von Vision und Strategie für arXiv wesentlich. In einem Expertenworkshop zur technischen Infrastruktur wurden Optionen einer dringend notwendigen Generalüberholung des in die Jahre gekommenen arXiv-Systems skizziert. Da deutlich geworden ist, dass die über das Membership Program erfolgreich eingeworbenen Mittel bei steigenden Anforderungen an arXiv nicht ausreichen werden, wurden weitere Wege des Fund Raising geprüft. Es zeigt sich, dass die klare Formulierung des Wertes und der Strategie von arXiv unverzichtbare Voraussetzung für die Einwerbung von Fördergeldern ist. Hinsichtlich der Einnahmen aus dem Membership Model wird für den Zeitraum 2018–2022 eine stärkere Kopplung der Tiers an die tatsächliche Nutzung vorgeschlagen. Damit würden sich die Beiträge für die Top 50-Institutionen deutlich erhöhen, für die übrigen Institutionen (Rang 51–200) nur leicht bis gar nicht.

Perspektiven

Bei allen aktuellen Herausforderungen scheint arXiv auch nach 25 Jahren ein beispielhaftes Konzept zu sein. So gibt es im Sommer 2016 mit engrXiv, SocArXiv und PsyArXiv eine Welle von Neugründungen fachlicher Preprint-Server, die das Open Science Framework als Plattform nutzen. Die American Chemical Society plant ein

---

[1] Beiträge werden trotzdem nur für die Einrichtungen unter den Top 200 erhoben und nicht für alle als arXiv-Nutzer identifizierten deutschen Einrichtungen (ca. 50 auf Rang 201+, vgl. auch <http://blogs.tib.eu/wp/arxiv/tag/nutzungsstatistiken/>).

ChemRxiv. Mit bioRxiv bietet das Cold Spring Harbor Laboratory seit 2013 einen Preprint-Server für die Biologie an. Auch die Idee der arXiv-Overlay-Journals ist in den letzten Jahren u. a. mit Discrete Analysis, Quantum oder SciPost als Alternative zum klassischen Publikationswesen wieder aufgegriffen worden. Diese von wissenschaftlichen Communities initiierten Zeitschriften nutzen arXivals Repository, die eigentliche Zeitschrift mit Homepage, Submissionprozess und das Peer-Reviewing werden extern organisiert. Aktuell werden diese Initiativen – wie auch arXiv in den ersten Jahren – von den sie entwickelnden Institutionen finanziert, häufig unterstützt durch staatliche und private Förderorganisationen. Es bleibt abzuwarten, welche Geschäftsmodelle sich hierfür perspektivisch als nachhaltig erweisen werden.

Literatur

Cornell University Library (2010). *arXiv Business Model White Paper*. Verfügbar unter: http://arxiv.org/help/support/whitepaper.
Cornell University Library (2012a). *arXiv Operating Principles*. Verfügbar unter: https://confluence.cornell.edu/download/attachments/340902451/arXivPrinciplesMarch12.pdf?version=1&modificationDate=1482414323000&api=v2.
Cornell University Library (2012b). *arXiv Financial Projections for 2013–2017*. Verfügbar unter: https://confluence.cornell.edu/download/attachments/340902451/arXiv%20Business%20Model.pdf?version=1&modificationDate=1482414120000&api=v2.
Cornell University Library (2012c). *Member Advisory Board Bylaws*. Verfügbar unter: https://confluence.cornell.edu/display/arxivpub/Member+Advisory+Board+Bylaws.
Cornell University Library (2013). *arXiv Scientific Advisory Board Bylaws*. Verfügbar unter: http://arxiv.org/help/faq/arXiv_SAB_bylaws.pdf.
Cornell University Library (2015). *arXiv Membership Program FAQ*. Verfügbar unter: https://arxiv.org/help/support/faq.html.
Cornell University Library (2016a). *2016 arXiv Roadmap*. Verfügbar unter: https://confluence.cornell.edu/display/arxivpub/2016+arXiv+Roadmap.
Cornell University Library (2016b). *arXiv Public Wiki*. Verfügbar unter: https://confluence.cornell.edu/display/arxivpub/arXiv+Public+Wiki.
DFG GEPRIS (2016). Entwicklung eines Modells zur gemeinschaftlichen Finanzierung der *Open Access-Plattform arXiv"*. Verfügbar unter: http://gepris.dfg.de/gepris/projekt/194934317.
Ginsparg, P. (2011). *It was twenty years ago today ...* Verfügbar unter: http://arxiv.org/abs/1108.2700.
Lariviere, V., Sugimoto, C. R., Macaluso, B., Milojevic, S., Cronin, B. & Thelwall, M. (2014). arXiv e-prints and the journal of record: An analysis of roles and relationships. *Journal of the Association for Information Science and Technology*. 65(6), 1157–1169. doi:10.1002/asi.23044. Preprint: http://arxiv.org/abs/1306.3261.
Rieger, O.Y., Steinhart, G. & Cooper, D. (27.06.2016). *arXiv@25: Key findings of a user survey*. Verfügbar unter: http://arxiv.org/abs/1607.08212.
Roesner, E. (2008). *Open Access Portale und ihre Etablierung am Markt: die Entwicklung eines Geschäftsmodells für „German Medical Science"*. Berlin: Institut für Bibliotheks- und Informationswissenschaft der Humboldt-Universität zu Berlin. (Berliner Handreichungen zur Bibliotheks- und Informationswissenschaft; 230). Verfügbar unter: http://www.ib.hu-berlin.de/~kumlau/handreichungen/h230/.

Ralf Schimmer

2e Knowledge Unlatched als Wegbereiter eines genossenschaftlichen Ansatzes zur Ermöglichung von Open Access

Nicht jedem hoffnungsfrohen Anfang ist auch ein glückliches Ende bestimmt. So war es keineswegs ausgemacht, welche zügige und bemerkenswerte Entwicklung Knowledge Unlatched nehmen würde, als diese Initiative Ende 2012 der Öffentlichkeit vorgestellt wurde. Zu einer Zeit, als SCOAP³ und arXiv mit den starken Heimateinrichtungen CERN bzw. Cornell University im Rücken sich bereits seit mehreren Jahren abmühen, den eigenen Gemeinschaftsdienst auf eine nachhaltige Finanzierung durch eine breite Unterstützerbasis zu stellen, trat der Neuling Knowledge Unlatched mit dem Ziel an, Open Access für Bücher durch eine gemeinschaftliche Finanzierung der Publikationskosten zu ermöglichen. Nach diesem innovativen Modell sollten Bücher nicht auf herkömmliche Weise nach ihrem Erscheinen erworben, sondern bereits vor der eigentlichen Veröffentlichung durch eine gemeinschaftliche Finanzierung „freigekauft" und anschließend im freien Zugriff zur Verfügung gestellt werden. Die Abwärtsspirale, wonach durch die immer höheren Preise immer weniger Bücher beschafft werden können und deshalb Bibliotheken und Verlage gleichermaßen verlieren, sollte dadurch durchbrochen werden, dass die Bibliotheken pro Buch nur einen Bruchteil der herkömmlichen Beschaffungskosten für einen gemeinschaftlichen Fonds zusagen, aus dem die Publikationsgebühren dann finanziert werden können – wenn genügend Beteiligungszusagen vorliegen. Das Versprechen von Knowledge Unlatched bestand also nicht nur in der Ermöglichung von Open Access, sondern auch in der Konzeption einer neuen Nachhaltigkeit für die Finanzierung von Buchpublikationen, speziell in den Sozial- und Geisteswissenschaften. Dadurch war das Angebot von Knowledge Unlatched gleichermaßen interessant für Bibliotheken wie auch für Verlage.

Das Konzept von Knowledge Unlatched

Bereits die erste Version der Homepage von Knowledge Unlatched, die im Dezember 2012 online ging, zeugte davon, dass hier nicht ein junges Team mit innovativen Ideen, aber wenig Erfahrung an den Start ging, sondern dass hinter diesem Auftritt ein hohes Maß an Professionalität und extrem guter Vernetzung stand. Dafür stand vor allem die Gründerin Frances Pinter, die viele Jahre Erfahrung in herausgehobenen Positionen in der Verlagsbranche und in der Finanzwelt mit den entsprechenden Geschäftskontakten in das neue Unternehmen einbrachte.

DOI 10.1515/9783110494068-013

Auch inhaltlich wurde Knowledge Unlatched sehr sorgfältig vorbereitet. Dafür sorgte Pinter, die sich über viele Stationen einen Namen als Verlegerin von Büchern im sozial- und geisteswissenschaftlichen Bereich und als Vordenkerin des Wandels im Publikationswesen gemacht hatte, durch zahlreiche Vorträge sowie beispielsweise durch den Aufsatz „Open Access for Scholarly Books?", veröffentlicht im Juli 2012.[1] Darin stellt Pinter die Programmatik von Knowledge Unlatched vor und leitet die Notwendigkeit aus verschiedenen Herausforderungen ab. Die Lektüre lohnt sich auch heute noch, denn durch diesen Beitrag lässt sich gut nachverfolgen, was etwas später auch tatsächlich in die Praxis umgesetzt werden konnte, aber auch an welchen Stellen Kompromisse gemacht wurden. So musste beispielsweise die ursprüngliche Betonung einer gezielten Einzeltitelauswahl hinter die bisherige Praxis einer Paketauswahl zurückgestellt werden.

In ihrem Aufsatz begibt sich Pinter auf die Suche nach einem neuen Geschäftsmodell für Bücher, das den Möglichkeiten und Anforderungen im 21. Jahrhundert gerecht wird und dabei die Krisenhaftigkeit der letzten Jahrzehnte überwindet. Die Etats der Bibliotheken haben mit dem Anstieg der Publikationen nicht Schritt halten können, immer höhere Anteile an den Erwerbungsausgaben werden in Zeitschriften investiert statt in Bücher. In einer Zeit, in der durch die digitale Verbreitung der Zugang zu wissenschaftlicher Information komfortabel sein könnte, wird die tatsächliche Verfügbarkeit immer weiter verknappt. Verlage müssen ihre Kosten mit immer weniger verkauften Exemplaren einspielen, was dazu führt, dass das einzelne Buch immer teurer wird, so dass sich kaum noch Privatpersonen eigene Ausgaben leisten können, sondern Käufe nur noch von immer weniger Bibliotheken getätigt werden. So verlieren alle an diesem Spiel beteiligten Akteure: Wissenschaftler können nicht im gewünschten Umfang auf die Literatur zugreifen, weil sie knapp gehalten werden; Bibliotheken können nicht glücklich werden egal wie sie ihren Etat einsetzen, weil die Liste dessen, was sie nicht beschaffen können, immer länger ist als die tatsächliche Erwerbungsliste; und für Buchverleger speziell in den Sozial- und Geisteswissenschaften werden auskömmliche Kalkulationen immer schwieriger. Die Geschäftsgrundlage für wissenschaftliche Bücher gerät also immer mehr ins Rutschen.

Der bisherigen, noch stark am gedruckten Buch orientierten Praxis setzt Pinter ein neues Modell entgegen, das konsequent auf die Möglichkeiten des Digitalen ausgerichtet ist. Ihr Schlüssel zum Erfolg lautet: mehr Offenheit. Diese Offenheit, bewusst auch verstanden im Sinne des Open Access, soll bei Pinter weder Selbstzweck noch Ideologie sein, sondern der Schlüssel zur Erneuerung der Austauschbeziehungen

---

[1] Dieser Aufsatz fasst den Ansatz von Knowledge Unlatched systematisch zusammen. Erste Vorstellungen des Modells gab es bereits davor, z. B. auf der Charleston Conference im November 2010, auf einer Vortragsreise durch Australien in 2011, bei einem Treffen mit amerikanischen Bibliotheken an der Harvard Universität in 2012 oder, etwas später, auf der sehr gut besuchten internationalen „Open Access Monographs in the Humanities and Social Sciences Conference" in London im Juli 2013. Auf YouTube lassen sich leicht Vorträge von Frances Pinter aus allen Phasen finden.

zwischen Verlagen und Bibliotheken und zur Revitalisierung von Marktbeziehungen, die zu vertrocknen drohen. In ihren eigenen Worten drückt Pinter die Überzeugung aus,

> that more open approaches to content licensing and distribution will help to reinvigorate monograph publishing and stimulate new markets for scholarly books. Real opportunities exist for publishers in a digital world and Open Access licensing will be an important part of sustainable publishing in the twenty-first century.
> (Pinter, 2012, S. 184)

Der Anspruch hinter Knowledge Unlatched ist also kein kleiner. Pinter geht es nicht darum, in einer Nische einen Erfolg zu feiern. Sie möchte einen grundlegenden Impuls für ein dem digitalen Zeitalter adäquates Geschäftsmodell für Buchpublikationen geben und dadurch ein Geschäftsfeld zukunftssicher machen, dem sie selbst ihr ganzes Berufsleben mit Leidenschaft gewidmet hat.

Konkret lässt sich das Modell von Knowledge Unlatched wie folgt zusammenfassen: Auf Anbieterseite offerieren die Verlage ihre Titel auf Basis der Herstellungskosten (first copy cost). Ein Auswahlkomitee legt fest, welche der angebotenen Titel tatsächlich in die Auswahlliste kommen. Auf Nachfrageseite wird eine Einkaufsgemeinschaft aus möglichst vielen Bibliotheken gebildet. Jede teilnehmende Bibliothek sagt eine finanzielle Beteiligung an den ausgewählten Titeln zu (komplett oder in Teilen). Das Ziel besteht darin, dass gemeinschaftlich genügend Geld eingesammelt wird, um die Herstellungskosten der angebotenen Bücher bezahlen zu können. Im Gegenzug für die Bezahlung verpflichten sich die Verlage, die Bücher mit einer offenen Lizenz frei zugänglich zu machen. Gedruckte Ausgaben können von den Verlagen noch zusätzlich verkauft werden (sogenanntes Freemium-Modell), wobei für die Teilnehmer der Einkaufsgemeinschaft ein festgelegter Rabatt zu gewähren ist.

Je mehr Bibliotheken bei diesem Modell mitmachen, desto geringer werden die Stückkosten pro Teilnehmer. Wenn beispielsweise die Freikaufgebühr eines Buches 10 000 € beträgt und sich 400 Bibliotheken am Konsortium beteiligen, dann betragen die Kosten pro Teilnehmer 25 €; bei 600 teilnehmenden Bibliotheken reduziert sich der Beitrag auf 16,67 € usw. Durch diesen Ansatz lässt sich also die Reichweite des Erwerbungsetats der einzelnen Bibliotheken entscheidend erhöhen; und zugleich erhält der Verlag bereits vor der Produktion eines Buches die Gewissheit, dass die Herstellungskosten gedeckt sind; als Bonus gibt es eine frei zugängliche Version des Werkes. Es profitieren also alle Seiten von diesem Modell. Knowledge Unlatched selbst fungiert in diesem Gefüge als die neutrale Plattform zwischen Bibliotheken und Verlagen, die den gesamten Prozess organisiert und moderiert. Entsprechend lautet der aktuelle Slogan auf der Begrüßungsseite von Knowledge Unlatched:

> We bring together libraries from all over the world via a crowdfunding platform where they can support Open Access by selecting publisher titles at a clear and sustainable price.[2]

---

[2] Homepage von http://www.knowledgeunlatched.org/, aufgerufen am 06.01.2017.

Die Entwicklung von Knowledge Unlatched

Im Vergleich zu vielen anderen Initiativen war die Etappe vom Anfangsauftritt bis zur konkreten Umsetzung bei Knowledge Unlatched bemerkenswert kurz. Es verging noch nicht einmal ein ganzes Jahr bis zum Start des Pilotprojekts im Oktober 2013. Auf dem Weg zu dieser ersten wichtigen Wegmarke gab es im Juni 2013 einen Workshop an der Max Planck Digital Library für die deutschen Bibliotheken unter Mitwirkung von Frances Pinter. Die meisten der an dieser Veranstaltung teilnehmenden Bibliotheken haben sich dann auch an der Pilotkollektion beteiligt. Dieses erste, gemeinschaftlich zu finanzierende Angebot bestand aus 28 englischsprachigen sozial- und geisteswissenschaftlichen Buchtiteln, angeboten von 13 Verlagen, darunter vor allem angelsächsische Universitätsverlage, aber auch kommerzielle Verlage wie Brill oder De Gruyter. Die Gesamtkosten für das ausgewählte Titelpaket betrugen 336 000 US-$; pro Buch beliefen sich die Kosten im Durchschnitt auf 12 000 US-$. Ausgewählt wurden diese Titel von Bibliothekaren der Gründungsmitglieder aus einem größeren Angebot, das insgesamt über 100 Bücher umfasste. Angestrebt wurde, dass bis zum Ende der Beteiligungsphase (pledging period) sich mindestens 200 Bibliotheken weltweit mit einer Finanzierungszusage melden sollten.

Dementsprechend betrug die maximal zugesagte Kostenbeteiligung 1 680 US-$. Bei Teilnahme von mehr als 200 Bibliotheken würde sich dieser Betrag entsprechend verringern. Die Akquisephase war ursprünglich bis Ende Januar 2014 terminiert, wurde aber noch um einen Monat verlängert. Am Ende beteiligten sich 297 Bibliotheken, so dass die Pilotkollektion erfolgreich nach dem gewünschten Vorgehen produziert und die Kosten pro Bibliothek auf einen Rechnungsbetrag von 1 195 US-$ verringert wurden (Montgomery 2014). Veröffentlicht werden die Bücher von Knowledge Unlatched ohne Embargo unter einer Creative Commons Lizenz im PDF-Format auf den Plattformen OAPEN und HathiTrust. MARC-Daten für Bibliotheken werden zur Verfügung gestellt.

Der Erfolg der Pilotkollektion wurde als Bestätigung des Konzepts begriffen. Folgerichtig wurde daraufhin ein zweites Paket vorbereitet, das im Oktober 2015 als „KU Round 2 Collection" angeboten werden konnte. Dieses Mal beinhaltete das Paket 78 englischsprachige Bücher von 26 Verlagen, wobei alle 13 Verlage aus der Pilotrunde wieder mit an Bord waren. Für das zweite Paket waren gemeinschaftlich gut 1 Mio. US-$ zu stemmen, was den wiederum am Ende rund 300 teilnehmenden Bibliotheken mit einem jeweiligen Rechnungsbetrag von 3 840 US-$ auch erfolgreich gelang. Seit März 2016 wurden diese Titel sukzessive veröffentlicht.

Aktuell befindet sich Knowledge Unlatched in seiner dritten Phase, die dieses Mal „KU Select 2016" genannt wird. Das zunehmende Wachstum des Geschäftsbetriebs ist allein schon daran abzulesen, dass sowohl die Zahl der teilnehmenden Verlage auf nunmehr 54 als auch die Zahl der ausgewählten Buchtitel auf 343 angewachsen ist. Von diesen Büchern, die 16 Themengebiete der Sozial- und Geisteswissenschaften abdecken, sind 147 Neuerscheinungen und 196 Backlist-Titel aus den Jahren

2005–2015. Auch dieses Mal wurden die Bücher durch ein unabhängiges internationales Bibliotheksgremium aus einem Pool von 681 angebotenen Titeln ausgewählt. Die Beteiligungsfrist läuft bis Ende Januar 2017, und als Ziel wird die Erwartung ausgegeben, dass sich wieder mindestens 300 Bibliotheken finanziell an diesem Angebot beteiligen. Dieses Mal können die Bibliotheken etwas selektiver in ihrer Zusage vorgehen, doch es wird gehofft, dass die meisten für das Gesamtpaket optieren werden. Die Titelkosten belaufen sich auf 50 € bei den Neuerscheinungen und 12,50 € bei der Backlist. Bei 300 Teilnehmern und bei Auswahl der Gesamtkollektion beträgt der maximale Betrag für die Unterstützung pro Bibliothek 9 800 € und steigt damit auf ein Maß, das sich speziell kleinere Bibliotheken nicht mehr so einfach leisten können.

Aber auch außerhalb seines eigentlichen Kerngeschäfts konsolidiert sich Knowledge Unlatched immer weiter (Pinter 2016). Im November 2015 wurde mit KU Research unter Führung von Lucy Montgomery ein weiterer Arm von Knowledge Unlatched etabliert. Dieser Geschäftsteil kümmert sich um die Sammlung und Aufbereitung von Informationen, die zum besseren Verständnis und zur weiteren Entwicklung digitaler wissenschaftlicher Kommunikation beitragen. Besondere Schwerpunkte liegen auf der Sammlung und Verwaltung von Nutzungskennzahlen sowie auf der Entwicklung und Pilotierung neuer Geschäftsmodelle. Von Anfang hat Knowledge Unlatched in gewissen Abständen periodisch über die Nutzung der aktivierten Bücher aus der Pilotkollektion auf der OAPEN-Plattform berichtet. Nach dem jüngsten Report von Oktober 2016 wurden diese Bücher fast 74 000 Mal in 183 Ländern der Welt heruntergeladen. Seit November 2016 werden für die teilnehmenden Bibliotheken auch institutionelle Statistiken zur Verfügung gestellt.

Die Expansion, die hinter „KU Select 2016" steht, wurde durch mehrere organisatorische Weichenstellungen ermöglicht. Zum einen wurde mit Knowledge Unlatched GmbH unter Leitung von Sven Fund eine Tochter in Deutschland gegründet. Zum anderen wurden für mehrere Länder Verträge mit Handelspartnern abgeschlossen, die Knowledge Unlatched darin unterstützen, die Zahl teilnehmender Bibliotheken zu erhöhen und die Ausweitung der Inhalte voranzutreiben. Schweitzer Fachinformation übernimmt die Rolle des exklusiven Vertriebspartners für Bibliotheken in Deutschland, Österreich und der Schweiz sowie den Niederlanden, Belgien und Luxemburg. Für die deutschen Bibliotheken wird sowohl die Beteiligung an „KU Select 2016" als auch die Rechnungsstellung von Schweitzer Fachinformation organisiert. Weitere Vertriebspartner sind Karger Libri und Casalini Libri, die sich um Länder wie Frankreich, Israel, Italien, Russland, Singapur, Spanien, Thailand und die Türkei kümmern. In den USA gibt es mit Lyrasis[3] bereits seit der ersten Kollektion einen Vertriebspartner, der sich sehr erfolgreich um die Verbreitung von Knowledge Unlatched kümmert und auch andere gemeinschaftlich organisierte Produkte wie SCOAP[3] für die amerikanischen Bibliotheken organisiert.

---

3 https://www.lyrasis.org.

Als weitere Stufe der Expansion bereitet Knowledge Unlatched gerade die Übertragung des bisherigen Ansatzes auch auf Zeitschriften in den Sozial- und Geisteswissenschaften vor. Noch bis Februar 2017 können Verlage einzelne Zeitschriften aus ihrem Portfolio anbieten, die dann nach erfolgreicher Auswahl als Paket „KU Select 2017 – Journals" den Bibliotheken angeboten werden sollen. Es wird interessant sein zu sehen, ob dieser Transfer des kooperativen Finanzierungsansatzes auf ein periodisches Publikationsformat unter dem Dach von Knowledge Unlatched gelingt.

Der stilbildende Charakter von Knowledge Unlatched

Das Modell sowie die Konsolidierung und Entwicklung von Knowledge Unlatched werden weltweit mit großer Aufmerksamkeit verfolgt. Davon zeugen nicht nur das allgemeine publizistische Interesse und die Auszeichnungen, die Knowledge Unlatched erhalten hat, wie zum Beispiel von IFLA/Brill in 2014 oder von der australischen Curtin Universität in 2015. Es ist auch der Ansatz einer gemeinschaftlichen Finanzierung von wissenschaftlichen Veröffentlichungen selbst, egal ob Bücher oder Zeitschriften, der immer mehr Zuspruch findet und neuen weiteren Initiativen zugrunde gelegt wird, allen voran in dem Projekt Open Library in the Humanities,[4] das seinerseits bereits eine ähnlich hohe Aufmerksamkeit genießt und auch die Vertriebswege von Knowledge Unlatched nachzunutzen versucht, speziell durch die Zusammenarbeit mit Lyrasis auf dem amerikanischen Markt. Die Debatte über genossenschaftliche Finanzierungsmodelle, und wie dadurch die Publikationslandschaft insgesamt hin zu mehr Open Access transformiert werden kann, wird in den USA am intensivsten geführt. Besonders hervorzuheben ist hier das „OA Cooperative Project",[5] an dem mehrere einschlägig bekannte Einrichtungen und Personen beteiligt sind, dessen aktuelles Etappenziel in der Durchführung einer Machbarkeitsstudie besteht, die in 2017 abgeschlossen werden soll. Gesucht wird nach einem Finanzierungsmodell mit entsprechender Hebelwirkung, das auf der lesenden Seite die Ausgaben durch Käufe oder Abonnements reduziert oder sogar ganz vermeidet und dabei gleichzeitig verhindert, dass die Kosten dem Publikationsprozess in empfindlicher Höhe aufgebürdet werden, etwa durch die Erhebung von Publikationsgebühren.

In den konzeptionellen Arbeiten wird ausdrücklich Bezug auf Knowledge Unlatched genommen und versucht, ein ähnlich gelagertes Modell der gemeinschaftlichen Finanzierung durch Bildung eines möglichst großen internationalen Konsortiums von Bibliotheken für ein Themengebiet zu entwickeln, in dem gute Ausgangsbedingungen vorzufinden sind. Am weitesten entwickelt ist das Projekt „Libraria",[6]

---

[4] https://www.openlibhums.org/.
[5] http://oa-cooperative.org/.

angesiedelt in der Anthropologie, das kurz davor steht, seinen Ansatz einer subskriptionsäquivalenten Transformation von sechs Fachzeitschriften, die bisher im Abonnement erscheinen, in ein Open-Access-Modell einer breiteren Öffentlichkeit vorzustellen. In ähnlicher Weise werden in den USA aktuell noch weitere konkrete Transformationsprojekte (z. B. auch in der Mathematik) vorbereitet, die in den nächsten ein bis zwei Jahren in die Umsetzungsphase gehen sollen.

Abschließende Bewertung

Zweifellos hat Knowledge Unlatched einen Nerv der Zeit getroffen. Der bisherige Erfolg gibt der Initiative Recht, und auch die wachsende Zahl von Epigonen weist darauf hin, dass das Potential der genossenschaftlichen Vorgehensweise mit Knowlegde Unlatched noch nicht ausgeschöpft ist, sondern möglicherweise sogar erst noch am Anfang einer neuen Blüte steht. Die meisten anderen Initiativen haben aber ihren entscheidenden Praxistest noch vor sich. Insbesondere müssen sie den Nachweis erbringen, dass sie nicht nur über einen guten Plan verfügen, sondern auch über das notwendige Geschick, diesen bis ans Ziel zu bringen, und zwar vor dem Hintergrund vielfältiger interkultureller Anforderungen, wie sie für jede globale Initiative heutzutage gegeben sind. Gerade in dieser Hinsicht hat sich Knowledge Unlatched als weit mehr erwiesen als nur eine gute Idee zur richtigen Zeit. Ohne die überragende persönliche Leistung von Frances Pinter, ohne den professionellen Internetauftritt und ohne das perfekte Ineinandergreifen von überzeugendem Konzept und reibungsloser Organisation hätte der Weg auch für Knowledge Unlatched erheblich steiniger sein können. Genauso erfolgreich wie SCOAP[3] hat Knowledge Unlatched unsere kollektiven Handlungsmöglichkeiten erweitert und auf eine praktikable Stufe der internationalen Zusammenarbeit gestellt. In diesem Sinne ist dem Unternehmen und seinen geistigen Ablegern auch weiterhin viel Glück zu wünschen.

Literatur

Montgomery, L. (2014). *Knowledge Unlatched: A Global Library Consortium Model for Funding Open Access Scholarly Books. Full Report on the Proof of Concept Pilot 2014. Cultural Science Journal*, 7(2), 1–66. Verfügbar unter: http://knowledgeunlatched.org/wp-content/uploads/2016/10/KU-Full-Pilot-Report-CS.pdf.

Pinter, F. (2012). Open Access for Scholarly Books?. *Publishing Research Quarterly*, 28, 183–191. doi:10.1007/s12109-012-9285-0.

Pinter, F. (2016). Bibliotheken lösen die Buchveröffentlichung aus. *B.I.T. Online*, 19(4), 353–355. Verfügbar unter: http://www.b-i-t-online.de/heft/2016-04-interview-pinter.pdf.

---

6 http://libraria.cc/.

Sven Fund

2f Querfinanzierung von Open Access und Print

Monographien kommt im Open Access hinsichtlich ihrer Finanzierungsstrukturen eine besondere Rolle zu.[1] Dominiert bei Zeitschriften der Konflikt um *double dipping* weite Teile der Diskussion,[2] spielt dieser Aspekt in der Auseinandersetzung mit dem Finanzierungsmodell von Open-Access-Versionen von Büchern eine nur untergeordnete Rolle. Das erstaunt nur mit Blick auf die Kunden – also auf die Bibliotheksseite. Aus tradierter verlegerischer Sicht ist dies jedoch beinahe logisch und wesentlich in der unterschiedlichen Kostenstruktur der beiden Medien Zeitschrift und Buch begründet. Gleichwohl stellt sich die Frage, wie sinnvoll eine Mischfinanzierung von Monographien durch mehrere, kompetitive Geschäftsmodelle ist, insbesondere angesichts eines raschen Wandels im Monographienmarkt.[3]

Nach wie vor sind die Publikations- und Rezeptionstraditionen in den Naturwissenschaften, in denen rund 60 % der Gelder in den Erwerb von Zeitschrifteninhalten fließen (Outsell 2015b), und den Disziplinen der Sozial-, vor allem aber der Geisteswissenschaften (HSS), sehr unterschiedlich, was der Grund für die divergierende Diskussion sein dürfte. In den sogenannten HSS-Disziplinen werden bekanntermaßen rund 60 % der Mittel für Monographien ausgegeben, wenn auch mit fallender Tendenz (Outsell 2015a). Während bei Zeitschriften ein großes Misstrauen auf Seiten der Bibliotheken herrscht, *Article Processing Charges* (APC) würden zusätzlich zu den Abo-Erlösen eingestrichen und hätten so ökonomisch für die öffentliche Hand einen gravierend negativen Charakter, wobei sie gleichzeitig Verlagen Zusatzgewinne bescherten, findet diese Diskussion überraschenderweise im Buchbereich kaum statt. Schäffler (2012) weist in diesem Kontext zu Recht auf ganz unterschiedliche Traditionen der Kostenzuschüsse für Monographien im Gegensatz zu Zeitschriften hin.

---

[1] Für einen aktuellen und sehr detaillierten Überblick über Open Access in den Humanities und Social Sciences siehe Crossick 2015.
[2] Schon eines der ersten Hybridmodelle, Springers Open Choice-Programm, enthielt dezidierte Regelungen zum Umgang mit *double dipping*.
[3] Die Zahl der im Directory of Open Access Books jährlich archivierten Titel wuchs beispielsweise von 266 im Jahr 2010 auf 851 im Jahr 2015 – eine jährliche Wachstumsrate von rund 26 % über den Zeitraum.

DOI 10.1515/9783110494068-014

Ökonomie der Buchproduktion

Aufgrund ihrer Produktionsweise weisen Bücher traditionell eine Kostenstruktur auf, die das einzelne Exemplar deutlich kostspieliger in der Produktion macht als ein Zeitschriftenheft, vor allem wegen des vergleichsweise hohen Anteils direkter Aufwendungen für Druck, Papier und Bindung. Entsprechend liegen die Rohmargen einer typischen Monographie in den Geistes- und Sozialwissenschaften etwa 20 Prozentpunkte unter denen einer Zeitschrift. In der Folge sind zahlreiche Buchprogramme von Wissenschaftsverlagen seit Jahren nur schwach profitabel. Darauf regieren sie ökonomisch mit einer Anhebung der Preise, was eine Kettenreaktion auslöst, da die Budgets für Monographien in Bibliotheken ohnehin deutlich volatiler sind als jene für serielle Produkte wie Zeitschriften. Auf Preiserhöhungen folgen Abbestellungen.[4]

Zwar relativiert sich die hohe Abhängigkeit von den Herstellkosten mit zunehmender Digitalisierung langsam. Der positive Effekt sinkender Grenzkosten wird jedoch von der Absatzkrise der Monographie – die in der Bibliothekswelt übrigens deutlich weniger Beachtung gefunden hat als die Zeitschriftenkrise der 1990er Jahre – überkompensiert. So haben Gardiner und Musto bereits vor mehr als einer Dekade (2004) in ihrer Studie nachgewiesen, dass der durchschnittliche Umsatzbeitrag wissenschaftlicher Monographien pro Titel zwischen 1980 und den frühen 2000er Jahren um ca. 90 % gesunken ist – trotz steigender Preise pro Titel. Für die Wirtschaftlichkeit der Titel aus Verlagssicht eine alarmierende Entwicklung. Vor allem hatte dieser Trend innerhalb bestehender Marktgrenzen eingesetzt, also ohne dass es Open Access oder andere alternative Formate zur Kommunikation der Inhalte gegeben hätte. Ursache dafür war nach Ansicht von Marktbeobachtern in erster Linie die sogenannte Zeitschriftenkrise mit teils massiven Preiserhöhungen für dieses Medium, die von Bibliotheken durch die Reduzierung der Ausgaben für Monographien kompensiert werden mussten.[5]

Gedruckte Monographien und E-Books: Drei Phasen der Entwicklung

Seit dem Aufkommen von E-Books im wissenschaftlichen Verlagswesen hat die Entwicklung mehrere Phasen durchlaufen, die für unseren Gegenstand, die Querfinanzierung bzw. den Budgetwettbewerb von Monographien und Open Access-Ausgaben, von Interesse sind. Dabei lassen sich drei Perioden unterscheiden (Fund 2016):

---

4 Zur Krise der Monographien siehe auch die Diskussion bei Barclay 2016.
5 Eine ausführliche Diskussion zu Ursachen und Wirkungszusammenhängen der Krise der wissenschaftlichen Monographie in den Geistes- und Sozialwissenschaften findet sich bei Willinsky (2009).

Während die erste Phase (2000–2004) stark technologiegetrieben war und durch die Innovation von Unternehmen wie Microsoft angestoßen wurde, stellte den eigentlichen Durchbruch für E-Books in Bibliotheken der zufällig gleichzeitige Beginn des Google Books Library-Projekts sowie der Springer E-Book-Kollektionen dar. Diese Phase ist auf den Zeitraum 2004 bis 2009 zu terminieren, in der erstmals umfangreiche Sammlungen von Inhalten in einem neuen Geschäftsmodell bereitgestellt wurden. Die Springer E-Books als kostenpflichtiges Modell waren in ihrer Architektur (hohe Volumina, hohe Rabattierung im Vergleich zu den Einzelpreisen) stark an die *big deals* des Zeitschriftengeschäfts angelehnt und konnten mit großem Erfolg im Markt der Fachinformation etabliert werden. Diese Serialisierung der Buchproduktion in Form von Jahrespaketen hatte erheblichen Einfluss auf die betriebswirtschaftliche Entwicklung von Buchprogrammen. Insbesondere wurden schwache Titel vertrieblich deutlich stärker verbreitet also zuvor. Parallel mit der massiven Ausweitung der Titelproduktion einzelner Marktteilnehmer fand somit eine Um- und Neuverteilung von Erwerbungsbudgets statt.

Die dritte Welle im Reifeprozess der Marktentwicklung um E-Books (2010-heute) ist aus Verlagssicht gekennzeichnet durch einen wachsenden Anteil von E-Books am Gesamtumsatz eines Buchtitels.[6] Für den HSS-Markt bedeutet das nach Einschätzung des Marktforschers Outsell (2015, 1), dass heute ca. 22 % des Marktumsatzes aller Medien weltweit auf digitale Formate entfallen, wobei einzelne Titel einen noch höheren Digitalanteil erreichen.

Konstitutiv für diese dritte Phase der Marktentwicklung ist eine rasche und tiefgreifende Fragmentierung des Marktes rund um E-Books, der sich selbst große Anbieter mit ihrer Marktmacht nicht entziehen können. Zwar werden nach wie vor E-Books in Paketen zum Kauf angeboten, allerdings haben sich zahlreiche neue Angebotsformen herausgebildet, beispielsweise Demand Driven Acquisition und eben Open Access.

Open Access als Geschäftsmodell für Verlage

Die Abgrenzung von Open Access zu anderen digitalen Angeboten soll hier lediglich mit Blick auf zwei für die Diskussion wesentliche Faktoren erfolgen. Zunächst wird Open Access als Geschäftsmodell verstanden (entspricht also im hier verstandenen Sinn dem Goldenen Open Access), während es auf der anderen Seite als Modell des für den Leser kostenfreien Zugangs zu wissenschaftliche Inhalten definiert wird. Nur so ist es – in Abgrenzung zum Grünen Open Access – als mögliches Element der Querfinanzierung traditioneller, transaktionsbasierter Modelle zu verstehen.

---

6 Aus bibliothekarischer Sicht bedeutete dies nach ProQuest (2016) mit 34 % Wachstum eine überproportionale Steigerung der Ausgaben für Ebooks verglichen mit 14 % für gedruckte Bücher.

Ein Blick in die Literatur zeigt, dass es einige Hypothesen gibt, wie sich die inhaltlich identischen und zeitgleich publizierten Open-Access-Ausgaben auf den Absatz ihrer Print-Äquivalente auswirken. Neben kostenbasierten Erklärungsansätzen, nach denen die Open-Access-Version eines Buches den gemeinschaftlichen Teil der Herstellkosten beider Versionen eines Buches deckt, spielen hierbei vor allem vertriebsorientierte Theoreme eine Rolle. Verleger verbinden offensichtlich mit der Open-Access-Version eines Buches die positive Erwartung, diese werde dem Absatz der kostenpflichtigen, gedruckten Version durch bessere Sichtbarkeit positiv beeinflussen. Bei der Analyse der Sichtweisen ist auffällig, dass die Zusammenhänge häufig nicht analytisch untermauert werden, sondern lediglich emotionale Einschätzungen reflektieren.

Kostenbasierte Sichtweise

Traditionell herrscht in Wissenschaftsverlagen eine stark kostenbasierte Sichtweise bei der Planung von Titeln der Buchprogramme. So verwundert es nicht, dass Anbieter in nur schwach wachsenden Märkten die Wirtschaftlichkeit ihrer Programme noch heute stark nach dem *cost plus*-Verfahren ermitteln.[7]

Ganz in diesem Sinne sorgte die von der Association of American University Presses durchgeführte Analyse zu den Vollkosten von Büchern für einiges Aufsehen (Maron et al. 2016). Ergebnis der Untersuchung war, dass auf Basis von 382 ausgewerteten Titeln der an der Studie beteiligten 20 amerikanischen University Presses durchschnittlich mindestens 30 000 US-Dollar (USD) pro Titel aufgewandt werden müssen, um eine wissenschaftliche Monographie zu produzieren. Dabei entfallen etwa 5 000 USD auf direkte Kosten (Satz, Papier, Druck, Binden) und 15 000 bis 24 000 USD auf direkte Personalkosten (ebenda, S. 19). Weitere in der Untersuchung anteilig berücksichtigte Kosten entfallen auf allgemeine Verwaltungsleistungen der Verlage.

Zwar erscheinen die in der Studie von Maron et al. in Ansatz gebrachten Kostenstrukturen aus der Sicht europäischer „kommerzieller" Verlage vergleichsweise hoch – insbesondere der Personalaufwand scheint bezogen auf die erwartbaren Erlöse der Titel nur aufgrund der Finanzierungsstrukturen amerikanischer Universitätsverlage möglich. Allerdings wird anhand der Studie beispielhaft klar, dass Kosten- und Erlösstrukturen bei Monographien aus der Balance geraten und nicht nachhaltig sind.

Anders als bei der Ermittlung von APCs im Zeitschriftenbereich hat sich bei der Ermittlung der Book Processing Charges (BPCs) die Denktradition des *cost plus* folgerichtig ebenfalls durchgesetzt. Nach eigenen Recherchen liegen diese BPCs derzeit je

---

[7] Cost plus bezeichnet in der Betriebswirtschaft die Ermittlung des Preises eines Produkts auf Basis seiner Kosten (cost) zuzüglich einer Gewinnmarge (plus). Es steht damit im Widerspruch zu marktorientierten Methoden der Preisfindung.

nach Verlag zwischen 6 000 € und 15 000 € pro Titel. Sie sind damit deutlich geringer als die vermuteten, wirtschaftlich erforderlichen Erlöse, die Open-Access-Titel ohne zusätzliche Zuschüsse – sei es durch den Träger einer *University Press* oder durch hinzuzurechnende Print-Erlöse – betriebswirtschaftlich erfolgreich machen. Setzt man nämlich die Formaterlöse und Kosten in Beziehung zueinander, wird klar, dass die über BPCs erlösten Beträge lediglich die direkten Kosten decken, nicht jedoch die direkt zuordenbaren Personalkosten und erst recht nicht Verlags-Overhead und Gewinnanteil.[8]

Umsatzbasierte Sichtweise

Wie bereits oben erläutert, sind die Einschätzungen von Open Access hinsichtlich der Auswirkungen auf Absatz und Umsatz eher anekdotisch. Gründe dafür sind, neben fehlendem analytischem Instrumentarium in vielen vor allem kleineren Verlagen, in erster Linie geringe Fallzahlen publizierter Titel und deren eingeschränkte Vergleichbarkeit.

Zum besseren quantitativen Verständnis wurde daher Anfang August 2016 eine nicht-repräsentative Befragung durchgeführt (Fund 2016b). Insgesamt 28 Verlage, die im Jahr 2015/16 Titel für das Geschäftsmodell von Knowledge Unlatched zur Verfügung gestellt hatten, wurden zu ihren Erfahrungen mit der Verbindung von Open Access und Print-Titeln befragt.[9] Dabei wurden die Fragen bewusst nicht auf die Zusammenarbeit mit Knowledge Unlatched eingeschränkt, sondern offen gehalten. Von den insgesamt 24 Teilnehmern der Befragung sahen 33 % einen Einfluss von Open-Access auf ihr Print-Geschäft, 25 % schlossen eine Rückwirkung explizit aus, während 42 % hierzu nach eigener Aussage keine Beobachtungen gemacht haben. Sieben der 24 befragten Verlage aus aller Welt gaben an, Umsatzrückgänge durch die Open-Access-Version eines Titels im Vergleich mit ähnlichen Titeln beobachtet zu haben – zwei Drittel haben keinen entsprechenden Umsatzrückgang beobachtet. Die Rückgänge lag in der Mehrzahl der Fälle unter 20 % (4 Antworten), drei Verlage berichteten von Umsatzrückgängen über 30 %. Ein einziger Verlag konnte nachweisen, dass sich die Umsätze durch Open Access leicht positiv entwickelt haben. Gefragt nach der Erlössituation pro Titel insgesamt, also unter Berücksichtigung der Open-Access-Erlöse sowie der Print-Verkäufe, differenziert sich das Bild: Während sich für 17 % der Verlage eine Verbesserung der Erlössituation ergab, verschlechterte sich der

---

[8] Crossick 2015 differenziert mehrere mögliche Organisationsmodelle für Verlage, die Open-Access-Bücher publizieren. Aus Gründen der Vereinfachung wird hier von einem „hybriden" Verlagsmodell ausgegangen.
[9] Rund 71 % der Verlage gaben in der Studie an, dass sie die Entwicklung der Erlössituation pro Titel und unabhängig vom Geschäftsmodell regelmäßig verfolgen, 21 % tun dies nicht.

Umsatz pro Titel für 12,5 % unter ihnen – 42 % der Verlage sahen bei ihren Titeln keine Veränderung der Erlössituation, 29 % der Verlage ließen die Frage unbeantwortet. Die Befragten betonten im qualitativen Teil der Studie, dass die direkte Verbindung zwischen zurückgehenden Absätzen und der Open-Access-Verfügbarkeit in ihrer Einschätzung nicht nachgewiesen sei. Vermutlich aus diesem Grund gaben zwei Drittel an, keine Einschränkungen ihrer Open-Access-Politik zu planen, die übrigen Befragten äußerten sich zu dieser Frage nicht.

Nach den Gründen für die Unterstützung von Open Access in ihrem Programm gefragt, gaben 80 % der Verlage den Wunsch von Autoren nach diesem Modell an. Bei der Frage, die Mehrfachnennungen zuließ, betonten 67 % zudem die bessere Nutzung der Titel im Vergleich zum traditionellen Verkaufsmodell, 33 % hoben die bessere Bewerbung der Inhalte hervor.

Open Access und Querfinanzierung von Print

Wissenschaftsverlage haben Innovation traditionell aus ihrem Kerngeschäft heraus betrieben. Der Begriff der Digitalisierung, verstanden als Prozess der allmählichen Transformation von printbasierter zu digitaler Arbeitsweise, entwickelte sich aufgrund der etablierten Struktur des Wirtschaftens zwischen Bibliotheken und Verlagen langsam. Verlage konnten in der technischen Entwicklung identische Inhalte mehrfach monetarisieren, und es bestand keine Notwendigkeit, disruptive Innovation zuzulassen. Noch heute verkaufen Verlage erfolgreich Archive ihrer Zeitschriften- und Buchprogramme an jene Bibliotheken, die vor ein paar Jahrzehnten denselben Inhalt auf Papier erworben haben. Die recht gut zu steuernde Transformation hatte zur Folge, dass Verlage mit der Digitalisierung ihre Profitabilität kontinuierlich steigern konnten.

In diesem Umfeld war es für Verlage logisch, ein zusätzliches „Format" wie Open Access zunächst als Additiv, nicht jedoch als Substitutiv anzulegen. Im Übrigen war dies nicht nur der Fall bei Open Access, sondern bei E-Books insgesamt. Verlagsinterne Kalkulationen gingen häufig nicht von einer Reduzierung des Print-Absatzes infolge einsetzender elektronischer Erlöse aus – und dieses Modell trug zumindest während der oben beschriebenen ersten beiden Phasen der Entwicklung des E-Book-Marktes. Vergleicht man diese Entwicklung beispielsweise mit der Musikindustrie, in der die Disruption durch neue Marktteilnehmer wie Napster und Apple getrieben wurde, werden die unterschiedlichen Entwicklungspfade beider Branchen deutlich.

Zusammenschau und Ausblick

Technische Innovationen haben Verlagen in den vergangenen Jahren eine erhebliche Verbesserung der Struktur ihrer direkten Kosten ermöglicht. Die zentrale betriebswirtschaftliche Perspektive der Digitalisierung, nämlich die Null-Grenzkosten-Ökonomie (Rifkin 2014), ist für Wissenschaftsverlage ein großes Versprechen, dessen Realisierung allerdings erhebliche Tücken birgt. Ohne Frage schafft eine vollständig digitale Produktionsweise, gekoppelt mit den herstellerischen Möglichkeiten des Print on Demand (PoD), spürbare Kostenvorteile. Da jedoch lediglich rund 40 % der direkten Kosten auf diese Weise variabilisiert werden können, kann von einer effektiven und vor allem nachhaltigen Querfinanzierung zwischen Open Access und gedruckten Büchern im Handeln zwischen Bibliotheken und Verlagen nicht ernsthaft ausgegangen werden.

Anders gestaltet sich das Verhältnis potenziell bei breitenwirksamen Titeln mit niedrigerem Preispunkt. Allerdings ist in diesem Fall davon auszugehen, dass die fortschreitende Gewöhnung breiterer Nutzergruppen diesen Effekt ebenso eliminieren wird.

Hinzu kommt, dass es Verlagen mit breitem Portfolio nach wie vor schwerfällt, die teils sehr unterschiedlichen Dynamiken in der Entwicklung einzelner Disziplinen mit einem einheitlichen Geschäftsmodell abzudecken. Skaleneffekte lassen sich in der Herstellung physischer Produkte nur mit entsprechendem Volumen realisieren. Folglich haben schrumpfende Volumina steigende Stückkosten zur Folge. Selbst wenn also das *end game* der Digitalisierung erfreuliche Perspektiven bietet, ist der Weg dorthin nicht linear.

Aus Sicht der Bibliotheken kann eine Querfinanzierung von Print durch Open-Access (und umkehrt) kaum erstrebenswert sein, ist dies doch im Wesentlichen das *double dipping*, um dessen Verhinderung sich Bibliotheken bei Zeitschriften-APCs mit Verve kümmern. Grundsätzlich sollten Print- und Open-Access-„Auflagen" daher nicht nur separat angezeigt, sondern vor allem auch kaufmännisch getrennt voneinander kalkuliert werden. Technische Systeme zur De-Duplizierung des Inhalteerwerbs unterstützen schon heute effizient die Vermeidung ungewollter Doppelkäufe. Wissenschaftsverlage tun aus eigenen wirtschaftlichen Interessen und angesichts einer deutlichen Beschleunigung den Publizierens im Open Access gut daran, nicht auf die Mischung von Geschäftsmodellen in ihrer Produktkalkulation zu setzen, sondern diese transparent zu trennen und somit Querfinanzierungen im Modell nicht anzunehmen.

Literatur

Barclay, Donald A. (2016). The End of the Printed Scholarly Monograph: Collapsing Markets and New Models, in: International Higher Education, Number 85: Spring 2016, S. 5–7.
Crossick, Geoffrey (2015). Monographs and Open Access. A report to HEFCE, London.
Fund, Sven (2016a). The Business Side of the E-Book. Presentation as part of the 18th Fiesole Collection Development Retreat, Fiesole, April 6, 2016.

Fund, Sven (2016b). On the Interdependence of Open Access Monographs and Print Versions – Survey among Academic Publishers, Berlin (quanitiative Auswertung über den Autoren erhältlich).

Gardiner, Eileen; Musto, Ronald G (2004). Electronic Publication: The State of the Question. Paper presented as part of a panel, Electronic Publication and the Classics Profession, at the 135th Annual Meeting of the American Philological Association, San Francisco, January 2–5, 2004. http://www.apaclassics.org/profmat/gardiner_musto.html.

Nancy Maron, Nancy. Mulhern, Christine. Rossman, Daniel. Schmelzinger, Kimberly (2016): The Costs of Publishing Monographs.Toward a Transparent Methodology. doi:10.3998/3336451.0019.103.

Outsell (2015a). Humanities and Social Sciences Publishing: Market Size, Share, Forecast, and Trends, o.O.

Outsell (2015b). Scientific, Technical & Medical Information: 2015 Market Size, Share, Forecast, and Trend Report, o.O.

ProQuest (2016). Academic Library Book Purchasing Trends, Januar 2016, o.O.

Rifkin, Jeremy (2014). Die Null-Grenzkosten-Gesellschaft. Das Internet der Dinge, kollaboratives Gemeingut und der Rückzug des Kapitalismus, Frankfurt am Main, New York.

Schäffler, Hildegard (2012). Open Access – Ansätze und Perspektiven in den Geistes- und Kulturwissenschaften, in: Bibliothek Forschung und Praxis, Vol. 36, S. 305–311, doi:10.1515/bfp-2012-0040.

Willinsky, John (2009). Toward the Design of an Open Monograph Press, in: Journal of Electronic Publishing, 12: 1. doi:10.3998/3336451.0012.103.

Toby Green
2g Freemium Open Access

Change to 100% Open Access has been slow. Boselli and Galindo-Rueda found that approximately 50–55% of documents are openly available 3–4 years after publication (Boselli and Galindo-Rueda, 2016) although an industry report estimated that only about a third of all research articles published today are Open Access once embargo periods are completed (SIMBA 2016). For books, the adoption of Open Access has been snail-like. Searching the Directory of Open Access Books[1] shows that just 370 new titles were added 2015. Considering that Springer[2] alone publishes upwards of 4,000 new books annually it is probably fair to say that less than 5% of all new scholarly books published in 2016 will be freely accessible online.

All stakeholders – yes, including publishers[3] – agree that open access is a worthwhile objective. Yet, despite willing stakeholders and a plethora of funder and institutional mandates,[4] the disappointing progress to 100% Open Access suggests that the current models, like Green and Gold, cannot overcome what must be significant systemic friction in the scholarly communication process. If Green, Gold and other models (like Knowledge Unlatched for books, see chapter 2e) are not delivering results fast enough, is there another open access model that could overcome the systemic frictions more easily? Might this model be Freemium Open Access?

Freemium Open Access

The word "freemium" was coined by Jarid Lukin in 2006 in response to a challenge by venture capitalist Fred Wilson to coin a term to describe his favourite business model, which he described like this: "Give your service away for free, possibly ad supported but maybe not; acquire a lot of customers very efficiently through word-of-mouth, referral networks, organic search marketing, etc.; then offer premium priced, value added services or an enhanced version of your service to your customer base." (Schenk 2011) In 2008, Peter Suber, an open access advocate, drew a distinction between open access which removed price barriers and open acces which removed price and permission barriers. Borrowing from the software community, he described the former as *gratis* open access, and the latter as *libre* open access (Suber, 2008).

---

[1] http://www.doabooks.org/
[2] http://www.springer.com
[3] http://www.stm-assoc.org/public-affairs/resources/publishers-support-sustainable-open-access/
[4] https://roarmap.eprints.org/

Putting the two together, Freemium Open Access is a business model whereby a basic scholarly publication product is accessible online free of charge with other, 'premium', features and functionalities offered for sale. While it is likely that premium reader-facing services will produce the most revenue, premium services could be offered to any stakeholder in the scholarly communication system, the goal being to generate sufficient revenue to cover the cost of publishing and the provision of both free and premium services. In order to be *gratis* open access, the publication service must, as a minimum, give free online access to all the content.

The key to success in any Freemium business is to build a large audience for the free service and then persuade a proportion to choose to move up a value path to premium services. In the scholarly publishing context, there will be four categories of audience:
- Anonymous Free – readers who access the basic full text content service for free and remain anonymous
- Registered Free – readers who access the full text content and register for a premium service that is not charged for (e. g. an alerting service)
- Anonymous Paid – readers at institutions that subscribe to premium services
- Registered Paid – readers who choose to pay for premium services themselves or who register for personal services and are at institutions that subscribe to premium services

In the following table 1, some examples of value propositions for each audience category are presented:

Tab. 1: Example of what the value propositions for each audience category could be in a Freemium Open Access business model.

	Free Anonymous	Free Registered	Paid Anonymous	Paid Registered
Discover and Read all content	✓	✓	✓	✓
Share, embed content	✓	✓	✓	✓
Personal services (e. g. alerts)		✓		✓
Access to fully-functional e-editions (PDF, ePub, Excel etc)			✓	✓
Librarian services				✓

In addition to reader-facing services, premium services could also be offered to other stakeholders. For example, authors could be charged for services that make it easier to transform a manuscript into XML or for copyediting or funders could be charged for impact reports. To be clear, this is not double-dipping (charging twice for the same service) because different component parts of the total cost of publishing are being met by different actors – it would only be double-dipping if one part is being paid for by two actors.

Freemium is an agile business model designed to evolve over time. A feature that can be charged for today might become commoditized and free tomorrow. Figure 1 below shows how some value points, such as basic discovery, are already in the free zone while others, such as enhanced discovery, could be offered as premium services. The boundary between free and premium services moves outwards over time as innovation makes new premium services possible.

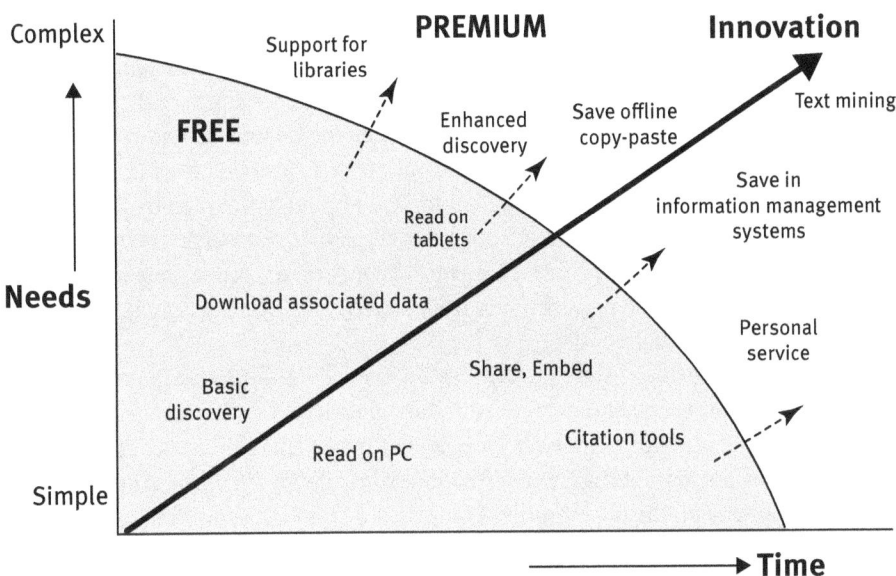

Fig. 1: Diagram illustrating how the boundary between what is free and what is premium could evolve over time.

Necessarily, this involves unbundling the scholarly publishing 'product'.

Unbundling

As implied above, any Freemium business model must unbundle the overall product into different components because at least one component is provided free of charge, while others are charged for as 'premium' features.

The benefit in unbundling a product is that the price for each component or value point can be determined independently and thus the overall price becomes more transparent. Some traditional, value points might find that they are not very valuable after all and disappear – like airline food did with low-cost airlines – thereby reducing the total cost of providing the overall service.

Once a product is unbundled, not only does the product become more flexible and responsive to demand but different actors can pay for different value points. For example, in scholarly publishing, the provision of customer support and training for a publisher's platform could be charged to librarians independently of the provision of content capturing and other editorial services to authors.

Before the advent of digital, the transactional and overhead cost of unbundling a service was prohibitive; offering a bundle was more cost-effective. Since digital processes can be used to reduce transactional costs drastically, so unbundling becomes possible. Consider low-cost airlines: the arrival of digital allowed them to create a transactional system that allowed passengers to create their own product bundle, for example, adding checked luggage and seat assignment to the core product, the flight itself. This would have been prohibitively expensive to manage without digital transactional systems.

In the traditional 'closed access' subscription/purchase business model and in the Gold Open Access business model, all the value points provided by a publisher, regardless who benefits, are bundled into a single product that is paid for by one actor, with all other stakeholders getting a free ride. There are, of course, some exceptions such as journals that also earn revenue from advertising, but the principle remains: most stakeholders get a free ride.

Current efforts to move away from the traditional model seek to flip the entire cost of publishing to another stakeholder (or to another budget held by the same stakeholder), but there is little attempt to look for models that might share the costs across stakeholders. Is this one part of the friction that is slowing down the move to open access?

The scholarly publication process comprises a complex set of features and services for more than just the two main actors, the author and the reader; a publication enables other stakeholders (e. g. librarians, funders, educators, policymakers) to achieve their goals too (Anderson 2016).

A simplified diagram (figure 2 below) shows the various stakeholders in the scholarly communication process (in bold) and the various processes that connect the author to the reader. The processes include publishing and a supply chain where the article or book (or other published form) is placed from where it can be accessed by the reader over the long run. In parallel, there is a need for discovery systems to help the content find the reader and for utility tools, such as an ability to clip a citation, copy a diagram directly to Powerpoint, or share on social media. A process that is becoming more important, impact evaluation and reporting, completes the chain.

Some reader-facing services – such as aggregation, discovery and archiving services – are provided by intermediaries but these are often facilitated by, and therefore have a cost for, publishers, e. g. provision of quality metadata to discovery partners. Other stakeholders also rely on publishers for services – for example, librarians want long-term archiving and customer support services; funders want impact reports; policymakers want a knowledge-based economy. Understanding and deconstructing this 'system' into viable mini-bundles that make sense and are practical to market is key to developing a Freemium Open Access model.

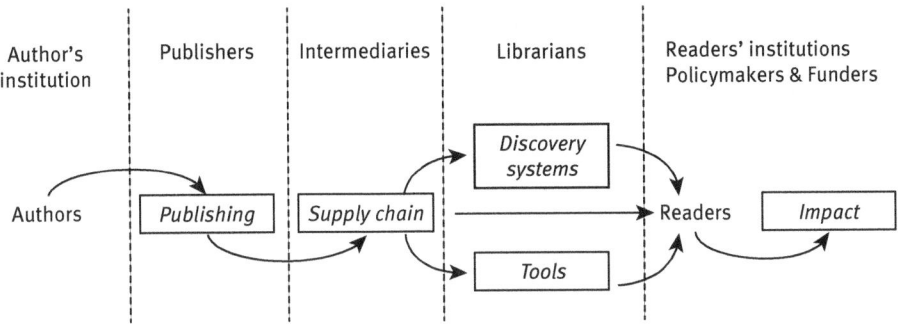

Fig. 2: Schematic diagram showing scholarly communication process and stakeholders.

Freemium Open Access, the example of the OECD

OECD is a member-owned intergovernmental organisation (www.oecd.org/about) which publishes the knowledge it generates annually in the form of around 400 books (including translations), 150 working papers and 300 datasets. It also provides publishing services for five other international organisations, which add another 800 books annually to the overall catalogue.

OECD's Freemium model gives anonymous free users unlimited access to a read-only version of every publication via a publishing platform, iLibrary (www.oecd-iLibrary.org), i. e. a *gratis* open access experience. Anyone with an internet connection can read the full text of each publication via their browser (including on mobile devices) and is able to view any associated data files. The free service includes the ability to share and embed the free version (whole publication, paper or chapter or table/chart) and to use the search and citation tools provided by the platform. All OECD datasets are available via a basic browser that allows users to browse, select, chart, extract/download current data; an API is available for machine-to-machine connections. In parallel, the platform offers a range of premium services for institutions and individuals. Premium services range from alerting services to fully-functional e-editions (PDF and ePUB) that can be downloaded and read offline; associated data files are available in Excel. Premium dataset services are provided in the form of an enhanced browser and subscribers can access archived datasets and a huge range of ready-made tables in Excel and other executable formats (saves users the time and trouble of making their own extractions). Subscribing institutions benefit from a range of support services, including training, and receive the usual set of metadata feeds and usage reports. Print copies are a premium service too.

At the time when OECD adopted a Freemium Open Access model for its publications in 2011–2012, a majority of the sales income for publication services (comprising books, journals, working papers and datasets) came from subscriptions to the OECD iLibrary platform, only around 20 % of sales income came from single-copy sales and individual periodical subscriptions whether electronic and/or print. Online accesses to full text publications were of the order of 6 million annually (including accesses to Gold Open Access content).

At the end of 2016, accesses to full-text publications had grown to >20 million of which 15 % were at subscribing institutions, 85 % were to anonymous free users (proof, if it were needed, that there is a sizeable, unserved audience outside of subscribing institutions). Crucially, between 2012 and the 2016, the renewal rate among subscribing institutions remained at similar levels to that seen between 2008 and 2012 and the number of new subscribers was also at a similar level. In line with the evolving, agile nature of a Freemium business model, OECD is currently re-building the iLibrary publishing platform so that it is better adapted to Freemium Open Access, in particular to build an offer for Registered Free users.

There are a few examples of other Freemium Open Access publishers, notably Open Editions (www.openedition.org) who have more than 3 000 books and 430 journals on their platform and a business model very similar to OECD's. SpringerNature's announcement that it now enables authors and subscribers to post links to free-to-read versions of primary research articles from any of its 2 300 journals anywhere, including social media platforms, repositories, websites, scholarly collaborative networks and via emails, is a step in the direction of freemium.

Freemium Open Access – the benefits

Freemium Open Access has some attributes that other open access models lack.

Freemium is better for readers

A Freemium publisher must keep the reader's needs front and central because financial sustainability is dependent on building a large free audience and offering attractive, premium, reader-facing services that are worth paying for. Other open access business models have weak or no incentives for a publisher to develop and invest in reader-facing services. Green Open Access, is inherently reader-unfriendly because it results in two versions (accepted manuscript/pre-print and version-of-record) of the same content being made available in two different places (repository and publisher platform) at two different points in time (embargos) and, in cases where a reader is not at a subscribing institution, it is impossible for the reader to know how the two versions differ. Gold Open Access places all the financial interest on the author-side, leaving publishers with little incentive to invest in reader-facing services or to build large audiences.

Freemium is better for intermediaries

Intermediaries provide valuable reader-facing services that publishers cannot offer or do themselves, for example, audience-building, customer support and comprehensive discovery and archiving services. As discussed above, most open access models have weak or absent feedback loops on the reader side. As a result, publishers using these open access models have little incentive to work with intermediaries offering reader-facing services. In cases where the intermediary earns a return by taking a share of subscription and sales revenue (for example, provision of audience-building and customer-facing services), the absence of a reader-facing business model leaves a question-mark over how these services will be paid for. This is illustrated by the challenges that surround getting open access books incorporated into the standard library discovery and catalogue systems.

Freemium maximises audience size

As discussed above, a Freemium Open Access publisher must build a large, free, audience if they are to have a chance of building a premium audience that is large enough to generate the revenues needed to meet the cost of publishing.

This requirement to maximise the size of the free audience is a unique feature of Freemium Open Access, no other Open Access business model rewards a publisher for maximising audience size (nor, indeed, does the traditional, closed-access, business model), but more than rewarding, Freemium's sustainability as a business model is dependent on there being the largest possible free audience for the content.

Some scholarly publishers will argue that their content is too specialised and 'niche' to be able to attract a large audience and therefore the potential pool of premium readers is too small for Freemium Open Access to be a sustainable business model. Yet, there are a couple of reasons why this view can be challenged. Many closed access journals survived with just a couple of hundred subscribers and book programmes have survived on a similarly small customer base. If open access is needed because of frustrations that the closed access business model is denying a sizeable audience access to content, then there must be a significantly larger audience out there, even for specialised content. That there is likely to be a significantly larger audience out there, even for the most esoteric content, is supported by the fact that the number of university graduates who, presumably are capable of reading scholarly content, has grown sharply over recent years. Today, the proportion of university graduates in OECD's population is just over 40 % (OECD) – that's 500 million people. Therefore, logically, the potential audience for scholarly content, however niche, is likely to be much higher than the few hundred reached via closed access business models. The OECD's own experience, as a publisher, described above, shows that there is a larger audience beyond the subscriber base. This is supported by others, for example, Open Book Publishers⁵ report that they reach 20 000 readers a month for the 86 titles they've published and Nature-branded journals have seen an additional 2.2 million article reads in the 2 years since those with subscription rights were free to share read-only articles with their networks (SpringerNature, 2016). Clearly, there is a much larger audience for scholarly content than many assume.

Freemium provides richer impact reports

Increasingly, funders are requiring researchers to demonstrate that their research generates an impact. One part of demonstrating impact is to show that the results of the research have reached a large audience. As discussed above, Freemium Open Access is likely to generate a larger audience than other publishing models, whether closed or open access, and is therefore likely to generate a larger impact. However, there is another advantage for Freemium over other open access models. Freemium is better able to identify who accessed the research. One of the problems inherent with most open access models is that no-one can identify who has accessed the work and to what depth. This is because there is no requirement for user identification or registration for open access works – the work is free to access by anyone with an internet connection and there is no prior requirement to register or sign on for access rights. Whilst web analytics tools like Google Analytics can provide high-level reports on usage, including some basic geo-level data such as accesses by city or region, an open access publisher has no ability to report detailed usage by institution name, let alone by individual name.

By contrast, a Freemium Open Access publisher has for its premium users detailed registration information and can therefore generate usage reports for authors and funders. Since those who need to engage with the research in depth are more likely to be premium users (they are more likely to see the value in registering for premium services), a Freemium Open Access publisher will be able to identify and report on these highly engaged users for authors and funders.

Freemium lowers the change quotient

At the beginning of this chapter, it was suggested that, in view of the common desire among all stakeholders for open access, the slow progress actually seen suggests that there must be some frictions in the system that are preventing faster adoption. One explanation for the very slow 'pivot' to open access might lie in the challenges associated with change. As Peter Drucker put it,

---

5 http://www.openbookpublishers.com

Everybody has accepted by now that change is unavoidable. But that still implies that change is like death and taxes — it should be postponed as long as possible and no change would be vastly preferable.

Or, to put it another way, everyone would prefer that others change and would prefer to postpone any change themselves. In this light, it might be interesting to assess the 'change quotient' for the shift to open access. If what Drucker observed is true, the change quotient is going to rise with the number of stakeholders involved in adopting change. Taking the traditional, closed-access, publishing model as a baseline, let's look at how many stakeholders need to change for each of the open access paths to succeed.

In the following table, a shaded 'C' cell indicates that the stakeholder <u>must</u> change some part of their traditional process for that model of open access to succeed; an unshaded 'N' cell indicates no change is needed.

	Green OA	Gold OA	Freemium OA
Author	C	C	N
Author's institution	C	C	N
Funder	C	C	N
Librarian (reader-side)	C	C	N
Publisher	C	C	C
Reader	C	N	N

Looking at the shaded cells, it is clear that all stakeholders have to change some part of their process in adopting Green Open Access; all but Readers have to change for Gold Open Access to succeed; but *only* publishers need to change to deliver Freemium Open Access. Bearing in mind the number of unique actors in each stakeholder group, and realising that each of them must change their part of the scholarly communications process for the whole system to 'flip' to a new model, the change quotient is going to be very high indeed for Green and Gold Open Access. This conjecture that change is hard is supported by the fact that it has taken more than a decade for 779 to develop mandates and policies concerning open access (ROARMAP).

Conclusion

Freemium Open Access is a publishing model that meets the objective of making all scholarly content free to read online, i. e. it is a *gratis* open access model. The model relies for financial sustainability on being able to find a market for premium services that are provided on top of this basic, read-only, access to the full text of any publication.

Compared to other open access models, the comparatively little change needed by stakeholders for Freemium Open Access to be implemented would suggest that this could be a faster way to get all scholarly content open on a *gratis* basis. Whilst this falls short of the aspiration of those who drew up the Budapest Open Access Initiative[6] in 2002, embracing Freemium as a short- or medium-term stepping-stone would at the very least make all scholarly content accessible to anyone with an internet connection quickly surely *the* key objective and buy time for stakeholders to work out how to finance, manage and deliver the changes needed for *libre* open access on a sustainable basis.

References

Anderson, K. (2016) 96 Things Publishers Do, 2016 Edition, *Scholarly Kitchen* retrieved from https://scholarlykitchen.sspnet.org/2016/02/01/guest-post-kent-anderson-updated-96-things-publishers-do-2016-edition/.

Boselli, B. and F. Galindo-Rueda (2016), "Drivers and Implications of Scientific Open Access Publishing: Findings from a Pilot OECD International Survey of Scientific Authors", *OECD Science, Technology and Industry Policy Papers*, No. 33, OECD Publishing, Paris. doi:10.1787/5jlr2z70k0bx-en.

Drucker, P. (1999) *Management Challenges for the 21st Century*. New York, NY, United States of America, HarperCollins.

Schenk, B. (February 7th 2011). Freemium, Is the price right for your company? *Entrepreneur* retrieved from https://www.entrepreneur.com/article/218107.

SIMBA (2016), *Open Access Journal Publishing 2016–2020* retrieved from http://www.simbainformation.com/about/release.asp?id=4003.

SpringerNature (2016, 17th October) Press Release: We've SharedIt! Springer Nature completes integration of its content sharing initiative across its entire owned portfolio of over 1,300 journals retrieved from http://www.springernature.com/gp/group/media/press-releases/weve-sharedit-springer-nature/10872820.

Suber, P. (2008, August) Gratis and Libre Open Access. *SPARC Open Access Newsletter* retrieved from http://sparcopen.org/our-work/gratis-and-libre-open-access/.

OECD (2016) Population with tertiary education (indicator). doi:10.1787/0b8f90e9-en.

---

6 http://www.budapestopenaccessinitiative.org/read

Anja Oberländer
2h Förderung von Open Access über institutionelle Infrastrukturen, insbesondere Repositorien

Infrastrukturelle Umsetzung von Open Access

Bei der praktischen Umsetzung von Open Access kommt institutionellen Infrastrukturen und insbesondere Repositorien eine zentrale Rolle zu. An vielen Institutionen werden diese von Bibliotheken betrieben, die häufig einen Großteil der praktischen Umsetzung von Open-Access-Angeboten und der Beratung zu Open Access übernehmen und damit eine wichtige Rolle spielen, um den Open-Access-Gedanken in einer Institution zu verbreiten und praktisch umzusetzen. Auch wenn viele Wissenschaftler/-innen Open Access durchaus positiv gegenüberstehen, wie Umfragen immer wieder belegen,[1] so schlägt sich dies nur sehr langsam in der Zahl der im Open Access verfügbaren Publikationen nieder. Hier zeigt sich, dass es für die erfolgreiche Umsetzung in der Praxis Hilfestellung bedarf.

Open Access ist inzwischen so facettenreich, dass zur gelungenen infrastrukturellen Umsetzung eine Vielzahl von Bereichen im Zusammenspiel betrachtet werden muss. Der folgende Artikel zeigt auf, wie Open Access über institutionelle Infrastrukturen vorangebracht werden kann. Untermauert werden die einzelnen Punkte mit Beispielen der Universität Konstanz.

Die Universität Konstanz beschäftigt sich seit Jahren intensiv mit dem Thema Open Access und kann als einer der Vorreiter der Open-Access-Bewegung in Deutschland gesehen werden. Das Beispiel der Universität Konstanz zeigt, dass, wenn innerhalb einer Institution sowohl die Universitäts- als auch die Bibliotheksleitung sich für die Umsetzung von Open Access einsetzen und auch hinsichtlich der Services und Workflows und im Kontakt mit den Wissenschaftler/-innen zentrale Faktoren Berücksichtigung finden, die im Folgenden dargestellt werden, eine erfolgreiche Umsetzung von Open Access möglich ist.

Der für eine deutsche Universität zu diesem Zeitpunkt sehr hohe Open-Access-Anteil von 57 % aller Publikationen der Universität im Erscheinungsjahr 2015 (ca. 2000), untermauert dies. Betrachtet man nur die Zeitschriftenpublikationen, so wurden 20 % aller Publikationen des Jahres 2015 in originären Open-Access-Zeitschriften, also im Sinne des Goldenen Weges publiziert und weitere 30 % als Zweitpublikationen auf dem Repositorium, so dass 50 % der Zeitschriftenpublikationen der Jahres 2015 (Stand Oktober 2016) bereits im Open Access zugänglich sind.

---

[1] Vgl. bspw. Dallmeier-Tiessen et al. (2011) und European Commission (2012).

Der vorliegende Beitrag zeigt auf, welche institutionellen Infrastrukturen notwendig und förderlich sind, um dies zu erreichen. Der Beitrag gliedert sich dabei in zwei Bereiche – die Serviceangebote, die Einrichtungen zur Umsetzung und Unterstützung von Open Access offerieren können bzw. sollten, sowie die Zusammenarbeit mit verschiedenen Ansprechpartner/-innen und Abteilungen innerhalb einer Einrichtung.

Serviceangebote zur Umsetzung und Unterstützung von Open Access

Für größere wissenschaftliche Einrichtungen ist der Betrieb eines Repositoriums heute nahezu obligatorisch. Diese meist institutionell ausgerichteten Repositorien bieten den Mitgliedern ihrer Einrichtungen die Möglichkeit zur Erstveröffentlichung wissenschaftlicher Publikationen wie bspw. Dissertationen, Schriftenreihen und Working Papers sowie auch zur Parallel- oder Zweitveröffentlichung herkömmlicher Verlagspublikationen.[2] Institutionelle Repositorien werden im Sinne der Außendarstellung oft auch als „Schaufenster" der Einrichtung gesehen, die den gesamten wissenschaftlichen Output der Einrichtung bestmöglich präsentieren und archivieren.

Für den Betrieb von Repositorien steht eine Vielzahl verschiedener Softwarelösungen zur Verfügung,[3] von denen die meisten Open Source und kostenlos nutzbar sind. Zu den Standardfunktionen gehört die Eintragung von Inhalten und das Versehen mit Metadaten, die dann über eine OAI-PMH Schnittstelle zur Verfügung gestellt werden, um so eine größtmögliche Sichtbarkeit der Publikationen z. B. in Suchmaschinen und disziplinären Datenbanken zu realisieren.

Um hier allen Standards gerecht zu werden, bietet das DINI-Zertifikat als Qualitätssicherung für Repositorien einen Katalog von Richtlinien und Empfehlungen an.[4] Es zeigt dabei auf, welche Standards hinsichtlich Schnittstellen, Interoperabilität, Metadaten, Langzeitarchivierung sowie auch in Bezug auf eine Open-Access-Policy, rechtliche Aspekte und generell die angebotenen Dienstleistungen erfüllt werden sollten, an denen sich Repositorien beim Aufbau und Betrieb orientieren und das Repositorium im Optimalfall auch DINI-zertifizieren lassen sollten. Neben der DINI-Zertifizierung empfiehlt es sich, für ein Repositorium auch die OpenAIRE-Compliance umzusetzen.[5] Die Europäische Kommission (EC) und der Europäische Forschungsrat (ERC) – aber auch weitere öffentliche Drittmittelgeber – verlangen in ihren Förderrichtlinien zum Programm Horizon2020, dass die Ergebnisse der von ihnen geförderten

---

[2] Vgl. hierzu auch http://open-access.net/informationen-zu-open-access/repositorien/#c670
[3] Vgl. Kapitel 6b.
[4] https://dini.de/dini-zertifikat/
[5] https://www.openaire.eu/19-for-data-providers/675-what-can-i-do-to-ensure-and-improve-openaire-compatibility

Vorhaben der Öffentlichkeit frei zugänglich gemacht werden. Um ein automatisches Metadaten-Harvesting der zu EU-Projekten gehörigen Publikationen aus Repositorien möglich zu machen, sind vom EU-Projekt OpenAIRE[6] technische Richtlinien[7] entwickelt worden, die europaweit von allen Repositorien umgesetzt werden sollen, damit Publikationen, die aus EU-Projekten in das Repositorium eingestellt werden, direkt als solche kenntlich gemacht werden, geharvestet und in den Datenbanken der Europäischen Kommission sichtbar gemacht werden können. Wesentlich ist hierbei die Integration von (EU-)Projektinformationen in das Repositorium, die Kennzeichnung des Access-Status bzw. der Lizenz in den Metadaten und ggf. die Einrichtung eines OAI-Sets zur Gruppierung von Open Access und von in EU-Projekten geförderten Publikationen.

Für Repositorien, die bereits dem OAI-PMH Standards entsprechen, sind lediglich einige niederschwellige Änderungen notwendig. Für Repositorien, die DSpace oder Eprints benutzen, gibt es Plug-ins, die relativ einfach nachnutzbar sind. Auch für OPUS 4 gibt es bereits eine Erweiterung, die aktiviert werden kann. Intern empfiehlt es sich, das Repositorium in Publikationsdatenbanken wie die Instituts- oder Hochschulbibliographie einzubinden und/oder das Repositorium mit Forschungsinformationssystemen zu verknüpfen.[8]

Da dies in vielen Einrichtungen Systeme sind, in die die Wissenschaftler/-innen ohnehin ihre Publikations- oder Projektinformationen eingeben sollen, kann so der Aufwand für die Wissenschaftler/-innen reduziert werden, der häufig als ein hemmender Faktor für den Grünen Weg gesehen wird.

An der Universität Konstanz fungiert das Repositorium KOPS als (Volltext-)Bibliographie, d. h. das Repositorium ist der Ort, an dem alle Publikationen der Universität eingetragen werden sollen. Seit Ende 2006 wird das Repositorium intensiv in der Universität beworben. Mittlerweile befinden sich darin über 16 500 Volltexte und über 30 000 bibliographische Einträge von Publikationen. Die Publikationen aus KOPS sind neben dem Bibliothekskatalog automatisch auch auf SciKon, der Forschungsplattform der Universität Konstanz, sichtbar. Damit enthalten persönliche SciKon-Profile eine automatisiert erzeugte Literaturliste für einzelne Wissenschaftler/-innen und es erfolgt eine Verknüpfung von Publikationen mit Projekten. Publikationen, die nicht im Repositorium eingetragen sind, erscheinen auch nicht auf der Forschungsplattform. Publikationslisten aus KOPS können von Wissenschaftler/-innen außerdem direkt in ihre persönlichen Webseiten (innerhalb des Webauftritts der Universität Konstanz) eingebunden werden. Die Publikationsdaten aus KOPS können zudem exportiert werden z. B. zur Nachnutzung in Literaturverwaltungsprogrammen. Ähnlich umgesetzt wurde die Verbindung von Instituts-Websites,

---

6 https://www.openaire.eu/
7 https://guidelines.openaire.eu/en/latest/
8 Vgl. hierzu bspw. Scholze/Maier (2012).

Forschungsinformationssystem und Repositorium z. B. auch an der Universität Bielefeld.[9] Die Services, die das KOPS-Team anbietet, sind ein wesentlicher Erfolgsfaktor für die Umsetzung des Grünen Weges an der Universität Konstanz.[10] Das KOPS-Team bietet Wissenschaftler/-innen mit dem Publikationsservice die Möglichkeit, ihre komplette Publikationsliste (wenn möglich mit Volltext) in KOPS einpflegen zu lassen. Darüber hinaus führen die Mitarbeiter/-innen regelmäßig einen Abgleich mit dem Web of Science durch und tragen neue Publikationen von Wissenschaftler/-innen der Universität Konstanz in KOPS ein.

Von vielen Wissenschaftler/-innen gibt es die langfristige Erlaubnis Volltexte mit einzustellen, wenn dies rechtlich möglich ist. Bei Zweitveröffentlichungen wird die rechtliche Prüfung generell vom KOPS-Team übernommen, sodass die Wissenschaftler/-innen an dieser Stelle entlastet werden.

Bei jedem hochgeladenen Volltext werden die Verlagsbedingungen für eine Zweitveröffentlichung im Repositorium geprüft. Zusätzlich werden Zeitschriftenartikel auf Allianz- oder Nationallizenzen mit Open-Access-Rechten geprüft, die ein Einstellen der Volltexte in das Repositorium möglich machen. Rechtliche Unsicherheit und zeitlicher Aufwand sind hemmende Faktoren für den Grünen Weg, die mit zentralen Services minimiert werden können.

Das Eintragen von Publikationsdaten in KOPS wird durch die Datenübernahme mittels Identifikatoren vereinfacht. So können bspw. durch die Eingabe einer DOI die weiteren bibliographischen Daten einer Publikation (Titel, Autor/-innen, Titel der Zeitschrift usw.) beim Reference Linking Service Crossref angefragt und in KOPS übernommen werden. Die gleiche Funktion wird auch für Publikationen, die in arXiv- und PubMed abgelegt sind, angeboten. Außerdem können ganze Publikationslisten im BibTeX-Format in KOPS hochgeladen werden. KOPS ist für die Erschließung durch gängige Suchmaschinen wie Google Scholar optimiert. Publikationen aus KOPS werden mit den üblichen Suchmaschinen gefunden und sind außerdem bei BASE (Bielefeld Academic Search Engine) und in Bibliothekskatalogen nachgewiesen.

Open Access für Monographien spielt eine immer größere Rolle. Um den Publikationsservice an einer Einrichtung zu vervollständigen bietet sich gerade für größere Einrichtungen der Betrieb eines (Open-Access-)Universitätsverlags an – häufig auch in Verbindung mit geisteswissenschaftlichen Forschungsclustern. Viele Universitäten bieten diesen Service bereits an. Für einen umfassenden Überblick hierzu siehe Kapitel 2i.

Ein weiterer Baustein der Open-Access-Services, den viele Einrichtungen bereits anbieten, ist das Hosting von Zeitschriften, z. B. mit Open Journal Systems (OJS).[11]

---

[9] http://www.ub.uni-bielefeld.de/digital/wp/
[10] Weitere Anregungen gibt Klaus Graf in seinem Text „Wie füllt man die Dokumentenserver?": http://archiv.twoday.net/stories/3264283/
[11] http://www.ojs-de.net/

Einige Einrichtungen zählen hier mittlerweile zu den etablierten Anbietern wie bspw. die Universität Heidelberg, die fast 70 Zeitschriften hostet.[12] Auch an der Universität Konstanz wird OJS gehostet und einige Zeitschriften darüber betrieben. Zur Open-Access-Infrastruktur gehören auch Publikationsfonds, die die Zahlung von APCs institutionell regeln. Aus diesen Fonds können Autor/-innen die Übernahme der ihnen entstehenden Publikationskosten für Open-Access-Publikationen beantragen.

Diese Publikationsfonds existieren inzwischen an vielen Einrichtungen[13] und sind in Deutschland stark mit dem Förderprogramm „Open Access Publizieren"[14] der Deutschen Forschungsgemeinschaft (DFG) verbunden. Im Rahmen dieses Programms kann die Förderung eines Open-Access-Publikationsfonds an deutschen Hochschulen durch die DFG beantragt werden (mit steigendem Eigenanteil der Hochschulen), dabei verpflichtet die DFG die Hochschulen auf Mindestkriterien, u. a. maximale Publikationskosten von 2 000 € pro Artikel und ein Verbot der Finanzierung hybrider Publikationen. Aktuelle Erfahrungen und Empfehlungen sind in einer Handreichung zu Publikationsfonds[15] sowie auch im Kapitel 3b) nachzulesen.

Viele Einrichtungen schließen Verträge mit Verlagen, um die Abwicklung von APCs z. B. durch zentrale Rechnungsstellung zu vereinfachen oder Rabatte für Autor/-innen der Einrichtung zu erzielen. Aus Konstanzer Erfahrung sind solche Verträge sowohl von Bibliotheksseite als auch aus Sicht der Wissenschaftler/-innen positiv zu betrachten. Der Arbeitsaufwand ist auf beiden Seiten deutlich geringer, und die Wissenschaftler/-innen sind häufig positiv überrascht über die unkomplizierte Abwicklung. Generell ist es ein Anliegen, die Abläufe für die Wissenschaftler/-innen unkompliziert und transparent zu gestalten. Aus dem Publikationsfonds der Universität Konstanz werden daher Rechnungen, die die Anforderungen der DFG erfüllen, komplett übernommen, ohne anteilige Kostenübernahme durch die Autoren. Zur Übernahme der Rechnung durch den Publikationsfonds reicht bei Erfüllung der Kriterien eine einfache Übersendung der Rechnung ohne vorherigen Antrag. Publikationen, die aus dem Fonds bezahlt wurden, werden direkt in das Repositorium eingestellt.

Der Fonds ist nach oben nicht gedeckelt, es werden alle anfallenden Rechnungen übernommen. Übersteigen die Kosten die DFG-Förderung, wird der zusätzliche Betrag aus dem Literaturetat getragen. Es wird angestrebt, Mittel, die bisher für den Literaturerwerb, insbesondere für Zeitschriftenabonnements, vorgesehen waren, in Mittel für die Unterstützung von Open-Access-Publikationen umzuschichten.

---

12 Stand Oktober 2016
13 Vgl. die Übersicht im Open Access Directory: http://oad.simmons.edu/oadwiki/OA_publication_funds
14 Vgl. http://www.dfg.de/foerderung/programme/infrastruktur/lis/lis_foerderangebote/open_access_publizieren/
15 Vgl. Bruch/Fournier/Pampel (2014).

In den zuständigen Ausschüssen der Universität wurde darüber hinaus beschlossen, Open-Access-Publikationsgebühren, die 2 000 € übersteigen, mit einem Betrag von 2 000 € aus Literaturmitteln der Universität zu übernehmen. Der Publikationsfonds ist nicht auf Artikel in Open-Access-Zeitschriften beschränkt, sondern es wurden bspw. auch ein kompletter Konferenzband, mehrere Monographien und die Umstellung einer Subskriptionszeitschrift auf eine Open-Access-Zeitschrift (mit-) finanziert. Zudem werden auch alternative Open-Access-Modelle wie die Open Library of Humanities und Knowledge Unlatched gefördert. Es ist wichtig, nicht nur ein Standardangebot zu haben, sondern für Wissenschaftler/-innen, die Open Access publizieren möchten, individuelle Lösungen anzubieten und für ihre Belange ein offenes Ohr zu haben.

Zusammenarbeit mit verschiedenen Ansprechpartner/-innen und Abteilungen innerhalb einer Einrichtung

Ein wichtiger Ausgangspunkt für die Kommunikation innerhalb einer Institution ist die Benennung einer/s Open-Access-Beauftragten, die/der sich idealerweise in Fragen des wissenschaftlichen Publizierens gut auskennt und bei der/dem alle Anfragen zu den Open-Access-Services der Einrichtung kompetent beantwortet werden können. In Konstanz ist darüber hinaus die Leiterin des Kommunikations-, Informations- und Medienzentrums unterstützend tätig, z. B. hinsichtlich der Zusammenarbeit mit der Hochschulleitung. Ein zentraler Partner bei der Umsetzung von Open Access in einer Hochschule ist die Hochschulleitung. Es sollte im Interesse der Hochschulleitung liegen, die Sichtbarkeit für den wissenschaftlichen Output der eigenen Hochschule zu erhöhen und den ungehinderten Zugang zu wissenschaftlichen Informationen zu fördern. Ein zentraler Faktor hierbei ist, dass nur mit einer entsprechenden finanziellen und vor allem personellen Ausstattung Services, Infrastrukturen und Beratung angeboten werden können. Für die Innen- und Außenwirkung ist eine klare Positionierung der Hochschulleitung zu Open Access, z. B. durch die Unterzeichnung der Berliner Erklärung und die Verabschiedung einer Open-Access-Policy oder – wie im Fall der Universität Konstanz – sogar eines Mandats[16] sehr hilfreich.

In Konstanz fordert bereits seit 2008 der Rektor persönlich in einer Email die Wissenschaftler/-innen dazu auf, ihre Publikationen in die Bibliographie einzupflegen, wenn möglich mit Volltext. Auch das Fachkonzept zur Weiterentwicklung der wissenschaftlichen Infrastruktur in Baden-Württemberg empfiehlt, das Thema Open

---

[16] https://www.uni-konstanz.de/universitaet/leitung-und-organisation/struktur-prozesse-und-rechtliches/amtliche-bekanntmachungen/2015/

Access auf Rektoratsebene zu verankern.[17] Gerade im Hinblick auf Publikationsfonds ist die Unterstützung der Hochschulleitung notwendig, z. B. wenn es darum geht, weitere Mittel über den DFG-finanzierten Teil hinaus durch die Universität zur Verfügung zu stellen oder in Zusammenarbeit mit den Bibliotheken für Open Access nötige Umschichtungen von Budgets vorzunehmen. Open Access ist inzwischen auch für viele Förderorganisationen wie z. B. die Europäische Kommission ein wichtiges Thema geworden und wird dementsprechend in vielen Förderrichtlinien verankert und gefordert (vgl. Kapitel 1c). In Zusammenarbeit mit der Forschungsabteilung kann hier viel für die Umsetzung von Open Access in der Einrichtung erreicht werden. Es empfiehlt sich ein regelmäßiger Kontakt und Austausch, aber Erfahrungen zeigen, dass in vielen Einrichtungen Open-Access-Verantwortliche wenig Kontakt zur Forschungsabteilung haben. Für viele Wissenschaftler/-innen ist die Forschungsabteilung die erste Anlaufstelle für Fragen, z. B. bei Antragstellung und Berichterstattung. Die Forschungsabteilung sollte daher gut über Open Access im Allgemeinen und über die Regelungen und Services innerhalb der Einrichtung informiert sein, um diese Informationen an die Wissenschaftler/-innen weitergeben zu können und ggfs. an die Open-Access-Verantwortlichen verweisen zu können. Dies kommt insbesondere auch beim Verfassen von Förderanträgen zum Tragen. In vielen Anträgen müssen sich Wissenschaftler/-innen äußern, ob und wie ihre Ergebnisse im Open Access publiziert werden, oder auch Kalkulationen über die zu erwartenden Kosten für Open-Access-Publikationen durchführen. Auch die Open-Access-Verantwortlichen profitieren von einer Zusammenarbeit mit der Forschungsabteilung. Dort sind i. d. R. Informationen darüber vorhanden, welche Projekte es an der Einrichtung gibt, und oft lässt sich daraus auch ableiten, welche Wissenschaftler/-innen verpflichtet sind, im Open Access zu publizieren (z. B. im Falle von ERC-Grants oder Horizon2020 Projekten), so dass diese direkt angesprochen und z. B. auf den Service des Repositoriums aufmerksam gemacht werden können. Dies ist erfahrungsgemäß eine gute Möglichkeit, mit Wissenschaftler/-innen über das Thema Open Access generell und das Einstellen von Publikationen ins Repositorium ins Gespräch zu kommen.

Ein Beispiel aus der Konstanzer Praxis ist, dass die Forschungsabteilung der Universität die Open-Access-Referentin informiert hat, dass Wissenschaftler/-innen, die über einen ERC Grant gefördert werden, einen Brief vom ERC erhalten haben, in dem sie über ihre Verpflichtung, Open Access zu publizieren, informiert wurden. So war es möglich, diese Wissenschaftler/-innen zeitnah nach Erhalt des Briefes zu kontaktieren und zu informieren bzw. zu erinnern, dass sie diese Pflicht erfüllen können, indem sie ihre Publikationen in das Repositorium der Universität Konstanz einpflegen, das OpenAIRE-compliant ist, und dass dadurch die Publikationen automatisch in den Datenbanken des Forschungsförderers gelistet werden. Aus unserer

---

[17] Vgl. hierzu MWK (2014, S. 63).

Sicht führt dies zu einer sehr positiven Wahrnehmung des Open-Access-Services durch die Wissenschaftler/-innen. Die rechtliche Unsicherheit, insbesondere wenn es um Zweitveröffentlichungen auf dem Repositorium geht, ist oft groß. Um diese Rechtsunsicherheit zu mindern, kann es eine gute Möglichkeit sein, das Justiziariat der Einrichtung mit einzubeziehen und auf diesem Wege grundsätzliche Fragen aus Einrichtungsperspektive zu klären. Ein guter Kontakt zu den Wissenschaftler/-innen ist bei der Bewerbung von Open Access innerhalb einer Institution unabdingbar. Um Open Access in den Fachbereichen zu bewerben, wird in Konstanz regelmäßig die Möglichkeit genutzt, das Thema Open Access in verschiedenen Gremiensitzungen auf die Tagesordnung zu bringen und dort die Services vorzustellen. Dabei wurde die Erfahrung gemacht, dass zu expliziten Open-Access-Veranstaltungen viele Wissenschaftler/-innen nicht kommen, wohingegen z. B. durch den Besuch einer Professoriumssitzung eine Vielzahl der Professor/-innen eines Fachbereichs erreicht werden kann. Hilfreich ist immer auch der Hinweis, dass man über Fördermöglichkeiten z. B. durch den Publikationsfonds berichten will. Einer Informationsveranstaltung für eine Gruppe von Wissenschaftler/-innen aus einem Fachbereich sollte eine fachspezifische Vorbereitung vorausgehen, z. B. mit den fachspezifisch aufbereiteten Seiten der Informationsplattform open-access.net.[18]

Den Konstanzer Erfahrungen nach ist dies ein guter Weg, Wissenschaftler/-innen zielgerichtet über Open Access zu informieren. Informationsveranstaltungen in fachlich gemischten Gruppen führen häufig zu intensiver Diskussion zwischen den einzelnen Disziplinen über disziplinspezifisches Publikationsverhalten, was zwar spannend ist, aber hinsichtlich der Bewerbung von Open Access nicht immer förderlich. Generell sollte versucht werden, den Bedürfnissen der Wissenschaftler/-innen mit den jeweiligen fachspezifischen Services und Beratungen weitestgehend entgegen zu kommen und die Erwartungen bestmöglich zu erfüllen.

Literatur

Bruch, C., Fournier, J., Pampel, H.(2014): Open-Access-Publikationsfonds: Eine Handreichung, (Arbeitsgruppe Open Access der Schwerpunktinitiative Digitale Information der Allianz der deutschen Wissenschaftsorganisationen, Hrsg.) Online: doi:10.2312/allianzoa.006.
Dallmeier-Tiessen, S., Darby, R., Goerner, B., Hyppoelae, J., Igo-Kemenes, P., Kahn, D., Lambert, S., et al. (2011). Highlights from the SOAP project survey. What Scientists Think about Open Access Publishing. Online.
Deinzer, G. (2017): Repositoriensoftware. In: Söllner, K. / Mittermaier, B. (Hrsg): *Praxishandbuch Open Access*, Berlin 2017.
European Commission. (2012). Online survey on scientific information in the digital age.

---

[18] http://open-access.net/informationen-fuer-verschiedene-faecher/

Fournier, J., Klages, T., Pampel, H.(2012): Open-Access-Strategien für wissenschaftliche Einrichtungen: Bausteine und Beispiele (Arbeitsgruppe Open Access der Schwerpunktinitiative Digitale Information der Allianz der deutschen Wissenschaftsorganisationen doi:10.2312/allianzoa.005.

Meinecke Isabella (2017): Non-for-Profit-Verlage. In: Söllner, K. / Mittermaier, B. (Hrsg): Praxishandbuch Open Access, Berlin 2017.

Ministerium für Wissenschaft, Forschung und Kunst Baden-Württemberg (2014): E-Science. Online: doi:10.2777/36123.

Scholze, F., Maier, J. (2012). Establishing a Research Information System as Part of an Integrated Approach to Information Management: Best Practice at the Karlsruhe Institute of Technology (KIT). Liber Quarterly, 21(2), 201–212. Online: http://persistent-identifier.nl/?identifier=URN:NBN:NL:UI:10-1-113623.

Tullney, M.,Pampel, H.: (2017) Publikationsfonds. In: Söllner, K. / Mittermaier, B. (Hrsg): Praxishandbuch Open Access, Berlin 2017.

Wissenschaft unter neuen Rahmenbedingungen. Fachkonzept zur Weiterentwicklung der wissenschaftlichen Infrastruktur in Baden-Württemberg. Online: https://mwk.baden-wuerttemberg.de/fileadmin/redaktion/m-mwk/intern/dateien/pdf/Forschung/066_PM_Anlage_E-Science_Web.pdf.

Isabella Meinecke
2i „Not for profit"-Verlage: Publikationsangebote von wissenschaftlichen Einrichtungen

Einführung

In der wissenschaftlichen Kommunikation und Informationsversorgung nehmen Verlage eine wichtige Rolle ein. Die von der Digitalisierung initialisierten Veränderungen im Publikationswesen führen zu Rollenverschiebungen und -änderungen im Rahmen der bis dahin klar definierten Aufgabenteilung der Akteure Wissenschaft, Bibliothek und Verlag. Als Reaktion auf neu gewachsene Anforderungen und Möglichkeiten wie auch auf die Preispolitik der großen Wissenschaftsverlage entstanden, häufig im Zusammenwirken der ersten beiden Akteure, Verlage oder verlagsähnliche Strukturen mit alternativem Zuschnitt.[1] Die neuen Verlage operieren weitgehend auf nichtkommerzieller Basis. Insbesondere Universitätsverlage, die im Lauf der letzten 15 Jahre gegründet wurden, zählen zu diesen Not-for-Profit-Verlagen mit eindeutiger Open-Access-Orientierung. Darüber hinaus existieren Verlage oder verlagsähnliche Strukturen von Fachgesellschaften und wissenschaftlichen Institutionen sowie von Wissenschaftlerinnen und Wissenschaftlern gegründete oder betriebene Fachverlage.

All diesen Verlagen und verlagsähnlichen Strukturen ist gemein, dass sie den Wissenschaftlerinnen und Wissenschaftlern ihrer jeweiligen Einrichtung, Fachrichtung oder Fachgemeinschaft nichtexklusive Publikationsmöglichkeiten mit wissenschaftsorientierten begleitenden Services[2] anbieten. Wesentliche Schwerpunkte der Verlagsaktivitäten liegen dabei in der möglichst nachhaltigen digitalen Sichtbarmachung der publizierten Werke und in ihren auf Vernetzung ausgerichteten Aktivitäten. Denn auch bei diesen Verlagen geht es um Gewinn, allerdings um keinen monetären: Ziel ist es, den veröffentlichten Ergebnissen – und damit den Wissenschaftlerinnen und Wissenschaftlern, aber auch der eigenen Einrichtung – zu einer breiteren Rezeption zu verhelfen und damit zu deren Reputationsgewinn beizutragen. Dabei müssen sowohl der (wissenschafts-)politische Wille als auch Mittel vorhanden sein,

---

[1] Die bereits vor zehn Jahren verfasste, aber nach wie vor relevante Bestandsaufnahme von Pampel (2006) beschäftigt sich unter anderem mit diesen Verschiebungen in der Wertschöpfungskette mit besonderem Blick auf an Bibliotheken verortete Universitätsverlage.
[2] Hierzu können zum Beispiel die Unterstützung bei Rechtsfragen, die Vergabe von in der Wissenschaft üblichen eindeutigen Identifikatoren wie DOI oder Handle, autorenbezogene Identifikatoren wie ORCID, Aspekte der Bibliometrie, aber auch die gemeinsame Entwicklung innovativer Publikationsformen gehören.

um entsprechende Strukturen aufzubauen oder zumindest initial zu subventionieren. Synergien entstehen, wenn Verlage in bestehende Infrastruktur integriert und vorhandene Kompetenzen genutzt werden.

Aufgaben und Arbeitsweisen von Universitätsverlagen

Bei Universitäts- oder Fachhochschulverlagen neuerer Prägung handelt es sich um in Einrichtungen integrierte Angebote. Ihre Aufgabe ist es, Werke von Angehörigen der eigenen Institution zu veröffentlichen und deren Sichtbarkeit zu erhöhen. Zunehmend sind sie Teil einer lokalen Open-Access-Strategie und darüber hinaus eingebettet in eine wissenschaftliche Publikations-, Nachweis- und Kommunikationsinfrastruktur der Einrichtung, die neben Repositorien auch eine Hochschulbibliografie, Forschungsdatenbanken sowie weitere Services beinhalten kann.[3]

Die Verlage werden in der Regel von ihren Einrichtungen, oft durch Übernahme der Personal- und Gemeinkosten, subventioniert. Diese reagieren mit dem Angebot häufig auf seitens der Wissenschaft artikulierte Bedarfe und betrachten das hybride Publizieren als Teil ihres Portfolios.[4]

Eine aktuelle Analyse der deutschen Universitätsverlage liefern Bargheer und Papst (2016). Sie geben einen kurzen historischen Überblick und betonen dabei die frühe Hinwendung gerade der deutschsprachigen Universitätsverlage zu Open Access. Die Mehrheit der Universitätsverlage in Deutschland wird von wissenschaftlichen Bibliotheken verantwortet. Zurzeit werden überwiegend Monografien und Sammelbände sowie Zeitschriften im Wesentlichen aus den Geistes- und Sozialwissenschaften, aber auch aus den Bereichen Technik und Recht publiziert. Veröffentlicht wird dabei hybrid (gedruckt und online parallel). Gedruckt wird vorwiegend im Print-on-Demand-Verfahren, das die Fertigung auch kleinster Auflagen ermöglicht. Grundsätzlich unterstützen Universitätsverlage auch von der Wissenschaft angeregte neue Publikationsformen und -projekte.[5]

Durch den Schwerpunkt auf Monografien, die in der Open-Access-Bewegung bisher selten im Fokus stehen, spielen Universitätsverlage eine wichtige Rolle als Vermittler bezüglich Open Access, zum einen in Richtung der Wissenschaft, zum anderen in Richtung Forschungsförderer und Wissenschaftspolitik. Dies gilt insbesondere,

---

[3] Ein Beispiel hierfür stellt Heidelberg University Publishing (https://heiup.uni-heidelberg.de/) dar, der neue Open-Access-Verlagsservice der Universität Heidelberg.
[4] Aktuell gab es auf der IFLA 2016 ein Satellitentreffen, dass sich mit „Libraries as Publishers: Building a Global Community" intensiv beschäftigte (https://iflalibpub.org/program/). Die Proceedings sollen 2017 im Journal of Electronic Publishing (JEP, http://www.journalofelectronicpublishing.org/) erscheinen.
[5] Siehe hierzu zum Beispiel Beger (2015).

wenn es darum geht, die Bedeutung von Open Access auch jenseits der artikelorientierten Naturwissenschaften zu betonen.[6]

Kosten für die Realisierung einer konkreten Publikation sowie Druckkosten werden in der Regel von Autorinnen und Autoren, Herausgebenden oder von Projekten übernommen. Für Zeitschriften ist eine Vergütung pro Artikel durch die Autorinnen und Autoren bei Universitätsverlagen unüblich. Article Processing Charges sind daher noch kaum Thema.

Qualitätssicherung in ihrer ganzen Breite ist für jeden Verlag eine Herausforderung.[7] Diese wird häufig institutionenabhängig in Arbeitsteilung mit der Wissenschaft organisiert. Zahlreiche Universitätsverlage haben einen Beirat, der zu veröffentlichende Monografien und Sammelbände auswählt. Bei Reihen und Zeitschriften erfolgt eine Auswahl zudem durch deren wissenschaftliche Herausgeber, die auch für die inhaltliche Qualitätssicherung zuständig sind. Manche Verlage bieten darüber hinaus den Satz sowie eine formale und sprachliche Qualitätssicherung an. Darüber hinaus ist eine technische Qualitätssicherung der digitalen Versionen nötig.[8]

Die überwiegende Zahl der Verlage unterstützt den Goldenen Weg des Open Access. Digitale Ausgaben werden vorwiegend als PDF-Datei, aber auch als MOBI- und EPUB-Dateien für mobile Endgeräte angeboten. Zeitschriftenartikel werden darüber hinaus auch im HTML-Format veröffentlicht.

Die Arbeit von Verlagen wird durch Open-Source-Software oft erst ermöglicht: So wird zum Beispiel die überwiegende Zahl der in Universitätsverlagen erscheinenden Zeitschriften mit Open Journal Systems,[9] einer weit verbreiteten Software für die Verwaltung und Veröffentlichung von wissenschaftlichen Zeitschriften, umgesetzt. Alternativ kooperieren einige Universitätsverlage auch mit Open-Access-Dienstleistern, die aus der Wissenschaft hervorgegangen sind.[10]

Gedruckte Ausgaben werden über die Verlage, den Buchhandel und Zwischenhändler sowie teilweise auch über Online-Händler vertrieben. Die digitalen Werke

---

[6] Dass hier noch Handlungsbedarf besteht, zeigen unter anderem Ferwerda et al. (2013), Mounier (2016) und Snijder (2016).

[7] Qualitätssicherung bezüglich Monografien und Sammelbänden ist ein spezifisches Thema, da das Begutachtungsverfahren aus unterschiedlichen Gründen vom Peer Review bei Artikeln abweicht.

[8] Hier ist an die Langzeitarchivierbarkeit, rechtliche und technische Offenheit wie auch an die Auszeichnung mit Metadaten usw. zu denken.

[9] OJS (https://pkp.sfu.ca/ojs/) wurde ebenso wie die auf die Veröffentlichung von Monografien und Sam melbänden zugeschnittene Software Open Monograph Press (OMP, https://pkp.sfu.ca/omp/) vom PKP Public Knowledge Project (https://pkp.sfu.ca/) entwickelt, einer kanadischen Initiative, die mit der Entwicklung von Open-Source-Software Qualität und Verbreitung wissenschaftlicher Publikationen unterstützen will, vgl. Kapitel 2b und 6a.

[10] Hier sollen als Beispiel die aus dem University College London hervorgegangene Ubiquity Press (http://www.ubiquitypress.com/) oder in Frankreich die mit öffentlichen Mitteln geförderte Publikationsplattform OpenEdition (http://openedition.org) genannt werden. Beide Angebote werden international genutzt.

werden wie die gedruckten in Bibliothekskatalogen erschlossen und archiviert, unter anderem auf dem Archivserver der Deutschen Nationalbibliothek. Metadaten werden über Schnittstellen weiteren Multiplikatoren angeboten. In der Regel optimieren Universitätsverlage ihre Webseiten für Suchmaschinen und kooperieren mit Google Scholar.

Universitätsverlage haben sich national wie international spezifischen Herausforderungen zu stellen. Da es sich in der Regel um verhältnismäßig junge Strukturen handelt, sind ihre Durchsetzungsmöglichkeiten als Verlag und damit der Renommeegewinn ihrer Autorinnen und Autoren in der Regel noch ausbaufähig. Die meisten Verlage publizieren zudem einem großen Teil von Werke aus den Geistes- und Sozialwissenschaften. In diesen wird häufig nicht in englischer Sprache veröffentlicht. Mehrsprachigkeit ist für die internationale Sichtbarkeit von Werken eine vielfache Herausforderung; sie erschwert unter anderem den auf Seiten der Wissenschaftlerinnen und Wissenschaftlern gewünschten „Impact", der mit englischsprachigen Publikationen einfacher zu erreichen ist.

Es existieren noch weitere Herausforderungen. Die Beschränkung zumeist auf die eigene Universität oder Hochschule setzt Grenzen für Entwicklung und Kooperationen. Markt- und wissenschaftsorientiertes Handeln erfordert eine Flexibilität, die als Teil einer öffentlichen Einrichtung nicht immer gewährleistet ist. Laufende Überprüfung und Weiterentwicklung des Angebots ist nötig. Der Aufbau von Reputation ist ein langwieriger Prozess.

Der Wert von Netzwerken und innovativen Services

Vernetzung untereinander hilft Synergien zu schaffen. Die deutschsprachigen Universitätsverlage haben sich zu diesem Zweck in der Arbeitsgemeinschaft der Universitätsverlage zusammengeschlossen.[11] Die Unterstützung von Open Access wie auch eine wissenschaftsfreundliche Rechtepolitik sind zwei der Kriterien für die Mitgliedschaft. Der seit 2004 existierenden AG gehören zurzeit 24 Verlage aus Deutschland, Österreich und Italien an. Begonnen als Forum zum Austausch von Erfahrungen handelt die Gruppe zunehmend auch als Interessensvertretung, wird als solche wahrgenommen und von interessierten Einrichtungen, politischen Vertretern, Forschungsförderern oder internationalen Netzwerken angesprochen.

Die internationale Vernetzung ist ebenfalls von Bedeutung. Neben der weiter unten genannten Association of European University Presses schafft auch die Open Access Scholarly Publishers Association[12] wertvolle Rahmenbedingungen für den Austausch.

---

11 AG Universitätsverlage (http://www.ag-univerlage.de).
12 OASPA (http://oaspa.org/).

Services, die häufig an der Schnittstelle von Bibliotheken und Open-Access-Verlagen entstanden sind, sind für die Sichtbarmachung von Publikationen unverzichtbar. Multiplikatoren wie das Directory of Open Access Journals,[13] das Directory of Open Access Books[14] oder die Plattform Open Access Publishing in European Networks[15] helfen die Sichtbarkeit von Publikationen zu verstärken.

Universitätsverlage international

Auch in anderen europäischen wie auch nichteuropäischen Ländern gibt es Universitätsverlage; nicht alle haben allerdings eine nichtkommerzielle Ausrichtung.[16] Es bestehen ebenfalls nationale Zusammenschlüsse, wie zum Beispiel die Association française des presses d'université – Diffusion[17] in Frankreich oder die Unión de Editoriales Universitarias[18] in Spanien. In Großbritannien lässt sich zurzeit ein Wiedererstarken der Universitätsverlage im Zeichen von Open Access beobachten.[19] So handelt es sich bei fünf in 2015 und 2016 gegründeten Universtätsverlagen um Open-Access-Verlage; die Gründung weiterer acht soll zurzeit in Erwägung gezogen werden.[20]

Mit der Association of European University Presses[21] existiert zudem seit 2010 ein europäischer Zusammenschluss von Universitätsverlagen und ihren Unterstützern. Ihr gehören zurzeit 31 Verlage als 16 Ländern an. AEUP hat zum Ziel, kleinere Not-for-Profit-Verlage miteinander zu vernetzen, voneinander zu profitieren und die Veröffentlichungen breiter sichtbar zu machen. Älter und wesentlich größer ist die nordamerikanische Association of American University Presses,[22] deren Mitglieder allerdings auf Open Access noch eher verhalten reagieren.

---

13 DOAJ (https://doaj.org/).
14 DOAB (http://www.doabooks.org/).
15 OAPEN (http://www.oapen.org/).
16 Die Betrachtung des nichteuropäischen Auslands beschränkt sich häufig auf Nordamerika. Es ist wünschenswert, dass auch die Beschäftigung mit entsprechenden Verlagen in Afrika und Asien zunimmt. Ein Forum zum Austausch bietet die vom argentisischen Red de Editoriales Universitarias Nacionales (REUN) und AAUP organisierte International Convention of University Presses, die jedes Jahr während der Frankfurter Buchmesse stattfindet.
17 AFPU-D (http://www.afpud.fr).
18 UNE (http://www.une.es/).
19 Dieser Tatsache widmete sich in 2016 die Konferenz „University Presses Redux", die sich mit einer Bestandsaufnahme und einem Blick in die Zukunft der britischen Verlage beschäftigte, siehe University Presses Redux (2016).
20 Cond (2016).
21 AEUP (http://www.aeup.eu).
22 AAUP (https://www.aaup.org/about-aaup).

Verlage wissenschaftlicher Institute und Fachgesellschaften

Viele wissenschaftliche Institute und Fachgesellschaften verfügen ebenfalls über Verlage. Diese ähneln denen der Universitäten.[23] Erwähnt werden sollen hier exemplarisch zwei:

Der Verlag des Forschungszentrums Jülich[24] besteht seit 1960. Er veröffentlicht Monografien in verschiedenen Schriftenreihen, Forschungsberichte und Dissertationen; außerdem gibt er zwei Zeitschriften heraus. Seit 2003 wird ausschließlich Open Access mit der Möglichkeit des Print-on-Demand publiziert. Auch die Fraunhofer Gesellschaft verfügt über einen Verlag.[25] Dieser hat seinen Schwerpunkt auf Printmedien; ein Großteil seines Programms ist jedoch auch im Open Access erhältlich.

Weitere Not-for-Profit-Modelle

National wie international gibt es eine Vielzahl von nichtkommerziellen Verlagen. Die meisten haben einen bestimmten Schwerpunkt. Viele Verlage haben zukunftsweisende Elemente. Auch hier sollen zwei Beispiele genannt werden.

Copernicus Publications[26] ist ein erfolgreicher Open Access-Verlag für Zeitschriften vorwiegend aus den Geowissenschaften mit Sitz in Göttingen. Er wurde 1988 als gemeinnütziger Verein von Wissenschaftlern des damaligen Max-Planck-Instituts für Aeronomie gegründet und wird seit 2001 als GmbH betrieben. Seit 2004 erscheinen alle Zeitschriften im Open Access. Copernicus bietet ein interaktives Peer Review an.

Die von Wissenschaftlern ins Leben gerufene und betriebene Language Science Press[27] wurde initial für zwei Jahre von der Deutschen Forschungsgemeinschaft gefördert. Der international ausgerichtete Open-Access-Verlag hat seinen Schwerpunkt in den Sprachwissenschaften und publiziert begutachtete Monografien. Die Qualitätssicherung liegt vollständig in wissenschaftlicher Hand. Der Verlag kooperiert aktuell mit Knowledge Unlatched,[28] um seinen Fortbestand zu gewährleisten.

---

[23] Die Publikationsstrukturen von wissenschaftlichen Fachgesellschaften sowie deren Haltung zu Open Access erfordern einen eigenen Beitrag.
[24] Verlag des Forschungszentrums Jülich (http://www.fz-juelich.de/zb/DE/Leistungen/Verlag/verlag_node.html).
[25] Fraunhofer Verlag (https://www.verlag.fraunhofer.de/).
[26] Copernicus.org (http://www.copernicus.org).
[27] Language Science Press (http://langsci-press.org).
[28] Siehe Kapitel 2e.

Zum Verhältnis von Verlagen und verlagsähnlichen Strukturen

Es ist bereits darauf hingewiesen worden, dass Not-for-Profit-Verlage Teil einer Service-Struktur sind bzw. sein können und sich daraus fehlende Trennschärfen oder Überlappungen mit institutionellen Infrastrukturen ergeben.[29] Von verlagsähnlichen Strukturen soll gesprochen werden, wenn Einrichtungen Verlagsaufgaben übernehmen, diese aber nicht als solche bezeichnen. Solche Strukturen kommen zunehmend häufiger vor. Hierbei tragen Institutionen zum einen der Tatsache Rechnung, dass ihre Publikationsaktivitäten oft von bestehenden Verlagsformen abweichen. Zum anderen sind verlagsähnliche Strukturen häufig Teil eines breiteren Angebots zum elektronischen Publizieren oder einer weiter gefassten Infrastruktur, manchmal auch mit diesen gleichgesetzt.

Ein Beispiel hierfür ist die Edition Topoi, eine Open-Access-Publikationsplattform für die Bereitstellung von Forschungsergebnissen zur antiken Welt.[30] Bücher, Zeitschriften und Daten werden in dieser (laut Selbstbezeichnung) „digitalen Forschungscloud" nach hohen Qualitätsstandards frei verfügbar publiziert. Für die Lebenswissenschaften baut das Open-Access-Publikationsportal PUBLISSO[31] eine vergleichbare Struktur auf.

Ausblick

Die aktuelle Dynamik des wissenschaftlichen Publikationswesens erfasst auch Verlage. Not-for-Profit-Angebote entstehen, entwickeln sich weiter und verschwinden gelegentlich auch wieder vom Markt. Eine Verankerung in institutionellen oder fachlichen Strukturen unterstützt ihre Ausrichtung an den Anforderungen der Zielgruppen, schafft Synergien und bietet Möglichkeiten für neue Publikationsformen. Gleichzeitig lösen sich durch zunehmende Komplexität und wachsende Möglichkeiten bestehende Grenzen auf. Dies kann dazu führen, dass ein Open-Access-Verlag in einer größeren Publikationsinfrastruktur einer spezifischen Forschungsgemeinschaft oder Institution aufgeht. Solche Veränderungen bringen neue Fragen hervor: Lässt sich das Portfolio klar und transparent präsentieren? Entspricht es den Anforderungen und Bedürfnissen der Wissenschaft? Wird das Leistungsspektrum von Verlagen beibehalten? Welche Stellung werden neue Strukturen mit Blick auf die wissenschaftlichen Reputationssysteme einnehmen? Ob diese Entwicklungen fachabhängig sind,

---

29 Siehe Kapitel 2h.
30 Edition Topoi (http://edition-topoi.org/).
31 PUBLISSO (http://www.publisso.de/).

ob es sich um Unschärfen oder um echte Transformationen handelt und wie sich diese Tendenzen weiterentwickeln, wird sich zeigen.

Literatur

Association of European University Presses (2015). Survey on Publishing Activities of European University Presses. URL: http://www.aeup.eu/aeup/wp-content/uploads/2015/06/AEUP_survey_results_October_20151.pdf.

Bargheer, M. & Pabst, J. (2016). ‚Being small is not a fault': Making sense of the newer generation of German-language university presses. *Learned Publishing*, 29. 335–341. doi:10.1002/leap.1053.

Beger, G. (2015). Laborcharakter. Der Open-Access-Verlag Hamburg University Press. *Forschung & Lehre*, 2, 104. URL: http://www.wissenschaftsmanagement-online.de/system/files/downloads-wimoarticle/1502_WIMO_Laborcharakter_Beger.pdf.

Cond, A. (2016). The University Press Redux: Balancing traditional university values with a culture of digital innovation. *LSE Impact Blog*. URL: http://blogs.lse.ac.uk/impactofsocialsciences/2016/03/16/the-university-press-redux/.

Ferwerda, E. et al. (2013). OAPEN-NL – A project exploring Open Access monograph publishing in the Netherlands: Final Report. URL: https://oerknowledgecloud.org/content/oapen-nl-project-exploring-open-access-monograph-publishing-netherlands-final-report.

Loizides, F. and Birgit, S. (eds.) (2016). Positioning and Power in Academic Publishing: Players, Agents and Agendas. Amsterdam: IOS Press. doi:10.3233/978-1-61499-649-1-1.

Mounier, P. (2016). OPERAS: une infrastructure européenne pour les livres en accès ouvert. JLE Couperin 2016. URL: http://www.slideshare.net/piotrr/operas-une-infrastructure-europenne-pour-les-livres-en-accs-ouvert.

Pampel, H. (2006). Universitätsverlage im Spannungsfeld zwischen Wissenschaft und Literaturversorgung. Hochschule der Medien Stuttgart. urn:nbn:de:bsz:900-opus-6200.

Snijder, R. (2016). Revisiting an open access monograph experiment: measuring citations and tweets 5 years later. *Scientometrics*, 109: 1855–1875. doi:10.1007/s11192-016-2160-6.

The University Press Redux. *Learned publishing*. 29. Special Issue. Supplement S1. 313–371. doi:10.1002/leap.2016.29.issue-s1.

3 Finanzierungsstrategien

Annette Scheiner
3a Einzelabrechnung

Wie in den vorausgegangenen Kapiteln beschrieben, fallen je nach Geschäftsmodell des Verlags bzw. der herausgebenden Institution Gebühren für die Veröffentlichung von wissenschaftlichen Publikationen im Open Access an. Im *Author-Pays-Modell* werden diese dem Autor[1] der Publikation per Einzelabrechnung in Rechnung gestellt. Bei Open-Access-Zeitschriften, die sich über Publikationsgebühren (*Article Processing Charges* / APCs) finanzieren, muss sich der Autor in aller Regel bereits beim Einreichen eines Papers dazu verpflichten, die im Falle der Annahme der Publikation fällig werdenden Kosten zu übernehmen.[2] Die Erfahrung aus dem Kontext von Open-Access-Publikationsfonds (vgl. Kapitel 3b) zeigt, dass viele Autoren sich bei der Einreichung eines Manuskripts oft noch wenige bis keine Gedanken machen, wie die Kosten letztendlich finanziert werden sollen. Angesichts der hohen Ablehnungsraten, mit denen Wissenschaftler insbesondere im STM-Bereich zu kämpfen haben, ist dies auch verständlich. Wird das Paper endlich zur Veröffentlichung angenommen, machen viele Open-Access-Verlage die Freischaltung des fertigen Artikels vom Zahlungseingang der APC abhängig. Daher müssen sich die Autoren dann oft kurzfristig um eine Finanzierungsmöglichkeit bemühen, da die Publikation schnellstmöglich von der Wissenschaftscommunity rezipiert werden soll.

Wie im Folgenden dargelegt, ist die Finanzierung von Open-Access-Publikationen per Einzelabrechnung ohnehin auf beiden Seiten (Autor, Verlag) mit einem nicht unerheblichen Verwaltungsaufwand verbunden. Der durch die Verlage aufgebaute Zeitdruck trägt zusätzlich nicht gerade dazu bei, den Aufwand zu verringern. Dennoch ist es teilweise nachvollziehbar, dass die Verlage auf diesem Wege sicherzustellen versuchen, dass die Autoren die APC auch tatsächlich bezahlen. Aus derselben Motivation heraus versuchen viele Verlage die Autoren daher dazu zu bewegen, die APC direkt per Kreditkarte, PayPal o. ä. zu begleichen, indem sie für die Erstellung einer Rechnung oder für die Bezahlung per Überweisung zusätzliche Gebühren (z. B. in Form einer *Payment Processing Fee* oder einer *Handling Fee*) berechnen. Wird die APC in einem zweiten Schritt schlussendlich dann doch von der Institution des Autors beglichen, führt der „Zwischenschritt" über das private Konto des Autors zu weiterem Verwaltungsaufwand – bei im Ausland ansässigen Verlagen nicht zuletzt auch hinsichtlich umsatzsteuerlicher Fragen.

---

1 Im folgenden Text wird durchgängig die männliche Wortform verwendet. Diese ist immer geschlechterübergreifend zu verstehen.
2 Da bis dato die praktischen Erfahrungen zum Einzelabrechnungsverfahren im Bereich der Zeitschriftenaufsätze im Vergleich zu Open-Access-Monographien weit überwiegen, beschränkt sich der Beitrag im Folgenden auf diese Publikationsform.

Doch gehen wir nochmals einen Schritt zurück und betrachten die Abläufe beim Verlag und beim Autor im Detail. Auf Seiten des Verlags muss nach Annahme eines Manuskripts zunächst festgestellt werden, welcher der i. d. R. mehreren Autoren die APC bezahlen soll. Üblicherweise ist dies entweder der *Corresponding Author* oder der Erstautor. Je nach Verlag ist auch eine (paritätische) Kostenaufteilung auf mehrere Autoren möglich. Da dies die Überwachung der Zahlungseingänge verkompliziert, versuchen die meisten Verlage einen Rechnungssplit jedoch zu vermeiden. Durch die seit einigen Jahren immer weiter verbreitete Etablierung von Publikationsfonds verteilen die Autoren ihre Rollen zum Zeitpunkt der Rechnungsstellung oft neu, wenn beispielsweise die Kostenübernahme aus dem Fonds davon abhängt, dass der *Corresponding Author* oder der Erstautor Angehöriger der betreffenden Institution ist.

Ist die Frage des Rechnungsempfängers geklärt, kommt der oft schwierigste Teil: die Rechnungsadresse. Wenn man postuliert, dass die Autoren auf ihrem Manuskript üblicherweise ihre aktuelle (und korrekte) Institutsadresse angeben und diese als Rechnungsadresse verwendet wird, sollte es eigentlich zu keinen Problemen kommen. Es gibt aber immer wieder Konstellationen, die zu Mehrdeutigkeiten führen können. Zum Beispiel gibt es Autoren, die mehrere Institutszugehörigkeiten haben und diese auf dem Paper angeben. Ebenso kommt es vor, dass ein Manuskript erst dann zur Veröffentlichung angenommen wird, nachdem der Autor von der Einrichtung, an der die dem Paper zugrundeliegende Forschungsarbeit erfolgt ist, an eine andere Einrichtung gewechselt ist. Doch selbst wenn auf dem Paper nur eine Adresse steht, zeigt die tägliche Praxis, dass die Backoffice-Systeme der Verlage oft nicht mit den Daten arbeiten, die die Autoren im Manuskript angeben, sondern mit inzwischen veralteten oder unvollständigen Adressdaten, die die Wissenschaftler bei der erstmaligen Anmeldung im Workflowsystem (z. B. *Editorial Manager®*, *ScholarOne Manuscripts*) des Verlags eingetragen haben. Wenn Autoren die Rechnung tatsächlich selbst begleichen oder ohne Ausfertigung einer Rechnung direkt per Kreditkarte o. ä. bezahlen, ist auch eine falsche oder unvollständige Rechnungsadresse kein Problem. Kompliziert wird es immer dann, wenn die Abrechnung über die Institution erfolgen soll, da dann üblicherweise bestimmte Anforderungen an die Rechnungsadresse gestellt werden.

So müssen Rechnungen nicht selten zweimal oder häufiger beim Verlag neu angefordert werden, bis alle Kriterien erfüllt sind. Im zuvor bereits angesprochenen Fall von Auslandsrechnungen werden die Wissenschaftler zusätzlich mit steuerrechtlichen Sachverhalten konfrontiert, mit denen sie üblicherweise nichts zu tun haben. Denn innerhalb der EU ist nach dem sog. *Reverse-Charge-Verfahren* nicht der leistende Unternehmer im Ausland, sondern der Leistungs-/Rechnungsempfänger im Inland verpflichtet, die anfallende Umsatzsteuer an das für ihn zuständige Finanzamt abzuführen. Die Rechnung wird entsprechend nur über den Nettobetrag ausgestellt. Voraussetzung dafür ist jedoch, dass neben der Umsatzsteueridentifikationsnummer (USt-IdNr./VAT-ID) des Verlags auch die USt.-IdNr. der eigenen Einrichtung auf der Rechnung angegeben wird. Diese ist den Autoren jedoch oft nicht bekannt und muss erst in der Universität erfragt werden.

Sind alle diese Klippen umschifft und wurde die Bezahlung der Rechnung in die Wege geleitet, dauert es oft immer noch einige Zeit, bis der Zahlungseingang beim Verlag registriert werden kann und die Freischaltung des Artikels erfolgt. So kommt es auch in dieser Phase oft noch zu Mailwechseln zwischen Autor und Verlag, in denen wechselseitig nachgefragt wird, ob die Zahlung schon veranlasst wurde bzw. ob die Zahlung bereits eingegangen ist.

Angesichts dieses immensen Verwaltungsaufwands auf beiden Seiten ist es ein naheliegendes Ziel, andere Finanzierungsstrategien für Open-Access-Publikationen zu entwickeln. Dabei kümmern sich insbesondere wissenschaftliche Bibliotheken um die Etablierung neuer Services, wie z. B. Open-Access-Publikationsfonds (Kapitel 3b), den Abschluss institutioneller Mitgliedschaften (Kapitel 2c) bei Verlagen (teilweise verbunden mit einer zentralen Rechnungsstellung für alle Publikationen der Einrichtungsangehörigen an die Bibliothek) oder die Verhandlung von Open-Access-Konsortialverträgen (Kapitel 3f). Letztere können sich entweder ausschließlich auf genuine Open-Access-Zeitschriften beziehen oder auch als sog. „Offsetting-Modelle" (Kapitel 3e) ausgestaltet sein, bei denen die Kosten für hybride Open-Access-Publikationen mit den Lizenzgebühren für Subskriptionszeitschriften eines Verlags verrechnet werden. Dabei können die Bibliotheken zum einen ihre Expertise in der Bereitstellung von wissenschaftlichen Fachinformationen und der damit verbundenen Kommunikation und Interaktion mit den Verlagen einsetzen, um das Open-Access-Publizieren für die Wissenschaftler so einfach und attraktiv wie möglich zu gestalten. Idealerweise sollte es bezüglich der Reibungslosigkeit des Workflows für die Autoren keinen Unterschied machen, ob sie in einem traditionell subskriptionsfinanzierten Journal oder in einer Open-Access-Zeitschrift publizieren, so dass zumindest an dieser Stelle Vorbehalte gegen Open Access abgebaut werden können.

Zum anderen muss es das Ziel sein, die vollständige Transformation (vgl. Kapitel 3c) des wissenschaftlichen Publikationswesens zum Open Access, über eine „Re-Kontextualisierung de[r] Bibliothekserwerbungsetats" (Schimmer, 2012) zu finanzieren. Dies kann nur dann gelingen, wenn die Bibliotheken es nicht den Verlagen überlassen, den Wissenschaftlern (zusätzlich zu den weiterhin durch die Bibliotheken zu bezahlenden Subskriptionskosten) beliebig hohe Publikationsgebühren abzuverlangen, die je nach Reputation der Zeitschrift von den Autorinnen insbesondere im STM-Bereich auch willig gezahlt werden, sondern wenn die Bibliotheken ihre Nachfragemacht wie im klassischen Subskriptionsbereich bündeln, um signifikant bessere Konditionen für das Open-Access-Publizieren durch Angehörige ihrer Einrichtungen zu erreichen. Die mit dem Abschluss von lokalen, konsortialen oder gar nationalen Open-Access-Verträgen verbundene deutliche Reduzierung des Verwaltungsaufwands für Einzelabrechnungen kann in den Verhandlungen mit den Verlagen als Argument für eine ebenfalls deutliche Kostenreduktion eingesetzt werden. Da die Verlage ihrerseits nicht müde werden, neue Open-Access-Zeitschriften zu gründen, statt bestehende, gut etablierte und angesehene Subskriptionszeitschriften auf ein Open-Access-Geschäftsmodell umzustellen, kann eine umfassende Transformation des wissenschaftlichen Publikationswesens nur dann gelingen, wenn sich Bibliotheken in ihren Verhandlungen mit den Verlagen nicht mit einer Politik der kleinen Schritte zufriedengeben, sondern auf ein vollständiges „Flipping" bestehender Paketverträge aus der Subskriptionswelt in die Open-Access-Welt hinarbeiten (vgl. das Projekt DEAL,[3] die Initiative OA2020[4] sowie Kapitel 3c). Dies ist in klar abgegrenzten und kleinen Fachdisziplinen wie der Hochenergiephysik zweifelsohne leichter zu erreichen, wie das Projekt SCOAP³ zeigt (Kapitel 3d). Doch auch die an diesem Projekt beteiligten Personen und Institutionen können bestätigen, dass dieser Prozess nicht einfach zu gestalten war und auch immer noch nicht abgeschlossen ist.

Die Alternative, langfristig das Einzelabrechnungsverfahren als Standard zu akzeptieren, das allen Beteiligten nur unnötigen Aufwand bereitet, kann jedoch weder für Wissenschaftler noch für deren Institutionen und die als Dienstleister fungierenden Bibliotheken attraktiv sein.

Dennoch könnte das Einzelabrechnungsverfahren zumindest mittelfristig für den *Long Tail* derjenigen Open-Access-Zeitschriften oder Open-Access-Verlage, in denen an einer Einrichtung nur sehr wenige Autoren publizieren, das praktikabelste Modell bleiben. Denn für solche Einzelfälle steht der Aufwand der Verhandlung von Verträgen über institutionelle Mitgliedschaften, zentrale Rechnungsstellung oder ähnliches meist in keinem vernünftigen Verhältnis zum zu erwartenden Nutzen. An dieser Stelle könnten Dienstleister wie Agenturen, deren traditionelle Geschäftsmodelle bei einer Transformation hin zum Open-Access-Publizieren immer mehr an Bedeutung verlieren, neue Services etablieren, die es den Einrichtungen ermöglichen, die APC-Zahlungen an die Verlage aus dem *Long Tail* zu bündeln. In Analogie zu den klassischen Abonnementservices würde in so einem Modell die Agentur als Mittler zwischen den Einrichtungen (bzw. idealerweise deren Bibliotheken) und den Open-Access-Verlagen fungieren und für die Abwicklung der Zahlungen sorgen. Während die inzwischen vom Markt verschwundene Agentur *Swets* bereits 2013 einen *Open Access Payment Management Service* in ihr Serviceportfolio aufgenommen hatte,[5] scheinen die anderen großen Agenturen bislang dieses Geschäftsfeld noch nicht für sich entdeckt zu haben. Solche Dienst-leistungen können selbstverständlich auch von anderen, zum Teil für diesen Zweck neu gegründeten Dienstleistungsunternehmen (z. B. *Open Access Key*)[6] angeboten werden.

Die Verlage scheinen ihrerseits eher auf die Zusammenarbeit mit Anbietern von Micropayment-Systemen wie dem *Copyright Clearance Center* zu setzen, dessen Dienst *RightsLink® for Open Access*[7] sich in die gängigen Workflowsysteme der Verlage

---

3 https://www.projekt-deal.de/ (zuletzt geprüft am 27.10.2016)
4 http://oa2020.org/ (zuletzt geprüft am 27.10.2016)
5 http://www.thedigitalshift.com/2013/07/publishing/swets-launches-open-access-payment-management-service/ (zuletzt geprüft am 27.10.2016)
6 https://www.openaccesskey.com (zuletzt geprüft am 27.10.2016)
7 http://www.copyright.com/rightsholders/rightslink-open-access/ (zuletzt geprüft am 27.10.2016)

integrieren lässt, um die Bezahlung der APCs für die Autoren so unkompliziert wie möglich zu gestalten. Wie bereits eingangs beschrieben, versuchen die Verlage auf diesem Wege sicherzustellen, dass die APCs auch zeitnah bezahlt werden. So wird es spannend bleiben zu beobachten, welche Geschäftsmodelle und Finanzierungsstrategien sich im Bereich des Open-Access-Publizierens mittel- bis langfristig durchsetzen werden.

Denn es gilt eine gute Balance zwischen den beiden Extremen „Einzelabrechnung über den Autor" und „Big Deal" zu finden. Während bei dem einen Extrem eine hohe Preistransparenz auf Seiten der Wissenschaftler mit einem für alle Beteiligten hohen Verwaltungsaufwand gepaart ist, birgt beim anderen Extrem das Bestreben, diesen Aufwand zu minimieren, das Risiko der Preisintransparenz, die zu überhöhten Gesamtkosten führen kann.

Literatur

Schimmer, R. (2012). Open Access und die Re-Kontextualisierung des Bibliothekserwerbungsetats. *Bibliothek: Forschung und Praxis*, *36*, 293–299. doi:10.1515/bfp-2012-0038.

Heinz Pampel und Marco Tullney
3b Open-Access-Publikationsfonds

Hintergrund

Ein Open-Access-Publikationsfonds ist ein Finanzierungs- und Steuerungsinstrument wissenschaftlicher Einrichtungen zur Übernahme von Open-Access-Publikationsgebühren.[1]

Eine Definition eines Open-Access-Publikationsfonds stammt von der Scholarly Publishing and Academic Resources Coalition (SPARC):

> An open-access fund is a pool of money set aside by an institution or other research-sponsoring entity specifically to defray or cover processing fees for articles published by members of the institution in open-access journals. While open-access funds are administered in a variety of fashions with a wide array of policy distinctions, they share a common goal of encouraging researchers to make their work open to the public. (SPARC, o. J.)

Im Jahr 2009 initiierten mehrere nordamerikanischen Hochschulen den „Compact for Open-Access Publishing Equity" (COPE) und betonten, dass sie angemessene Publikationsgebühren als ein der Subskriptionsgebühr gleichwertiges Finanzierungsmodell für wissenschaftliche Zeitschriften betrachten. Seitdem verbreitet sich dieses Finanzierungs- und Steuerungsinstrument an vielen akademischen Einrichtungen (OAD, 2016).[2]

Durch die steigende wissenschaftspolitische Bedeutung von Open Access sind wissenschaftliche Einrichtungen gefordert, den Markt der Open-Access-Zeitschriften zu beobachten und aktiv mitzugestalten. Der Befassung mit den Geschäfts- und Finanzierungsmodellen von Open-Access-Zeitschriften kommt dabei eine zentrale Bedeutung zu. Open-Access-Publikationsfonds können dazu beitragen, den Open-Access-Markt wissenschaftsadäquat zu gestalten. Hierzu ist es erforderlich, dass sich seine Umsetzung nicht nur auf die Übernahme von Publikationskosten beschränkt, sondern Teil einer umfassenden Open-Access-Strategie ist, die auf eine komplette Transformation hin zu Open Access und darüber hinaus auf ein transparentes und nachhaltiges Publikationssystem zielt.

In Deutschland hat die Deutsche Forschungsgemeinschaft (DFG) das Förderprogramm „Open Access Publizieren" aufgesetzt, das einen wesentlichen Beitrag zur Verbreitung von Open-Access-Publikationsfonds an Hochschulen in Deutschland geleistet hat (Fournier & Weihberg, 2013). Dieses Programm, das im Jahr 2009 startete,

---

[1] Im Folgenden verwenden wir den englischen Begriff APC – Article Processing Charges – synonym zu Open-Access-Publikationsgebühren.
[2] Für einen Überblick über die Situation in Deutschland und anderen Ländern vgl. Deppe 2015, 16 ff.

verfolgt das Ziel, „verlässliche und dauerhafte Finanzierungsstrukturen für die Publikation in Open-Access-Zeitschriften zu entwickeln" (DFG, 2009). Bis zu diesem Zeitpunkt hatten erst wenige Hochschulen in Deutschland begonnen, Mittel für Article Processing Charge (APCs) aus einem zentralen Topf zu finanzieren (Pampel, 2010; Eppelin et al., 2012).

Die Arbeitsgruppe Open Access in der Schwerpunktinitiative „Digitale Information" der Allianz der deutschen Wissenschaftsorganisationen veröffentlichte 2014 eine Handreichung zum Thema (Bruch et al., 2014). In dieser werden dem Instrument Open-Access-Publikationsfonds drei zentrale Aufgaben zugeschrieben:

a. Open-Access-Publikationsfonds werden als ein „verwaltungs-, organisations- und finanztechnisches Instrument zur Bewirtschaftung von Mitteln" definiert, „das geeignet ist, den Transformationsprozess von subskriptionsbasiertem zu Publikationsgebühren-basiertem Open-Access-Publizieren im Sinne der Wissenschaft und der einzelnen Wissenschaftlerin bzw. des einzelnen Wissenschaftlers effizient und nachhaltig zu gestalten";
b. Open-Access-Publikationsfonds geben einer „Institution Aufschluss über Publikationsmenge und Publikationsverhalten ihrer Mitglieder und über die in diesem Zusammenhang anfallenden Kosten und erhöhen damit die eigene Steuerungskompetenz in der Informationsversorgung";
c. Darüber hinaus bieten Open-Access-Publikationsfonds Gelegenheit, „die ökonomischen Beziehungen zu Verlagen neu zu gestalten und auf die Entwicklung wissenschaftsfreundlicher Geschäftsmodelle hinzuwirken – insbesondere wenn Kriterien der Mittelvergabe national und international abgestimmt werden."

Während die Funktion a. bei den meisten Publikationsfonds im Fokus steht, werden die Funktionen b. und c. bisher eher vernachlässigt. Nur wenige wissenschaftliche Einrichtungen haben bisher einen umfassenden Überblick über die Gesamtausgaben, die an ihrer Institution für das wissenschaftliche Publizieren anfallen (siehe auch Fournier, 2012). Bibliotheken haben als zentrale Einrichtungen zwar Kontrolle über ihr Budget. Ausgaben, die über Drittmittel oder durch einzelne Organisationseinheiten aufgewendet werden, z. B. für Druckkostenzuschüsse oder für klassische „Page Charges", betrachten jedoch nur die wenigsten Einrichtungen. Eine Erhebung aller Ausgaben, wie sie z. B. am Forschungszentrum Jülich betrieben wird, zeigt, dass bisher zumindest in STM-Disziplinen die Ausgaben für klassische „Page Charges" im Subskriptionsbereich immer noch höher liegen als die Ausgaben für Open-Access-Publikationsgebühren (vgl. Mittermaier, 2014).

Eine unvollständige Zahlenbasis behindert das Monitoring der Ausgaben und erschwert die Steuerungsfähigkeit der angestrebten Open-Access-Transformation. In der Konsequenz sind wissenschaftliche Einrichtungen in Verhandlungen mit Verlagen häufig eingeschränkt.

Vor diesem Hintergrund ist es von besonderer Bedeutung, dass ein Open-Access-Publikationsfonds keinesfalls als zusätzliche Kostenstelle, sondern als Clearingstelle

(Pieper & Jahn, 2014) betrachtet wird, die neben der Verwaltungsfunktion (a.) ein Monitoring aller Ausgaben ermöglicht (b.) und somit als Steuerungsinstrument (c.) verstanden wird.

Aufbau eines Publikationsfonds

Im Folgenden werden einige Punkte hervorgehoben, die beim Aufbau eines Open-Access-Publikationsfonds von Bedeutung sind. Dabei ist stets zu beachten, dass der Aufbau eines Publikationsfonds in eine umfassende Open-Access-Strategie eingebettet sein sollte (Arbeitsgruppe Open Access der Schwerpunktinitiative Digitale Information, 2012).

Kriterien

In einem ersten Schritt sollten Kriterien zur Übernahme von Publikationskosten formuliert werden. Orientierung hierbei bieten die „Voraussetzungen der Antragstellung und Förderbedingungen" der Deutsche Forschungsgemeinschaft (2014) im Förderprogramm „Open Access Publizieren", die „Kriterien zum Umgang mit Open-Access-Publikationsgebühren" der Helmholtz-Gemeinschaft (2016) und auch die „Positionen zur Schaffung eines wissenschaftsadäquaten Open-Access-Publikationsmarktes" der Ad-hoc-AG Open-Access-Gold der Wissenschaftsorganisationen (Bruch et al., 2015). Im Folgenden werden einige Beispiele für solche Kriterien genannt:
- Übernahme nur für Publizierende der Einrichtung, die als „corresponding author" an dem jeweiligen Artikel beteiligt sind;
- Übernahme nur bei Indizierung der Zeitschrift, in der der jeweilige Artikel erscheint, im Directory of Open Access Journals (DOAJ);
- Übernahme nur, wenn der jeweilige Artikel in einer Zeitschrift erscheint, die alle Artikel unter der Creative-Commons-Lizenz „CC BY" (Namensnennung) veröffentlicht und als Lizenzgeber/-innen die Autor/-innen benennt.
- Übernahme nur, wenn der jeweilige Artikel in einer Zeitschrift erscheint, die alle Artikel maschinenlesbar unter Nutzung der Journal Article Tag Suite (JATS) veröffentlicht.

Datengrundlage

Um den Mittelbedarf eines Open-Access-Publikationsfonds abschätzen zu können, sollte eine umfassende Analyse des Publikationsverhaltens der Einrichtung vorgenommen werden. Auch sollten alle Ausgaben für das Publizieren in den Blick genommen werden. Der Blick auf die Kosten sollte dabei nicht auf den Bibliotheksetat beschränkt sein. Die Ad-hoc-AG Open-Access-Gold der Wissenschaftsorganisationen empfiehlt die Erfassung von zentralen Indikatoren, um eine verlässliche Datengrundlage für Open-Access-Transformation zu erreichen (Bruch et al. 2016). Die Praxis zeigt, dass es vielen Einrichtungen schwerfällt, diese Zahlen zu erheben. Die Konzeption eines Publikationsfonds sollte deshalb genutzt werden, um ein umfassendes Monitoring zu verankern. Ein Forschungsinformationssystem (Ebert et al., 2016) kann bei der Erfassung und dem Monitoring des Publikationsverhaltens helfen.

Finanzierung und Zusammenspiel mit weiteren Finanzquellen

Der Blick auf die Praxis an wissenschaftlichen Einrichtungen in Deutschland zeigt, dass viele Einrichtungen eine Anschubfinanzierung z. B. durch das Förderprogramm „Open Access Publizieren" der DFG oder durch zentrale Mittel nutzen, um Open-Access-Publikationsfonds aufzubauen. Mit Blick auf die Nachhaltigkeit eines Publikationsfonds sollte bereits bei der Konzeption eine langfristige Finanzierungsstrategie gewählt werden. Herausforderung ist es, die Übergangsphase von Subskription zu Open Access nachhaltig zu gestalten, indem die Mittel für die Finanzierung des Publikationsfonds aus dem Bibliotheksetat aufgebracht werden. Bei Kündigungen von Subskriptionen sollen freiwerdende Mittel von Bibliotheksetats in den Publikationsfonds umgeschichtet werden bzw. umgekehrt können Kündigungen notwendig werden, um Mittel für den Publikationsfonds zu gewinnen. Hilfreich kann es sein, wenn ein Verteilungsmodell mit den Fachbereichen einer Einrichtung diskutiert wird. Dieser Diskussionsprozess kann auch einen Beitrag zur Sensibilisierung der Forschenden leisten. Die Diskussion kann z. B. in einer Bibliothekskommission einer Einrichtung geführt werden, in die Vertreter/-innen aus allen Fachbereichen einbezogen werden.

Bieten Drittmittelgeber wie die DFG oder auch die Europäische Kommission eine Möglichkeit zur Übernahme von Publikationskosten im Rahmen von Projektförderungen, sollten diese bereits bei der Antragstellung beantragt werden. Auch hierzu ist es nötig, ein Bewusstsein für die Kosten bei den Forschenden zu fördern. Die Bibliothek und Beratungsstellen für Drittmittel sollten sich hier abstimmen und in diesem Handlungsfeld gemeinsam kommunizieren.

Betrieb

Organisation

Publikationsfonds im klassischen Sinn dienen der Abwicklung von APC-Zahlungen. Um diesen Prozess optimal zu gestalten, sind eine ganze Reihe von Rahmenbedingungen zu beachten. Die Frage, wo ein Publikationsfonds organisatorisch anzusiedeln ist, scheint umstritten (vgl. Deppe 2015, 54 f.).

In der Praxis kümmern sich meistens Bibliotheken um die Publikationsfonds. Zwei Rahmenbedingungen scheinen besonders hierfür relevant:

1. Werden Publikationskosten (zu Recht) als Teil der Forschungskosten wahrgenommen, sind auch andere Ansiedlungen denkbar, insbesondere im Bereich der Forschungsverwaltung. Allerdings sind hierzu Kompetenzen im Bereich der Autor/-innenberatung, im Umgang mit Verlagen und bei der Abwicklung von Kosten notwendig, die in der Regel in der Bibliothek schon vorhanden sind.
2. Bibliotheken empfehlen sich darüber hinaus für die Ansiedlung von Publikationsfonds, weil hier die notwendige Umschichtung von Mitteln aus Erwerbungsetats in Open-Access-Etats bedarfsorientiert und innerhalb einer Institution erfolgen kann.

Nicht immer haben Forscher/-innen Zugriff auf eigene (Projekt-)Mittel zur Finanzierung von Publikationen (vgl. Solomon & Björk, 2012). Eine reine Abwälzung auf individuelle Forschungsbudgets scheint deshalb kaum vorstellbar. Insofern schließen Publikationsfonds zumindest mittelfristig eine Finanzierungslücke, schwächen aber auch ein gelegentlich gewünschtes reines Verursacherprinzip ab.

Treibende Kraft bei der Ausgestaltung von Publikationsfonds sollte die Einbettung in eine Transformationsstrategie sein. Ziele wie die schnelle Erhöhung des Open-Access-Anteils und die nachhaltige Finanzierung von Open-Access-Optionen sind drängend. Notwendige organisatorische Schritte umfassen somit u. a. eine institutionelle Open-Access-Strategie inkl. einer mit Koordinations- und Gestaltungskompetenzen ausgestatteten verantwortlichen Position (Open-Access-Beauftragte/r) sowie die enge Verzahnung mit der allgemeinen institutionellen Strategie und der Einbindung der institutionellen Leitung. Die Zielsetzung einer Open-Access-Transformation betrifft, insbesondere in Bibliotheken, fast alle Tätigkeitsfelder.

Für die APC-Abwicklung sind vielfältige Kompetenzen notwendig, und die Optimierungspotentiale sind bisher nicht ausgeschöpft – zu viele manuelle Arbeitsschritte (vgl. Sikora & Geschuhn, 2015) treiben die Gesamtkosten (unter Berücksichtigung des Personaleinsatzes) in wenig vertretbare Höhen.

Technik

Der Betrieb eines Publikationsfonds erfordert den Einsatz von Technik und angepassten Workflows, um alle Aspekte im Blick zu behalten. Hierzu gehören mindestens das Monitoring des aktuellen Ausschöpfungsgrads und die Entgegennahme, Prozessierung und Ablage von Rechnungen. Da Publikationsfonds in aller Regel mit einem begrenzten Budget operieren, reicht es vielfach nicht aus, alle Informationen am

Ende eines Jahres auf einen korrekten Stand zu bringen, sondern es muss eine Übersicht gegeben werden können, wie viel Geld bisher verausgabt worden ist – und wie viel Geld im laufenden Zeitraum noch verfügbar sein wird.

Zur Verwaltung greifen Einrichtungen oftmals auf klassische Programme zur Tabellenkalkulation zurück. In diesen werden Kosteninformationen abgebildet (eventuell über die verschiedenen Stadien von Beantragung durch die Autor/-innen bis hin zur Abwicklung der Rechnung durch die eigene Finanzabteilung), aber auch ein Überblick über eingehende Anträge, die jeweilige Förderentscheidung und weitere Informationen gegeben. Hierzu können Informationen zur veröffentlichten Fassung oder die Zuordnung zu einzelnen Organisationseinheiten oder Disziplinen etc. gehören. In der täglichen Arbeit und mit steigenden Fallzahlen können hier vielfältige Schwierigkeiten und Inkonsistenzen auftreten, die spätestens bei der Zusammenführung mit anderen Daten (Buchhaltungssoftware, Datenaggregationen z. B. bei Jisc[3] oder bei der Open APC Initiative) oder Softwarewechsel die Verlässlichkeit und Aussagefähigkeit der Daten gefährden können. Der Übergang zu standardisierten und maschinenlesbaren Informationen (wie sie z. B. in der Open APC Initiative verwendet werden) stellt noch immer eine Herausforderung dar, der sich nicht flächendeckend gestellt wird.

Monitoring

Einer der wichtigsten Aspekte beim Betrieb eines Publikationsfonds ist ein kontinuierliches Monitoring der Ausgaben. Dieses unterstützt die Bedarfsplanung, erleichtert frühzeitiges Reagieren auf mögliches Ausschöpfen der Mittel und ermöglicht Transparenz über die getätigten Ausgaben.

Im klassischen Publikationsfondsmodell, bei dem artikelbezogene Publikationskosten (einzeln oder per Rahmenvertrag) abgerechnet werden, ist eine Zuordnung von Kosten zu Artikeln möglich und sinnvoll. Hierzu muss innerhalb der Institution der jeweilige Bezug zum Artikel erkennbar bleiben, z. B. durch interne Vorgangsnummern oder Verwendung der Verlagsrechnungsnummern. Nicht akzeptable Rechnungen von Verlagen, die beispielsweise nicht die Artikel benennen, für die gezahlt werden soll, sind zurückzuweisen. Etwaige Nachbuchungen, z. B. aufgrund von Wechselkursänderungen oder von Steuerzahlungen, sind den betreffenden Artikeln zuzuordnen. Wenn dann in einer gut nachnutzbaren (s. o.) Form die Zuordnung dokumentiert ist, ist die Veröffentlichung dieser Daten, die Ablieferung an die Open APC Initiative[4] und die Nutzung darauf aufbauender Analysen und Visualisierungen ein leichter Schritt.

---

3 Jisc hat die APC-Ausgaben verschiedener britischer Universitäten zusammengetragen, vgl. Lawson, 2015.
4 Vgl. insbesondere https://github.com/OpenAPC/openapc-de/wiki und Jahn & Tullney, 2016.

Es sind bisher keine Versuche bekannt, den Arbeitsaufwand, der für den Publikationsfondsbetrieb anfällt, genauer zu spezifizieren und in die entstehenden Publikationskosten einzurechnen.

Die Beobachtung und Kommunikation der Publikationsfondsausgaben unterstützt dabei alle relevanten Aspekte der Open-Access-Finanzierung: die direkte Finanzierung, die Auswertung (u. a. für Prognosen) und die Unterstützung der Open-Access-Transformation.

Eine wichtige Frage betrifft auch die Verknüpfung mit Daten über den Publikationsoutput der jeweiligen Einrichtung – für welchen Teil der Publikationen hat die Einrichtung gezahlt, wie verteilen sich die Ausgaben über die unterschiedlichen Organisationseinheiten etc. Dahinter steht auch die Prognostizierbarkeit künftiger Ausgaben: Wie viel Geld wird in den nächsten Jahren benötigt? Dies ist eine elementare Voraussetzung für einen nachhaltigen Umstieg auf Open Access. Die DFG hat in ihrem langjährigen Programm „Open Access Publizieren" die geförderten Hochschulen aufgefordert, diese Prognosefähigkeit aufzubauen – mit unklarem Erfolg. Angesichts noch immer niedriger Open-Access-Quoten und eines großen monetären Einflusses selbst minimaler Schwankungen im Publikationsverhalten ist eine genaue Vorhersage schwierig, und die Finanzierungsmechanismen benötigten eigentlich eine größere Dynamik, um auf schnell steigenden Finanzbedarf reagieren zu können.

Kommunikation

Der Betrieb eines Publikationsfonds ist von vielfältigen Kommunikationsprozessen begleitet.

Offensichtlich ist der Kontakt mit Wissenschaftler/-innen, die sich für die Übernahme interessieren. Neben der Erläuterung von Förderbedingungen bieten sich hier Möglichkeiten zur allgemeinen Beratung über Open Access und Publizieren. Die Rückmeldungen von Nutzer/-innen geben hilfreiche Orientierungen für die weitere Ausgestaltung der Unterstützungsangebote.

Eine gute und verlässliche Zusammenarbeit mit Haushaltsverantwortlichen und der jeweiligen Finanzabteilung ist eine wichtige Grundlage für den Publikationsfondsbetrieb. Auf der einen Seite müssen Rechnungen für Publikationskosten geprüft und zur Abwicklung weitergereicht werden. Die existierenden Publikationsfonds haben teilweise leicht unterschiedliche Anforderungen an die Rechnungen. In aller Regel müssen zusätzlich Steuerzahlungen berücksichtigt werden. Mögliche Erleichterungen in der Abwicklung können ebenfalls mit der Finanzabteilung besprochen werden, insbesondere, weil dort ebenfalls eine hohe Arbeitslast im klassischen Publikationsfondsmodell anfällt. Auf der anderen Seite ist rechtzeitig eine Nachhaltigkeitsplanung vorzunehmen für steigende Antragszahlen und wachsende Finanzbedarfe. Für das eventuell nötige Einwerben von Sondermitteln und insbesondere für die Umschichtung von Erwerbungsmitteln ist Kommunikation mit der Leitung der eigenen Institution und ggf. mit potentiellen Geldgebern notwendig. Im Fall externer Förderung (z. B. durch die DFG) sind Verwendungsnachweise zu erstellen und ist über den Publikationsfondsbetrieb zu berichten.

Weitere Bereiche der Bibliothek können Kommunikationspartner für den Publikationsfonds sein. So sind Fragen zu klären, welche Modelle förderfähig sind oder welche fachspezifischen Besonderheiten zu berücksichtigen sind. Dabei sollte auf institutionelle Bibliografien zurückgegriffen werden, die über die Entwicklung des Publikationsverhaltens und über institutionelle Schwerpunkte bei der Wahl von Verlagen und Zeitschriften für eigene Publikationen Aufschluss geben. Für die anstehende Umschichtung von Mitteln ist auch die Zusammenarbeit mit Zeitschriften- bzw. Erwerbungsabteilungen dringend notwendig. Für Publikationsfonds und verwandte Finanzierungsaufgaben ist das Know-how von Expert/-innen aus dem Erwerbungs- wie aus Open-Access-Bereichen dringend nötig. Diese Prozesse sollten Teil einer Open-Access-Strategie sein und nicht als isolierte Sondertätigkeiten gesehen werden.

Außerhalb der eigenen Einrichtung ist auch eine Kommunikation über den Publikationsfonds anzuraten, siehe Abschnitt Monitoring. Dabei sollte Transparenz über den Publikationsfonds, seine Kriterien und die verausgabten Mittel hergestellt werden. Dies erleichtert den Vergleich verschiedener Modelle sowie die Verhandlungen mit Verlagen. Die Sichtbarkeit der eigenen Tätigkeiten wird aber auch zu einer Herausforderung für die bisher existierende Praxis sehr laxer und unterschiedlicher Regelauslegungen. So herrscht z. B. bei vielen Publikationsfonds Unklarheit über zu zahlende Steuern, auch im Hinblick auf Förderhöchstgrenzen, wie sie die DFG gesetzt hat (inklusive oder exklusive Steuer?).

Alle diese Kommunikationsprozesse dienen auch der Bekanntmachung des eigenen Angebots und bringen neue Kontakte und Kooperationsmöglichkeiten.

Perspektive

Im Fokus zukünftiger Überlegungen sollte das Anliegen stehen, Open-Access-Publikationsfonds als Clearing-Stelle für die Schaffung eines nachhaltigen Open-Access-Publikationssystems weiterzuentwickeln.

Perspektivisch sehen wir mehrere Weiterentwicklungsbedarfe:
1. Diese Erweiterung der Publikationsfonds zu Clearing-Stellen könnte sicherstellen, dass auch Kosten für das Open-Access-Publizieren jenseits von Publikationsgebühren verwaltet werden könnten. Mit dieser Strategie könnte auch verschiedenen Publikationskulturen begegnet werden. In der Praxis könnten so auch Kosten für Open-Access-Konsortien (z. B. für SCOAP[3] oder für die Open Library of Humanities) und Kosten für Open-Access-Zeitschriften in Trägerschaft einer wissenschaftlichen Einrichtung (z. B. durch den Betrieb von Publikationsplattformen

wie Open Journal Systems (OJS)) in den Blick genommen werden. Antrags- und direkt publikationsbezogene Modelle wie das im Moment dominierende APC-Modell bedürfen klarer Förderkriterien. Bei der Ergänzung um weitere Fördermodelle ist darauf zu achten, dass diese Kriterien möglichst sinngemäß übertragen werden, um eine klare Strategie verfolgen und kommunizieren zu können. Ob verschiedene Finanzierungsmodelle in einem „Publikationsfonds" zusammengefasst werden können oder ob sie in einem Gesamtrahmen mit ähnlichen Modellen parallel betrieben werden, wird von der Vielfalt der Modelle abhängen und muss angesichts verschiedener, nicht direkt kompatibler Modelle und angesichts verschiedener Geldgeber weiter diskutiert werden.

2. Kriterien für die Finanzierung von Publikationen und Publikationsinfrastruktur sollten regelmäßig überprüft und ggf. angepasst werden. Die Minimalkriterien, die z. B. die DFG formuliert hat, sollten weiterentwickelt werden im Sinne optimaler Nachnutzbarkeit und Offenheit. Hierzu würde beispielsweise eine Beschränkung auf Publikationen unter freien bzw. offenen Lizenzen gehören (vgl. Allianz der Wissenschaftsorganisationen, 2014). Auch eine Überprüfung, ob Förderkriterien eingehalten werden (Compliance), sollte selbstverständlich zu dem Betrieb von Publikationsfonds gehören.

3. Die wachsende Bedeutung von Open Science zeigt die Notwendigkeit der Ausweitung der Finanzierungsangebote. So erheben z. B. einige Forschungsdaten-Repositorien so genannte Data Publishing Charges (DPCs) für die Speicherung und Zugänglichmachung der Forschungsdaten (Beispiel: Dryad Digital Repository, 2016). Auch für diese Kosten müssen analoge Steuerungs- Workflow- und Monitoringinstrumente entwickeln werden. Gleiches gilt für andere Publikationen wie Bücher, Videos oder Software. Analog zu (1.) ist auch hier zu prüfen, ob die direkte Finanzierung von Plattformen (z. B. durch Konsortien) der einzelpublikationbezogenen Abwicklung nicht vorzuziehen ist.

4. Schließlich stellt sich die Frage, ob die Kosten für konsortial finanzierte Community-Dienste wie z. B. das Directory of Open Access Journals (DOAJ) über Open-Access-Finanzierungsmodelle finanziert werden können.

Die hier skizzierte Ausweitung der Publikationsfonds könnte die Schaffung von Transparenz über die Kosten des wissenschaftlichen Publizierens und der damit verbundenen Infrastruktur fördern. Welche Bedeutung Transparenz für die Open-Access-Transformation hat, wird bereits jetzt an der Open APC Initiative deutlich. Die Erfassung der Kosten für das Open-Access-Publizieren und ihre Offenlegung über Organisationsgrenzen hinweg ermöglicht detaillierte Einblicke in die Finanzflüsse zwischen wissenschaftlichen Einrichtungen, Förderorganisationen und Verlagen (vgl. Jahn & Tullney, 2016).

Wissenschaftliche Einrichtungen sollten sich auf Basis von definierten Kriterien, standardisierten Workflows und Monitoringmaßnahmen der Weiterentwicklung ihrer Publikationsfonds annehmen und damit die Open-Access-Transformation aktiv gestalten.

Literatur

Allianz der Wissenschaftsorganisationen (2014). Appell zur Nutzung offener Lizenzen in der Wissenschaft. http://www.dfg.de/foerderung/info_wissenschaft/2014/info_wissenschaft_14_68/ (20.10.2016).

Arbeitsgruppe Open Access der Schwerpunktinitiative Digitale Information. (2012). Open-Access-Strategien für wissenschaftliche Einrichtungen. doi:10.2312/allianzoa.005.

Bruch, C., Deinzer, G., Geschuhn, K., Hätscher, P., Hillenkötter, K., Kreß, U., Pampel, H., Schäffler, H., Stanek, U., Timm, A. & Wagner, A. (2015). Positionen zur Schaffung eines wissenschaftsadäquaten Open-Access-Publikationsmarktes. doi:10.2312/allianzoa.008.

Bruch, C., Geschuhn, K., Hanig, K., Hillenkötter, K., Pampel, H., Schäffler, H., Scheiner, A., Scholze, F., Stanek, U., Timm, A. & Tullney, M. (2016). Empfehlungen zur Open-Access-Transformation: strategische und praktische Verankerung von Open Access in der Informationsversorgung wissenschaftlicher Einrichtungen. doi:10.3249/allianzoa.011.

Bruch, C., Fournier, J., & Pampel, H. (2014). Open-Access-Publikationsfonds. Eine Handreichung. Arbeitsgruppe Open Access der Schwerpunktinitiative Digitale Information der Allianz der deutschen Wissenschaftsorganisationen. doi:10.2312/allianzoa.006.

Deppe, A. (2015). Ansätze zur Verstetigung von Open-Access-Publikationsfonds. Berliner Handreichungen zur Bibliotheks- und Informationswissenschaft, 403. http://nbn-resolving.de/urn:nbn:de:kobv:11-100234262.

Deutsche Forschungsgemeinschaft (2014). Merkblatt Open Access Publizieren. DFG-Vordruck 12.20 – 09/14. http://www.dfg.de/formulare/12_20/ (01.10.2016).

Dryad Digital Repository (2016). Data Publishing Charges (DPCs). http://datadryad.org/pages/payment (10.10.2016).

Ebert, B., Tobias, R., Beucke, D., Bliemeister, A., Friedrichsen, E., Heller, L., Herwig, S., Jahn, N., Kreysing, M., Müller, D. & Riechert, M. (2016). Forschungsinformationssysteme in Hochschulen und Forschungseinrichtungen. Positionspapier. Version 1.1. doi:10.5281/zenodo.4556.

Eppelin, A., Pampel, Heinz, Bandilla, W. & Kaczmirek, L. (2012). Umgang mit Open-Access-Publikationsgebühren – die Situation in Deutschland in 2010. GMS Medizin – Bibliothek – Information, 12(1–2), Doc04. doi:10.3205/mbi000240.

Fournier, J. (2012). Zugang, Nachnutzung und Reproduzierbarkeit. Anmerkungen zur künftigen Ausrichtung einer wissenschaftsadäquaten Informationsinfrastruktur. Bibliothek Forschung und Praxis, 36(2). doi:10.1515/bfp-2012-0022.

Fournier, J. & Weihberg, R. (2013). Das Förderprogramm „Open Access Publizieren" der Deutschen Forschungsgemeinschaft. Zum Aufbau von Publikationsfonds an wissenschaftlichen Hochschulen in Deutschland. Zeitschrift für Bibliothekswesen und Bibliographie, 60(5), pp. 236–243. doi:10.3196/186429501360528.

Helmholtz-Gemeinschaft (2016). Kriterien zum Umgang mit Open-Access-Publikationsgebühren. http://os.helmholtz.de/open-science-in-der-helmholtz-gemeinschaft/open-access-der-goldene-weg/kriterien-zum-umgang-mit-open-access-publikationsgebuehren/ (10.10.2016).

Jahn, N. & Tullney, M. (2016). A study of institutional spending on open access publication fees in Germany. PeerJ, 4(e2323). doi:10.7717/peerj.2323.

Lawson, S. (2015). Article processing charges paid by 25 UK universities in 2014. Journal of Open Humanities Data, 1. doi:10.5334/johd.2.

Mittermaier, B. (2014). (Gold) Open Access – eine disruptive Technologie? 103. Deutscher Bibliothekartag in Bremen. http://hdl.handle.net/2128/5830.

OAD (2016). OA publication funds. http://oad.simmons.edu/oadwiki/OA_publication_funds (23.10.2016).

Pampel, H. (2010). Open-Access-Publikationsfonds in Deutschland. Wisspub.net, 29.12.2010.https://wisspub.net/2010/12/29/open-access-publikationfonds-in-deutschland (01.10.2016).

Pieper, D. & Jahn, N. (2014). Open-Access-Clearing-Stelle an der Universität Bielefeld. Ein Beitrag zur Verstetigung von Publikationsfonds. 103. Deutscher Bibliothekartag in Bremen 2014. http://nbn-resolving.de/urn:nbn:de:0290-opus-16462.

Sikora, A. & Geschuhn, K. (2015). Management of article processing charges – challenges for libraries. Insights: The UKSG Journal, 28(2), 87–92. doi:10.1629/uksg.229.

Solomon, D. & Björk, B. (2012). Publication fees in open access publishing: Sources of funding and factors influencing choice of journal. J. Am. Soc. Inf. Sci., 63, 98–107. doi:10.1002/asi.21660.

SPARC (o.J.). Campus Open Access Fund FAQ. http://sparcopen.org/our-work/oa-funds/faq/.

Ralf Schimmer und Kai Geschuhn

3c Open-Access-Transformation: Die Ablösung des Subskriptionswesens durch Open-Access-Geschäftsmodelle

Hinter dem Thema Open Access steht eine Bewegung, die in den letzten Jahren sehr viel erreichen konnte. Beeindruckend ist, an wie vielen wissenschaftlichen Einrichtungen entsprechende Policies und Mandate verabschiedet wurden, wo überall institutionelle Repositorien als Instrumente des „Grünen Weges" eingerichtet wurden und über welche Vielfalt an Handreichungen und anderen Dokumente einer breit angelegten *Advocacy*-Strategie wir heute verfügen. Es ist unverkennbar, dass Open Access als Zielsetzung des wissenschaftspolitischen Diskurses auf der ganzen Welt fest verankert ist. So kam es nicht von ungefähr, dass sich der erst 2012 ins Leben gerufene Global Research Council gleich diesem Thema zugewandt und binnen eines Jahres eine entsprechende Resolution ausgearbeitet hat.[1] Auch auf nationaler Ebene, vor allem in einigen europäischen Ländern, werden die gesteckten Ziele durch Selbstverpflichtungen immer ambitionierter. Erst kürzlich wurden diese Entwicklungen im Rahmen der niederländischen EU-Ratspräsidentschaft im ersten Halbjahr 2016 auf europäischer Ebene aufgegriffen. In einem Beschluss des Rats für Wettbewerbsfähigkeit[2] wurde festgelegt, dass ab 2020 alle wissenschaftlichen Publikationen zu Ergebnissen öffentlich finanzierter Forschungsarbeiten frei zugänglich sein müssen.

In einem recht markanten Kontrast zur allgegenwärtigen Verankerung von Open Access als wissenschaftspolitische Zielsetzung steht die einigermaßen ernüchternde Tatsache, dass trotz aller Unterstützung nur etwa 15 Prozent der jährlich international erscheinenden Fachartikel unter einer freien Lizenz und ohne Zugriffskosten verfügbar sind. Und was vielleicht noch mehr zählt: Trotz der vielen Errungenschaften des Open Access' bleibt das traditionelle Subskriptionswesen, mit dem wissenschaftliche Zeitschriften vertrieben werden, weiter bestehen, denn der Open-Access-Anteil, der aktuell um etwa einen Prozentpunkt pro Jahr zunimmt, übt aus sich selbst heraus keinen wirklichen Transformationsdruck auf das Subskriptionssystem aus.

---

[1] http://www.globalresearchcouncil.org/sites/default/files/pdfs/grc_action_plan_open_access%20FINAL.pdf
[2] http://data.consilium.europa.eu/doc/document/ST-9526-2016-INIT/en/pdf

Die notwendige Überwindung des Subskriptionswesens

Die Umsatzrendite der großen kommerziellen Verlage steigt ungebrochen weiter an und liegt bei Margen zwischen 30 und 40 Prozent. Mit wissenschaftlicher Information lässt sich also nach wie vor weit mehr Gewinn erzielen als beispielsweise in der Automobil- oder Erdölindustrie; ähnlich profitabel sind nur Google oder Apple und manche Pharmakonzerne. Trotz aller Bemühungen um Open Access ist eine wirkungsvolle De-Legitimierung der herrschenden Distributions- und Finanzierungsbedingungen für wissenschaftliche Publikationen bisher noch nicht eingetreten. Genauso wenig lässt der Kostendruck nach, unter dem die Bibliotheken durch die jährlichen Preissteigerungen leiden, die ihnen ein monopolartiges Zeitschriftenwesen Jahr für Jahr abverlangt. Dabei ist nicht nur die Kostenentwicklung des Subskriptionswesens mit seiner fehlenden Markttransparenz problematisch. Es wird außerdem durch die Zahlungen der Bibliotheken ein System aufrechterhalten, das im digitalen Zeitalter aus einer Nutzerperspektive heraus nur als Anachronismus bezeichnet werden kann.

Das Konzept wissenschaftlicher Zeitschriften ist 350 Jahre alt und stammt aus einer Zeit, als die Bündelung wissenschaftlicher Arbeiten und vor allem ihre Distribution die großen Herausforderungen waren. Ohne ihre physische Auslieferung war an wissenschaftliche Arbeiten nicht heranzukommen. Diese Herausforderung hat eine ganze Epoche wissenschaftlicher Kommunikation bis an die Schwelle des 21. Jahrhunderts geprägt. Und obwohl unter den heutigen Internetbedingungen diese Herausforderung nicht mehr vorhanden ist, besteht das auf Zeitschriftenabonnements beruhende Distributions- und Finanzierungsmodell wissenschaftlicher Kommunikation samt seinen inhärenten Verknappungseffekten weiter fort.

Statt die dem Internet innewohnende Möglichkeiten maximaler Verbreitung in Echtzeit konsequent auszuschöpfen, wird die mit viel Mühe erzeugte und qualitätsgesicherte Publikation einer Verknappung unterworfen, die aus heutiger Sicht nur als künstlich zu bezeichnen ist. Mit einem beachtlich hohen technischen und juristischen Aufwand werden die Inhalte hinter eine Bezahlschranke gestellt und dem ungehinderten Zugriff entzogen. Verantwortlich für diese Verknappung sind die bemerkenswert ungebrochenen Konventionen des Subskriptionswesens – also die zwischen Verlagen und Bibliotheken seit Jahrzehnten eingespielte Verfahrenslogik, wonach Zugang zu den Inhalten einer wissenschaftlichen Zeitschrift nur derjenige erhält, dessen Bibliothek ein Abonnement erwirbt.

Dieses Austauschverhältnis, das von Bibliotheken und Verlagen gleichermaßen gestützt wird, ist vom Modernisierungsdruck der Digitalisierung bisher erstaunlich unberührt geblieben. Kaum eine andere Sphäre in der Wissenschaftskommunikation konnte sich bisher so sehr dem Wandel verschließen, was umso mehr erstaunt, wenn man bedenkt, wie zentral Publikationen für die Wissenschaft sind und welche Gelder damit umgesetzt werden.

Aus diesen Überlegungen heraus wird erkennbar, dass das Subskriptionswesen als solches die größte und wirkungsmächtigste Barriere auf dem Weg zu Open Access ist, und dass an dieser Stelle der Hebel angesetzt werden muss, wenn der Durchbruch in größerem Stil gelingen soll.

Um Open Access zum Standard in der wissenschaftlichen Kommunikation zu machen, muss das Korpus an wissenschaftlichen Zeitschriften, die aktuell noch nach dem Subskriptionsmodell vertrieben werden und hinter einer Bezahlschranke der freien Nutzung entzogen sind, möglichst flächendeckend auf eine Open-Access-Geschäftsgrundlage umgestellt werden.

Den Weg, wie Open-Access-konforme Geschäftsmodelle organisiert und ausgestaltet werden können, haben Pionierverlage wie BioMed Central und PLOS seit mehr als zehn Jahren gewiesen. Ihre Einnahmegrundlage basiert auf Publikationsgebühren, sogenannten *Article Processing Charges* (APCs), die zum Zeitpunkt der Publikation durch die Autoren oder stellvertretend durch ihre affiliierten Einrichtungen übernommen werden. Viele weitere Open-Access-Verlage und -Zeitschriften sind diesem Modell gefolgt, wobei festzuhalten ist, dass die Praxis des Open-Access-Publizierens auch noch andere erfolgreiche Finanzierungswege kennt, die keineswegs außer Acht zu lassen sind, wie zum Beispiel die durch Bibliotheken kooperativ organisierte Finanzierung von Open-Access-Monographien mittels Plattformen wie *Knowledge Unlatched* (siehe Kapitel 2e).

Finanzierung

Das Konzept der Open-Access-Transformation sieht vor, dass die Zahlungsströme, die jetzt noch an der Finanzierung von Zeitschriftenabonnements und damit auf den lesenden Zugriff ausgerichtet sind, umgestellt werden auf die unmittelbare Vergütung von Publikationsdienstleistungen der Verlage. Dass diese Umstellung im Rahmen der bisher von den Bibliotheken eingesetzten Finanzmittel global machbar ist, lässt sich anhand der für den globalen wissenschaftlichen Publikationsmarkt vorliegenden Umsatz- und Publikationszahlen aufzeigen. Im April 2015 legte die Max Planck Digital Library ein *White Paper* vor, in dem die grundsätzliche Finanzierbarkeit einer großflächigen Open-Access-Transformation auf der Basis von Publikationsdaten einerseits und den Umsatzzahlen wissenschaftlicher Verlage andererseits herausgearbeitet wurde (Schimmer, Geschuhn & Vogler, 2015).

Marktanalysen zufolge erzielen wissenschaftliche Verlage über den Verkauf von Zeitschriftenabonnements an wissenschaftliche Bibliotheken weltweit Umsätze in einer Größenordnung von 7,6 Milliarden € jährlich. Aus einschlägigen Publikationsdatenbanken wie dem *Web of Science* lässt sich entnehmen, dass sich die Anzahl der jährlich veröffentlichten Fachartikel in international erscheinenden Zeitschriften auf etwa 1,5 Millionen beläuft. Daraus ergibt sich, dass unter dem aktuellen

Subskriptionswesen für jeden einzelnen Artikel rechnerisch rund 5 000 € bezahlt werden – eine Summe, die weit über die Kosten hinaus geht, die bisher aus dem reinen Open-Access-Publikationsmarkt bekannt sind. Die Kosten, die aus diesem Marktsegment dokumentiert sind,[3] liegen für die deutschen Hochschulen aktuell bei einem durchschnittlichen Preis von 1 300 €.

Selbst wenn man am Ende von etwas höheren Publikationszahlen und Durchschnittpreisen ausgeht, so deutet doch alle verfügbare Evidenz darauf hin, dass global betrachtet eine Umstellung des Geschäftsmodells wissenschaftlicher Zeitschriften ohne Mehrkosten im Rahmen der jetzt schon eingesetzten Finanzmittel möglich wäre. Legt man 2 Millionen Fachartikel zugrunde, wird aktuell jeder dieser Artikel im jetzigen Subskriptionssystem mit 3 800 € finanziert. Die Obergrenze für die durch die DFG-Publikationsfonds geförderten Open-Access-Artikel entspricht hingegen 2 000 €. Wird dieser Preis für eine Open-Access-Transformation des Marktes veranschlagt, so würden sich die weltweiten Kosten für das Publikationssystem nur noch auf 4 Milliarden € belaufen, es käme zu einer 45 %igen Einsparung gegenüber dem jetzigen Subskriptionssystem:

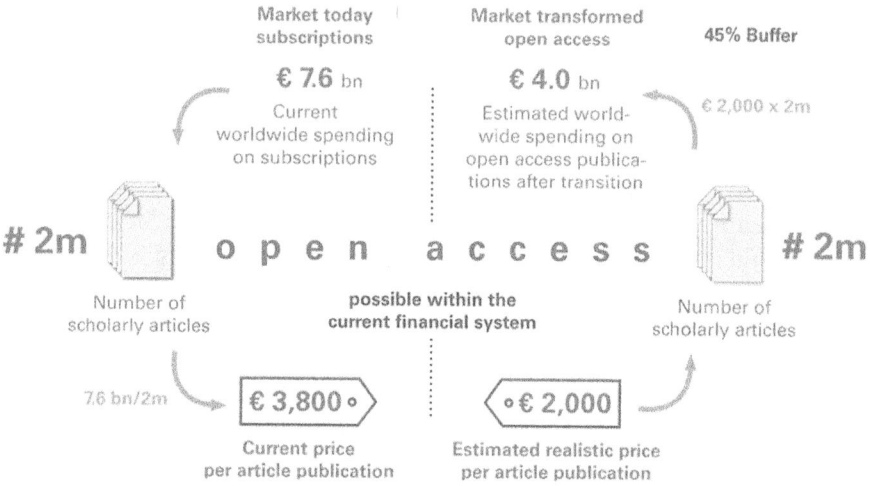

Abb. 1: Finanzielle Auswirkung der Open-Access-Transformation.

---

3 siehe OpenAPC https://github.com/OpenAPC/openapc-de

Die hier aufgezeigte Kalkulation bezieht sich im Wesentlichen auf Zeitschriften des sogenannten STM-Bereichs (*Science, Technology, Medicine*). Diese Disziplinen binden derzeit den Löwenanteil der Bibliotheksetats weltweit, wobei die Anbieterkonzentration auf dem Informationsmarkt außerdem dazu führt, dass über die Hälfte eines durchschnittlichen Bibliotheksetats an lediglich drei bis fünf Verlage fließt, je nach fachlicher Ausrichtung einer Wissenschaftseinrichtung (Gutknecht, 2015). Die seit Jahren fortschreitenden Preissteigerungen in diesem Zeitschriftensegment führen entsprechend zu einer Unterfinanzierung der Informationsversorgung insbesondere in den Geistes- und Sozialwissenschaften. Einsparungen, die durch den Wechsel auf ein Open-Access-Geschäftsmodell mit marktüblichen Artikelpreisen zu erwarten sind, würden somit in den Bibliotheken wieder Mittel freisetzen, welche den derzeit unterfinanzierten Disziplinen zu Gute kommen können.

Kostenmodellierung und praktische Schritte zur Transformation

Das Heft des Handelns halten die Einrichtungen in der Hand, die über die eingesetzten Mittel verfügen und darüber entscheiden, wofür sie ihr Geld einsetzen – oder auch nicht. Das sind die Wissenschaftseinrichtungen, vertreten in dieser Angelegenheit durch ihre Bibliotheken. Um den Umstieg auf Open Access zu befördern, unterstützen bereits viele deutsche Bibliotheken die Autoren ihrer Einrichtung, indem sie z. B. in separaten Publikationsfonds Mittel für Open-Access-Publikationsgebühren zur Verfügung stellen (vgl. Kapitel 3b). Diese Fonds, die in Deutschland im Hochschulbereich vielfach durch die DFG bezuschusst werden, stellen ein sinnvolles strategisches Instrument dar, um die Finanzierung des Open-Access-Publizierens an den Bibliotheken zu etablieren. In der Regel werden sie allerdings eingesetzt, um die Publikationsgebühren der reinen Open-Access-Verlage abzudecken. Die zentrale Idee der Open-Access-Transformation ist jedoch der standardmäßige Umstieg auf Open-Access-Geschäftsmodelle auch der traditionellen Subskriptionsverlage, wobei perspektivisch die Erwerbungsetats der Bibliotheken, die derzeit für Lizenzen und Subskriptionen verwendet werden, zur Finanzierung des Open-Access-Publizierens herangezogen werden sollen.

Der Bibliothekserwerbungsetat muss vor diesem Hintergrund entsprechend neu gedacht werden (Schimmer, 2012). Für die geplante Umstellung der Bezahlung von Abonnements derzeit auf Publikationsdienstleistungen künftig sind zudem andere Kenngrößen zu berücksichtigen und neue Prozessabläufe zu entwickeln. Die Initiative Open Access 2020 skizziert in ihrer Roadmap[4] die grundlegenden Schritte der

---

4 http://oa2020.org/roadmap/

Transformation. Zentrale Elemente hierin sind Publikationsanalysen und der Umbau der Geschäftsprozesse zwischen Bibliotheken und Verlagen.

Eine Bibliothek muss sich sehr viel präzisere Kenntnisse als bisher über das Publikationsaufkommen ihrer Einrichtung und die Verteilung auf die einzelnen Verlage erschließen, um Übergangsszenarien und Kostenmodelle entwickeln zu können und den Mittelbedarf der Institution für das Artikelgebühren basierte Open-Access-Publizieren abzuschätzen. Konkret sollten wissenschaftliche Einrichtungen (bzw. ihre zuständigen Bibliotheken) folgende Fragen beantworten können, um im Hinblick auf den Transformationsprozess über eine verlässliche Datengrundlage zu verfügen:
- Wie viele Publikationen entstanden unter Beteiligung der Institutionsangehörigen im Jahr X?
- An wie vielen dieser Publikationen waren Institutionsangehörige als „Corresponding Author" beteiligt?
- Wie gestaltet sich die Verteilung über die einzelnen Verlage?
- Wie verhalten sich die Ausgaben für Zugangslizenzen und Subskriptionen zu der Anzahl der Publikationen mit „Corresponding Author" aus der Einrichtung?

Diese Informationen sind auch notwendig, um einen Einstieg in neue Vertragsmodelle zu finden, die derzeit unter dem Stichwort *„offsetting"* diskutiert werden und einen Einstieg in eine systematische Umschichtung von Lizenzkosten (Abonnements) hin zu Publikationskosten bieten.

Trotz der Evidenz für die globale Machbarkeit der Open-Access-Transformation im Rahmen der jetzigen Subskriptionsausgaben können forschungsstarke Institutionen mit einem hohen Publikationsaufkommen, zumindest auf der Ebene einzelner Verlage, nach dem Publikationskostenmodell mit Mehrkosten konfrontiert sein. Zu berücksichtigen ist jedoch die Berechnungsgrundlage: Da jede Publikation nur einmal bezahlt wird, sind nicht alle Fachartikel einer Einrichtung maßgeblich für eine Kostenprojektion, sondern nur jene, die im Fall von mehreren beteiligten Autoren einen „Corresponding Author" aus der eigenen Institution aufweisen. In der Regel liegt der Anteil solcher Veröffentlichungen an dem gesamten Publikationsaufkommen einer Einrichtung um die 50 %. Institutionen müssen außerdem die Kostenmodellierungen nach dem Publikationskostenmodell über möglichst alle Anbieter hinweg durchführen, um einzuschätzen, bei welchem Verlag mit Einsparungen und wo mit Mehrkosten zu rechnen ist. Eine sehr umfassende Modellierung solcher Transformationsszenarien für forschungsstarke Universitäten wurde jüngst in der US-amerikanischen Studie „Pay It Forward" dargelegt (University of California Libraries, 2016).

In den kommenden Jahren wird es darum gehen, die neue Logik auf breiter Fläche in den Verträgen zwischen Bibliotheken und Verlage zu implementieren (siehe dazu das Kapitel 3e). Bibliotheken müssen Kriterien und Verfahren für die nachhaltige Finanzierung von APCs entwickeln.

Die Möglichkeiten zur Umwidmung der Finanzmittel von Subskriptionen hin zur Finanzierung von Publikationen sind strukturell an deutschen Einrichtungen verschieden (Geschuhn & Pieper, 2016). Auch über die einzelne Einrichtung hinaus müssen Wege gefunden werden, um einen Ausgleich zwischen publikationsstarken und -schwachen Einrichtungen herzustellen. Hier spielen auch Forschungsförderer und überregionale Konsortien eine wichtige Rolle. Umgestellt werden jedoch nicht nur die Grundlogik der Verträge, sondern auch die Finanzströme und die erforderlichen Abrechnungsprozesse im Sinne des Open-Access. Hinzu kommt die Notwendigkeit, die Kosten der Einrichtungen für Publikationsgebühren öffentlich zu dokumentieren, um Markttransparenz herzustellen und um über Kenngrößen der Preisentwicklung zu verfügen. Das DFG-geförderte Projekt INTACT entwickelt derzeit in den Initiativen OpenAPC und ESAC eben jene notwendige Infrastruktur, um möglichen Fehlentwicklungen im Publikationskosten-basierten Geschäftsmodell entgegenzuwirken.[5]

Darüber hinaus veröffentlichte eine Ad-hoc-Arbeitsgruppe der Schwerpunktinitiative „Digitale Information" der Allianz der deutschen Wissenschaftsorganisationen 2016 zwei Empfehlungspapiere, die die zentralen Anforderungen an die Rahmenbedingungen des Open Access' formulieren und Wissenschaftseinrichtungen und Bibliotheken eine erste Orientierung bieten (Ad-hoc-AG Open-Access-Gold 2015).

Ausblick

Seit seiner Veröffentlichung 2015 wurde das *White Paper* der Max Planck Digital Library zu einem zentralen Referenzdokument der weltweit geführten Transformationsdebatte. Das große Interesse wurde auch sichtbar auf einer zweitägigen internationalen Konferenz Ende 2015, als 100 Repräsentanten aus 19 Ländern einer Einladung der Max-Planck-Gesellschaft folgten, um über einen beschleunigten Weg zu Open Access zu debattieren. Die Teilnehmer stimmten darin überein, dass auf die Transformation im Sinne der hier dargelegten Überlegungen gemeinsam hingearbeitet werden solle. Die Ergebnisse der Tagung, eine Absichtserklärung (*Expression of Interest*)[6] und ein Aktionsplan (*roadmap*),[7] wurden im März 2016 unter dem Kampagnennamen *Open Access 2020* veröffentlicht.

Seither wächst die Zahl an Wissenschaftsorganisationen stetig an, die sich durch Unterzeichnung der *Expression of Interest* zu dieser Kampagne bekennen. Immer mehr Wissenschaftsorganisationen und Verbände erkennen, dass das Haltbarkeitsdatum des bestehenden Subskriptionswesens deutlich überschritten ist und dass zu einer wirkungsvollen Erneuerung des Systems der Hebel an den Finanzströmen anzusetzen ist. Aktuell wird sehr viel Geld für in Anbetracht heutiger Möglichkeiten viel zu geringe Nutzungsmöglichkeiten ausgegeben.

---

5 https://www.intact-project.org/
6 http://oa2020.org/mission/
7 http://oa2020.org/roadmap/

Es wird immer offenkundiger, dass mit maximal dem gleichen Mitteleinsatz ein sehr viel besseres System der wissenschaftlichen Kommunikation aufgebaut und finanziert werden könnte.

Ziel der Open-Access-Transformation ist das Geschäftsmodell und die Bezahlgrundlage für die Dienstleistungen der Verlage. Die Verlagsdienstleistungen als solche sollen erhalten bleiben und auch weiterhin in fairer und angemessener Weise vergütet werden. Das disruptive Element der Transformation ist damit allein auf die Finanzströme gerichtet, nicht aber auf die Austauschbeziehungen zwischen Wissenschaft und Verlagen insgesamt. In der großflächigen Transformation der Geschäftsmodelle liegt eine Chance sowohl für die Wissenschaft als auch für die Verlage, die künstliche Verknappung wissenschaftlicher Inhalte in einer auf maximale Distribution hin ausgerichteten Umgebung endlich zu beenden und der heutigen Erwartungshaltung gerecht zu werden. In einer Zeit, in der Informationen in Sekunden um den Erdball getwittert werden, mutet der heutige Modus wissenschaftlicher Kommunikation absurd an. Wenn die Transformation auf den geordneten Bahnen in den nächsten Jahren nicht gelingt, dann wird es nicht mehr lange dauern, bis die nachwachsende Generation das bestehende System aufkündigt.

Literatur

Bruch, C., Deinzer, G., Geschuhn, K., Hätscher, P., Hillenkötter, C., Kreß, U., Pampel, H., Schäffler, H., Stanek, U., Timm, A. & Wagner, A. (2015). Positionen zur Schaffung eines wissenschaftsadäquaten Open-Access-Publikationsmarktes. Abgerufen von http://epub.uni-regensburg.de/33586/1/2015_Ad-hoc-AG-OA-Gold_Positionspapier.pdf.

Bruch, C., Geschuhn, K., Hanig, K., Hillenkötter, C., Pampel, H., Schäffler, H., Scheiner, A., Scholze, F., Stanek, U., Timm, A. & Tullney, M. (2016). Empfehlungen zur Open-Access-Transformation. doi:10.3249/allianzoa.011.

Geschuhn, K., & Pieper, D. (2016). Wandel aktiv gestalten: Das Projekt INTACT- Transparente Infrastruktur für Open-Access-Publikationsgebühren. In B. Mittermaier (Hrsg.), Der Schritt zurück als Schritt nach vorn – Macht der Siegeszug des Open Access Bibliotheken arbeitslos? (Bd. 22, S. 47–69). Jülich, Germany, 14 Jun 2016 – 16 Jun 2016. Abgerufen von http://hdl.handle.net/2128/11559.

Gutknecht, C. (2015, August 29). Zahlungen der ETH Zürich an Elsevier, Springer und Wiley nun öffentlich. Abgerufen von https://wisspub.net/2015/08/29/zahlungen-der-eth-zuerich-an-elsevier-springer-und-wiley-nun-oeffentlich/.

Schimmer, R. (2012). Open Access und die Re-Kontextualisierung des Bibliothekserwerbungsetats. Bibliothek Forschung und Praxis, 36(3), 293–299.

Schimmer, R., Geschuhn, K., & Vogler, A. (2015). Disrupting the subscription journals' business model for the necessary large-scale transformation to open access. doi:10.17617/1.3.

University of California Libraries. (2016). Pay It Forward: investigating a Sustainable Model of Open Acceee Article processing Charges of Large North American Research Institutions. Abgerufen von http://icis.ucdavis.edu/wp-content/uploads/2016/07/UC-Pay-It-Forward-Final-Report.rev_.7.18.16.pdf.

Angelika Kutz
3d SCOAP3 – Goldener Open Access in der Hochenergiephysik

Einleitung

Das vom CERN (Europäische Organisation für Kernforschung) seit 2006 initiierte Projekt SCOAP³ (Sponsoring Consortium for Open Access Publishing in Particle Physics) hat in weltweiter gemeinsamer Anstrengung von über 3 000 Bibliotheken, Bibliothekskonsortien, Forschungseinrichtungen und Forschungsförderinstitutionen in Zusammenarbeit mit den Verlagen Goldenen Open Access für peer-reviewed Hochenergiephysik (HEP)-Veröffentlichungen in Qualitätszeitschriften erreicht und ist zum 1. Januar 2014 mit dem SCOAP³-Repositorium (http://repo.scoap3.org/) für HEP-Artikel gestartet.

Errungenschaften von SCOAP³

SCOAP³ hat erreicht, dass alle über SCOAP³ finanzierten Artikel bei Veröffentlichung in den peer-reviewed SCOAP³-HEP-Qualitätszeitschriften im Goldenen Open Access verfügbar gemacht werden. Durch den im Rahmen des internationalen Ausschreibungsverfahrens (tender) zur Implementierung von SCOAP³ verankerten Kappungs-Mechanismus, dass ein Verlag nur eine bestimmte Anzahl von Artikeln bezahlt bekommt, aber darüberhinausgehende Artikel dennoch ohne weitere Bezahlung veröffentlichen muss, hat SCOAP³ eine Art Flatrate für Open-Access-HEP-Artikel geschaffen. Dank SCOAP³ ist daher keine Einzelabrechnung pro Artikel erforderlich, auch weil die Veröffentlichung kostenfrei für den Autor ist. Alle SCOAP³-Artikel stehen unter CC-BY-Lizenzen mit Metadaten unter CC0-Lizenz, was Text- and Datamining ermöglicht. Das Copyright verbleibt bei SCOAP³-Artikeln beim Autor. Mit der Gründung zum 1. Januar 2014 hat SCOAP³ eine vollständige bzw. anteilige Umstellung von Qualitätszeitschriften auf Goldenen Open-Access zu einem fixen Umstellungszeitpunkt (flipping model) bewirkt. Durch die zentrale Verwaltungsstruktur (CERN plus Nationale Kontaktpunkte wie z. B. für Deutschland MPG, DESY, TIB) entsteht für die teilnehmenden Einrichtungen kaum Verwaltungsaufwand.

Die Einrichtungen haben über eine API (Application Programming Interface), inkl. OAI-PMH Schnittstelle zur Datenübernahme in z. B. institutionelle Repositorien, Zugriff auf das SCOAP³ Repositorium. Die Verlage sind zur Lieferung innerhalb von 24h an das CERN in den vereinbarten Formaten PDF, PDF/A, XML verpflichtet. Es besteht fast 100 %ige Vertragskonformität seitens der Verlage. Seit Januar 2014 verzeichnet SCOAP³ eine konstant zunehmende Anzahl sofort bei Veröffentlichung verfügbarer Gold-Open-Access-Artikel im SCOAP³ Repositorium und auf den Verlagswebseiten.

SCOAP³-Zeitschriften

Zeitschriften, deren SCOAP³-HEP-Anteil in den Veröffentlichungen bei über 60 % lag, wurden zu 100 % auf Goldener Open Access umgestellt (sogenannte Modell-1-Zeitschriften). Zeitschriften mit einem SCOAP³-HEP-Anteil unter 60 % wurden anteilig, also entsprechend dem individuellen HEP-Prozentanteil der Zeitschrift, auf Goldener Open Access umgestellt (sogenannte Modell-2-Zeitschriften). Ob eine Publikation ein SCOAP³-HEP-Artikel ist, entscheidet sich anhand der in der Technical Specification des öffentlichen Ausschreibungsverfahrens (tender) (Nr. 5. a.) (http://www.scoap3.de/fileadmin/dateien/Dokumente/Scoap3_Technical_Specification.pdf) als maßgeblich festgelegten vier arXiv-Kategorien
- http://arxiv.org/archive/hep-ex,
- http://arxiv.org/archive/hep-th,
- http://arxiv.org/archive/hep-ph,
- http://arxiv.org/archive/hep-lat.

Wichtig ist in diesem Zusammenhang, dass Artikel, welche in einer der nur teilweise umgestellten Modell-2-Zeitschriften veröffentlich werden sollen, *vorher* bei arXiv hochgeladen werden müssen und erst dann zusammen mit der jeweiligen arXiv-Nummer an den Verlag gesendet werden dürfen, um durch SCOAP³ abgedeckt zu sein. (Siehe zu arXiv Kapitel 2d)

Die an SCOAP³ in der ersten Phase (2014–2016) teilnehmenden Zeitschriften sind:

Verlag	Zeitschrift	maximal bezahlte Artikelanzahl	HEP-Anteil der Zeitschrift	Vereinbarte APCs
Elsevier	Physics Letters B	1.010	100 %	1.800 USD
Elsevier	Nuclear Physics B	284	100 %	2.000 USD
Hindawi	Advances in High Energy Physics	28	100 %	1.000 USD
Institute of Physics Publishing/ Chinese Academy of Sciences	Chinese Physics C	16	7,2 %	1.000 GBP
Institute of Physics Publishing/ Deutsche Physikalische Gesellschaft	New Journal of Physics	20	2,7 %	1.200 GBP
Institute of Physics Publishing/ SISSA	Journal of Cosmology and Astroparticle Physics	138	30,9 %	1.400 GBP
Jagiellonian University	Acta Physica Polonica B	32	22,1 %	500 EUR

Verlag	Zeitschrift	maximal bezahlte Artikelanzahl	HEP-Anteil der Zeitschrift	Vereinbarte APCs
Oxford University Press/Physical Society of Japan	Progress of Theoretical Physics (to become PTEP)	46	36,2 %	1.000 GBP
Springer/Società Italiana di Fisica	European Physical Journal C	326	100 %	1.500 EUR
Springer/SISSA	Journal of High Energy Physics	1.652	100 %	1.200 EUR

Bis auf die Zeitschriften Journal of Cosmology and Astroparticle Physics und voraussichtlich New Journal of Physics, beide Institute of Physics Publishing, nehmen alle bisherigen Zeitschriften auch in der zweiten Phase von SCOAP³ (2017–2019) an SCOAP³ teil.

Struktur von SCOAP³

SCOAP³ ist durch eine zentrale Verwaltungsstruktur durch CERN einerseits sowie durch die nationalen Kontaktpunkte andererseits geprägt und dadurch zu sehr schlanken und effizienten Verwaltungsvorgängen in der Lage.

Internationale Struktur

CERN hat zum Stand September 2016 mit 44 Ländern sowie 3 zwischenstaatlichen Organisationen Memoranda of Understanding unterzeichnet (https://scoap3.org/what-is-scoap3/), mit welchen diese dem SCOAP³-Konsortium beigetreten sind und sich zu einem jeweils anteiligen Finanzierungsbeitrag verpflichtet haben. Zwecks Bündelung der Ressourcen und übersichtlicher Strukturierung arbeitet CERN jeweils auf Länderebene mit sogenannten National Contact Points (nationale Kontaktpunkte) zusammen.

Nationale Struktur in Deutschland

Für Deutschland sind diese NCPs die Max-Planck Digital Library für die Institute der Max-Planck-Gesellschaft (MPG), das Deutsche Elektronen-Synchrotron (DESY) für die Zentren der Helmholtz-Gemeinschaft sowie die Technische Informationsbibliothek (TIB) für die Koordinierung der Beteiligung der deutschenHochschulen an SCOAP³ im Rahmen des noch bis Ende 2016 seitens der Deutschen Forschungsgemeinschaft

(DFG) geförderten Projektes SCOAP³-DH (Sponsoring Consortium for Open Access Publishing in Particle Physics – Deutsche Hochschulen). Jeder dieser drei deutschen Partner hat für die von ihm jeweils vertretenen Einrichtungen ein Memorandum of Understanding mit dem CERN unterzeichnet.

Finanzierungsmodell

SCOAP³ hatte sich von Beginn an zum Ziel gesetzt, faire, marktgerechte Preise für Open Access-Artikel und einen Wechsel von einem Subskriptionsgebührenmodell zu einem Publikationsgebührenmodell zu erreichen. Zu diesem Zweck erfolgte die Berechnung der jeweiligen Finanzierungsanteile der einzelnen Länder bereits von Anfang an anhand des jeweiligen Veröffentlichungsanteils (Fair Share) eines Landes am weltweiten HEP-Veröffentlichungsaufkommen dieses Landes innerhalb eines bestimmten Zweijahreszeitraumes. Die jeweiligen Länderanteile können unter https://scoap3.org/what-is-scoap3/ eingesehen werden. In Phase 1 von SCOAP³ (2014–2016) basierte diese Berechnung auf den Veröffentlichungszahlen in den Jahren 2005/2006 und lag für Deutschland insgesamt bei 9,1 %. Der für Phase 2 von SCOAP³ (2017–2019) für diese Berechnung zugrunde gelegte Zweijahreszeitraum 2014/2015 führte zu einem Anteil von 9,7 % für ganz Deutschland.

Berechnungsmodus international

Der seitens des CERN zwecks Ermittlung der jeweiligen Landesanteile am Publikationsaufkommen angewandte, konkrete Berechnungsmodus für die jeweiligen Anteile sieht bei mehrfacher Institutszugehörigkeit folgende Prüfungskaskade vor. Gehört ein Autor dem CERN, dem Joint Institute for Nuclear Research oder einem HEP-Laboratorium eines bestimmten Landes an, wird sein Anteil jeweils dem CERN, dem JINR oder dem Land dieses Laboratoriums zugerechnet. Trifft nichts davon zu, wird eine Rangfolge anhand des Bruttoinlandsproduktes pro Kopf gebildet und dementsprechend eine Zuordnung vorgenommen.

Berechnungsmodus national für Deutschland

Auf nationaler Ebene wurde auch bereits in der ersten Phase ein auf Auswertungen der Datenbank INSPIRE basierender Verteilungsschlüssel gewählt, weil auf nationaler Ebene die Parameter Großkooperationen sowie Bruttoinlandsprodukt (BIP) nicht in derselben Weise herangezogen werden können. Dieser nationale Verteilungsschlüssel stellt einen tatsächlichen, rein nach Bruchteilen berechneten Fair Share dar. Bei Mehrautorenschaft wird nach effektiven Anteilen geteilt. Hat ein Wissenschaftler z. B. sowohl die Universität Hannover als auch die Universität Hamburg und das Max-Planck-Institut für Physik als Mehrfachzugehörigkeit, wird sein Artikel für die anteilige Berechnung zu je einem Drittel auf diese Einrichtungen aufgeteilt.

Finanzierungsmodell Phase 1 (2014–2016)

Internationale Ebene

Für die Finanzierung der Phase 1 wurden weltweit die im Jahr 2013 für die SCOAP³-Zeitschriften zu zahlenden Subskriptionen in den zentralen, beim CERN angesiedelten SCOAP³-Fonds umgelenkt. CERN veranschlagte für die erste Phase von SCOAP³ einen für die Finanzierung der Verträge mit den Verlagen weltweit notwendigen Betrag von zunächst 10 Mio. € netto jährlich, welcher sich aufgrund des Austritts der American Physical Society (APS) Mitte 2013 noch vor dem Start von SCOAP³ auf 5 Mio. € jährlich reduzierte. Gleichzeitig wurden aber durch die Nichtteilnahme von APS auch die diesbezüglichen Subskriptionsgebühren nicht für eine Umlenkung in den SCOAP³-Fonds frei.

Um ein Gegengewicht gegen die Marktmacht der Verlage zu implementieren, wurden die Verträge für SCOAP³ in der ersten Phase mit Hilfe eines formalen Ausschreibungsverfahrens nach CERN Financial Rules (Tender) vergeben.

In der dazugehörigen Technical Specification (http://www.scoap3.de/fileadmin/dateien/Dokumente/Scoap3_Technical_Specification.pdf) legte CERN die seitens der Verlage zu erfüllenden Konditionen für eine Teilnahme am Vergabeverfahren für die SCOAP³-Verträge fest. Diese Bedingungen entsprechen im Wesentlichen den unter 2. aufgeführten Punkten, welche speziell mit Hilfe dieses Tenders erreicht wurden und auch für die zweite Phase von SCOAP³ gültig bleiben.

Eine der wichtigsten Festlegungen im Rahmen des Tenders, welcher eine echte Wettbewerbssituation für Goldener Open Access geschaffen hat, ist der sogenannte Kappungs-Mechanismus (*capping*). Dieser sieht vor, dass ein Verlag lediglich eine bestimmte, vorab festgelegte Anzahl von Artikeln bezahlt bekommt, gleichzeitig jedoch verpflichtet ist, alle weiteren Artikel, welche die Qualitätsstandards erfüllen, ebenfalls unter denselben Bedingungen, vor allem Goldener Open Access, zu veröffentlichen. Mit jedem zusätzlichen, über die einem Verlag maximal bezahlte Artikelanzahl hinausgehenden Artikel, welcher in einer SCOAP³-Zeitschrift veröffentlicht wird, sinkt die virtuelle Artikelbearbeitungsgebühr (Article Processing Charge; APC) für diese Zeitschrift. Aktuell liegt diese virtuelle APC bei ca. 1 100 €. SCOAP³ hat mit Hilfe des durch den Tender implementierten Kappungsmechanismus eine Art von Flatrate für Goldene Open-Access-Artikel für den Bereich der Hochenergiephysik geschaffen, weil die virtuelle APC mit jedem weiteren veröffentlichten Artikel sinkt, und Autoren mit ihrem Veröffentlichungsverhalten ein weiteres Absenken der virtuellen APC steuern können.

Zur Veranschaulichung ein Beispiel für den Kappungsmechanismus anhand fiktiver Zahlen:

SCOAP³-Zeitschrift	Anzahl der laut Vertrag maximal zu bezahlenden Artikel	Anzahl der in der SCOAP³-Zeitschrift veröffentlichten Artikel	Anzahl der dem Verlag tatsächlich bezahlten Artikel
A	500	1.500	500
B	1.000	1.700	1.000
C	800	700	700

Die Finanzierung von SCOAP³ wurde in Phase 1 dadurch ermöglicht, dass die bis dahin von den Bibliotheken als Subskriptionsgebühren an die Verlage gezahlten Beträge in den zentralen SCOAP³-Fonds beim CERN eingezahlt wurden, aus welchem die Verlage zentral für ihre Dienstleistungen bezahlt wurden.

Damit diese Subskriptionsbeträge für eine solche Umlenkung in den SCOAP³-Fonds freiwurden, waren die Verlage im Rahmen des Tenders dazu verpflichtet worden, den Bibliotheken die Rechnungen in Höhe der jeweiligen, an SCOAP³ fließenden Subskriptionsgebühren zu reduzieren (siehe Abb. 1).

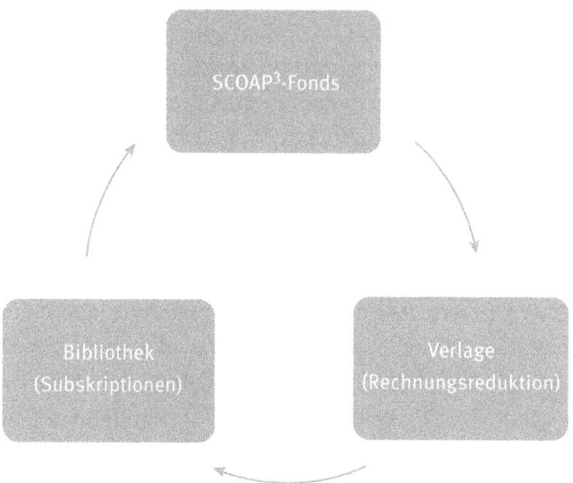

Abb. 1: Finanzströme in Phase 1 von SCOAP³.

Die Berechnung der an SCOAP³ umzulenkenden Beträge erfolgte im Rahmen der sogenannten *Reconciliation Facility* (in der Technical Specification noch als Brokering

Facility bezeichnet). In diesem beim CERN geführten Techniktool stellten sowohl die Bibliotheken (über ihre jeweiligen nationalen Kontaktpunkte) als auch die Verlage die von ihnen jeweils errechneten und damit für SCOAP³ freiwerdenden Beträge zur Verfügung. Das CERN-System glich die beiden Beträge miteinander ab und ließ durch eine Farbkodierung unmittelbar erkennen, ob die Beträge übereinstimmten oder eine Divergenz zu verzeichnen war. Im letzteren Fall traten die Bibliotheken – unterstützt durch ihre nationalen Kontaktpunkte und/oder das CERN – in Verhandlungen mit den Verlagen, um eine Einigung über die für eine Umlenkung freiwerdende Summe zu erzielen.

Dadurch, dass auf diese Weise die im System bereits vorhandenen Subskriptionskosten verwendet wurden, ermöglichte SCOAP³ die Umstellung von *closed access* auf Goldenen Open-Access in einem einzigen Schritt (Flipping-Modell).

Nationale Ebene

Anhand der geschilderten Berechnungsweise ergab sich für die erste Phase von SCOAP³ (2014–2016) auf Basis der vom CERN als weltweit für erforderlich erachteten 5 Mio. € netto jährlich bei einem Anteil von 9,1 % ein Betrag von 500 500 € netto jährlich für Deutschland insgesamt, welcher nach ihrem anteiligen Veröffentlichungsaufkommen auf die drei deutschen Partner aufgeteilt wurde. Insbesondere auf Seiten der deutschen Hochschulen ergab sich trotz Einwerbens nahezu aller Subskriptionsbeträge eine Unterdeckung von ca. 50 % für den anteilig von diesen zu tragenden Betrag. Für Phase 1 wurde diese Differenz durch eine Vorab-Ausfallgarantie seitens der DFG im Rahmen des Projektes SCOAP³-DH getragen, was einen Start von SCOAP³ zum Januar 2014 überhaupt erst möglich machte, weil das Memorandum of Understanding seitens der TIB ohne diese Garantie nicht hätte unterzeichnet werden können.

Finanzierungsmodell Phase 2 (2017–2019)

Internationale Ebene

Für die zweite Phase von SCOAP³ musste das CERN zwischen einem erneuten Tender und Vertragsverlängerungsverhandlungen mit den an SCOAP³ teilnehmenden Verlagen abwägen, weil ein weiterer Tender die Gefahr barg, dass aktuelle SCOAP³-Zeitschriften aufgrund eines dadurch ausgelösten Verdrängungswettbewerbs evtl. von einer weiteren Teilnahme ausgeschlossen werden könnten, was ein Risiko für die Kontinuität des Projekts einerseits, aber auch für die Zeitschriften und vor allem ihre Verfügbarkeit als Open Access darstellte. Die daraufhin zwischen dem CERN und den Verlagen geführten Verhandlungen ergaben eine – im Verhältnis zu den auf dem freien Zeitschriftenmarkt üblichen 5–6 % – moderate Preiserhöhung von 2 % über alle drei Jahre der zweiten Phase zusammen. Der auf dieser Basis für die zweite Phase seitens des CERN veranschlagte weltweit erforderliche Betrag beläuft sich auf 4,9 Mio. € netto jährlich. Die Verträge zwischen CERN und den Verlagen wurden im September 2016 unterzeichnet.

Nationale Ebene

Anhand des bereits in der ersten Phase verwandten Berechnungsmodells ergab sich für die zweite Phase von SCOAP³ (2017–2019) auf Basis der nun weltweit notwendigen 4,9 Mio. € netto jährlich bei einem Anteil von 9,7 % ein Betrag von 522 830 € netto jährlich für Deutschland insgesamt, welcher wieder nach anteiligem Veröffentlichungsaufkommen auf die drei deutschen Partner aufgeteilt wurde.

Innerhalb der deutschen Hochschulen ergab sich dabei sich folgende Gewichtung:

Einrichtungen mit Publikationen > 5 %:	zusammen 59 % der finanziellen Beteiligung
Einrichtungen mit Publikationen > 2 %:	zusammen 21 % der finanziellen Beteiligung
Einrichtungen mit Publikationen < 2 %:	zusammen 20 % der finanziellen Beteiligung

Für Phase 2 bestanden allerdings zwei Herausforderungen.

Zum einen brachte die Umstellung von dem Subskriptionskostenmodell auf das Publikationsoutput-basierte Modell dadurch Verwerfungen im System mit sich, dass es Einrichtungen gab, welche zwar hohe Subskriptionen beigesteuert haben, aber im Verhältnis wenig publizieren bzw. umgekehrt Einrichtungen, welche geringe Subskriptionsgebühren bei gleichzeitig hohem Veröffentlichungsaufkommen gezahlt hatten.

Zum anderen musste der bisher seitens der DFG abgefederte Unterdeckungsbetrag ebenfalls in die Aufteilungsberechnung für die jeweiligen Anteile der Einrichtungen einfließen, um den für die Hochschulen errechneten jährlichen Gesamtanteil aufzubringen. Die dadurch für die Einrichtungen spürbar werdende, bisher seitens der DFG aufgefangene Unterdeckung bewirkte in einigen Fällen einen deutlichen Anstieg der erforderlichen Beteiligungshöhe.

Um dadurch gegebenenfalls entstehende Extremfälle abzumildern, wurde aufgrund der Anregungen während eines Workshops der TIB am 10. Mai 2016 in Hannover ein Modell gewählt, welches in den ersten beiden Jahren der zweiten Phase (2017 und 2018) noch anteilig die Subskriptionskostenhöhe für den von einer Einrichtung zu zahlenden Beitrag berücksichtigt und bei welchem die jeweiligen Fair Share-Beträge erst im Jahr 2019 zu zahlen sind.

Dieses Stufenmodell sieht folgenden Schlüssel für die Beteiligung der Einrichtungen vor:

2017: 70 % SCOAP³-Beitrag aus dem Jahr 2016 und
30 % nach Fair Share-Anteil
2018: 30 % SCOAP³-Beitrag aus dem Jahr 2016 und
70 % nach Fair Share-Anteil
2019: 100 % nach Fair Share-Anteil

Aus Solidaritätsgründen haben sich dankenswerterweise alle Einrichtungen, welche in Phase 2 erstmalig hinzugekommen sind, bereiterklärt, sich bereits ab 2017 und für alle drei Jahre der zweiten Phase mit ihrem jeweiligen Fair Share-Beitrag zu beteiligen.

Fazit

Durch den mit Hilfe des Kappungsmechanismus erzielten Wettbewerbsdruck und der daraus resultierenden Möglichkeit einer Flatrate für Open Access-Artikel, resultierend aus der mit jedem veröffentlichten Artikel sinkenden virtuellen Artikelbearbeitungsgebühr, hebt sich SCOAP³ von den meisten derzeit existierenden Open Access-Finanzierungsmodellen ab.

Sollte SCOAP³ in seiner jetzigen Form nicht weitergeführt werden können, dürfte sich die Markt- und Verhandlungsmacht wieder vollständig auf die Seite der Verlage verlagern, welche dann einseitig APC-Höhe und Vertragskonditionen bestimmen könnten. Speziell vor den sich abzeichnenden Entwicklungen zu mehr verpflichtendem Open Access von wissenschaftlichen Ergebnissen, dürfte ein konzertiertes Vorgehen besonders wichtig sein.

Letztlich ist SCOAP³ auch im Zusammenhang mit einer generellen Systementscheidung im Hinblick auf die Gestaltung des Veröffentlichungssystems als solchem zu sehen. Ausgehend vom bisherigen Veröffentlichungsprozedere bei traditionellen Zeitschriften mit klassischem Peer Review stellt SCOAP³ mit Blick auf die Kostenstruktur ein relativ ausgeglichenes Modell dar.

Sollen andere Veröffentlichungsmodelle genutzt werden, sind solche dementsprechend zu entwickeln. Diese Entscheidung muss allerdings von der jeweiligen Wissenschaftsgemeinde, im Falle von SCOAP³ der HEP-Community getroffen werden.

Bei Beibehaltung der bisherigen Maßstäbe stellt das SCOAP³-Modell mit dem aufgrund des Tenders und der Flatrate erreichten Gegengewicht zur reinen Verlagsmacht eine durchaus beachtenswerte Steuerungsmöglichkeit dar, die für die Wissenschaftler erforderlichen Konditionen mit Goldenem Open Access zu verbinden.

Die in sich relativ geschlossene Fachcommunity erleichterte eine Implementierung dieses speziellen SCOAP³-Modells. Abzuwarten bleibt, ob dieses auf andere Fachbereiche übertragbar ist bzw. wie sich die weitere Entwicklung im Segment der HEP-Veröffentlichungen gestalten wird.

Kai Geschuhn
3e Offsetting

Hintergrund

Die von zahlreichen Wissenschaftseinrichtungen geforderte Open-Access-Transformation strebt für das wissenschaftliche Publikationswesen eine großflächige und mindestens kostenneutrale Ablösung des Subskriptionsmodells durch Open-Access-Geschäftsmodelle an.[1] Auf Seiten der Wissenschaftseinrichtungen sollen demnach die jetzigen Aufwendungen für Subskriptionen eingesetzt werden, um Open-Access-Publikationsdienstleistungen zu bezahlen. Verlagsseitig werden entsprechend Einnahmen nicht mehr aus dem Verkauf von Zugangsrechten generiert, sondern in der Regel aus Publikations- oder Artikelgebühren (auch Article processing charges, APC).

Einen ersten praktischen Einstieg in das neue Geschäftsmodell ermöglichen die derzeit unter dem Begriff „Offsetting" (im Deutschen „Verrechnung") pilotierten Verträge zwischen Verlagen und Wissenschaftseinrichtungen, die neben den herkömmlichen Zugangsrechten zu wissenschaftlichen Zeitschriften auch Open-Access-Publikationsrechte abdecken. Während das bislang bekannte hybride Open-Access-Modell (siehe Kapitel 2b) beständig in der Kritik steht, Inhalte zweifach zu verwerten, indem Verlage hier gleichzeitig Einnahmen über Subskriptionen und Open-Access-Publikationsgebühren generieren (sog. „double dipping"), fassen die neuen Modelle die Kosten für den lesenden und schreibenden Zugriff einer oder mehreren Einrichtungen erstmals zusammen.

Die ersten Offsetting-Verträge wurden in Österreich und Großbritannien abgeschlossen. 2014 konnten sich das österreichische Konsortium für elektronische Medien und der österreichische Wissenschaftsfonds erstmalig mit dem Anbieter Institute of Physics Publishing (IOP) auf ein landesweites neues Vertragsmodell einigen, welches eine Anrechnung der hybriden Open-Access-Publikationsgebühren auf die Lizenzkosten des Folgejahres vorsieht.[2] Den Empfehlungen des sogenannten Finch Report (Finch 2012) folgend, stellten die britischen Research Councils 2013 umfangreiche Mittel zur Finanzierung des Open-Access-Publizierens – auch für den hybriden Weg – zur Verfügung. Um einen dauerhaften Anstieg der Gesamtkosten im wissenschaftlichen Publikationssystem zu vermeiden, wurde in Großbritannien nach einer ersten Begutachtung der im Zuge von Finch eingeleiteten Maßnahmen (Finch 2013) empfohlen, die Kosten für hybrides Open-Access-Publizieren mit den Subskriptionskosten in Verbindung zu setzen, was die Verhandlung von Offsetting-Verträgen zur

---
1 Siehe hierzu die Initiative Open Access 2020: http://oa2020.org/
2 https://www.fwf.ac.at/de/news-presse/news/nachricht/nid/20140205-1510/

Folge hatte.[3] Die Verabschiedung zahlreicher nationaler Open-Access-Strategien im europäischen Raum (Österreich,[4] Niederlande,[5] Schweden,[6] Dänemark,[7] Norwegen[8] und Finnland)[9] befördert die Aufnahme von weiteren Offsetting-Verhandlungen, sodass der Ansatz zunehmend populärer wird.

Art und Umfang der Verrechnung bzw. der Kompensation der beiden Kostenkomponenten „Zugang" und „Publizieren" unterscheiden sich in der Praxis je nach Vertragsstruktur und Anbieter. Die Modelle befinden sich durchweg noch in einem Experimentierstatus: Bislang bietet kein Verlag ein Offsetting-Modell für beliebige Einrichtungen/beliebige Konsortien an. Wissenschaftliche Verlage haben die Notwendigkeit erkannt, sich dem Open-Access-Geschäftsmodell zu öffnen, jedoch sollen Gewinn- und Wachstumschancen auch für den Fall einer globalen Umsetzung abgesichert werden.

Die Wissenschaftseinrichtungen, in der Regel hierin vertreten durch ihre Bibliotheken, stehen auf der anderen Seite vor der Herausforderung, die neuen Vertragsmodelle zu bewerten, nachhaltige Kriterien zu entwickeln und dementsprechend kreativ zu verhandeln. Neben der Kostenentwicklung ist auch die Notwendigkeit des Aufbaus effizienter Infrastrukturen zur Abwicklung der neuen Prozesse ins Auge zu fassen. Erste Schritte in diese Richtung spiegeln die von Jisc veröffentlichten „Principles for Offset Agreements" (JISC 2015) wider, sowie ein „Joint Understanding of Offsetting" (ESAC 2016), das 2016 im Anschluss an einen internationalen Anwender-Workshop zum Thema veröffentlicht wurde.

In Deutschland veröffentlichte die Ad-hoc-AG Open-Access-Gold in der Allianz-Initiative der Wissenschaftsorganisationen 2015 ein Positionspapier, das Grundsätze und praktische Anforderungen für die Open-Access-Transformation formuliert (Ad-hoc-AG Open-Access-Gold 2015).

Offsetting in der Praxis

Das Ziel der Offsetting-Verträge muss es sein, den Einstieg in ein Vertragsmodell zu schaffen, welches auf dem Publikationsaufkommen der vertragsnehmenden Einrichtungen basiert. Es kann sich daher auch aus Sicht der Einrichtungen nur

---

3 https://www.jisc.ac.uk/blog/offsetting-agreements-for-open-access-publishing-13-apr-2015
4 https://zenodo.org/record/34079/files/OANA_OA-Recommendations_30-11-2015.pdf
5 http://www.openaccess.nl/en/in-the-netherlands/what-does-the-government-want
6 https://publikationer.vr.se/en/product/proposal-for-national-guidelines-for-open-access-to-scientific-information/
7 http://ufm.dk/en/research-and-innovation/cooperation-between-research-and-innovation/open-science/open-access-to-research-publications
8 http://www.forskningsradet.no/en/Newsarticle/A_boost_for_open_access_to_research/1253997204282
9 http://openscience.fi/

um Pilotmodelle handeln, die in einer Übergangsphase die Weichen für die Nachhaltigkeit des neuen Geschäftsmodells stellen. Dies betrifft die Kosten ebenso wie die Etablierung von effizienten und skalierbaren Prozessen zwischen Verlagen und Wissenschaftseinrichtungen. Anhand zweier typischer Angebotsmodelle werden im Folgenden Bewertungskriterien und mögliche Stellschrauben für die Verhandlung diskutiert und im Anschluss Optionen für die vertragliche Ausgestaltung aufgezeigt.

No of Articles	100	110
Article charge	2.000 EUR	2.000 EUR
Publishing fee	200.000 EUR	220.000 EUR
Reading fee	20.000 EUR	20.800 EUR (+4%)
Total	**220.000 EUR**	**240.800 EUR**

Abb. 1: Fiktives Verlagsangebot „Read and Publish", 2-Jahres-Vertrag.

Die Hauptkostenkomponente des „Read and Publish"-Modells (Abbildung 1), die Publishing fee, ergibt sich aus einer festgesetzten Anzahl an Artikeln, multipliziert mit einem Artikelpreis (Article charge, APC), der in der Regel dem bereits im Markt befindlichen Hybrid-Open-Access-Preis des Verlages entspricht. Daneben wird noch eine Zugangsgebühr veranschlagt, die, ebenso wie die Anzahl der Artikel, einer Steigerung im zweiten Jahr unterliegt. In Bezug auf die Artikelanzahl gilt es zunächst, folgende Fragen zu beantworten:

Wie wurde diese Zahl ermittelt und welche Artikel wurden berücksichtigt? Deckt sie sich mit den eigenen Analysen zum institutionellen Publikationsaufkommen bei einem Verlag? Entscheidend hierfür sind Kriterien wie Autorenschaft (wurden alle Artikel mit Beteiligung aus der Einrichtung zugrunde gelegt oder nur jene mit korrespondierenden Autoren?), Artikeltypen (Originalartikel, Reviews, Editorials), Zeitschriften (gibt es Zeitschriften, die nicht berücksichtigt wurden?). Steigerungsraten sollten außerdem kritisch hinterfragt werden und mit eigenen Trendanalysen über mehrere Jahre hinweg verglichen werden.

Sobald die Artikelzahl als realistisch eingeschätzt werden kann, ist das Verhältnis der Publishing fee zu den bisherigen Lizenzkosten bei einem Verlag (sofern ein Vertrag bestand) ausschlaggebend für weitere Überlegungen (Abbildung 2):

Vor dem Hintergrund des angestrebten Umstiegs auf das Geschäftsmodell des Goldenen Open Access müssen Mehrkosten gegenüber dem vorherigen Subskriptionsvertrag sorgfältig abgewogen werden, auch gegenüber der Situation bei anderen Anbietern und in anderen Fächern der eigenen Einrichtung.

250.000 EUR	100	2.000 EUR	200.000 EUR	−20%	
140.000 EUR	100	2.000 EUR	200.000 EUR	+43%	

Abb. 2: Verhältnis Lizenzkosten-Publikationskosten.

Derzeit sind Artikelpreise (APC) im Hybriden Open Access kaum ausdifferenziert. Für einen ersten Einstieg in das neue Modell vereinfacht das Operieren mit Einheitspreisen die ohnehin komplexen Verhandlungen erheblich. Zudem fehlt es nach jetzigem Erfahrungsstand noch an Verfahren, um Artikelpreise anhand von Kenngrößen wie etwa Reputation und Sichtbarkeit eines Journals oder Services für die Autoren qualifiziert zu bewerten oder Obergrenzen für Preise festzulegen. Es steht jedoch außer Frage, dass diese Verfahren zukünftig diskutiert und entwickelt werden müssen; dies ist unabdingbar für eine Weiterführung der Verträge über den Pilotzeitraum hinaus.

Liegt die Publishing fee aufgrund niedrigerer Publikationszahlen unter den bisher gezahlten Lizenzkosten, wird vermutlich über eine Reading- oder Access fee zu verhandeln sein. Hierbei muss berücksichtigt werden, ob mit dem Vertrag eine Ausdehnung der Zugangsrechte einhergeht. Generell muss es allerdings Ziel sein, die Kostenkomponenten für den Zugang vollständig abzubauen. Preissteigerungen auf Zugangskosten bei Mehrjahresverträgen sind auf lange Sicht ebenfalls nicht vereinbar mit dem angestrebten rein publikationsbasierten Modell.

Perspektivisch sollten die bisherigen Lizenzkosten nicht dauerhaft den Ausgangspunkt für die Gesamtkosten eines Vertrages bilden. Bei Mehrjahresverträgen wäre vielmehr ein stufenweiser Rückbau der Zugangskosten anzustreben, während auf der Publikationsseite ein allmählicher Übergang zu einem Zahlungsmodus entsprechend der tatsächlich publizierten Artikel vertraglich vereinbart wird – anstelle von Garantiesummen (fixe Abnahme einer bestimmten Artikelanzahl) und Vorauszahlungen.

Lizenzkosten (Vorauszahlung)	150.000 EUR	156.000 EUR (inkl. 4% Preissteigerung)	159.120 EUR (inkl. 2% Preissteigerung)
Offsetting	–	90%	80%
		− 90.000 EUR	− 80.000 EUR
Artikelkosten (unterjährig)	z.B. 50 Artikel à 2.000 EUR = + 100.000 EUR	z.B. 50 Artikel à 2.000 EUR = + 100.000 EUR	z.B. 50 Artikel à 2.000 EUR = + 100.000 EUR
Administration fee	+ 2.200 EUR	+ 2.200 EUR	+ 2.200 EUR
Total	**252.200 EUR**	**168.200 EUR**	**181.320 EUR**

Abb. 3: Fiktives Verlagsangebot „Offsetting", Modellrechnung über 3 Jahre.

Beim Modell „Offsetting" (Abbildung 3) werden die gezahlten APCs für unterjährig publizierte Artikel im Folgejahr auf die Subskriptionskosten angerechnet, d. h. die Subskriptionskosten reduzieren sich um den Betrag der Artikelgebühren des Vorjahrs. Verrechnet werden dabei jedoch nur 90 % der APCs auf der Ebene einzelner Institutionen. Die restlichen 10 % fließen laut Verlag in ein sogenanntes „globales" Offsetting, bei dem sich die Listenpreise über das ganze Zeitschriftenportfolio hinweg nach und nach reduzieren. Der Anteil dieser „globalen" Reduktion wird schrittweise erhöht, je mehr Inhalte des Verlagsportfolios im Open Access verfügbar sind; gleichzeitig sinkt der Prozentsatz der lokalen Verrechnung (sogenanntes „sliding scale"-Verfahren). In dieser Modellrechnung wurde angenommen, dass der Verlag das „globale" Offsetting, das ja ebenfalls auf lokaler Ebene die Zugangskosten betreffen muss, über eine Absenkung der Preissteigerung (von 4 % im zweiten auf 2 % im dritten Jahr) vornimmt.

Das Angebot in dieser Form ist aus mehreren Gründen problematisch: Durch die unterjährige Zahlung von Publikationsgebühren zusätzlich zu den Subskriptionskosten steigen die Gesamtaufwendungen im ersten Jahr erheblich an, was nicht nur das lokale Budget belastet (sollten die Publikationskosten nicht etwa von einem Dritten, zum Beispiel von einem Wissenschaftsförderer getragen werden), sondern auch haushaltsrechtliche Rationalisierungsprobleme aufwerfen kann.

Weiterhin zeigt die Betrachtung über mehrere Jahre, dass die Gesamtkosten durch den sich absenkenden lokalen Verrechnungsanteil („sliding scale") auch nach drei Jahren noch weit über den ursprünglichen Lizenzkosten im Ausgangsjahr liegen. Einen wirklichen Übergang würde das Modell nur bieten, wenn sich die Subskriptionskosten zumindest im gleichen Maße absenken wie der Anteil der Erstattung der Publikationskosten, was in der Praxis bei diesen Modellen jedoch nicht der Fall ist. Vielmehr ist das „globale" Offsetting ein für den Lizenznehmer nicht nachvollziehbares, verlagsinternes Verfahren.

Positiv zu bewerten ist, dass in diesem Modell die tatsächlich publizierten Artikel unterjährig bezahlt werden, anstelle von Garantiesummen und Vorauszahlungen. Eine Ablösung der Subskriptionslogik ist allerdings hier nicht erkennbar; die Zugangskosten bilden immer wieder die Ausgangsbasis des Vertrags, einschließlich artifizieller Preissteigerungsraten. Nicht akzeptabel sind außerdem Gebühren für die Administration des Vertrages (hier: Administration fee). Insbesondere bei Pilotverträgen zur Entwicklung eines neuen Modells haben beide Vertragspartner von vornherein mit Mehraufwendungen zu rechnen, darüber hinaus sollten sich Verwaltungskosten ohnehin durch die Artikel- oder Lizenzgebühren abdecken.

Vertragsmechanismen, Prozesse und Workflows

Die Abkehr vom Subskriptionsmodell ist das wichtigste Ziel von Offsetting. Die Verträge müssen daher erkennbar zu einem auf Publikationen basierenden

Abrechnungsverfahren hinführen. Zugangskosten sollten niedrig sein oder über den Vertragszeitraum vollständig abgebaut werden. Werden publikationsseitig Garantiesummen bzw. Festabnahmen für Artikelkontingente vereinbart, ist anzustreben, dass sich zumindest die Zahlungslogik allmählich umstellt, um die neuen Prozesse zwischen dem Verlag und den Lizenznehmern einzuüben. Denkbar ist beispielsweise, dass ab einem gewissen Zeitpunkt nicht mehr die kompletten Artikelkosten vorausgezahlt werden, sondern dass diese vielmehr unterjährig durch Sammelrechnungen beglichen werden.

Der Umgang mit Abweichungen der tatsächlich publizierten Artikel von fest vereinbarten Artikelkontingenten ist ebenfalls ein kritischer Punkt, der vertraglich geregelt werden muss. Das Risiko hierfür darf nicht alleine vom Lizenznehmer zu tragen sein, da ansonsten keine Veranlassung besteht, effiziente und verlässliche Prozesse zur Identifizierung und Verifikation der berechtigten Publikationen zu entwickeln. Lässt sich beispielsweise am Ende eines Vertragsjahres evaluieren, dass verlagsseitig nicht alle berechtigten Artikel im Open Access publiziert wurden, sollten diese Kosten ab einem gewissen Grad kompensiert werden, insbesondere dann, wenn bei Überschreitung der vereinbarten Artikelanzahl jeder weitere Artikel zusätzlich in Rechnung gestellt wird. Das Gleiche gilt für das Risiko publikationsschwacher Jahre.

Hieraus ergeben sich für beide Vertragspartner neue Anforderungen. Auf Seiten der Verlage sind neue Verfahren in die Publikationssysteme zu integrieren, um die vertragsgemäß berechtigten Autorinnen und Autoren einer oder mehrerer Einrichtungen möglichst automatisiert zu identifizieren. Die beteiligten Einrichtungen sind für die Bestätigung und Abrechnung der Publikationen zuständig und müssen darüber hinaus Kompetenzen aufbauen, um das eigene Publikationsaufkommen eruieren und analysieren zu können. Die derzeitigen Pilot-Verträge bilden demnach für die effiziente Ausgestaltung dieser Prozesse einen notwendigen Rahmen, innerhalb dessen Standards und grundsätzliche Anforderungen etabliert werden können. Hierzu gehören zum Beispiel die Auslieferung der Open-Access-Lizenzinformationen durch die Verlage an den Dienst CrossRef oder die standardmäßige Angabe der publikationskostentragenden Institution im Artikel selbst.

Diskussion und Ausblick

Mehr noch als bei herkömmlichen Verlagsangeboten ist es zwingend notwendig, die Konditionen der Offsetting-Verträge zu verhandeln. Es gilt, eine neue Vertragslogik zu entwickeln, die nicht nur zur freien Verfügbarkeit von wissenschaftlichen Publikationen im Sinne des Open Access führt, sondern auch die Chance auf einen transparenteren und funktionaleren Publikationsmarkt in sich birgt. Transparenz tritt dann ein, wenn an die Stelle der historisch aus dem Printzeitalter begründeten und nicht offengelegten Subskriptionskosten ein „Pay-as-you-publish"-Modell tritt, in dem sich die Kosten ausschließlich aus dem tatsächlichen Publikationsaufkommen einer Einrichtung bei einem Verlag ergeben und diese gleichzeitig offen gelegt werden. Funktionaler wird der Markt dann, wenn es im zweiten Schritt gelingt, Kriterien für die Höhe der Artikelgebühren zu entwickeln und dadurch Preisbewusstsein und Wettbewerb zu stimulieren.

Die spannende Frage wird sein, inwieweit es den Wissenschaftseinrichtungen und Bibliotheken gelingt, diese Anforderungen durchzusetzen. Unabhängig von der Forderung nach Open Access liegt auf der Hand, dass das Subskriptionswesen längst kein angemessener Modus Operandi im digitalen Zeitalter mehr ist. Vor diesem Hintergrund stehen Bibliotheken auch in der Verantwortung, das wissenschaftliche Publikationswesen endlich für die Möglichkeiten des 21. Jahrhunderts zu öffnen, bevor sich ihre Nutzer von dem anachronistischen System überkomplexer Zugangswege abwenden. In diesem Sinne birgt Offsetting auch die Chance auf einen geordneten Übergang in die neue Welt, in der die Bibliotheken, anders als in der voranschreitenden allmählichen Disruption des Publikationswesens durch Tausch in sozialen Netzwerken und Piraterie-Plattformen, auch noch zukünftig eine Rolle haben können.

Literatur

Ad-hoc-AG Open-Access-Gold (2015). „Positionen zur Schaffung eines wissenschaftsadäquaten Open-Access-Publikationsmarktes" doi:10.2312/allianzoa.008.

ESAC (2016). „Joint Understanding of Offsetting". http://esac-initiative.org/joint-understanding-of-offsetting/.

JISC (2015). „Principles for Offset Agreements". https://www.jisc-collections.ac.uk/Global/News%20files%20and%20docs/Principles-for-offset-agreements.pdf.

Hildegard Schäffler
3f Open Access in konsortialer Perspektive

Einführung

Konsortiales Handeln wird im Bibliothekszusammenhang in der Regel assoziiert mit der Praxis gemeinschaftlicher Lizenzierung, also dem koordinierten Erwerb von Nutzungsrechten an elektronischen Ressourcen. Überträgt man dieses Prinzip des konzertierten Vorgehens auf den Open-Access-Kontext, so ergeben sich insbesondere Ansatzpunkte für die Verbindung aus Subskriptions- und Open-Access-Modell in ein- und demselben konsortialen Vertragszusammenhang, wie etwa bei den sogenannten Offsetting-Verträgen oder der flankierenden Regelung von Grünen Open-Access-Rechten in Bezug auf die lizenzierten Inhalte. Darüber hinaus lässt sich gemeinschaftliches Vorgehen auch bei Verträgen anwenden, welche die Konditionen für das Publizieren im genuin Goldenen Open Access regeln. Etwas weiter gefasst kann Open Access aus konsortialer Perspektive schließlich so interpretiert werden, dass gemeinschaftliche Anstrengungen dezidiert unter Transformationsgesichtspunkten unternommen werden, eine Initiative also die Kräfte bündelt, um den Übergang vom Subskriptionsmodell zum Open-Access-Modell aktiv zu gestalten. Darunter fallen nicht nur global angelegte Projekte wie SCOAP³ oder Knowledge Unlatched, die unten näher erläutert werden, sondern auch jeder Offsetting-Vertrag sollte grundsätzlich von der Prämisse der Transformation geleitet sein. Im Übrigen ist jeder dieser Ansätze immer auch unter einer Infrastruktur- und Workflowperspektive zu betrachten, für die sich im konsortialen Kontext spezielle Synergieeffekte, aber auch Herausforderungen etwa im Sinne des Komplexitätsgrades ergeben können.

Das vorliegende Kapitel versteht sich als Querschnittsbeitrag, der ausgewählte Konzepte und Modelle, die an anderer Stelle im Detail vorgestellt und diskutiert werden, unter dem speziellen Blickwinkel gemeinschaftlichen Handelns zusammenführt.

Offsetting im konsortialen Kontext

In den Empfehlungen der Ad-hoc-AG Open-Access-Gold im Rahmen der Schwerpunktinitiative „Digitale Information" der Allianz der deutschen Wissenschaftsorganisationen zur Open-Access-Transformation werden Offsetting-Verträge definiert als Vereinbarungen, „die die Transformation von Subskription zu Open Access über die Verrechnung von Subskriptionskosten und Artikelbearbeitungsgebühren zu erreichen versuchen" (Empfehlungen zur Open-Access-Transformation, 2016, S.6).¹ Der Rahmen eines Vertrags, in dem der Zugang zu einem Paket von Subskriptionszeitschriften geregelt ist, wird also dafür genutzt, gleichzeitig vor Ort entstehende Kosten für die Publikation von Artikeln im in der Regel hybriden Open Access in eben diesen Zeitschriften mit den Subskriptionskosten in Beziehung zu bringen. Dabei geht es nicht nur um die Vermeidung doppelter Kosten für Subskription und Publikation (sog. „double dipping"),² sondern insbesondere auch um einen aktiven Beitrag zur Transformation, indem ein ökonomisch vertretbarer Rahmen für das systematische Publizieren im Open Access geschaffen wird, der zum Erreichen einer kritischen Masse beitragen und damit zum letztendlichen Flipping der Zeitschriften hin zu Gold Open Access auf globaler Ebene führen soll.

Die Umsetzung eines Offsetting-Konzepts ist nicht zwingend an einen konsortialen Rahmen gebunden, aber in gewisser Weise sind Konsortialabschlüsse über Zeitschriftenpakete für ein solches Vorgehen prädestiniert. Da das Publikationsverhalten von Autorinnen und Autoren nicht unbedingt durchgängig mit dem lokalen Zeitschriftenportfolio einer Bibliothek korrespondiert, lässt sich die gemeinsame Betrachtung von Subskriptions- und Publikationskosten am besten vornehmen, wenn sie sich auf das gesamte Portfolio eines Verlags oder zumindest den fachlich relevanten Ausschnitt bezieht. Dabei ist zu konstatieren, dass Konsortialverträge unter Umständen erst für eine Offsetting-Komponente ertüchtigt werden müssen, indem sie im ersten Schritt auf eine bestandsunabhängige Basis gestellt werden sollten. Damit ist gemeint, dass sich die Kosten nicht mehr von konkreten Subskriptionen ableiten, sondern ein Pauschalbetrag für das Zeitschriftenspektrum des Verlags vereinbart wird, der veränderten Parametern folgt und die Berücksichtigung von Publikationsgebühren in der Gesamtkalkulation erheblich erleichtert. Für die gemeinsame Betrachtung von Article Processing Charges (APC) und Subskription lassen sich eine Reihe von Varianten finden, welche die Open-Access-Komponente mehr oder minder konsequent einbringen.³ Eine eher konservative Form, wie sie insbesondere von der Royal Society of Chemistry (RSC) bereits zu einem frühen Zeitpunkt in dem Programm „Gold for Gold" (http://www.rsc.org/journals-books-databases/open-access/gold-open-access/#gold-for-gold) eingeführt wurde, ist die Vergünstigung von Publikationsgebühren mittels Gutscheinen, d. h. im Rahmen eines Subskriptionsvertrags werden in einem definierten Wert Tokens ausgegeben, die für hybrides Publizieren im Open Access eingesetzt werden können. Derartige Modelle, bei denen Publikation

---

1 Vgl. dazu auch den Beitrag zu Offsetting in Kapitel 3e.
2 Wie Mittermaier (2015) zeigt, ist die Politik vieler Verlage bezüglich der Vermeidung von Double-Dipping-Effekten auf einer globalen Ebene in der Tendenz intransparent und unbefriedigend. Offsetting führt hingegen Subskriptions- und Publikationskosten unmittelbar an der Stelle zusammen, an der sie entstehen.
3 Vgl. zu den Prinzipien des Offsetting, wie sie insbesondere in Großbritannien von Jisc Collections in einem konsortialen Rahmen praktiziert werden, auch Earney (2015).

und Subskription noch relativ unverbunden nebeneinander stehen, führen in einem konsortialen Kontext zu der Frage, nach welchen Kriterien die limitiert verfügbaren Gutscheine an die beteiligten Einrichtungen verteilt werden, ermöglichen aber auch das optimierte Ausschöpfen des Guthabens durch einen gemeinsamen Zugriff auf den Gutscheinpool. Eine Spielart davon, bei der sich diese Verteilungsfragen weniger stellen, ist die Vereinbarung von Rabatten auf APCs.

Konsequenter im Sinne der Transformation sind Verträge, bei denen jede Publikation, die an einer Teilnehmerinstitution entsteht, bei dem entsprechenden Verlag automatisch im Open Access publiziert wird, wenn eine Autorin bzw. ein Autor nicht explizit widerspricht. Die so entstehenden Publikationskosten werden in einem Verrechnungsmodell von den Subskriptionskosten abgezogen. In einem konsortialen Rahmen stellt sich dabei insbesondere die Frage, wie die jeweils lokal anfallenden Publikationskosten mit dem entsprechenden Anteil eines Konsortialteilnehmers an den Gesamtkosten verrechnet werden. Geht man davon aus, dass die Subskriptionskosten in einem bestandsunabhängigen Modell bereits nach Parametern wie beispielsweise Typ und Größe der Einrichtung und nicht mehr nach historischem Bestand auf die Teilnehmer verteilt sind, dann sind die jeweils lokal eingebrachten Publikationskosten von diesen ebenfalls lokalen Pauschalbeträgen für die Subskription abzuziehen. Offen bei dieser Form des Verrechnungsmodells ist die Frage, ob eine Deckelung der zu verrechnenden Publikationskosten bei der Höhe der Subskriptionskosten erfolgt und ob eine solche Kappung auf der konsortialen oder auf der lokalen Ebene Anwendung findet.

Ein noch konsequenteres Modell ist ein Ansatz, bei dem für das Konsortium eine Gesamtsumme mit dem Verlag vereinbart wird, die sich zum großen Teil aus einer Publikationskomponente, hochgerechnet aus dem geschätzten Publikationsaufkommen der Gruppe, und im Idealfall aus einem immer kleiner werdenden Anteil für das Lesen zusammensetzt. Das aktuell bekannteste Beispiel hierfür ist das Springer-Compact-Modell, das auch als „Read&Publish"-Modell bezeichnet wird (https://www.springer.com/gp/open-access/springer-open-choice/springer-compact). Bei der Umverteilung dieser Kosten im Konsortium sollte das jeweils lokale Publikationsaufkommen maßgeblich sein, was dem Ziel der Transformationsunterstützung am nächsten kommt. Wie schon beim Umstieg auf ein bestandsunabhängiges Modell muss man sich aber darüber im Klaren sein, dass die jeweils lokalen Kosten unter Umständen signifikant vom tradierten Umsatzvolumen abweichen können. Bei einem konsequent APC-basierten Ansatz gilt diese Aussage – ungeachtet einschlägiger Randbedingungen wie Marktmacht und Verhandlungsdynamik – im Übrigen in vergleichbarer Weise für das Umsatzvolumen der Verlage.[4]

---

4 In einem White Paper der Max Planck Digital Library (Schimmer et al., 2015) wird entwickelt, dass ein konsequenter Umstieg auf APC-basiertes Publizieren mit den derzeit im System vorhandenen Mitteln problemlos bewältigt werden könnte.

Bei Offsetting-Abschlüssen im konsortialen Rahmen stellen sich auch verschiedene Workflow- und Infrastrukturfragen. Während es der Konsortialstelle obliegen sollte, mit dem Anbieter eine möglichst klare Methode zur Identifikation der einschlägigen Publikationen zu erarbeiten und sich in die vorbereitende und begleitende Datenanalyse einzubringen, stellen sich in Abhängigkeit vom konkreten Modell Fragen der APC-Verrechnung. Pauschale Verrechnungsschritte lassen sich im Sinne konsortialer Synergieeffekte zentral steuern. Mit fortschreitender Veränderung hin zu einem rein APC-basierten Modell sollte dabei aber auf lokaler Ebene nicht versäumt werden, entsprechende Infrastrukturentwicklungen einzuleiten oder auszubauen. Dazu zählen beispielsweise Aufbau und Verwaltung von Publikationsfonds, die Klärung des Verhältnisses von Publikationsfonds und Erwerbungsetat oder auch die Einrichtung von effizienten Workflows zur Abrechnung einer perspektivisch signifikanten Zahl von APCs.[5]

Aus der Perspektive der Open-Access-Transformation bieten existierende Konsortialabschlüsse mit Offsetting-Komponente, die als „Big Deals" immer auch ambivalent diskutiert wurden, die Chance, zum Hebel für das Erreichen einer kritischen Masse im Sinne des Open-Access-Flippings zu werden, sofern diese Ansätze auch international in größerem Stil praktiziert werden.[6] Konsequent zu Ende gedacht wäre das konzertierte Vorgehen eines Konsortiums Mittel zum Zweck, das sich zu dem Zeitpunkt, an dem die Transformation tatsächlich erfolgt ist, in der aktuellen Form überholt hätte.
Green und Gold Open Access: Konsortiale Rahmenverträge

Viele Zeitschriftenverlage haben eine Policy für den Grünen Weg des Open Access, also die Zweitveröffentlichung, definiert vgl. dazu (http://www.sherpa.ac.uk/romeo/index.php). Darin wird in der Regel festgehalten, mit welchem Zeitverzug und in welcher Version die Artikel in institutionelle und/oder fachlich definierte Repositorien eingestellt werden können. Lizenzverträge eröffnen die Möglichkeit, bessere Rahmenbedingungen für die Zweitveröffentlichung zu vereinbaren als es die jeweilige Verlagspolicy vorsieht. Hierfür bietet sich mit Blick auf die Durchsetzbarkeit solcher Mehrwertkomponenten ein konsortialer Rahmen an.

Ein Beispiel für die systematische Aufnahme von Grünen Open-Access-Rechten in Konsortialverträge sind die sogenannten Allianz-Lizenzen, also die von der Deutschen Forschungsgemeinschaft (DFG) geförderten bundesweiten Lizenzabschlüsse, die aus dem Kontext der Schwerpunktinitiative „Digitale Information" der Allianz der deutschen Wissenschaftsorganisationen hervorgegangen sind. Die Grundsätze für den Erwerb dieser Lizenzen (http://www.dfg.de/formulare/12_181/12_181_de.pdf) sehen vor, dass Angehörige der an den Verträgen beteiligten Einrichtungen sowie die

---

5 Vgl. hierzu auch die Initiative ESAC (Efficiency and Standards for Article Charges) (http://esac-initiative.org/), die sich mit Workflow- und Infrastrukturfragen im Zusammenhang mit dem APC-Management befasst.
6 Zur Bewertung der Offsetting-Modelle, auch im Hinblick auf das mögliche Risiko einer Perpetuierung der problematischen Aspekte der Big-Deal-Modelle, vgl. Solomon et al., 2016, S. 94–99.

Institutionen selbst so zeitnah zum Veröffentlichungszeitpunkt wie möglich die publizierte pdf-Version in entsprechende Repositorien einstellen können.[7] Damit gehen die Grundsätze in der Regel über das hinaus, was der Verlag standardmäßig anbietet.

Der konsortiale Rahmen dient nicht nur der verbesserten Durchsetzbarkeit solcher Regelungen, sondern auch dazu, im Sinne einer kritischen Masse das Publizieren im Grünen Open Access breitflächig zu fördern. Im konkreten Fall der Allianz-Lizenzen ist allerdings zu konstatieren, dass die eher marginale Wahrnehmung dieser Rechte durch die Autorinnen und Autoren selbst eine systematische Herangehensweise durch die Bibliotheken nahelegt. An dieser Stelle setzt das DFG-geförderte Projekt DeepGreen[8] an, das unter Mitwirkung der Verlage eine Datendrehscheibe entwickelt, welche die relevanten Artikel mit Autorenschaft in den am Vertrag beteiligten Einrichtungen einsammelt und an die jeweiligen Repositorien verteilt. Besondere Herausforderungen liegen unter anderem in der Frage der Identifikation der berechtigten Autoren in den Verlagsdaten und der Kooperationsbereitschaft der Verlage. In jedem Fall zeigt sich, dass sich auch bei dieser Fragestellung ein konzertiertes Vorgehen anbietet.

Konsortiale Rahmenverträge existieren auch für das Publizieren im genuin Goldenen Open Access. So lassen sich etwa mit reinen Open-Access-Verlagen volumenabhängige Vereinbarungen über Rabattstufen für die APCs treffen. Ein frühes Beispiel ist der langjährige Konsortialvertrag verschiedener wissenschaftlicher Einrichtungen aus Deutschland mit BioMed Central. Damit erfüllt eine solche Vereinbarung eine ähnliche Funktion wie ein traditioneller Konsortialvertrag, indem sie Nachfrage bündelt und auf diese Weise günstigere Konditionen als beim Einzelbezug erzielt. Eine Konsortialstelle kann dabei nicht zuletzt dazu beitragen, dass gewisse Standards des Open-Access-Publizierens Beachtung finden, wie sie beispielsweise in den Positionen zur Schaffung eines wissenschafts adäquaten Open-Access-Publikationsmarktes (2015) der oben erwähnten Ad-hoc-AG Open-Access-Gold definiert sind. Für die APC-Abrechnung gilt aber auch hier, dass der flankierende Aufbau einer lokalen Infrastruktur unumgänglich ist.

Ein anderer Ansatz macht sich den konsortialen Rahmen eines Subskriptionsvertrags zunutze. Gewissermaßen als Nebeneffekt eines größeren Abschlusses werden, wie vereinzelt bei den oben erwähnten Allianzverträgen praktiziert, Rabatte für die Publikation im Portfolio der genuinen Open-Access-Zeitschriften des Verlags verhandelt. Dieser Teil des Verlagsprogramms lässt sich aber auch in einen Offsetting-Vertrag integrieren, indem APCs für Publikationen in den reinen Open-Access-Titeln in die Gesamtkonstruktion einfließen.

---

[7] Eine Übersicht der Grünen OA-Rechte in National- und Allianz-Lizenzen sowie eine begleitende Handreichung finden sich unter http://www.nationallizenzen.de/open-access.
[8] https://deepgreen.kobv.de/de/deepgreen/

Konzertierte Transformationsinitiativen

Fasst man den Konsortialgedanken im Sinne gemeinschaftlicher Anstrengungen etwas weiter, so lassen sich darunter auch Initiativen subsumieren, bei denen das Ziel der Transformation des Subskriptionsmarktes hin zu einer Open-Access-Landschaft durch global abgestimmtes Handeln erreicht werden soll, wie die folgenden Beispiele zeigen.

Eine der bekanntesten und frühesten Initiativen dieser Art ist das Projekt SCOAP³ (https://scoap3.org/),[9] ein weltweites Konsortium aus Bibliotheken, Forschungs- und Forschungsförderungsorganisationen unter Führung des CERN. Die Grundidee besteht darin, Kernzeitschriften auf dem Gebiet der Hochenergiephysik durch weltweite gemeinsame Finanzierung gemäß dem jeweiligen nationalen Publikationsanteil in genuine Open-Access-Journals umzuwandeln. Seit 2014 werden die bisherigen Subskriptionskosten für die bei den jeweiligen Verlagen verbleibenden Titel durch die beteiligten Länder gepoolt und für APCs in festgelegter Höhe eingesetzt. Die Initiative, deren Laufzeit für acht Zeitschriften aktuell bis 2019 angelegt ist, zeigt in einer vorläufigen Bewertung zum einen, dass Transformation durch gemeinsames Handeln in einer weltweiten Initiative grundsätzlich möglich erscheint. Zum anderen kann SCOAP³ als ein Pilotprojekt gelten, aus dem viele nachnutzbare Erkenntnisse gewonnen werden konnten, dessen nicht unerhebliche Aufwände aber in anderen Kontexten nicht beliebig replizierbar sind (vgl. auch Schimmer, 2013).

Mit Knowledge Unlatched (http://www.knowledgeunlatched.org/)[10] liegt ein Ansatz vor, der sich auf das Feld wissenschaftlicher Monographien konzentriert und die Publikation dieser Werke im Open Access durch ein Crowdfunding-Konzept ermöglicht. Zu diesem Zweck bildet sich jeweils für ein definiertes Set von monographischer Literatur in den Geistes- und Sozialwissenschaften ein adhoc-Konsortium von Bibliotheken, die gemeinsam die Publikation dieser Verlagswerke im Open Access „freikaufen". Das Konsortium kommt nur zustande, wenn ein bestimmter Betrag pro Einrichtung und Buch nicht überschritten wird, also genügend Teilnehmer zusammenkommen, um die Deckelung des jeweiligen Einzelbetrags zu ermöglichen. Motiviert wurde die von Frances Pinter ins Leben gerufene Initiative nicht zuletzt durch die Sorge um hochspezialisierte Publikationen mit relativ kleiner Auflage, die sich auf einem Markt bestenfalls stagnierender Bibliotheksetats und expandierender STM-Kosten behaupten müssen (vgl. Pinter, 2012). Während diese Initiative in einer tendenziell vom STM-Zeitschriftenmarkt dominierten Open-Access-Diskussion einen wichtigen Akzent im Bereich der „long form publication" (Pinter, 2012, 183) in den HSS-Fächern setzt, bleibt nicht zuletzt die Frage offen,

---

9 Vgl. dazu auch den Beitrag zu SCOAP³ in Kapitel 3d.
10 Vgl. dazu auch den Beitrag zu Knowledge Unlatched in Kapitel 2e.

inwieweit sich auf diesem Weg eine kritische Masse im Sinne eines spürbaren Markteinflusses erreichen lässt.

Fazit

Die dargestellten Spielarten konsortialen Handelns im Zuge der Open-Access-Transformation zeigen, dass konzertiertes Vorgehen nicht selten konstitutiv für den jeweils gewählten Ansatz ist. Dazu zählen nicht nur Modelle wie SCOAP³ und Knowledge Unlatched, die nur als kooperative Projekte überhaupt umsetzbar sind. Vielmehr können auch Offsetting-Modelle, die auf einem größeren Subskriptionszusammenhang aufsetzen, eine ganz andere Wirkung entfalten als Einzelverträge. Gemeinschaftliche Ansätze führen darüber hinaus im Idealfall zu Synergieeffekten und erleichtern Standardisierungsprozesse. Gleichzeitig darf nicht übersehen werden, dass im konsortialen Kontext immer auch komplexe Abstimmungsprozesse zwischen den Teilnehmern zu berücksichtigen sind, deren administrative Dimension wie auch die Herausforderungen der Kostenverteilung nicht unterschätzt werden dürfen.

Die Unabdingbarkeit des abgestimmten Handelns auf einer globalen Ebene wird in jedem Fall nachdrücklich unterstrichen durch die von der Max-Planck-Gesellschaft ins Leben gerufene Initiative OA2020 (http://oa2020.org/), die es sich zum Ziel gesetzt hat, die zügige Transformation des Zeitschriftenmarktes hin zu Open Access entscheidend voranzubringen.[11]

Literatur

Earney, L. (2015). Offsetting the costs of publishing in open access. *Cilip Blog*. URL: http://www.cilip.org.uk/blog/offsetting-costs-publishing-open-access.
Empfehlungen zur Open-Access-Transformation: Strategische und praktische Verankerung von Open Access in der Informationsversorgung wissenschaftlicher Einrichtungen (2016). Hrsg. von Ad-hoc-Arbeitsgruppe Open-Access-Gold der Schwerpunktinitiative „Digitale Information" der Allianz der deutschen Wissenschaftsorganisationen. doi:10.3249/allianzoa.011.
Mittermaier, B. (2015). Double Dipping beim Hybrid Open Access – Chimäre oder Realität? *Informationspraxis*, 1(1). Fassung vom 13.06.2015. doi:10.11588/ip.2015.1.18274.
Pinter, F. (2012). Open Access for Scholarly Books? *Publishing Research Quarterly*, 28(3), 183–191. doi:10.1007/s12109-012-9285-0.
Positionen zur Schaffung eines wissenschaftsadäquaten Open-Access-Publikationsmarktes (2015). Positionspapier der Ad-hoc-AG Open-Access-Gold im Rahmen der Schwerpunktinitiative „Digitale Information" der Allianz der deutschen Wissenschaftsorganisationen. doi:10.2312/allianzoa.008.

---

11 Vgl. dazu Kapitel 3c.

Schimmer, R. (2013). A road long travelled: is SCOAP3 now arriving? *Insights*, 26(2), 135–140. doi:10.1629/2048-7754.

Schimmer, R., Geschuhn, K. K. & Vogler, A. (2015). Disrupting the subscription journals' business model for the necessary large-scale transformation to open access: A Max Planck Digital Library Open Access Policy White Paper. doi:10.17617/1.3.

Solomon, D. J., Laakso, M. & Björk, B.-C. (2016). Converting Scholarly Journals to Open Access: A Review of Approaches and Experiences. Hrsg. von Peter Suber. Harvard Library. URL: http://nrs.harvard.edu/urn-3:HUL.InstRepos:27803834.

4 **Internationale Situation**

Bruno Bauer
4a Open Access in Österreich

Open Access in Österreich bis 2012 – eine Geschichte von Einzelinitiativen

Die frühen Open-Access-Proklamationen, wie „*PLOS Open Access Initiative*" (2000), „*Budapest Open Access Initiative*" (2002) oder „*Berliner Erklärung über den offenen Zugang zu wissenschaftlichem Wissen*" (2003), fanden auch Unterstützer in der österreichischen Forschungslandschaft. So erfolgte bereits 2003 bzw. 2004 die Unterzeichnung der „*Berliner Erklärung*" durch die Repräsentanten des Fonds zur Förderung der Wissenschaftlichen Forschung in Österreich (FWF) und der Österreichischen Universitätenkonferenz (UNIKO).

2005 wurde die „*Wiener Erklärung: 10 Thesen zur Informationsfreiheit*" (Forgó et al., 2005), bestehend aus zehn Thesen zur Informationsfreiheit, präsentiert, die von 786 Einzelpersonen und elf Institutionen unterzeichnet wurde (Bauer, 2007; Bauer & Stieg, 2010).

Auf nationaler Ebene erfolgten Positionierungen für Open Access mit der „*Strategie 2020*" des Rats für Forschung und Technologieentwicklung (2009, S. 31), in der gefordert wurde, dass alle öffentlichen Forschungsergebnisse in Österreich bis zum Jahr 2020 frei zugänglich sind, sowie den „*Empfehlungen der Österreichischen Universitätenkonferenz (uniko) zu einer Open-Access-Politik der Universitäten*" (2010). Letztere haben allerdings aufgrund der im Universitätsgesetz 2002 geregelten Autonomie der österreichischen Universitäten nur unverbindlichen Charakter.

Konkrete Open-Access-Aktivitäten wurden allerdings in Österreich im ersten Jahrzehnt nach der Berliner Erklärung nur wenige gesetzt. In einer 2012 vom Forum Universitätsbibliotheken Österreichs (UBIFO) durchgeführten systematischen Bestandsaufnahme zu Open Access an 21 öffentlichen Universitäten wurde evident, dass keine einzige der 21 öffentlichen Universitäten bis zum Zeitpunkt der Befragung eine Open-Access-Policy verabschiedet hatte, der Grüne Weg zu Open Access nur an zwei Universitäten durch den Betrieb eines institutionellen Repositoriums unterstützt wurde und der Goldene Weg zu Open Access an drei Universitäten durch Übernahme der Publikationsgebühren (APCs) in Form einer Mitgliedschaft bei BioMed Central gefördert wurde (Bauer, 2012; Bauer et al., 2013).

Besonderes Engagement für Open Access unter den öffentlichen Universitäten hat in den Jahren bis 2012 nur die Universität Wien bewiesen, was durch den Aufbau eines institutionellen Repositoriums (Schmidt & Seidler, 2012) und die Beteiligung an internationalen Projekten sowie in der Einrichtung eines Open-Access-Office sowie eines Open-Access-Boards deutlich wurde (Blumesberger & McNeill, 2012; Blechl & Blumesberger, 2013). Eine auch im internationalen Kontext beachtliche Vorreiterrolle konnte der FWF, die wichtigste Forschungsförderorganisation Österreichs, durch eines der ersten Mandate einer Förderorganisation weltweit im Jahr 2008 erringen, flankiert von konkreten Open-Access-Fördermaßnahmen für Publikationen (Reckling, 2012; Reckling, 2013). Auch die Österreichische Akademie der Wissenschaften, die größte außeruniversitäre Forschungsträgerin Österreichs, hat eine beachtliche frühe Open-Access-Aktivität entwickelt. Seit 2005 verfolgt sie eine implizite, seit 2011 eine explizite Open-Access Policy. Der Verlag der Akademie hat sich als Romeo Green Publisher positioniert (Nentwich, Stöger & Muth, 2012).

Status Quo von Open Access in Österreich

Unter der Schirmherrschaft von UNIKO und FWF konstituierte sich im November 2012 OANA (Open Access Network Austria, http://www.oana.at), in dessen Kernteam Mitarbeiter der Forschungsstätten (Universitäten, Österreichische Akademie der Wissenschaften), der Forschungsförderer (FWF) und der Forschungspolitik (Bundesministerium für Wissenschaft, Forschung und Wirtschaft, BMWFW) vertreten sind. Bereits 2013 wurde ein Netzwerk aufgebaut, an dem sich Ansprechpartner aus mittlerweile 57 Institutionen beteiligen. OANA verfolgt das Ziel, die Open-Access-Aktivitäten der beteiligten Institutionen abzustimmen und sich gegenüber den Informationsanbietern gemeinsam zu positionieren sowie Informationsquellen für Wissenschaftler, Forschungsstätten und für die Forschungspolitik bereitzustellen. In Arbeitsgruppen werden laufend Themen wie Open-Access-Policy, Finanzierung von Open Access, Urheberrecht, Publikationsmodelle oder Einbindung von Wissenschaftlern bearbeitet, wobei die Ergebnisse die Akteure des Wissenschaftssystems dabei unterstützen sollen, eine effiziente Open-Access-Strategie zu entwickeln. In den Arbeitsgruppen wurden auch eine *„Checkliste zur Herausgabe von Open-Access-Zeitschriften an Forschungseinrichtungen"* (Blechl et al., 2016) sowie das Positionspapier *„The Vienna Principles: A Vision for Scholarly Communication in the 21st Century"* (Kraker et al., 2016) erstellt.

Darüber hinaus haben einzelne Arbeitsgruppen auch zur Verabschiedung von Open-Access-Policies an bisher fünf Universitäten (Universität Graz, Universität Salzburg, Universität Wien, Universität Klagenfurt, Akademie der Bildenden Künste Wien) sowie zur Initiierung konkreter Vertragsverhandlungen mit Verlagen zur Transformation von subskriptionsbasierten zu Open-Access-Zeitschriften beigetragen (Bauer, 2015; Buschmann et al., 2015).

In einer von OANA eingesetzten Expertengruppe zur Erstellung einer nationalen Open-Access-Strategie wurden 2015 in enger Abstimmung mit ähnlichen Initiativen der führenden Wissenschaftsinstitutionen und –länder wie Niederlande, Großbritannien, Europäische Union, Max-Planck-Gesellschaft oder Wellcome Trust *„Empfehlungen für die Umsetzung von Open Access in Österreich"* erstellt (Bauer, Blechl et al.,

2015), deren letzte Fassung um Ergänzungen der UNIKO (2016) erweitert worden ist (Arbeitsgruppe Nationale Strategie des Open Access Network Austria (OANA) & Österreichische Universitätenkonferenz (uniko), 2016). Die Empfehlungen, die auch international auf große Resonanz gestoßen sind, betreffen insgesamt 16 Themenfelder:

(1) Open-Access-Policy einführen
(2) Kostentransparenz schaffen
(3) Verlagsverträge umstellen
(4) Publikationsfonds einrichten
(5) Publikationsorgane umstellen
(6) Publikationsinfrastruktur zusammenlegen
(7) Internationale Kooperationen unterstützen
(8) Start-up-Kapital bereitstellen
(9) Repositorien registrieren
(10) Selbstarchivierung unterstützen
(11) Ausbildung anbieten
(12) Open Access / Open Science anerkennen
(13) Urheberrechtsreform 2015 erweitern
(14) Bestände öffnen
(15) Umsetzungsmonitoring betreiben
(16) Open Science anvisieren

Die 16 aufeinander abgestimmten Maßnahmen sollen dazu beitragen, dass bis 2025 die gesamte wissenschaftliche Publikationstätigkeit in Österreich auf Open Access umgestellt ist; in der aktuellen Fassung wurde anstelle des Wortes „*gesamte*" ein „*Gutteil*" gesetzt. Die „*Empfehlungen*" wurden auch in der von der Bundesregierung im April 2016 veröffentlichten „*Österreichischen ERA Roadmap*" (2016, S. 36) aufgegriffen.

In jüngster Zeit leistet auch die Kooperation E-Medien Österreich (KEMÖ) durch den Abschluss von zukunftsweisenden Transformationsmodellen im Rahmen der Zeitschriftenlizenzierung einen wichtigen konkreten Beitrag zu Open Access. Die 2005 errichtete KEMÖ ist ein Zusammenschluss von aktuell 58 Trägereinrichtungen von wissenschaftlichen Bibliotheken in Österreich und dient dem Zweck des koordinierten Kauf- und Lizenzerwerbs sowie der koordinierten Administration von elektronischen Ressourcen. Eine zentrale Aufgabe der KEMÖ ist die gemeinsame Mitwirkung an nationalen und internationalen Open-Access-Initiativen. Nachdem die KEMÖ bereits die Vertretung österreichischer Einrichtungen an SCOAP3 übernommen hatte, konnten in Zusammenarbeit mit dem FWF auch Open-Access-Pilotvereinbarungen mit den Verlagen IOPscience bzw. Taylor & Francis abgeschlossen werden (Bauer 2015; Kromp, Ćirković, 2016).

Ebenfalls im Rahmen der KEMÖ und unter Einbindung des FWF haben 34 österreichische Hochschulen und Forschungseinrichtungen mit dem Springer-Verlag einen richtungsweisenden Lizenzvertrag („Springer Compact") für die Laufzeit 2016 bis 2018 abgeschlossen. Neben dem Zugriff auf über 2 000 Springer-Zeitschriften haben Autoren der teilnehmenden Einrichtungen die Möglichkeit, in über 1 600 Springer-Subskriptionszeitschriften ohne zusätzliche Gebühren im Open Access zu publizieren. Ziel der Vereinbarung ist die Transformation von einem subskriptionsbasierten auf ein Open-Access-basiertes Publikationssystem am Beispiel eines führenden Wissenschaftsverlages (Kromp, Ćirković, 2016). Im ersten Halbjahr 2016 wurden im Rahmen von „Springer Compact" bereits 461 Artikel von Autoren aus 23 Einrichtungen im Open Access veröffentlicht.

Ein wichtiger Beitrag für die Umsetzung von Open Access in Österreich wird auch von E-Infrastructures Austria, einem vom BMWFW mittels Hochschulraumstrukturmitteln geförderten Projekt, geleistet, das von 2014 bis 2016 lief und sich in die drei Teilprojekte Aufbau von lokalen Dokumentenservern (A), Forschungsdaten (B) sowie Aufbau eines Wissensnetzwerkes (C) gliederte. Mit dem Aufbau von lokalen Repositorien an allen 25 am Projekt beteiligten Einrichtungen werden derzeit wichtige Voraussetzungen für die Umsetzung des Grünen Weges zu Open Access an den österreichischen Hochschulen geschaffen (Bauer, Budroni et al., 2015; Bauer, Budroni et al., 2016).

Zukünftige Entwicklung von Open Access in Österreich

Die Open-Access-Entwicklung seit 2012 – mit den Aktivitäten von OANA und den *„Empfehlungen für die Umsetzung von Open Access in Österreich"*, den erfolgreichen Pilotvereinbarungen von Transformationsmodellen mit einigen Verlagen sowie dem erfolgreichen Aufbau von Repositorien im Rahmen von E-Infrastructures Austria – hat dazu beigetragen, dass sich der Wissenschaftsstandort Österreich im europäischen Kontext als einer der Vorreiter im Bereich von Open Access positionieren konnte. Das Thema ist mittlerweile auch nachhaltig in der Forschungspolitik angekommen. Der aktuelle *„Gesamtösterreichische Universitätsentwicklungsplan 2016–2021"* spricht sich dezidiert für die Förderung von Open Access, Open Data und Open Science aus:

> Zur umfassenden Nutzung wissenschaftlicher Erkenntnisse bedarf es eines möglichst barrierefreien Zugangs zu Forschungsergebnissen und Forschungsdaten. Daher gilt es, die Aktivitäten im Bereich Open Access fortzuführen und die Aktivitäten im Bereich Open Data und generell Open Science zu verstärken, wobei es darauf ankommt, Initiativen zu stärken, die von Institutionen der öffentlichen Hand getragen werden.

Die Implementierung dieses Ziels soll, wie angemerkt wird, durch die Bereitstellung von Hochschulraumstrukturmitteln erfolgen. (Bundesministerium für Wissenschaft, Forschung und Wirtschaft, 2015, S. 21).

Mit der Veröffentlichung der „*Empfehlungen für die Umsetzung von Open Access in Österreich*" liegt eine Handlungsanleitung für konkret umzusetzende Maßnahmen vor. Zu deren Realisierung sind zusätzliche finanzielle Ressourcen erforderlich, die unter den gegebenen Rahmenbedingungen in Österreich nur aus den Hochschulraumstrukturmitteln des BMWFW bereitgestellt werden können. Nachdem Ende 2015 für das folgende Jahr eine neue Ausschreibung für Hochschulraumstrukturmittelprojekte, die zur Anschubfinanzierung von Kooperationsvorhaben bereit gestellt werden, angekündigt worden war, wurde von einer bibliothekarischen Expertengruppe unter Bezugnahme auf die „*Empfehlungen*" die Projektskizze „*Austrian Transition to Open Access (AT2OA)*" erstellt, die sechs Aktionsfelder beinhaltet (Bauer, Capellaro et al., 2016):

(1) Analyse von Open-Access-Transformationsmodellen (beinhaltet die Analyse und empirische Untersuchung der finanziellen Auswirkungen einer Open-Access-Transformation in Österreich sowie eine Erhebung mittels einer bibliometrischen Untersuchung, welche Einrichtungen bei einer vollständigen Umstellung auf Open Access mit Mehrkosten bzw. Entlastungen zu rechnen haben)
(2) Monitoring (beinhaltet ein Monitoring zur nationalen Ermittlung des Open-Access-Anteils, um den Erfolg der beantragten Maßnahmen messen zu können, sowie die Erarbeitung einer transparenten Methode zur Abwicklung und Erfassung der APCs)
(3) Open-Access-Finanzierung (beinhaltet den Auf- und Ausbau von lokalen Publikationsfonds sowie die Finanzierung von Übergangsmodellen für die Transformation von einem subskriptionsbasierten auf ein Open-Access-basiertes Publikationssystem)
(4) Strategien zur Förderung von Open-Access-Monografien (unter Einbeziehung österreichischer Verlage, insbesondere auch der Universitätsverlage)
(5) Koordination von österreichischen Open-Access-Aktivitäten (Professionalisierung von OANA)
(6) Begleitende Maßnahmen (Vernetzung auf nationaler und internationaler Ebene)

Im Juli 2016 erfolgte die Ausschreibung der Hochschulraumstrukturmittelprojekte durch das BMWFW für den Bereich der Verwaltungsinnovation, wobei ein Fokus auf das Themenfeld „Open Innovation/Digital Roadmap/Open Access/Open Research Data" gelegt wurde:

> Eingereichte Projektanträge zu Open Access sollen sich an den Empfehlungen des Open Access Network Austria (OANA) orientieren, nach denen die gesamte wissenschaftliche Publikationstätigkeit in Österreich bis 2025 auf Open Access umgestellt werden soll. (Bundesministerium für Wissenschaft, Forschung und Wirtschaft, 2016).

Auf der Grundlage der Projektskizze wurde der Hochschulraumstrukturmittelantrag für „*Austrian Transition to Open Access (AT2OA)*" finalisiert. Getragen wurde der Antrag, der Ende September 2016 an das zuständige Bundesministerium übermittelt worden ist, von allen 21 öffentlichen Universitäten des Landes. Zum Jahresende 2016 fiel die Entscheidung zugunsten der Förderung des Projektes AT2OA: somit sind optimale Voraussetzungen geschaffen, dass Österreich auch in den nächsten Jahren innovative und beispielgebende Aktivitäten im Bereich des Open-Access-Publizierens setzen kann.

Literatur

Arbeitsgruppe Nationale Strategie des Open Access Network Austria (OANA) & Österreichische Universitätenkonferenz (uniko). (2016). *Empfehlungen für die Umsetzung von Open Access in Österreich*. Wien: Open Access Network Austria (OANA). doi:10.5281/zenodo.51799.

Rat für Forschung und Technologieentwicklung (2009). *Strategie 2020*. Wien: Austrian Council. URL: http://test.fluidtime.com/project/austriancouncil/website/tl_files/uploads/Strategie Strategie/090824_FINALE%20VERSION_FTI-Strategie2020.pdf.

Bauer, B. (2007). Open Access Publishing – Trends in Deutschland, Österreich und der Schweiz: Initiativen, Projekte, Stellenwert. In: Pipp, E. (Hrsg.), *Zugang zum Fachwissen: ODOK '05*. (194–220). Graz, Feldkirch: Neugebauer. (Schriften der Vereinigung Österreichischer Bibliothekarinnen und Bibliothekare 1).

Bauer, B. (2012). Open Access Publishing in Österreich 2012. *GMS Medizin Bibliothek Information*, 12(3), Doc19. doi:10.3205/mbi000255, URN: urn:nbn:de:0183-mbi0002556.

Bauer, B. (2015). Open Access in Österreich. In: Ball, R. & Wiederkehr S. (Hrsg.), *Vernetztes Wissen. Online. Die Bibliothek als Managementaufgabe : Festschrift für Wolfram Neubauer zum 65. Geburtstag*. (101–120). Berlin, Boston: de Gruyter. doi:10.1515/9783110435818-011.

Bauer, B., Blechl, G., Bock, C., Danowski, P., Ferus, A., Graschopf, A., König, T., Mayer, K., Nentwich, M., Reckling, F., Rieck, K., Seitz, P., Stöger, H. & Welzig E. (2015). Empfehlungen für die Umsetzung von Open Access in Österreich. *Mitteilungen der Vereinigung Österreichischer Bibliothekarinnen und Bibliothekare*, 68(3/4), 580–607.

Bauer, B., Budroni, P., Ferus, A., Ganguly, R., Ramminger, E. & Sánchez Solís, B. (2015). E-Infrastructures Austria 2014: Bericht über das erste Jahr des Hochschulraumstrukturmittelprojektes für den koordinierten Aufbau und die kooperative Weiterentwicklung von Repositorieninfrastrukturen. *Mitteilungen der Vereinigung Österreichischer Bibliothekarinnen und Bibliothekare*, 68(1), 91–118.

Bauer, B., Budroni, P., Ferus, A., Ganguly, R., Ramminger, E. & Sánchez Solís, B. (2016). E-Infrastructures Austria 2015: Bericht über das zweite Jahr des Hochschulraumstrukturmittelprojekts für den koordinierten Aufbau und die kooperative Weiterentwicklung von Repositorieninfrastrukturen. *Mitteilungen der Vereinigung Österreichischer Bibliothekarinnen und Bibliothekare*, 69(1), 9–40.

Bauer, B., Capellaro, C., Ferus, A., Fessler, G., Koren, F., Kromp, B., Pörnbacher, E., Winkler, G., Cirkovic, S., Danowski, P. & Villanyi, M. (2016). HRSM Projektskizze – Draft für das Projekt „Austrian Transition to Open Access (AT2OA)". Wien: Forum Universitätsbibliotheken Österreichs (ubifo).

Bauer, B., Gumpenberger, C., Haas, I., Katzmayr, M., Ramminger, E. & Reinitzer, D. (2013). Open Access Bestandsaufnahme an österreichischen Universitäten: Ergebnisse einer Umfrage im Auftrag des Forums Universitätsbibliotheken Österreichs (UBIFO). *Mitteilungen der Vereinigung Österreichischer Bibliothekarinnen und Bibliothekare*, 66(3/4), 535–558.

Bauer, B. & Stieg, K. (2010). Open Access Publishing in Österreich 2010. *Bibliotheksdienst*. 44(7), 700–710. doi:10.1515/bd.2010.44.7.700.

Berliner Erklärung über den offenen Zugang zu wissenschaftlichem Wissen (2013). URL: http://openaccess.mpg.de/68053/Berliner_Erklaerung_dt_Version_07-2006.pdf.

Blechl, G. & Blumesberger, S. (2013). Open Access an österreichischen Universitätsbibliotheken. In: Bauer, B., Gumpenberger, C. & Schiller R. (Hrsg.), *Universitätsbibliotheken im Fokus – Aufgaben und Perspektiven der Universitätsbibliotheken an öffentlichen Universitäten in Österreich.* (S. 310-27). Graz, Feldkirch: Neugebauer. (Schriften der Vereinigung Österreichischer Bibliothekarinnen und Bibliothekare 13).

Blechl, G., Ferus, A., Gorraiz, J., Haas, I., Haslinger, D., Holzner, B., Schiller, R., Schmidt, N. & Stöger H. (2016). *Checkliste zur Herausgabe von Open-Access-Zeitschriften an Forschungseinrichtungen*. Wien: Open Access Network Austria. doi:10.5281/zenodo.57054.

Blumesberger, S. & McNeill, G. (2012). Open Access-Aktivitäten der Universitätsbibliothek Wien. *Mitteilungen der Vereinigung Österreichischer Bibliothekarinnen und Bibliothekare*, 65(2), 187-199.

Bundesministerium für Wissenschaft, Forschung und Wirtschaft (2015). *Der gesamtösterreichische Universitätsentwicklungsplan (gö UEP) 2016–2021*. Wien: Bundesministerium für Wissenschaft, Forschung und Wirtschaft. URL: http://wissenschaft.bmwfw.gv.at/fileadmin/user_upload/wissenschaft/publikationen/2015_goe_UEP-Lang.pdf.

Bundesministerium für Wissenschaft, Forschung und Wirtschaft (2016). *Hochschulraumstrukturmittel 2016* – Verwaltung: Ausschreibungstext. URL: http://unicontrolling.bmwfw.gv.at/index.php?option=com_content&view=article&id=53&Itemid=175.

Buschmann, K., Kasberger, S., Kraker, P., Mayer, K., Reckling, F., Rieck, K. & Vignoli, M. (2015). Open Science in Österreich: Ansätze und Status. *Information. Wissenschaft & Praxis*, 66(2-3), 137-145. doi:10.1515/iwp-2015-0025.

Forgó, N., Nentwich, M., Parycek, P., Philapitsch, F., Reis, L., Seböck, W. & Trybus, P. (2005). *Wiener Erklärung: 10 Thesen zur Informationsfreiheit*. Wien: Chaos Control. URL: http://www.univie.ac.at/chaoscontrol/2005/we.htm.

Kraker, P., Dörler, D., Ferus, A., Gutounig, R., Heigl, F., Kaier, C., Rieck, K., Šimukovič, E., Vignoli, M., Aspöck, E., Dennerlein, S., Enkhbayar, A., McNeill, G., Schmidt, N., Steinrisser-Allex, G. & Wandl-Vogt, E. (2016). *The Vienna Principles: A Vision for Scholarly Communication in the 21st Century*. Wien: Open Access Network Austria. doi:10.5281/zenodo.55597.

Kromp, B., Ćirković, S. (2016). Open Access: Road to Nowhere or Stairway to Heaven? Transformationsmodelle mit Verlagen in Österreich. Präsentation im Rahmen der ODOK 2016 in Eisenstadt. URL: http://www.odok.at/dokumente/2016/odok/ODOK_2016_Praesentation_Kromp_Cirkovic.pdf.

Nentwich, M., Stöger, H. & Muth, V. (2012). Open Access und die Österreichische Akademie der Wissenschaften. *Mitteilungen der Vereinigung Österreichischer Bibliothekarinnen und Bibliothekare*, 65(2), 178-186.

Österreichische ERA Roadmap (2016). Angenommen vom Ministerrat der Österreichischen Bundesregierung. Wien, 26. April 2016. URL: https://era.gv.at/object/document/2581/attach/oesterreichische_ERA_Roadmap.pdf.

Österreichische Universitätenkonferenz (uniko). *Empfehlungen der Österreichischen Universitätenkonferenz (uniko) zu einer Open-Access-Politik der Universitäten*. Beschluss vom 12. Jänner 2010. URL: http://www.uniko.ac.at/upload/Uniko-Empfehlungen_Open_Access_01_2010.pdf.

Reckling, F. (2012). Eine freie Wissenschaft braucht die freie Zirkulation ihrer Erkenntnisse: Zur aktuellen Entwicklung von Open Access aus der Perspektive des Fonds zur Förderung der wissenschaftlichen Forschung (FWF). In: Niedermair, K. (Hrsg.), *Die neue Bibliothek: Anspruch und Wirklichkeit. 31. Österreichischer Bibliothekartag. Innsbruck, 18.-21.10.2011.* (102–112). Graz, Feldkirch: Neugebauer. (Schriften der Vereinigung Österreichischer Bibliothekarinnen und Bibliothekare 11).

Reckling, F. (2013). *Open Access – Aktuelle internationale und nationale Entwicklungen*. Wien: FWF. 20.02.2013. URL: http://www.fwf.ac.at/fileadmin/files/Dokumente/News_Presse/News/FWF_OA-2013.pdf.

Schmidt, N. & Seidler, W. (2012). Auf dem Grünen Weg. Das Institutionelle Repositorium der Universität Wien. *Mitteilungen der Vereinigung Österreichischer Bibliothekarinnen und Bibliothekare*. 65(2), 218–221.

Barbara Hirschmann und Dirk Verdicchio
4b Open Access in der Schweiz

Die Diskussion um den freien Zugang zu Forschungsergebnissen wird in der Schweiz seit etwa zehn Jahren geführt. Während zunächst die Verabschiedung individueller Open-Access-Richtlinien und der Aufbau lokaler Publikationsinfrastrukturen an den Hochschulen im Vordergrund standen, zeigen sich aktuell vermehrt Bemühungen, die Kräfte durch die Entwicklung einer koordinierten, nationalen Open-Access-Strategie zu bündeln. Der folgende Beitrag gibt einen Überblick über Open-Access-Aktivitäten in der Schweiz, benennt die zentralen Akteure sowie ihre strategischen Handlungsfelder und zeigt aktuelle Entwicklungen auf.

Forschungsförderer & Akademien

Der wichtigste nationale Forschungsförderer, der Schweizerische Nationalfonds (SNF), hat das Thema Open Access im nationalen Vergleich relativ früh adressiert. Er unterzeichnete 2006 die Berliner Erklärung und verpflichtet Beitragsempfänger seit 2008 zur Open-Access-Veröffentlichung ihrer Forschungsresultate. Die entsprechenden Regelungen finden sich im „Reglement über die Information, die Valorisierung und die Rechte an den Forschungsresultaten" (SNF, 2008, Ziff. 4). Die Forschenden werden darin aufgefordert, Veröffentlichungen in Fachzeitschriften spätestens sechs Monate und Buchpublikationen spätestens 24 Monate nach Erstveröffentlichung über einen institutionellen oder fachspezifischen Dokumentenserver zugänglich zu machen. Zudem bietet der SNF seit 2013 die Möglichkeit, Kosten für Artikel in reinen Open-Access-Zeitschriften bis zu einer Höhe von CHF 3 000 als Projektkosten geltend zu machen.

Während die Open-Access-Verpflichtung für Zeitschriftenartikel wenig Resonanz auslöste, wurde die Regelung für Buchpublikationen, die 2014 im Rahmen einer generellen Revision der Publikationsförderung des SNF eingeführt wurde, von Vertretern der Verlagsbranche aber auch von vereinzelten Wissenschaftlern teilweise scharf kritisiert. Die öffentliche Debatte darüber hat dazu beigetragen, dass das Thema Open Access in der Schweiz erstmals auch in einem breiteren Rahmen in nicht-akademischen Medien diskutiert wurde (vgl. z. B. Hirschi 2014, Hagner 2014, Domann 2014, Gutknecht 2014). In einer Antwort auf eine Interpellation aus den Reihen der Sozialdemokratischen Partei mit dem Titel „Open Access Eine Bedrohung für das Verlagswesen?" bekräftigte der Schweizerische Bundesrat, dass die durch den SNF geförderten Publikationen „möglichst ohne Zeitverzug weltweit und kostenlos zugänglich zu machen" seien (Schweizer Parlament, 2014). Im Anschluss lancierte der SNF das Pilotprojekt OAPEN-CH, in dem er derzeit gemeinsam mit schweizerischen und deutschen

Wissenschaftsverlagen Erfahrungen mit dem Publikationsprozess von Open-Access-Monographien sammelt.

2016 legte der SNF erstmals einen Monitoringbericht vor, in dem er darlegt, dass der Open-Access-Anteil aller SNF-geförderten Publikationen im Zeitraum von 2013 bis 2015 mindestens 56 % beträgt (Gutknecht et al., 2016). Der SNF sieht sich dadurch in seiner Open-Access-Politik bestärkt und bekräftigt, dass er „den Umbau hin zu Open Access zusammen mit den anderen Akteuren [...] weiter vorantreiben" möchte (ebd., S. 16).

Die Schweizerischen Akademien der Wissenschaften haben die Berliner Erklärung ebenfalls 2006 unterzeichnet und das Thema in der Folge wiederholt thematisiert. 2014 hat die Schweizerische Akademie der Medizinischen Wissenschaften (SAMW) das Positionspapier „Open Access: Für einen freien Zugang zu Forschungsergebnissen" publiziert, in dem sie sich für Open Access ausspricht und Empfehlungen zum Grünen und zum Goldenen Weg formuliert (SAMW, 2014). Die Schweizerische Akademie der Geisteswissenschaften hat im Spätsommer 2016 als erste wissenschaftliche Akademie der Schweiz eine Open-Access-Strategie vorgelegt, in der sie das Ziel formuliert, dass bis 2020 die von ihr unterstützten Zeitschriften und Reihen im Open Access publiziert oder nach spätestens 12 Monaten zugänglich gemacht werden sollen (SAGW, 2016). Begleitet wurde die Strategie von einer Tagung, die Fragen der Umsetzung und Finanzierung von Open-Access-Zeitschriften in den Geistes- und Sozialwissenschaften adressierte.

Hochschulen & Forschungseinrichtungen

Sieben von zehn kantonalen Universitäten der Schweiz sowie die beiden Eidgenössischen Technischen Hochschulen haben die Berliner Erklärung über den offenen Zugang zu wissenschaftlichem Wissen unterzeichnet, darüber hinaus auch zahlreiche Forschungsinstitute, Pädagogische Hochschulen und Fachhochschulen. Die Mehrzahl der unterzeichnenden Einrichtungen verabschiedete anschließend eigene Open-Access-Richtlinien. Heute verfügen fast alle großen Schweizer Hochschulen über Open-Access-Repositorien, die in den meisten Fällen von der jeweiligen Hochschulbibliothek betrieben werden. Die Hochschulen in Freiburg, Genf, Lausanne, Neuenburg sowie die Pädagogischen Hochschulen und Fachhochschulen der Westschweiz nutzen RERO DOC, und die Hochschulen in Luzern Zenodo als Repositorium. Der Anteil wissenschaftlicher Publikationen, die über die Repositorien zugänglich gemacht werden, variiert stark. Der größte Open-Access-Anteil ist dort zu beobachten, wo die jeweilige Open-Access-Policy von der Hochschulleitung mitgetragen wird und somit auch in den Gremien außerhalb der Bibliothek gut verankert ist (so z. B. an der Universität Zürich) sowie dort, wo ein Durchsetzungsmechanismus für die Open-Access-Verpflichtung eingeführt wurde (z. B. in den Doktoratsverordnungen der ETH Zürich sowie der Universität St. Gallen).

In der Regel haben die Bibliotheken auch Beratungs- und Informationsangebote (Schulungen, Webseiten u. ä.) zu Open Access etabliert. Einen wichtigen Aspekt der Beratung bilden die urheberrechtlichen Bestimmungen für Zweitveröffentlichungen und zunehmend auch Beratungen zu Erstpublikationen und Open Data. In diesem Zusammenhang hat ein von der Universität Zürich 2009 in Auftrag gegebenes Rechtsgutachten die wichtigsten rechtlichen Rahmenbedingungen speziell für Veröffentlichungen ohne Verlagsvertrag geklärt und damit eine wichtige Handhabe für Autorinnen und Autoren sowie Repositorienbetreiber in der Schweiz geschaffen (Hilty & Seemann, 2009).

An den größeren Einrichtungen wurden von den Bibliotheken Open-Access-Fachstellen oder Abteilungen aufgebaut, die weitere Dienstleistungen anbieten. So betreiben etwa die UB Bern und die Hauptbibliothek Zürich Zeitschriftenplattformen auf Basis der Software Open Journal Systems, auf welcher Herausgeberinnen und Herausgeber Zeitschriften professionell hosten können. Für die Publikation von Monographien bestehen in der Schweiz bislang keine strukturierten Angebote. Die UB Basel engagiert sich im Editorial Team des Directory of Open Access Journals (DOAJ) bei der Qualitätssicherung Schweizer Open-Access-Zeitschriften. Die ETH-Bibliothek ermöglicht den Schweizer Repositorien über den „DOI-Desk der ETH Zürich" und in Kooperation mit DataCite die Registrierung von Digital Object Identifiers (DOI) für ihre Inhalte. Die Universität Zürich betreibt zudem die nationale Kontaktstelle für das EU-Portal OpenAIRE. Obwohl in der Schweiz kein nationales Programm zur Anschubfinanzierung von Open-Access-Publikationsfonds existiert, haben einige Bibliotheken damit begonnen, Article Processing Charges (APCs) für Open-Access-Zeitschriften in unterschiedlichem Ausmaß zu finanzieren. In Ermangelung nationaler Vorgaben sind auch in diesem Bereich unterschiedliche Vorgehensweisen bei den einzelnen Hochschulen zu beobachten. Während die Bibliothek der ETH Zürich für Publikationen bei einigen Open-Access-Verlagen die Gebühren in voller Höhe übernimmt (ETH Zürich, 2016), sieht der Publikationsfond der EPF Lausanne eine Übernahme von zwei Dritteln der Artikelkosten mit einer Obergrenze von CHF 2500 vor (EPF Lausanne, 2016). Auch die Universität Zürich verfügt über einen Publikationsfonds, der dezidiert für die Geistes- und Sozialwissenschaften eingerichtet wurde und einen Teil der Publikationsgebühren übernimmt (Universität Zürich, 2016). Andere Bibliotheken stehen noch in Verhandlung mit den Universitätsleitungen, um der Idee einer zentralen Kostenabwicklung für APCs zur Durchsetzung zu verhelfen, oder planen, einen kleinen Teil des Erwerbungsbudgets zukünftig für die Finanzierung von Open-Access-Publikationsgebühren einzusetzen. Als bisher einzige Schweizer Hochschule hat die Universität St. Gallen entschieden, neben den Gebühren für Artikel in reinen Open-Access-Zeitschriften auch Artikel in Hybrid-Zeitschriften zu finanzieren.

Die Open-Access-Verantwortlichen der Schweizer Hochschulen sind gut vernetzt. Eine informelle Arbeitsgruppe trifft sich seit 2005 ein- bis zweimal pro Jahr. Ab 2015 wurde die Zusammenarbeit intensiviert, als die Konferenz der Universitätsbibliotheken (KUB/CBU) den Arbeitskreis Open Access (AKOA) ins Leben rief und mit einem offiziellen Mandat ausstattete (Konferenz der Universitätsbibliotheken, 2015). Der Arbeitskreis hat den Austausch über Inhalte und Praxismodelle von Open Access zwischen den Universitätsbibliotheken sowie die Umsetzung von Kooperationsprojekten zum Ziel. Er erarbeitet Stellungnahmen zu aktuellen Fragen sowie Vorschläge für Policies und Umsetzungsmaßnahmen im Bereich Open Access. So unterstützte der AKAO die KUB/CBU bei der Formulierung eines Positionspapiers zu Open Access (Konferenz der Universitätsbibliotheken, 2016). Zudem berät und unterstützt er das Konsortium der Schweizer Hochschulbibliotheken in Open-Access-Fragen.

Die Diskussion um die Gegenverrechnung von APC-Kosten mit den Subskriptionskosten von Hybrid-Zeitschriften wird auch in der Schweiz geführt. Der Arbeitskreis Open Access hat hierzu Empfehlungen formuliert, die sich an die Offsetting-Prinzipien von JISC anlehnen (AKOA, 2016). Allerdings hat die Diskussion bis Ende 2016 noch keinen Niederschlag in den mit Verlagen abgeschlossenen Verträgen gefunden.

Die Fachhochschulen und Pädagogischen Hochschulen haben die beschriebenen Entwicklungen etwas später nachvollzogen als die Universitäten, die ein höheres Aufkommen von Forschungspublikationen aufweisen. In den letzten Jahren hat jedoch auch an diesen Einrichtungen die Anzahl von Open-Access-Policies und -Repositorien zugenommen. So haben 2015 die Zürcher Hochschule für Angewandte Wissenschaft (ZHAW), die Fachhochschule Nordwestschweiz (FHNW) und die Hochschule Luzern (HSLU) institutionelle Repositorien in Betrieb genommen.

Das CERN ist aufgrund seiner internationalen Ausrichtung weniger in die nationalen Schweizer Open-Access-Netzwerke eingebunden. Sicherlich beeinflusst es jedoch mit seinen diversen Aktivitäten im Bereich Open Access (u. a. dem Projekt SCOAP3 sowie dem Repositorium Zenodo) auch die Schweizer Einrichtungen. Zudem hat es am Standort Genf mit dem „CERN Workshop on Innovations in Scholarly Communication" (kurz OAI-Konferenz) ein auch für die Schweizer Open-Access-Landschaft zentrales Veranstaltungsformat ins Leben gerufen, an dem alle zwei Jahre die neuesten Entwicklungen im Bereich des Open-Access-Publizierens mit einem internationalen Fachpublikum diskutiert werden.

Verlage & Zeitschriften

In der Schweiz existieren mehrere kleine und mittelgroße Verlage, die sich vor allem auf die Geistes- und Sozialwissenschaften konzentrieren und keine oder kaum Open-Access-Titel führen. Im STM-Bereich existieren mit MPDI und Frontiers zwei dezidierte Open-Access-Verlage und mit Karger ein weiterer Verlag, der sowohl Goldene Open-Access-Zeitschriften als auch Hybrid-Optionen anbietet. Obwohl mehrere Bibliotheken vereinzelt Open-Access-Zeitschriften hosten, existieren bisher weder Hochschulverlage, die die Publikation von Open Access ermöglichen, noch bieten Schweizer Bibliotheken bisher umfassende Open-Access-Publikationsdienstleistungen an.

Als Beispiele für solche Aktivitäten wären vor allem die UB Bern, die unter dem Label Bern Open Publishing (BOP) diverse Dienstleistungen zur Publikation von Zeitschriften, Reihen und Monographien anbietet oder auch die Hauptbibliothek Zürich, die eine OJS-Instanz unter dem Namen HOPE betreibt (s. o.) zu nennen. Viele Zeitschriften nicht-kommerzieller Schweizer Verlage und Herausgeber stehen auf der Zeitschriftenplattform E-Periodica zur Verfügung. Die von der ETH-Bibliothek betriebene Plattform digitalisiert und publiziert Printzeitschriften, macht aber auf Wunsch der Herausgeber auch aktuelle Zeitschriftenausgaben online frei zugänglich. Das Angebot umfasste im April 2016 über 380 Zeitschriftentitel (Wanger & Ehrismann, 2016).

Aktuelle Entwicklungen

Im Vergleich zu anderen europäischen Ländern hat das Thema Open Access in der Schweiz verzögert Eingang in die nationale wissenschaftspolitische Diskussion gefunden. Als 2015 die deutschsprachigen Open-Access-Tage erstmals in Zürich stattfanden, bilanzierte Rudolf Mumenthaler anschließend „[...] dass die verschiedenen Mitspieler auf wissenschaftspolitischer Ebene noch nicht an einem Strick ziehen. Die Vorreiterrolle kommt hier der Forschungsförderorganisation Schweizerischer Nationalfonds zu, der eine vielbeachtete und progressive Open-Access-Policy verabschiedet hat. Das Bundesministerium (Staatssekretariat für Bildung, Forschung und Innovation, SBFI) nimmt stark Rücksicht auf die Interessen der Privatindustrie und ist entsprechend bei Open Access zurückhaltender. Die neue Organisation der Hochschulen, swissuniversities, versucht mit dem Förderprogramm „Wissenschaftliche Information"' [...] starke Akzente in Richtung Open Access zu setzen." (Mumenthaler, 2015, S. 460)

Tatsächlich hat das mit 45 Millionen Franken dotierte Förderprogramm „Wissenschaftliche Information: Zugang, Verarbeitung und Speicherung" (kurz SUK P-2) der Rektorenkonferenz der schweizerischen Hochschulen swissunivsitites das Thema Open Access als Aktionsfeld definiert und zur Einreichung entsprechender Projekte eingeladen (Rektorenkonferenz der Schweizer Universitäten, 2014). Mit Auslaufen der ersten Förderperiode (2013–2016) lässt sich jedoch bilanzieren, dass unter den bewilligten Projekten letztlich nur zwei diesem Aktionsfeld direkt zugerechnet werden konnten. Dabei handelte es sich um den Aufbau der Publikationsplattform Hauptbibliothek Open Publishing Environment (HOPE) an der Universität Zürich und um die Migration der Zeitschrift Journal of Eye Movement Research zur Open-Access-Publikationsplattform BOP Serials der UB Bern.

Im Projekt „Nationallizenzen" (ETH-Bibliothek und Konsortium der Schweizer Hochschulbibliotheken), das den Erwerb von Backfiles und deren Verknüpfung mit dem Current Content bestehender Konsortiallizenzen zum Ziel hat, werden Open-Access-Komponenten, d. h. Regelungen für die Hinterlegung der lizenzierten Inhalte in Schweizer Repositorien, mitverhandelt. Erste Erfolge konnten hier mit den Verlagen Oxford University Press, Cambridge University Press und Springer erzielt werden. Wie diese Regelungen in die Praxis umgesetzt werden, war Ende 2016 noch Gegenstand von Diskussion. In der kommenden Förderperiode wird die Verhandlung von Offsetting-Vereinbarungen sowie die Einbindung von Kosten für APCs für Goldenen Open Access in Current-Content-Verträge voraussichtlich stärker in den Fokus rücken (swissuniversities, 2016a).

Weitere Projekte gehören zum Handlungsfeld „Forschungsdaten" und haben daher ebenfalls Berührungspunkte mit dem Thema Open Access, darunter das nationale Kooperationsprojekt „Data Life-Cycle Management", das Best Practices und Tools für die Verwaltung und den Erhalt von Forschungsdaten erarbeitet, sowie das „Pilotprojekt ORD@CH", aus dem der Beta-Service openresearchdata.ch hervorging, ein Metadatenportal für frei zugängliche Forschungsdaten aus Schweizer Institutionen.

Im Antrag zur Fortsetzung des Programms SUK-P2 für die Periode 2017–2020 halten die Autoren fest, dass das Beispiel Open Access zeige, dass kooperative Umsetzungsmaßnahmen „erst greifen, wenn die Initiativen der Hochschulen zur Entwicklung des wissenschaftlichen Publikationswesens in Richtung Open Access koordiniert sind" (swissuniversities, 2016a, S. 7).

Der hier angesprochene kooperative Transformationsprozess hat Ende 2015 den entscheidenden Anstoß erhalten, als das SBFI swissuniversities ersuchte, sich unter Einbezug des SNF an der Erarbeitung einer gesamtschweizerischen Strategie für Open Access federführend zu beteiligen. Neben der Förderung von Open Access als übergeordnetem Ziel sah das SBFI auch Handlungsbedarf im Hinblick auf ein koordiniertes Vorgehen und auf die Schaffung von Kostentransparenz bei den öffentlichen Ausgaben im Bereich wissenschaftliches Publizieren. Die Ausarbeitung der nationalen Open-Access-Strategie wurde der Delegation Hochschulpolitische Strategie und Koordination von swissuniversities anvertraut und im Januar 2017 durch die Plenarversammlung von swissuniversities verabschiedet. Die Strategie formuliert das Ziel, dass bis 2024 alle öffentlich finanzierten wissenschaftlichen Publikationen aus der Schweiz frei zugänglichen sein sollen. Zu den Maßnahmen, mit denen dieses Ziel erreicht werden soll, gehört die Koordination von Open-Access-Richtlinien und Praktiken sowie die Verhandlung von Klauseln zu Grünem Open Access und Offsetting-Verträgen. Darüber hinaus betont die Strategie die Notwendigkeit zur Förderung alternativer Publikationsmodelle, damit die Abhängigkeit von den marktbeherrschenden Verlagen und Finanzierungsformen verringert werden kann und eines wissenschafts- und innovationsfördernden Urheberrechtsgesetzes, das sowohl ein Zweitveröffentlichungsrecht als auch ein Recht zum Text- und Data-Mining beinhaltet. Weitere Maßnahmen sind die Etablierung eines nationalen Monitorings für Open Access und Maßnahmen zur Sensibilisierung der Öffentlichkeit für die Notwendigkeit des freien Zugangs zur wissenschaftlichen Forschungsergebnissen (swissuniversities, 2016b).

Das Thema Kostentransparenz adressiert eine zeitgleich vom SNF und swissuniversities in Auftrag gegebene Finanzflussanalyse, die auch verschiedene Open-Access-Szenarien für das wissenschaftliche Publikationswesen in der Schweiz aufzeigt (Cambridge Economic Policy Associates Ltd, 2016).

Literatur

Arbeitskreis Open Access (AKOA) (2016). Principles for Offset Agreements. doi:10.7892/boris.88910

Cambridge Economic Policy Associates Ltd (2016). Financial Flows in Swiss Publishing. Zenodo. URL: doi:10.5281/zenodo.240896.

Dommann, M. (2014). Empörung alleine reicht nicht. Neue Zürcher Zeitung, 17.06.2014. URL: http://www.nzz.ch/feuilleton/experimentiergeist-ist-gefragt-1.18323474.

EPF Lausanne (2016). Financial Support & Open Access Fund. URL: http://library.epfl.ch/OA_Support/en.

ETH Zürich (2016). Publizieren in Open-Access-Zeitschriften: Finanzierung. URL: http://www.library.ethz.ch/ms/Open-Access-an-der-ETH-Zuerich/Publizieren-in-Open-Access-Zeitschriften/Publizieren-in-Open-Access-Zeitschriften-Finanzierung.

Gutknecht, C. (2014). „Schweizer Verlage – Das letzte Aufbäumen vor Open Access." In: wisspub.net. Gemeinschaftsblog zu wissenschaftlicher Kommunikation im Netz. URL: https://wisspub.net/2014/05/12/schweizer-verlage-das-letzte-aufbaumen-vor-open-access/.

Gutknecht, C., Graf, R., Kissling, I., Krämer, D., Milzow, K., Perini, L., Würth. S. & Zimmermann, T. (2016). Monitoringbericht SNF: Open Access to Publications 2013 – 2015. Schweizerischer Nationalfonds zur Förderung der wissenschaftlichen Forschung. URL: http://www.snf.ch/SiteCollectionDocuments/Monitoringbericht_Open_Access_2015_d.pdf.

Hirschi, C. (2014). Der Schweizerische Nationalfonds und seine Open-Access-Strategie. Neue Zürcher Zeitung, 19.05.2014. URL: http://www.nzz.ch/feuilleton/der-schweizerische-nationalfonds-und-seine-open-access-strategie-1.18304812.

Hagner, M. (2014). Gute Bücher benötigen Zeit und Papier. Neuer Zürcher Zeitung, 23.05.2014. URL: http://www.nzz.ch/feuilleton/gute-buecher-benoetigen-zeit-und-papier-1.18307870.

Hilty, R.M. & Seemann, M. (2009). Open Access: Zugang zu wissenschaftlichen Publikationen im schweizerischen Recht. URL: doi:10.5167/uzh-30945.

Konferenz der Universitätsbibliotheken (2015). OPEN ACCESS – Mandat an den Arbeitskreis OA (AKOA). Unveröffentlichtes Dokument.

Konferenz der Universitätsbibliotheken (CBU/KUB) (2016). Open Access an Schweizer Hochschulbibliotheken – Standpunkt der KUB. URL: http://www.kub-cbu.ch/fileadmin/kub-cbu/Open_Acces/kub-statement-on-oa__d__def.pdf.

Mumenthaler, R. (2015): Open Access im Teenageralter angekommen. Bericht über die Open-Access-Tage 2015 in Zürich. b. i. t online 18(5), 459–461. URL: http://www.b-i-t-online.de/heft/2015-05-reportage-mumenthaler.pdf.

Rektorenkonferenz der Schweizer Universitäten (2014). Programm SUK 2013-2016 P-2 „Wissenschaftliche Information: Zugang, Verarbeitung und Speicherung". Bündelung der Kräfte in der wissenschaftlichen Information. Nationale Strategie. URL: https://www.swissuniversities.ch/fileadmin/swissuniversities/Dokumente/Organisation/SUK-P/SUK_P-2/SUK_P-2_NationaleStrategie_20140403_DE.pdf.

SAGW (2016). Open-Access-Strategie der Schweizerischen Akademie der Geistes- und Sozialwissenschaften. URL: http://www.sagw.ch/dms/sagw/open_access/Open-Access_Strategie_def_d.

SAMW (2014). „Open Access": Für einen freien Zugang zu Forschungsergebnissen. URL: http://www.samw.ch/dam/jcr:9d2d13bd-1757-401a-962e-0a8ec946fb27/positionspapier_samw_open_access.pdf.

Schweizer Parlament (2014). 14.3215 Interpellation. Open Access. Eine Bedrohung für das Verlagswesen? URL: https://www.parlament.ch/de/ratsbetrieb/suche-curia-vista/geschaeft?AffairId=20143215.

SNF (2008). Reglement über die Information, die Valorisierung und die Rechte an Forschungsresultaten. URL: http://www.snf.ch/SiteCollectionDocuments/allg_reglement_valorisierung_d.pdf.

Swissuniversities (2016a). Programm SUK 2013–2016 P-2 „Wissenschaftliche Information: Zugang, Verarbeitung und Speicherung". Antrag für Projektgebundene Beiträge nach HFKG 2017–2020. URL: https://www.swissuniversities.ch/fileadmin/swissuniversities/Dokumente/Organisation/SUK-P/SUK_P-2/PgB5_Antrag_2017-2020_kurz_DE.pdf.

Swissuniversities (2016b). Open Access. URL: https://www.swissuniversities.ch/de/themen/hochschulpolitik/open-access/.

Universität Zürich (2016). Funding. URL: http://www.oai.uzh.ch/de/an-der-uzh/funding.

Wanger, R. & Ehrismann, M. (2016). E-Periodica: die Plattform für digitalisierte Schweizer Zeitschriften. In B. Mittermaier (Hrsg.), Der Schritt zurück als Schritt nach vorn – Macht der Siegeszug des Open Access Bibliotheken arbeitslos? (S.166–175). 7. Konferenz der Zentralbibliothek, Forschungszentrum Jülich, 14–16. Juni 2016. Jülich: Forschungszentrum Jülich. URL: http://hdl.handle.net/2128/11435.

Ingrid M. Wijk
4c Open access in the Netherlands

Compared to Austria, Switzerland (and the UK), the Netherlands are unique to a certain extent regarding government policies and the presence of large commercial publishers on its territory. For these reasons, this contribution will focus on business models and financing strategies, without neglecting the perspective of the scientists.

The start

In April 2013, Dutch State Secretary of Education, Culture and Science, Sander Dekker, announced he would be sharing his vision on the further development of open access to scientific publications. In November 2013, these policy intentions were disclosed in a letter (Ministerie van Onderwijs, Cultuur en Wetenschap, ref. 563640, 2013)[1] to the Dutch Lower House of the Dutch Parliament (*Tweede Kamer*), declaring that all results of research that are publicly or publicly/privately funded must always be freely available. He stated that open access availability of research output stimulates the exchange and circulation of knowledge and thereby contributes to the innovative capacity of the Netherlands. In addition, it leads to the development of science in general and to the resolution of societal challenges such as global health and climate change. Furthermore, the letter indicated that these research results can be made freely available 'within a reasonable time frame' as there are no technical constraints to the immediate distribution of content where public money is involved. The targets set were clear and ambitious: by 2019, 60 percent of scientific output in the Netherlands is to be available as open access content, growing to a full open access situation by 2024. The preferred road is the 'gold road', via publishers who facilitate direct open access to peer-reviewed publications. Unlike the UK, where additional funding was provided to reshape the publishing business model, the Dutch government declared that no additional funding would be made available.

In stating this, the Dutch government had encountered differences between disciplines, publishing practices and formats, and consequently acknowledges that there will be no one-size-fits-all implementation of the Open Access policy. For example, in the medical and biomedical sciences, scientific findings are shared for the first time on publication in a high-impact peer-reviewed journal, whereas in economics findings may already have been announced at conferences before submitting an article for

---

[1] Ministerie van Onderwijs, Cultuur en Wetenschappen, Open Access van publicaties, kenmerk 563640, november 2013

publication. In other areas, such as the humanities, the dominant publication format is a book rather than an article. And while open access only publishers are already operating in some subject fields, such as medical and biomedical sciences, in others open access publishing is open access of one or several articles in licensed journals.

Given this current situation, the Dutch government has called for concerted action by all stakeholders: universities, university libraries, Dutch grant and research organisations such as the Netherlands Organisation for Scientific Research (NWO)[2] and the Royal Netherlands Academy of Arts and Sciences (KNAW),[3] as well as publishers. The first and primary focus was on creating a platform, a common ground to enable and initiate the transition from subscription-based access to content to a situation of open access publishing, culminating in public access to content. Round table meetings with the stakeholders were initiated by the Ministry of Education, Culture and Science to explore directions and to detect sustainable paths to transform the publishing business model. Note that by that time universities and libraries have questioned the business model of the publishing industry for several years already. Specifically, university boards and researchers regard the profit margins of publishers a thorn in the side. Gerard J. M. Meijer, president of Radboud University, explained: 'We are willing to pay publishers for the work they do, but Elsevier's profit margin is approaching 40 percent, and universities have to do the [editing] work and pay for it. We aren't going to accept it any longer'. (Times Higher Education, January 2015).[4] Different discussions – that of opening up scientific content and that of who is to benefit – came together.

The 13 Dutch, state-funded universities, the largest producers of scientific output in the Netherlands, associated in the universities network VSNU,[5] took the Dutch policy change to the highest administrative level. The VSNU identified which stakeholders – politicians, the public, research groups as well as individual researchers and grant organisations – perform a role in publishing scientific knowledge. A taskforce was formed to take charge of public relations and communication. Consisting of members of the VSNU office and librarians, its main responsibility was to get across the message that open access publishing would henceforth be the preferred and targeted means of disseminating scientific output. In addition to press releases, roadshows and seminars about Open Access policy, a website was also launched (www.openaccess.nl), providing updates on the latest Open Access developments in the Netherlands and abroad, researchers' statements advocating Open Access and a Q&A regarding publishers' policies.

As the end goal was to transform the subscription/paywall model into an Open Access publishing model, the Dutch focus was on redesigning publishers' contracts.

---

2 NWO, Nederlandse Organisatie voor Wetenschappelijk Onderzoek; www.nwo.nl
3 KNAW, Koninklijke Nederlandse Akademie voor Wetenschappen; www.knaw.nl
4 https://www.timeshighereducation.com/news/dutch-universities-dig-in-for-long-fight-over-open-access/2017743.article
5 VSNU Vereniging van Universiteiten; www.vsnu.nl

The timing was perfect. The big deals (contracts arranging access to large packages of journals) with leading STM publishers – notably Elsevier, Springer and Wiley – were due to end and would soon be up for renewal. In pre-Open Access contracts, the focus was on agreeing on the terms of access (e. g. perpetual access rights) and usage of the content, for example text and data mining. In the new situation, however, the Dutch universities wanted to lay down the right to both access and publish content in one and the same contract. This indicates the intertwined approach the Netherlands has chosen: money spent on subscriptions (paying for consumption of research output) needs to be converted into money paid to publish (paying for production of research outcome) to avoid double dipping (see chapter 2d).

Licensing contracts usually cover more than only universities, however. In the Netherlands, higher education is offered at two types of institutions: research universities (*wetenschappelijk onderwijs*) and universities of applied sciences (*hoger beroepsonderwijs*). Research universities carry out fundamental and applied research and academic education, whereas universities of applied science primarily carry out applied research and professionally-oriented education. The agreement on Open Access between the Dutch government and universities regards research universities only; universities of applied sciences are not taken into account. This meant that the traditional licensing contracts that include universities of applied sciences (and a couple of university or science institutions though aligned, not being part of a university) piggybacking on the licence, needed to be changed into a twofold licence.

A shift in universities' views on the total costs of scholarly communication was also needed. Even before the introduction of the big deals, licensing budgets have been the exclusive domain of libraries. Information on expenditures for access to scientific information sources are administered in the university's library system and/or financial system. At all times, an overview of the costs of reading scientific output can be provided. Funded either from a central, university budget, or in an arrangement apportioning the costs over faculties and/or research institutes, university library budgets covered the licensing costs. In this era, university libraries' responsibilities included contracting a licence on the best possible terms. However, the picture with regard to open access publishing responsibilities regarding contracting and budgeting is less clear. In general, publishing costs may be covered at a decentralised – for instance departmental or research school – level, at one end. Financing may also be part of a grant from a public or private funder that is not administered as such. At the other hand, funding and administration might be (partly) under the central university budget. To gain better insight into their cash flows, the Dutch universities screened their financial and administrative systems. The results were alarming; overall accounting of open access expenses was inadequate. In some cases, for example, APCs were administrated as PR costs. Because each university has its own accounting system, recommendations were made at the institutional level to fine-tune processes and adjust administrative procedures to capture the total costs of publishing.

Joining institutional forces

There are a number of organisations that act either as advisory bodies to the government on research and innovation issues (such as the AWTI,[6] the Governmental Advisory Council for Science, Technology and Innovation) or work independently to advance the research position of the Netherlands (such as the KNAW and NWO). These bodies have contributed to the Dutch open access agenda in diverse ways.

In the run-up to the Dutch EU Presidency (January – June 2016), the AWTI issued a report entitled 'Dare to share' (AWTI, 2016), placing open access to scientific output in the broader perspective of open science and open data. The AWTI contends that open access will serve to strengthen the position of science in society. However, access alone is not enough; most Dutch scientists already have access to scientific knowledge covered by licensing contracts with publishers. At the same time, openness is not actually desirable in some circumstances, for reasons of security (for example national security) or privacy (for example citizens' confidential health information). The AWTI therefore advocated that open access should not be regarded as an end in itself in science, but as a vehicle to maximise knowledge within and – especially – beyond the bounds of science. In short, open access will only offer added value as part of a broader strategy that increases access to and the utilisation of scientific knowledge.[7]

As the main Dutch grant organisation, the Netherlands Organisation for Scientific Research (NWO) responded to the political changes by declaring open access the standard for the dissemination of research output. As of December 2015, the NWO has amended the conditions of its grant regulations in favour of open access, changing 'accessible to the public as quickly as possible' into 'immediate open access at the moment of publication'.[8] The NWO prefers gold open access, although green open access meets the standard as well. In the latter case, when an article is published in a traditional subscription journal, a version must simultaneously be made accessible in a public database such as a university repository. It has created the NWO Incentive Fund Open Access to cover the costs of article processing charges (APCs), to which principal applicants for NWO research funding can apply for grants of up to 6 000 € per research project. As the NWO wishes to trigger gold open access publishing, this funding can only be applied towards APCs for articles in pure gold open access journals (or books available in open access formats at the time of publication). Placement in an institutional repository is without cost for researchers. The NWO has found that in some cases publishers prohibit immediate publication of an article. Acknowledging that the transition to full access is not an easy process and given the different interests at stake, the NWO has stated that it will be using the period until January

---

6 AWTI Adviesraad voor wetenschap, technologie en innovatie; www.awti.nl
7 AWTI, Durven Delen, Op weg naar een toegankelijke wetenschap, Den Haag, januari 2016
8 http://www.nwo.nl/en/policies/open+science/open+access+publishing

2018 to identify any barriers that may impede meeting the OA requirement. During this period, researchers will have to either comply with the regulations or explain why it is impossible for them to do so ('comply or explain' principle).

The policy of the prestigious Royal Netherlands Academy of Arts and Sciences (KNAW) is to serve as a learned society representing the full spectrum of scientific and scholarly disciplines in the Netherlands, to act as a management body for national research institutes and to advise the Dutch government on matters related to scientific pursuit. The KNAW advocates and has committed itself to placing its publications and those of the KNAW institutes in the Academy publications repository, providing open access within six months of publication, or within 12 months in the case of publications in the humanities and social sciences. Furthermore, it has pledged to digitally preserve and provide open access to all of its research data (except the absence of obligations under the data memorandum) within 18 months after the research is concluded. It is clear that the Open Access movement started to address the issue of free access to publications and is evolving to the next stage of access to data.

Not only the leading research organisations in the Netherlands joined forces to achieve a national standard on open access, but internationally, too, government agencies, universities, university libraries and research institutes harmonised efforts. From the beginning, clear political vows were heard. Joint statements were drawn up, such as by LERU,[9] the League of European Research Universities, calling to investigate new models for scholarly communication and the dissemination of research outputs. Also, the Association of European Research Libraries, LIBER, of which most Dutch university libraries are members of, has been instrumental for the The Hague Declaration on Knowledge to increase the availability of facts, data and ideas (Liber, 2015).[10] The Netherlands and the United Kingdom published a joint non-paper on open science, and specifically open access to publications and data, which cites as shared common goals 'to strive for and support open access to the underlying data, make data interoperable and easy to re-use' and 'to promote a universal, simple and straightforward approach to re-use of data and publications without restriction (as described by the CC-BY licence)' (Dekker, 2015).[11]

Also, political support for open access encouraging publishers 'to adapt their business models to new realities' is given in a European context, as reflected in a joint plea of EU Commissioner Moedas and Dutch State Secretary Sander Dekker in October 2015.[12]

---

[9] http://www.leru.org/files/general/Open%20Access%20to%20Research%20Publications-FINAL.pdf
[10] http://thehaguedeclaration.com/wp-content/uploads/sites/2/2015/04/Liber_DeclarationA4_2015.pdf
[11] Non-paper on open science: open access to publications and data, United Kingdom and the Netherlands, March 2015
[12] https://ec.europa.eu/commission/2014-2019/moedas/announcements/commissioner-moedas-and-secretary-state-dekker-call-scientific-publishers-adapt-their-business_en

In Horizon 2020 costs for open access may be reimbursed for the duration of the project. At the same time, monitoring is announced to increase transparency and prevent exorbitant APC price increases. In addition, the Commission will launch an Open Science Policy Platform to explore ways to construct alternative publishing business models. In the Netherlands, clear political support has proven to be one of the key success factors in the open access endeavour.

In practice

Actual conversion of the licensing contracts started with the renewal of licences universities hold with Elsevier, Springer, Sage and Wiley as of 2015. In the Netherlands, licences with the major publishing companies are contracted through a central contracting organisation, SURFmarket,[13] which operates on behalf of and within a mandate of the Dutch universities. Up until 2014, library directors and university licensing officials had worked with SURFmarket to negotiate licences (and renewals) for large packages of journals, known as 'big deals'. The main structure in place consisted of a national steering committee representing directors and licensing experts from the Dutch consortium of university libraries and National Library of the Netherlands (UKB). The committee was responsible for guidance and monitoring of licensing issues. To negotiate licences of substantial value there was a team for each publisher consisting of a university director and/or working group member, supported by a SURFmarket licensing manager. Universities could express their wish to participate in a big deal beforehand. After closing a deal the licence fee was apportioned over the participating members, with costs shared on the basis of parameters such as student numbers, budget and – as from 2015 – research output. Expenditures are known upfront to the participating universities and are not due to changes during the contracting period, enabling libraries to forecast budget consequences to the best.

This structure changed after the call to action. The VSNU shouldered responsibility and created a high level support structure.

Three university Executive Boards presidents[14] were delegated to lead the transition to open access, supported by an open access programme manager of the VSNU, and representatives from a large Dutch grant organisation, the Netherlands Federation of University Medical Centres (NFU)[15] as well as the UKB. They now serve as a steering committee that liaises with the government and with the VSNU to align policy

---

13 Surfmarket ICT Samenwerkingsorganisatie van het ondewijs en onderzoek in Nederland; www.surfmarket.nl
14 Prof. Gerard Meijer (Radboud University Nijmegen), Dr. Koen Becking (Tilburg University) and Prof. Jaap Winter (VU Amsterdam).
15 NFU Nederlandse Federatie van Universitair Medische Centra; www.nfu.nl

on a regular basis, ensuring that overall policy statements and strategic directives are covered by tactical and operational actions that match the ambition. A project group was put in place to prepare the policy agenda on open access, monitor progress, handle public affairs, etc. From this point on, one of the delegated Executive Board presidents has strategically led the negotiations with publishing companies, with additional expertise furnished by a dedicated university library director and SURFmarket licensing officer for content-related and contractual issues. Because the Netherlands had opted for a united approach in negotiating big deals with publishing companies more than a decade before the Open Access debate started, the general working structure as described above, was already in place. This structure consisted of plenary UKB meetings of directors of the university libraries and national library where publishing and licensing are discussed in general. This ensures that although there might be different opinions, the stakeholders speak with one voice, facts can be exchanged and differences in opinions may be discussed. On the tactical level, two UKB working groups are functioning, one on licensing and one on open access. These working groups report to the UKB plenary assembly. Members of the licensing working group are a delegation of university library directors, university licensing officers, a librarian acting on behalf of the university medical centres and an advisor from SURFmarket's licensing office. The open access working group is made up of university library directors, licensing officers and open access representatives from the university libraries. The chairman of the open access working group also sits on the licensing working group to ensure that open access issues are taken into account in negotiations and that issues raised in meetings with publishers can be dealt with immediately. This cross-linking makes it possible, for example, to delve into questions such as Creative Commons settings.

In addition, a small expert group was set up to deal with open access working processes in conjunction with publishers. The UKB's involvement had evolved considerably over time and become more intense than ever. Almost every university library director was assigned to one of the publishers to guide the deal-making process. Inevitably, training was provided to get ready for the job.

Within the libraries themselves, the new situation triggered various organisational changes. Open access officers had to be appointed, tasked with informing various stakeholders such as researchers and library colleagues about the open access deals, conditions and, most importantly, how researchers could use them. Alignment with university communication departments intensified. Licensing officers faced changes in their jobs as well, or new positions were created, with additional activities supporting publishing activities of researchers. For instance, tooling of and advising about Open Access publishing were taken up.

Like the role of the UKB, the services of SURFmarket have also undergone a change. Originally, SURFmarket was responsible for contracting content on behalf of the UKB. To do this, it was – within a mandate given by UKB – charged with leading market consultations and negotiating, and closing deals. In the new situation,

SURFmarket's role is a facilitating one and the actual negotiations are performed by the Dutch university presidents with the support of university library directors. The latter bear direct responsibility for informing the UKB working group on licensing matters and their UKB colleagues about results and outcomes of the negotiations. The need for a quick response in negotiation and decision-making processes calls for short lines of communication and ongoing coordination. In this system, effective supplier management is essential. Publishing industry developments and contracting business developments in other countries (mainly Europe) have to be carefully tracked in order to provide universities with key updates. At the same time, negotiation teams need a data warehouse organisation to keep records of changes in contract conditions and publisher deliveries in order to perform their role. This demands a flexible support organisation that is able to collaborate with different parties across the board, including the VSNU, UKB and publishers.

Essential for the negotiations was the commitment and steadfastness of University Boards to the Open Access agenda.[16] From the beginning, it was clear that university leaders were open for unpreceded measures, such as that of not renewing a licensing contract with the publisher. University libraries prepared exit scenarios for these situations. Note that this caused concern among researchers, because of expected limited access to content. Furthermore, it was believed that it might impact the relationship between the researcher in his capacity as an author, and the publisher.

By mid-2016, the Dutch negotiations have resulted in a variety of models covering both reading and publishing rights. Concerning the Open Access publishing rights a variety of models appeared: (A) an unlimited number of Open Access articles (Springer, Wiley). In this case, every hybrid journal of the publisher is open for publishing Open Access without any APC costs for the researcher. In some cases, society titles are (not yet) part of this arrangement. (B): A substantial percentage (70–100%) of Open Access articles (RSC, Karger) is covered. In these cases substantial steps towards full open access are taken, however 100 percent open access is not reached yet. (C): A fixed (and growing) number of Open Access articles (Elsevier) is covered and free of APC costs for researchers. This might be connected to a specific set of journals, (D): An APC discount only is in place (Thieme, Walter de Gruyter, Emerald). Finally, (E) is a mixed model (for example a combination of C and D; Sage). The duration of these contracts varies from one to four years. It turned out that replacing a contract by another contract covering a substantial change regarding the contracted content is time-consuming. In most cases, a deal was only possible after the contract grace period had formally ended. Also, in some cases it turned out that a gap needed to be bridged by extending the former contract for a fixed period, for example, another year to have more time to agree on open access issues.

---

16 http://www.magazine-on-the-spot.nl/openaccess/eng/the-dutch-approach.html

As the main target was to convert the subscription-based model into a full open access and publishing model, dealing with full open access publishers such as BioMed Central or PLOS ONE was not subject to a national approach steered by the VSNU. This is not to say that this option was off the table altogether. Some universities already had membership agreements with this type of publisher, offering them discounted open access publishing, whereas others had put such memberships on the university research agenda, spurred by the open access movement.

Meanwhile, several other initiatives were launched to contribute to the Dutch Open Access movement on a specific disciplinary basis. They include the OAPEN project,[17] a platform for open access monographs in the humanities and social sciences, LingOA,[18] Open Library of the Humanities,[19] and an initiative of university library directors and law school deans to develop an open content platform for Dutch law.

What about the researchers?

As of mid-2016, the big deal arrangements have enabled Dutch researchers to publish in one of three hybrid journals of contracted STM publishers without paying APCs. Additional, they may also publish in hybrid Open Access journals at a discounted APC rate. This does not impinge on the academic independence of researchers, who are not forced to publish in a particular journal. The decision of which journal to publish in is up to the academic community and a part of the research process and culture. This implies that the emphasis of most libraries is on informing researchers about the possibilities of Open Access, compliance with grant organisation Open Access policies and supporting researchers in the Open Access publishing process. Communication therefore requires a special focus. In general, researchers know exactly which journals are relevant in their field and in which ones to publish in. Their main concern is not in which journal they can publish open access, but which journal has high impact and relevancy for their research field and research ambitions. In most cases, the first and dominant incentive to publish in a specific journal is scholarly excellence – in other words, high impact. The rise (and fall) of questionable open access publishers has consequently led to caution among researchers where to publish. Dutch university libraries have built relationships with research institutes and research schools to deliver personalised publishing support services, and they are therefore best positioned to step in and inform, advice and guide researchers through the increasingly

---

17 http://project.oapen.org/
18 www.lingoa.eu
19 www.openlibhums.org

diffuse publishing landscape due to a variety of different publishing procedures and workflows.

An informal poll conducted in the summer of 2015 among Dutch university researchers showed that open access is considered to be a worthwhile objective, but not at the cost of career opportunities. Open access was (and perhaps is still) perceived as having lower impact, thus undermining career prospects in academia.

Research career prospects are still based on past performance as measured in the quantity and quality of research output. This makes the choice easy: Why opt for open access if the impact for the future academic career is still measured on the basis of traditional journal-based impact scores? Several young academy organisations, including the KNAW's Young Academy,[20] have expressed concern[21] over the evaluation criteria currently applied by universities, research institutions and funding agencies, which value publication in established, high-impact factor journals. They state that early career researchers are more dependent on these criteria than successfully established scientists. The move towards Open Access should therefore be accompanied by a careful re-evaluation of these criteria. Both in the Netherlands and abroad, new ways of measuring impact are being explored, but have not yet been adopted. Here, too, the Netherlands is faced with the international reality that system changes cannot be forced by a single country.

In the Netherlands, the quality, societal relevance and viability of research conducted at Dutch universities (and NWO and KNAW institutes) are assessed every six years. The assessment methods used and the aims of assessment are set out in the Standard Evaluation Protocol (SEP).[22] In the latest version (effective 2015–2020), the focus has changed and includes societal impact of research as well, measured on the basis of research institutes' most important societal publications or other societal output. The new SEP has also added a 'narrative' component, which should exemplify the relevance of the department's work to society. This new form of reviewing and valuing research output – in addition to scientific quality as measured by peers – is the first palpable proof of a changing research climate.

In addition to national research (funding) policies and assessment guidelines, international advocacy of open access output is welcomed. These efforts can build on initiatives taken by the European Commission under the FP7 Framework Programme to make scientific output publicly available. Concrete results (European Commission et al. 2016) of the €55 billion invested over the course of the seven-year programme include the strengthening of scientific excellence. Up

---

20 www.dejongeakademie.nl
21 https://www.dejongeakademie.nl/nl/nieuws/statements-over-open-access-en-open-data-gepresenteerd-aan-eurocommissaris-moedas
22 http://www.vsnu.nl/files/documenten/Domeinen/Onderzoek/SEP2015-2021.pdf

until the date of the ex-post evaluation, FP7 projects had led to more than 170 000 publications.

Of all peer-reviewed publications under the FP7 Framework Programme, 54% were published open access.[23] Further measures are being undertaken in the Horizon 2020 programme, addressing the need for better communication to the general public about science issues in general and Horizon 2020 in particular by strengthening open access to research publications and data and involving citizens in research strategy and topics. Article 29.2 of the programme's Model Grant Agreement[24] sets out detailed legal requirements for open access to scientific publications. Under the Horizon 2020 programme, all beneficiaries must ensure open access to all peer-reviewed scientific publications relating to their own results. To meet this requirement, beneficiaries must at the very least ensure that any scientific peer-reviewed publications can be read online, downloaded and printed.

A global business

Publishing is a global business, both viewed from the perspective of the publishing industry and the perspective of universities and other knowledge institutes. Therefore, cross-border approaches are needed. The call for international cooperation was formally made by the Dutch Ministry of Education in the run-up to the Dutch Presidency of the European Union in 2016. Open access became one of the priorities under which Member States joined forces, and efforts gathered political and societal momentum. Both the European Commission and the Council of the European Union took up the gauntlet to facilitate and accelerate the envisioned transition towards open science. As it was formulated in the *Amsterdam Call for Action on Open Science* (2016), 'countless initiatives have been developed during recent years, policies are not aligned, and expertise can be shared more and better. There is a strong need for cooperation, common targets, real change, and stocktaking on a regular basis for a speedy transition towards open science'.[25] The debate has definitely shifted from 'if' to 'how' and 'why'. By aligning the research policies of governments, grant organisations and universities, open access will be the standard within a decade. During the 'Open Science – From Vision to Action' conference held in Amsterdam in April 2016,

---

[23] European Commission Fact Sheet, Ex-Post Evaluation of the 7th Framework Programme for Research, January 2016

[24] http://ec.europa.eu/research/participants/data/ref/h2020/grants_manual/amga/h2020-amga_en.pdf

[25] www.eu2016.nl and https://www.eu2016.nl/documenten/rapporten/2016/04/04/amsterdam-call-for-action-on-open-science

it was ascertained that a multi-actor approach would be needed to reach two specific pan-European goals by 2020.

The first goal is full open access to all scientific publications; the second is to radically change the approach to research data use in favour of optimal sharing and reusing data.

Flanking policies were formulated with regard to reviewing the assessment, reward and evaluation systems and for aligning policies, monitoring stocktaking and exchanging good practices.

This conference also resulted in the formulation of a 12-point action plan. One of the actions is to create transparency regarding the costs and conditions of academic communication, thereby addressing growing concerns over the continuing viability of the current scholarly communication system. The aim is to establish a cost-effective, efficient and dynamic publication system. In the transition to this new phase, transparency in the costs of big deals and APCs is essential. In the spring of 2016, a Dutch citizen petitioned for disclosure of big deal pricing information under the Dutch Government Information (Public Access) Act, or 'WOB'. Though some publishers claimed that non-disclosure declarations might prohibit revealing contract information, university legal advisors declared that a WOB request overrules contractual restrictions, and the financial data were made public.[26] In the summer of 2016 the universities received a second request to make information on open access publishing costs public, this time from a citizen who co-founded QOAM.[27] A Dutch initiative, QOAM is a free service marketplace for researchers, providing information about scientific and scholarly journals which publish articles in open access format. QOAM scores journal quality on the basis of academic crowdsourcing, whereas price information is based on institutional licence pricing. Like sources such as DOAJ and Sherpa/Romeo, the website provides current information on open access publishing.

Towards open science

As can be deduced from the Amsterdam Call for Action, open access to research output by means other than publications is being advocated. In an open science environment, research outputs generated through public funding should be accessible for reuse. At present, the Dutch NWO grant organisation requires researchers to submit a data management plan with their grant proposals.

With respect to research data, the FAIR principles are generally accepted, meaning data must be findable, accessible, interoperable and reusable. There is a

---

26 http://www.vsnu.nl/f_c_kostenpublicaties.html (only in Dutch)
27 https://www.qoam.eu/about

certain degree of leeway to allow for differences between disciplines, legal frameworks, types of data and the interests (commercial or legislative) of parties involved.

As a result, the format may vary from open and free downloads to application and registration-based access. In the Netherlands, Data Archiving and Networked Services (DANS)[28] promotes sustained access to digital research data by offering data storage facilities and encouraging researchers to permanently archive and reuse data. DANS allows researchers to either deposit datasets in EASY or send research data and publications to NARCIS; during research, DataVerseNetwork (DVN) can be used for data storage. DANS also offers training and advice and conducts its own research on sustainable access to digital information.

These practices build further on the basics laid down in the Code of Conduct for Scientific Practice in the Netherlands (VSNU, 2012),[29] which requires – among other things – that presented information must be verifiable and that research must be replicable in order to verify its accuracy. Every single process step, from research question to research setup and methods to source references must be precisely documented by the researcher. In general, whenever research results are made public, the basis for the data and the conclusions, how they were derived and how they can be verified must be made clear.

In the years ahead, a special focus will be placed on monitoring progress in open science. The Dutch Ministry of Education, Culture and Science has already imposed a reporting requirement on the Dutch universities to inform the national government on the progress made. A framework of Open Access definitions is set to facilitate annual progress reporting based on universities' current research information systems. This will ensure data are available to effectively steer open access policies to achieve 100 percent open access for public and public/private-funded research in the Netherlands by 2024.

Green open access and specific actions

So is green open access not on the agenda any more? The Horizon 2020 programme states that all peer-reviewed scientific research articles (published in scholarly journals) have to be freely available. This encompasses not only the right to read, download and print, but also to copy, distribute, search, link, crawl and mine. Such access can be granted either by self-archiving (green open access) or through open access publishing (gold open access).

---

[28] https://dans.knaw.nl/en/front-page?set_language=en
[29] http://www.vsnu.nl/files/documenten/Domeinen/Onderzoek/The_Netherlands_Code_of_Conduct_for_Scientific_Practice_2012.pdf

In August 2016 the VSNU drafted a green open access policy in which institutional repositories would play a pivotal role. Still, the ultimate objective in the Netherlands is gold open access. Though the green road is also open, it does not provide the immediate, open access that is envisaged by the Dutch government and essentially functions as a stepping stone to barrier-free access to scientific output.

Up until now, some universities, for example Erasmus University Rotterdam, Technical University Eindhoven and Technical University Delft, have formulated explicit green open access policies that include the depositing of scientific output. In these situations, green Open Access policies are supported by Executive Board and faculty deans. Erasmus University was the first Dutch university that formulated a Green Open Access Effective mandate in 2011, stating that all research output is to be uploaded to RePUB, EURs institutional repository.[30] From April 2015, authors at TU/e are requested to register all peer-reviewed journal articles and to submit the final, accepted authors' versions (post-print) for inclusion in the TU/e Repository. Authors only need to upload their publications.[31] Other universities are in the process of formulating policies, or have restricted policy measures such as the required deposit of each PhD thesis (as at Maastricht University). Institutional repositories are harvested in turn by NARCIS,[32] the Dutch national repository. The objective is to implement a general sector-wide policy on green open access and the depositing of publications, further building on the strides made by joining forces. Researchers may deposit either the final version (publisher's version) or final peer-reviewed and accepted version (postprint or final author's version) of their article in the repository. Publications in open access journals can be deposited immediately.

If a publication is already available in a 'trusted repository' (for example, some form of gold open access), linking to the publication based on a persistent identifier is sufficient.

These actions may be boosted by 2015 legislation on intellectual property rights in the Netherlands, when the existing law was amended in favour of making research output publicly available in as short a period as possible. The precise time period is still to be determined.

Aligned with EU statements, this means that after 6 months (for science, technology and medicine; for social sciences and humanities up to 12 months) the rights will revert to the producer of the knowledge – that is, the researcher.

The timing for the Green Open Access policymaking is opportune. Most universities (and university medical centres) have either recently replaced their CRIS (current research information system) or are in the process of choosing a future CRIS.

---

30 http://www.eur.nl/researchmatters/open_access/eur_policy/
31 https://www.tue.nl/en/university/library/education-research-support/scientific-publishing/open-access-coach/tue-open-access-policy/
32 http://www.narcis.nl/about/Language/en

It is difficult to conceive that universities will remain dependent on publishers' data for information about one of the two major 'products' they deliver, namely research output; and where the other product – education output – is concerned, they know far more themselves in terms of data on graduates, programmes and marks. By constructing and using research information systems to their full potential, a more comprehensive picture of university research performance can be provided to all stakeholders, including government, management, the public and researchers themselves.

Martin Paul Eve
4d Open Access in the United Kingdom

The United Kingdom of Great Britain and Northern Ireland has been a leader in the advance towards open access to scholarship and research.[1] Indeed, a combination of centralized, state research-funding bodies, coupled with a nationwide openness and transparency agenda has created an economic and political climate in which discourses of open science and scholarship can flourish. Although different parts of UK policy on open access have not been universally well received by those in the academy and those in publishing, there have also been two official parliamentary hearings into open access; a set of reviews and recommendations, headed by Professor Adam Tickell; and a variety of implementation strategies from different private and public funders and institutions. In this chapter, I will briefly cover the political and economic elements of open access as they have emerged in the UK, spanning: funders, politics, institutions, publishers, and academics.

Government Funding

The UK operates a system of state research funding called "dual support", underwritten by taxpayers. Owing to the devolution of political powers to the constituent countries in the United Kingdom, the precise mechanism of this funding is somewhat complex but nonetheless important to understand how open access has evolved. Until the reforms to Higher Education proposed in late 2015 that are likely to be implemented in spring 2017, the bodies that administer this funding are called the Higher Education Funding Council for England (HEFCE), the Higher Education Funding Council for Wales (HEFCW), the Scottish Funding Council (SFC), the Department for the Economy (in Northern Ireland), and the Research Councils. With the exception of the Department for the Economy, which allocates funding directly to higher education institutions in Northern Ireland, these entities are non-departmental public bodies and they operate at arms' length from the government.

The two elements of the dual support system that these bodies oversee are Quality-related Research funding (QR) or Research Excellence Grant funding (REG) in Scotland, and specific project funding.

---

[1] I write this piece in the week after the UK's referendum on leaving the European Union. I am, therefore, acutely conscious of the challenges facing the unity of the UK and even the potential for that union to be dissolved by the time that this chapter is published.

Every year, the UK government and devolved administrations in Wales and Scotland allocate an overall amount of funding to each of the non-departmental government bodies that oversee its expenditure. Specifically, QR/REG is administered by the Higher Education Funding Councils (HEFCE, HEFCW, SFC) and Northern Ireland's Department for the Economy as a block grant based on performance, at the institutional level, in periodic Research Excellence Frameworks (REF), previously known as the Research Assessment Exercise (RAE). This can be spent as universities see fit to enhance their research over the year. The second strand of research funding goes to the Research Councils, who allocate their grant on the basis of submitted proposals for specific projects. These are assessed by a process of peer-review, followed by a moderation and decision panel. Through these two channels – QR and specific-grant funding – the UK has a system in which universities are given ongoing and underpinning research funding that can be supplemented when specific project needs arise.

In total, dual support awards approximately £3.7bn of funding per year, including expenditure on knowledge transfer, innovation funding, and capital/estates (Higher Education Funding Council for England, 2016). All in all, then, this creates an environment in which universities are heavily reliant upon central government funding to conduct their research. Universities are also, therefore, subject to any regulatory measures that the government deems appropriate for the award of such funds. Among the measures that have been imposed are a set of open-access mandates, to which I will return shortly.

Politics and Transparency

In addition to the centralized state funding of research, which acts as a powerful behavioural lever, it is vital to understand a little of the politics of the United Kingdom to grasp fully its approach to open access. At the time of writing, the last decade of UK politics has been dominated by the two governments of David Cameron's Conservative party, first in coalition with the Liberal Democrats (2010–2015) and second as a single party (2015–2020, unless a general election is called early). The ministers for universities and science during this period have been David Willetts, Greg Clark and Jo Johnson, the former of whom was instrumental in shaping the UK's policies on open access. In fact, it is often recounted that had Willetts not experienced frustration in his inability to access university research while writing his book on intergenerational contracts, "*The Pinch*", there would be no open-access policies in the UK (Willetts, 2010). Whatever the truth of this anecdote, the foundations for the policies had been laid almost ten years earlier in an April 2003 hearing at the House of Commons Select Committee Inquiry under Tony Blair's Labour party minister, Alan Johnson.

At this hearing, a mere year after the initial BBB declarations on open access ('Berlin Declaration on Open Access to Knowledge in the Sciences and Humanities',

2003; Chan et al., 2002; Suber et al., 2003), the Director General of the Research Councils, Dr John Taylor, was asked whether he supported a request by the Medical Research Council to use its funding to pay open-access publication charges. While Taylor hedged his bets at that time, citing the complexity of the matter, he did also state that it was a "live issue" that was under consideration (House of Commons Science and Technology Committee, 2004b). Meanwhile, in a typically reactionary move, Nature Publishing group submitted written evidence to a full hearing on open access a year later to the effect that, in order for them to maintain their current selectivity and revenue levels, they would have to levy a charge of between £10 000 and £30 000 per article (House of Commons Science and Technology Committee, 2004a).

Despite resistance of this type from traditional publishers, replicated many times over the subsequent decade, the political machine rumbled onwards in the United Kingdom and eight years later, in 2012, a group chaired by Dame Janet Finch under the Willetts regime published its report on "how to expand access to research publications". Indeed, this inquiry connected well with the Cabinet Office's boast that the UK administration of 2010–2015 would be "the most transparent and accountable government in the world" (Maude, 2010). The Finch report, often criticized for the way in which its advice conveniently dovetailed with the views of commercial publisher representatives on its membership, recommended a transition to a gold open-access model on article processing charges at a current average rate, at an additional total cost of £50–60m per year for UK universities (Working Group on Expanding Access to Published Research Findings ('Finch Group'), 2012, p. 101). The fundamental conclusions of this report – that the UK should continue to transition to a fully gold open-access setup – were confirmed to Jo Johnson's department in 2016 in an independent report by Professor Adam Tickell but this also stressed the necessity of flexibility over the route by which this outcome should be achieved (Tickell, 2016).

Routes to Implementation

The methods deployed by different institutions to achieve the implementation of open access are diverse. For instance, the UK HE funding bodies' policy for the next REF, planned and implemented by David Sweeney and Ben Johnson, is that all journal articles and conference proceedings that are to be submitted should be deposited in an institutional repository (green), at the point of acceptance, with a minimally liberal license and with up to 48 months embargo allowed for arts and humanities disciplines (Higher Education Funding Council for England, 2014). This green road, perhaps supported most strongly by UK scientist and open access-advocate Stevan Harnad, is a transitory approach to an implementation of the Finch recommendations that seeks to change researcher and institutional behaviour and attitudes towards open access, noting that researchers, not institutions, must be responsible for deposit while institutions must by necessity have their own repositories. The green road has seen substantial growth in the UK and by November 2015, approximately 450 000 outputs were available across 91 repositories (Tickell, 2016, p. 12).

By contrast, the Research Councils have a requirement that any journal articles that emerge from a funded project must be made available in an open-access form with a preference for the gold road. To facilitate this, the Research Councils award block grants to every institution that has been in receipt of its funding. It is envisaged by the Research Councils that the majority of this funding will be spent on Article Processing Charges (APCs), although support for other models of gold and green open access are not precluded. Once an institution's block-grant funding has been exhausted, the Research Councils allow embargoed green open access as a fallback. The claimed complexity of this decision process has led to the creation of a "decision tree" that neatly visualizes the process (figure 1).

Fig. 1: The RCUK decision tree for open access. Released under the Open Parliament License.

That said, it is still the case that, by the end of 2015, it was estimated that 19% of the UK's research output was made available through a gold route (Tickell, 2016, p. 12).

Finally, additional pressure from outside politics comes from the fact that private/philanthropic funders in the UK have also been keen on open access. For instance, the well-endowed medical research charity, the Wellcome Trust, has also implemented a strong, gold open-access mandate under Robert Kiley; one of the few mandates that also includes (and funds) open-access books/monographs. The Wellcome Trust also announced, in mid-2016, that it would be running its own, in-house, and open-access journal for its funded researchers (Grove, 2016).

Researchers, Societies, and Publishers

Given the strong government and taxpayer based rationales for open access in the UK, which Peter Suber notes can certainly have mixed effects (Suber, 2003), open-access in Britain has sometimes been criticized as a top-down imposition. Indeed, there have been criticisms from eminent learned societies such as the British Academy, the Royal Historical Society and individual researchers (see, for examples OAPEN-UK, 2013; Holmwood, 2013; Darley, Reynolds, & Wickham, 2014; Mandler, 2013, 2014). However, a number of new open-access initiatives based in the United Kingdom have been driven through a bottom-up or grassroots approach. Initiatives such as Open Humanities Press (led by Gary Hall), Open Book Publishers (Alessandra Tosi, William St. Clair, and Rupert Gatti), Knowledge Unlatched (Frances Pinter), eLife (Mark Patterson), the Open Library of Humanities (myself and Caroline Edwards) and others provide good examples of such efforts. Similarly, librarians in the UK have been proactive in cross-institutional advocacy. For instance, Chris Banks of Imperial College has been working to establish a "UK Scholarly Communications Licence" that translates the basic principles of Harvard-style models into a framework compatible with UK law (Banks, 2016; see Shieber, 2015). Conversely, however, few UK institutions have yet implemented successful individual mandates that are not tied to centralized funder mandates. That said, the simple fact of the matter is that most researchers in the UK, as elsewhere in the world, have come late to open access and have encountered it in response to government and funder mandates. For most researchers, open access only became a matter of concern when their institution's funding became linked to it as a requirement. It is also the case that disciplinary disparities in implementation remain prevalent, with the humanities disciplines often lagging behind the natural sciences, although chemistry also remains weak (for more on this, see Eve, 2014). Open access in the UK has been driven by a decade and a half of politics aimed at transparency and openness, although ironically it has also been the era in which tuition fees at English universities have been bumped to their highest-ever levels, precluding other types of access. As the UK was at the forefront of open-access developments, however, it also faced resistance from publishers for apparently "going it alone". As has now been made clear within the Netherlands' EU presidency statements, this is no longer the case and nations that are not actively pursuing open access will soon find themselves the odd ones out (Council of the European Union, 2016).

Of course, where Britain remains within the EU and what becomes of its open-access policies in relation to the Brexit vote is a matter that is, at present, hard to predict.

References

Banks, C. (2016). Focusing upstream: supporting scholarly communication by academics. *Insights*, 29(1). doi:10.1629/uksg.292.

Berlin Declaration on Open Access to Knowledge in the Sciences and Humanities. (2003, October 22). Retrieved from http://oa.mpg.de/lang/en-uk/berlin-prozess/berliner-erklarung.

Chan, L., Cuplinskas, D., Eisen, M., Friend, F., Genova, Y., Guédon, J.-C., ... Velterop, J. (2002, February 14). Budapest Open Access Initiative. Retrieved 18 February 2011, from http://www.soros.org/openaccess/read.shtml.

Council of the European Union. (2016, May 27). The transition towards an Open Science system – Council Conclusons.

Darley, R., Reynolds, D., & Wickham, C. (2014). Open access journals in humanities and social science. London: British Academy.

Eve, M. P. (2014). Open Access and the Humanities: Contexts, Controversies and the Future. Cambridge: Cambridge University Press. Retrieved from doi:10.1017/CBO9781316161012.

Grove, J. (2016, July 6). Wellcome Trust to launch open access research site. Times Higher Education (THE). Retrieved from https://www.timeshighereducation.com/news/wellcome-trust-launch-open-access-research-site.

Higher Education Funding Council for England. (2014, April). Policy for Open Access in the Post-2014 Research Excellence Framework. Retrieved from https://www.hefce.ac.uk/media/hefce/content/pubs/2014/201407/HEFCE2014_07.pdf.

Higher Education Funding Council for England. (2016, March 4). Funding for higher education in England for 2016–17: HEFCE grant letter from BIS. Retrieved 6 July 2016, from http://www.hefce.ac.uk/news/newsarchive/2016/Name,107598,en.html.

Holmwood, J. (2013, October 21). Markets versus Dialogue: The debate over open access ignores competing philosophies of openness. Retrieved from http://blogs.lse.ac.uk/impactofsocialsciences/2013/10/21/markets-versus-dialogue/.

House of Commons Science and Technology Committee. (2004a). Supplementary Evidence from Nature Publishing Group. Retrieved 7 January 2013, from http://www.publications.parliament.uk/pa/cm200304/cmselect/cmsctech/399/399we163.htm.

House of Commons Science and Technology Committee. (2004b, February 23). Fourth Report of Session 2003–04. Retrieved 6 July 2016, from http://www.publications.parliament.uk/pa/cm200304/cmselect/cmsctech/316/316.pdf.

Mandler, P. (2013). Open Access for the Humanities: Not for Funders, Scientists or Publishers. *Journal of Victorian Culture*, 18(4), 551–557. doi:10.1080/13555502.2013.865981.

Mandler, P. (2014). Open access: a perspective from the humanities. Insights: *The UKSG Journal*, 27(2), 166–170. doi:10.1629/2048-7754.89.

Maude, F. (2010, November 19). This will be the most transparent and accountable government in the world. The Guardian. Retrieved from https://www.theguardian.com/commentisfree/2010/nov/19/francis-maude-government-data-published.

OAPEN-UK. (2013). Royal Historical Society Case Study. Retrieved from http://oapen-uk.jiscebooks.org/research-findings/learned-society-case-studies/rhs-case-study/.

Shieber, S. M. (2015, December 18). Model Open Access Policy. Retrieved 6 July 2016, from https://osc.hul.harvard.edu/modelpolicy/.

Suber, P. (2003). The taxpayer argument for open access. SPARC Open Access Newsletter, (65). Retrieved from http://dash.harvard.edu/handle/1/4725013.

Suber, P., Brown, P. O., Cabell, D., Chakravarti, A., Cohen, B., Delamothe, T., ... Watson, L. (2003). Bethesda Statement on Open Access Publishing. Retrieved from http://dash.harvard.edu/handle/1/4725199.

The Publishers Association decision tree (endorsed by BIS and RCUK) (2013, February 23). Retrieved from https://www.publications.parliament.uk/pa/ld201213/ldselect/ldsctech/122/12206.htm#a6.

Tickell, A. (2016). Open access to research publications: independent advice. Retrieved 21 April 2016, from http://dera.ioe.ac.uk/25485/1/ind-16-3-open-access-report.pdf.

Willetts, D. (2010). The pinch: how the baby boomers took their children's future – and why they should give it back. London: Atlantic.

Working Group on Expanding Access to Published Research Findings ('Finch Group'). (2012, August 20). Accessibility, sustainability, excellence: how to expand access to research publications. Retrieved from http://www.researchinfonet.org/publish/finch/.

5 Fachspezifische Perspektive

Konstanze Söllner
5a Geisteswissenschaften

Der Status quo

Open Access ist in den Geisteswissenschaften weit weniger etabliert und anerkannt, als etwa in der Medizin oder den Naturwissenschaften. Während Open Access hier inzwischen eine wichtige Rolle bei der Auswahl einer geeigneten Zeitschrift spielt, überwiegen in den Geisteswissenschaften andere Aspekte:

> For participants in the fine arts/humanities, speed of publication, fitness within discipline or topic, readership, and prestige of the journal were the most important concerns. They wanted to publish where the stars of their field were publishing, because even if they got rejected, they had great feedback to improve their work. For life scientists, impact factor, turnaround time, metrics, prestige, and open access were all deemed important (Mellon Foundation, 2016, S. 21).

Dieser Unterschied spiegelt sich auch in den Publikationsgebühren für Journal-Artikel wieder, die umso höher kalkuliert sind, je drittmittelträchtiger ein Fachgebiet ist, und je höher der Impact-Faktor einer Zeitschrift (Monitoring the Transition to Open Access, 2015). Das im deutschen Urheberrecht geregelte Zweitveröffentlichungsrecht (§ 38 Abs. 4 UrhG) nimmt diesen Aspekt auf und schränkt die Vertragsfreiheit dahingehend ein, dass es den Autoren wissenschaftlicher Publikationen das unabdingbare einfache Nutzungsrecht sichert, ein Jahr nach der Erstveröffentlichung eine elektronische Kopie der Manuskriptversion dieser Publikation öffentlich zugänglich zu machen, wenn diese als Beitrag eines regelmäßig erscheinenden Sammelwerks mindestens zur Hälfte mit öffentlichen Mitteln gefördert wurde. Die Regelung bringt es also mit sich, dass Zeitschriftenbeiträge aus den Geisteswissenschaften potentiell seltener auf dem Grünen Weg des Open Access publiziert werden können, weil Drittmittel hier eine nur geringe Rolle spielen.

In den Geisteswissenschaften tragen Zeitschriftenbeiträge ohnehin weniger zu einer wissenschaftlichen Karriere bei als die wissenschaftliche Monographie. Zugleich sind jedoch die Produktionskosten für Open-Access-Bücher signifikant höher als Publikationsgebühren für Zeitschriftenartikel und können das Zehn- bis Fünfzehnfache der Kosten für einen Zeitschriftenartikel erreichen.

Die Kalkulation folgt in diesen Fällen stärker einer Kombination aus Druckkostenbeihilfe und erwartetem Gewinn der Printausgabe und übersteigt die Finanzausstattung der meisten Forschenden bei weitem. Doch nicht nur die schwierige Kostenstruktur trägt dazu bei, dass sich immer wieder Stimmen erheben, die das Open-Access-Publizieren in den Geisteswissenschaften grundsätzlich in Frage stellen. Bereits gegen die im April 2013 erlassene Open-Access-Policy der britischen Research Councils UK (RCUK) erhob sich rasch deutlicher Widerspruch, vor allem gegen alle

Formen von verpflichtendem Open Access. Die Debatte setzte sich in den Folgejahren und in anderen Ländern mit ähnlicher Argumentation fort. Dabei werden vor allem grundsätzliche Einwände gegen Open Access, insbesondere aus Sicht der Wissenschaftler, vorgebracht, die die Rezipierbarkeit durch ein größeres Publikum außerhalb der eigentlichen Fachcommunity in Frage stellen, oder Argumente, die sich gegen das Online-Publizieren bzw. die Digitalisierung von Büchern an sich wenden. Daneben gibt es Einwände gegenüber verschiedenen Umsetzungsformen, insbesondere Publikationsgebühren und offenen Lizenzen. Ausführlich äußert sich hierzu Eve (2014). Bei diesen Vorbehalten gegenüber dem Open-Access-Publizieren spielen fachkulturelle Unterschiede eine wichtige Rolle. Es zeigt sich, dass der wissenschaftliche Diskurs in den unterschiedlichen Wissenschaftsgebieten auch durch die jeweiligen materiellen Veröffentlichungsformen geprägt ist. Vielfach wird von Forschenden bemängelt, dass der Zugriff auf von Bibliotheken lizenzierte E-Books im Gegensatz zu Print-Büchern unbefriedigend ist, weil sie nur in Teilen heruntergeladen werden können. Ebenso werden gedruckte Bücher von Geisteswissenschaftlern immer wieder als Objekte von emotionaler Bedeutung beschrieben, so dass die Printkopie auch in einer Open-Access-Welt eine Rolle spielen dürfte (Collins & Milloy, 2016). Eine Kultur der Zweitpublikation oder der digitalen Archivierung von Preprints wie in anderen Fächern ist inexistent. Eine wichtige Rolle spielen dabei Zitationskulturen, die eine stabile Paginierung von Dokumenten voraussetzen.

Fachkulturelle Besonderheiten des geisteswissenschaftlichen Publizierens

Die Publikationspraxis in den Lebens- und Naturwissenschaften ist fast vollständig digital, hingegen überwiegt in den Geisteswissenschaften die Printkultur. Die Ergonomie der gedruckten Monographie ist der des E-Books vor allem dann meist noch überlegen, wenn lange Texte rezipiert werden sollen. Dies führt zu einem starken analogen Habitus. Hinzu kommt, dass traditionelle Verlage in den Geisteswissenschaften bis vor kurzer Zeit noch nicht über ausgereifte Workflow- und Content-Management-Systeme für E-Books verfügten (Hagenhoff & Pfahler, 2013).

Neben Zweifeln an der verlustfreien Digitalität des gedruckten Buchs gibt es Kritik an einer verpflichtenden CC-BY-Lizenz für Open-Access-Publikationen (Research Councils UK, 2015), auch immer wieder aus einzelnen Fachdisziplinen (Anderson, 2016). So empfahl etwa die American Historical Association Universitätsbibliotheken und Graduate Schools, Embargofristen von mindestens sechs Jahren zu erlauben, damit junge Wissenschaftler ausreichend Zeit erhielten, für ihre Dissertation einen reputierten (Print-)Verlag zu finden (American Historical Association, 2013).

Die Integrität der eigenen Publikationen genießt in den geisteswissenschaftlichen Fachkulturen einen hohen Stellenwert, was zu einer tendenziellen Vermeidung offener Lizenzen führen kann. Der Gedanke der freien Weiterverwertbarkeit durch Nutzung, Weiterverbreitung und Änderung ohne ausdrückliche Zustimmung des Autors ist den Geisteswissenschaften weitgehend fremd. Häufig enthalten geisteswissenschaftliche Veröffentlichungen urheberrechtlich geschütztes Material, das ohne offene Lizenz publiziert wurde und für dessen Verwendung eigens die Erlaubnis beim Urheber eingeholt werden muss. Wenn die Rechte bei Dritten liegen, können enorme Kosten und hoher organisatorischer Aufwand für die Rechteeinholung die Folge sein. Die Rechteeinholung muss zwar bei einer Print-Veröffentlichung genauso stattfinden wie bei einem E-Book, jedoch besteht bei den Urhebern häufig wenig Erfahrung mit dieser Materie und infolgedessen auch nur geringe Bereitschaft, sich auf die Publikation ihres Materials unter einer offenen Lizenz einzulassen, also selbst offene Lizenzen zu verwenden. CC-Lizenzen sind aber auch in den Naturwissenschaften noch längst kein Standard. Hier sind es 32 % der Journals, die die CC-BY- oder CC-BY-SA-Lizenz nutzen, in den Geisteswissenschaften sind es 9 % (Herb, 2015). Die Verwendung offener Lizenzen steht folglich überall noch am Anfang. Die Geisteswissenschaften stellen hierbei keine Besonderheit dar.

Entwicklungen bei Verlagen und anderen Content-Anbietern

Immer mehr Verlage bieten Autoren die Möglichkeit, Monographien im Open Access zu publizieren. Besonders in Ländern, in denen Open-Access-Mandate verbreitet sind, gibt es eine Vielzahl von Angeboten. US-amerikanische Universitätsverlage haben in den letzten Jahren dank umfangreicher Fördermittel der renommierten Andrew W. Mellon Foundation in die Entwicklung Web-basierter Workflow-Management-Systeme kräftig investiert. Darunter befinden sich die University of California Press, die University of Michigan Press, die Stanford University Press oder die Cambridge University Press.

Publikationsplattformen für digital angereicherte, interaktive geisteswissenschaftliche Monographien sollen genuin digitale Wissenschaft (digital-born scholarship) ermöglichen. In Deutschland haben Universitätsverlage weniger große Bedeutung für das geisteswissenschaftliche Publikationswesen. Leuchtturmprojekte wie das Monograph Publication Tool (MPT), das für den Heidelberger Exzellenzcluster Asia and Europe in a Global Context auf der Basis der Open Source Software Open Monograph Press (OMP) entwickelt wurde, sind äußerst selten. Verlage wie Brill, Springer, de Gruyter oder Böhlau weisen hingegen schon zwischen 100 und 300 Open-Access-Monographien im Directory of Open Access Books (DOAB) nach, darunter auch einen unterschiedlich großen Anteil geisteswissenschaftlicher Monographien. Im Verhältnis zur Gesamtproduktion stellen Open-Access-Bücher jedoch nur einen Bruchteil dar (Springer hostet auf seiner Plattform SpringerLink bereits über 200 000 E-Books).

Eine wichtige Rolle für die Sichtbarkeit von Open-Access-Monographien spielen Online-Bibliotheken und Discovery-Services wie die OAPEN-Library oder DOAB Open Access, beides getragen von OAPEN (Open Access Publishing in European Networks). Noch immer sind Open-Access-Monographien in den von Geisteswissenschaftlern meist genutzten lokalen Bibliothekskatalogen nur mangelhaft nachgewiesen, weil sie nicht die üblichen bibliothekarischen Geschäftsgänge durchlaufen. Die Metadaten werden nicht im Rahmen eines Lizenzgeschäfts vom Verlag oder Aggregator mitgeliefert, sondern die Bibliothek muss selbst aktiv werden und Daten harvesten, soweit sie nicht ein Discovery System der Anbieter ExLibris und EBSCO betreibt, die mit OAPEN kooperieren. Die OAPEN-Library ist eine europaweite Plattform, die vor allem Bücher aus dem Bereich der Geistes- und Sozialwissenschaften hostet. Als zentrales Repositorium für europäische Open-Access-Monographien will sie hohe Standards bei der Archivierung und der Auswahl der Verlage setzen. Das DOAB soll hingegen die Auffindbarkeit von Open-Access-Büchern verbessern und weist gleichzeitig auch wissenschaftliche Verlage nach, die die Möglichkeit zur Open-Access-Publikation von Büchern bieten. Rund um das Repositorium von OAPEN haben sich weitere Dienste entwickelt, wie beispielsweise ein österreichweites Konsortium der Universität Wien, der Verlage Böhlau und Holzhausen sowie des FWF oder das Schweizer Pilotprojekt OAPEN-CH, das im Rahmen von Ausschreibungen Wissenschaftsverlage systematisch bei der Publikation von Open-Access-Monographien fördert. Das Projekt OAPEN-UK, das von Jisc und dem Arts and Humanities Research Council finanziert wird, hat das Open-Access-Publizieren von Monographien in Großbritannien umfangreich aufgearbeitet, um die Stakeholder zu unterstützen, fundierte Entscheidungen über den Übergang zum offenen Publizieren zu treffen.

Policies für die Geisteswissenschaften?

Die Entwicklung hin zu einem offenen System der Wissenschaftskommunikation verläuft in den Geisteswissenschaften anders als in den Natur- und Lebenswissenschaften. Im Abschlussbericht von OAPEN-UK wurde eine Reihe von Empfehlungen getroffen, wie das Open-Access-Publizieren von Büchern unterstützt werden kann (Collins & Milloy, 2016). Dabei wurde insbesondere herausgearbeitet, dass das Feld stark von den unterschiedlichen Fachkulturen geprägt ist, sich rasch entwickelt und dass dabei zugleich ein hoher Grad an Uninformiertheit bei allen Beteiligten besteht. Förderorganisationen spielen bei der Stimulation von Open-Access-Entscheidungen ebenfalls eine wichtige Rolle. Verpflichtende Mandate der Förderorganisationen für die Geisteswissenschaften sind bislang jedoch selten bzw. es werden lange Embargofristen toleriert. Der österreichische FWF (Fonds zur Förderung der wissenschaftlichen Forschung) etablierte 2013 eines der weltweit ersten Programme für Open-Access-Buchpublikationen, die über die FWF-E-Book-Library frei zugänglich gemacht werden. Seit 2014 verlangt auch der Schweizerische Nationalfonds (SNF) bei von ihm mitfinanzierten Buchpublikationen, dass diese nach einer Sperrfrist von längstens 24 Monaten auf einem institutionellen oder fachspezifischen Repositorium frei zugänglich gemacht werden. Das Open-Access-Förderprogramm des SNF war nach vorherigen Konsultationen mit Verlegern aufgelegt worden, und Verlage wie de Gruyter, Brill oder Böhlau reagierten frühzeitig auf die Nachfrage nach mehr Open-Access-Monographien. Die neue Open-Access-Richtlinie des deutschen Bundesministeriums für Bildung und Forschung (BMBF, 2016) hingegen begrüßt zwar ausdrücklich die Open-Access-Zweitveröffentlichung von aus geförderten Vorhaben resultierenden wissenschaftlichen Monographien, mandatiert diese aber weder, noch ist die Förderung von Open-Access-Monographien auf dem Goldenen Weg vorgesehen. Da die Zweitveröffentlichung von Closed-Access-Monographien auf dem Grünen Weg – abgesehen etwa von einzelnen Beiträgen aus Sammelwerken – in der Praxis nicht vorkommt, bleibt die Open-Access-Monographie in der Policy des BMBF derzeit noch ausgeblendet. Die Policy des BMBF orientiert sich an den typischen Zeitschriftenartikeln und Konferenzbeiträgen der Natur- und Lebenswissenschaften, nicht etwa an der Monographie, dem Medium, das für die wissenschaftliche Reputation von Geisteswissenschaftlern noch immer die weitaus größere Bedeutung hat.

Das Einräumen besonders großzügiger Embargofristen, wie es vom SNF oder FWF praktiziert wird, hat seinen Grund: So sind etwa Fachgesellschaften in den Geistes- und Sozialwissenschaften von den Veränderungen beim wissenschaftlichen Publizieren doppelt betroffen. Wissenschaftler verfügen einerseits nicht über ausreichende Mittel, um Publikationsgebühren zu bezahlen, andererseits finanzieren die Gesellschaften ihre Aktivitäten über Einnahmen aus den Subskriptionszeitschriften. Der britische Higher Education Funding Council (HEFCE) hat folgerichtig in Zusammenarbeit mit dem Arts and Humanities Research Council und dem Economic and Social Research Council das umfangreiche HEFCE monographs and open access project aufgesetzt, das von Geoffrey Crossick durchgeführt wurde. Crossick legte im Januar 2015 mit seinem Abschlussbericht eine hochdifferenzierte Untersuchung vor, die den jeweiligen Rollen nicht nur der Wissenschaftler, Fachgesellschaften oder Verlage, sondern auch der Universitäten, Bibliotheken und Universitätsverlage umfangreich Rechnung trägt und jeweils sehr konkrete Perspektiven aufzeigt (Crossick, 2015). Crossick betont in seinem Bericht ausdrücklich die Bedeutung, die der wissenschaftlichen Monographie in den Geisteswissenschaften unverändert zukomme. Das vom HEFCE mit dem Bericht über die Implementierungsphase der RCUK-Open-Access-Policy betraute Panel sprach im Ergebnis dann auch die Empfehlung aus, Monographien in die RCUK-Policy aufzunehmen (Research Councils UK, 2015).

In der sich über fünf Jahre erstreckenden Studie von OAPEN-UK (Collins & Milloy, 2016) wurden nochmals Einstellungen und Haltungen der Forschenden abgefragt. Es bestätigte sich erneut die hohe Wertschätzung der Monographie in den Geistes- und Sozialwissenschaften, aber auch die Tatsache, dass Open Access die Entscheidung für einen bestimmten Verlag nur sehr wenig beeinflusst. Aber auch viele geisteswissenschaftliche Verlage verfügen ihrerseits noch nicht über eine Open-Access-Strategie. Die Situation in Großbritannien ist derzeit davon gekennzeichnet, dass weder Verlage noch Förderorganisationen deutliche Schritte in Richtung Open-Access-Monographie unternehmen – die einen, weil sie Investitionen nur tätigen wollen, wenn dazu auch wirklich die Notwendigkeit besteht, die anderen, weil sie abwarten, bis die Geschäftsmodelle einen höheren Reifegrad erreicht haben, bevor sie bestimmte Förderwege festschreiben.

Geschäftsmodelle für Open-Access in den Geisteswissenschaften

Die Anzahl der im DOAJ verzeichneten Open-Access-Zeitschriften aus den Sprach- und Literaturwissenschaften sowie den Sozialwissenschaften hat nach den Qualitätssicherungsmaßnahmen der Jahre 2014–2016, innerhalb derer sich alle Zeitschriften einer Reapplication unterziehen mussten, stark abgenommen (von 659 Open-Access-Zeitschriften aus den Sprach- und Literaturwissenschaften auf 353, und von 1 100 Zeitschriften aus den Sozialwissenschaften auf 697, vergleiche auch Söllner, 2015). Noch immer jedoch erhebt nur ein Bruchteil (8 aus den Sprach- und Literaturwissenschaften und 33 aus den Sozialwissenschaften) APCs. Aus dem Bereich der großen Wissenschaftsverlage sind ohnehin nur für Springer, de Gruyter und MDPI nennenswerte Zahlen von Zeitschriften dokumentiert. Ein völlig anderes Finanzierungsmodell liegt der Open Library of Humanities (OLH) zugrunde, einem interdisziplinären Open-Access-Megajournal für die Geisteswissenschaften nach dem Vorbild der Public Library of Science (PLOS), das im Dezember 2014 erstmals zur Einreichung von Beiträgen aufrief. Derzeit erscheinen auf der Plattform neun Open-Access-Zeitschriften, teils in Kooperation mit anderen Open-Access-Verlagen. Die Finanzierung dieser Overlay-Zeitschrift beruht im Unterschied zu PLOS und den anderen Megajournals nicht auf Publikationsgebühren, sondern auf einem Mitgliedschaftsmodell für Bibliotheken (Library Partnership Subsidies – LPS). OLH will ein Alternativmodell für geisteswissenschaftliche Forschung sein, die häufig ohne Drittmittel oder eine andere dezidierte Förderung auskommen muss. Außerdem soll das Mitgliedschaftsmodell garantieren, dass die Publikationsplattform nachhaltig zur Verfügung steht. OLH beabsichtigte zunächst auch die Publikation von Büchern, es sind bisher aber keine Open-Access-Monographien auf der Plattform erschienen. Die Zahl der Anbieter von Open-Access-Monographien ebenso wie die Zahl der Titel bleiben bislang begrenzt. Es fällt auf, dass nennenswerte Mengen an Open-Access-Monographien vor allem von Verlagen produziert werden, die auf konkrete Mandate von Förderorganisationen reagiert haben (Böhlau, de Gruyter), bzw. von Universitätsverlagen. So lange die Publikation von Open-Access-Monographien nur einen Bruchteil des Verlagsgeschäfts ausmacht, wird aber auch nicht in die Entwicklung spezifischer

Workflowsysteme investiert. Die Schere zwischen Verlagen, die professionell in das Open-Access-Monographien-Geschäft eingestiegen sind, und Verlagen, die nur verschwindende Mengen produzieren, geht offensichtlich immer weiter auseinander. In diesem Umfeld bleiben Verzeichnisse wie DOAB oder die OAPEN Library mittelfristig weiter wichtig. Verlage, die in diesem Bereich investieren, können sich damit Alleinstellungsmerkmale erarbeiten. Dass dieser Prozess noch längst nicht abgeschlossen ist, zeigt der unlängst geschlossene Vertrag zwischen der Max Planck Digital Library und der Nomos Verlagsgesellschaft, der Angehörigen der Max-Planck-Institute, die einen Druckkostenzuschuss erhalten, die gleichzeitige kostenfreie Open-Access-Publikation ermöglicht, wenn sie bei Nomos publizieren.

Literatur

American Historical Association. (2013). Statement on Policies Regarding the Option to Embargo Completed History PhD Dissertations. URL: https://www.historians.org/jobs-and-professional-development/statements-and-standards-of-the-profession/statement-on-policies-regarding-the-option-to-embargo-completed-history-phd-dissertations.

Anderson, R. (2016). Open Access, Copyright, and Licensing for Humanists: What Historians Need to Know. *Perspectives on History*. URL: https://www.historians.org/publications-and-directories/perspectives-on-history/november-2016/open-access-copyright-and-licensing-for-humanists-what-historians-need-to-know#.

BMBF (2016). Open Access in Deutschland. Die Strategie des Bundesministeriums für Bildung und Forschung. URL: https://www.bmbf.de/pub/Open_Access_in_Deutschland.pdf.

Collins, E. & Milloy, C. (2016). OAPEN-UK final report: A five-year study into open access monograph publishing in the humanities and social sciences. URL: http://oapen-uk.jiscebooks.org/files/2016/01/OAPEN-UK-final-report-single-page-view.pdf.

Crossick, G. (2015). Monographs and Open Access: A report to HEFCE. URL: http://www.hefce.ac.uk/media/hefce/content/pubs/indirreports/2015/Monographs,and,open,access/2014_monographs.pdf.

Eve, M. P. (2014). *Open access and the humanities: Contexts, controversies and the future* (1. publ.). Cambridge: Cambridge Univ. Press. URL: doi:10.1017/CBO9781316161012.

Hagenhoff, S. & Pfahler, S. (2013). Der Einsatz von Content-Management-Systemen beim crossmedialen Publizieren in Fachverlagen: Ergebnisse einer Erhebung. In *Proceedings of the 11th International Conference on Wirtschaftsinformatik* (Bd. 1, S. 359–374). Leipzig.

Herb, U. (2015). Creative-Commons-Lizenzen und Open-Access-Zeitschriften. *JurPC Web-Dok.* (5), Abs. 1–38. doi:10.7328/jurpcb20153011.

Mellon Foundation. (2016). Pay It Forward: Investigating a Sustainable Model of Open Access Article Processing Charges for Large North American Research Institutions. URL: http://icis.ucdavis.edu/wp-content/uploads/2016/07/UC-Pay-It-Forward-Final-Report.rev_.7.18.16.pdf.

Monitoring the Transition to Open Access: A report for the Universities UK Open Access Co-ordination Group. (2015). URL: https://www.acu.ac.uk/research-information-network/monitoring-transition-to-open-access.

Research Councils UK. (2015). Review of the implementation of the RCUK Policy on Open Access. URL: http://www.rcuk.ac.uk/documents/documents/openaccessreport-pdf/.

Söllner, K. (2015). Why not? Open Access in den Geisteswissenschaften. In R. Ball & S. Wiederkehr (Hrsg.), *Vernetztes Wissen. Online. Die Bibliothek als Managementaufgabe. Festschrift für Wolfram Neubauer zum 65. Geburtstag* (S. 121–133). Berlin: De Gruyter Saur.

Ulrich Herb
5b Sozialwissenschaften

Versuch einer Eingrenzung

Max Weber bezeichnete es als Aufgabe der Soziologie, der wohl sozialwissenschaftlichsten Sozialwissenschaft, soziales Handeln deutend zu verstehen und in seinem Ablauf und seinen Wirkungen ursächlich zu erklären (Weber 1980, S. 1). Wenn man unter dem Begriff *Sozialwissenschaften* Disziplinen versteht, die die Phänomene des menschlichen Zusammenlebens analysieren, könnte man – Weber folgend – sagen, dass sie menschliches Handeln deutend verstehen und in seinem Ablauf und seinen Wirkungen erklären wollen. Dennoch bleibt vage, welche Fächer zu den Sozialwissenschaften zählen, denn sie haben mit den Natur- und Geisteswissenschaften zwei unmittelbare große wissenschaftliche Nachbarn, wohingegen diese jeweils nur einen, die Sozialwissenschaften, haben. Gängiger Weise werden z. B. diese Fächer den Sozialwissenschaften zugeordnet: Anthropologie, Soziologie, Pädagogik, Erziehungswissenschaft, empirische Sozialforschung, Demographie, Ethnologie, Politikwissenschaft sowie weitere, teils kleinere Disziplinen. Die begriffliche Eingrenzung fällt auch deswegen schwer, weil manche Fächer, wie etwa die Psychologie, sich neben den Sozialwissenschaften auch den Natur- und zugleich den Geisteswissenschaften zugehörig fühlen. Gehen wir für das weitere Verständnis davon aus, dass Sozialwissenschaften die Wissenschaften sind, die Phänomene des menschlichen Zusammenlebens analysieren – ohne dabei an eine konkrete Wissenschaft zu denken.

Publizieren in den Sozialwissenschaften

Da die Sozialwissenschaften durch ihren Objektbereich und durch ihre Methodik zwischen Natur- und Geisteswissenschaften stehen, nutzen und produzieren Sozialwissenschaftler Publikationsarten, die typisch für Geistes- *und* Naturwissenschaften sind. Sie rezipieren und verfassen die für Naturwissenschaftler einschlägigen Journalartikel genauso wie die für Geisteswissenschaftler unerlässlichen Monographien und Anthologien. So ermittelte der Wissenschaftsrat (2008, S. 395) für die Jahre 2001 bis 2005 das Aufkommen unterschiedlicher Dokumenttypen in der deutschen Soziologie: 45,2 % der erhobenen publizierten Werke waren Sammelbandbeiträge, 34,4 % Journalartikel, 7,3 % Monographien, 6,8 % Sammelbände und 6,3 % Rezensionen. Ähnlich das Bild in der Politikwissenschaft, wo eine Umfrage unter Mitgliedern der Deutschen Vereinigung für Politikwissenschaft DPVW ergab, dass die an der Befragung teilnehmenden Wissenschaftler im Laufe ihrer Publikationstätigkeiten im Schnitt 2,8 Monographien, 3,3 Sammelbände, 7,6 Sammelbandbeiträge, 4,6 Beiträge in Peer-Review-geprüften Journalen, 5,8 Beiträge in nicht-Peer-Review-geprüften Journalen und 6 sonstige Werke (graue Literatur) verfasst hatten (Faas & Schmitt-Beck 2008, S. 168).

Open Access zu Textpublikationen

Die geschilderten Publikationspräferenzen legen nahe, dass Open Access zu wissenschaftlichen Texten, wenn er zu einem Erfolgsmodell in den Sozialwissenschaften werden will, attraktive Angebote sowohl in Form von Open-Access-Journalen als auch in Form von Angeboten zum Publizieren von Open-Access-Büchern bieten sollte. Generell scheinen Sozialwissenschaftler Open Access gegenüber aufgeschlossen zu sein: Die an der Untersuchung *Study of Open Access Publishing (SOAP)* teilnehmenden Sozialwissenschaftler stimmten zu mehr als 90 % der Aussage „Do you think your research field benefits, or would benefit from journals that publish Open Access articles?" zu (Dallmeier-Tiessen et al., 2011, S. 4).

Was den Open-Access-Anteil an allen Journalen eines Fachclusters angeht, stehen die Sozialwissenschaften im Vergleich zu anderen Fächern auf einem der vorderen Plätze. Einer Analyse basierend auf Daten der Datenbank Ulrich's Periodicals Directory (Abbildung 1, s. detailliert Herb, 2015, S. 333 ff.; Daten verfügbar unter Herb, 2014) zufolge ist das Open-Access-Aufkommen unter den Journalen der STM-Fächer (Science, Technology, Medicine) am stärksten. In den Sozial- und Geisteswissenschaften ist die Verbreitung von Open-Access-Journalen unter allen Journalen mit 14,03 % jedoch nur sehr knapp unterdurchschnittlich (um 0,04 %), liegt allerdings über dem Median von 13,31 % (um 0,7 %). Die geringste Verbreitung von Open Access findet sich unter den Journalen der Ethnologie, Geschlechterforschung und Lebensweisen (4,96 %), der Verwaltungswissenschaften/Jura (9,22 %) sowie der Philosophie und Theologie (9,75 %). Da, abweichend von der Facheinteilung der besagten Datenbank, Ethnologie, Geschlechterforschung und Lebensweisen üblicherweise den Sozialwissenschaften zugerechnet werden, muss konstatiert werden, dass die Open-Access-Affinität in den Sozialwissenschaften recht unterschiedlich stark ausgeprägt ist.

Auch Björk et al. (2010) berichten von einer keinesfalls unterdurchschnittlichen Verbreitung des Open Access' in den Sozialwissenschaften: In ihrer Studie erschienen 5,6 % der Journal-Artikel dieses Subsets ihres Samples in Open-Access-Journalen (Goldener Open Access) und 17,9 % auf Open Access Repositories (Grüner Open Access), der Gesamtwert liegt demnach bei 23,5 % und damit über dem Wert von 20,4 % für alle untersuchten Fächer. Bemerkenswert scheint, dass die Open-Access-Policies der Wissenschaftsverlage im Bereich der Sozialwissenschaft recht liberal sind und es Autoren eher als in vielen anderen Fächern möglich ist, in Journalen erschienene Inhalte gegebenenfalls zeitverzögert im Grünen Open Access verfügbar zu machen (Björk et al., 2014), dies gilt auch für die Soziologie und hier besonders für die deutschsprachige (Herb 2015, S. 396).

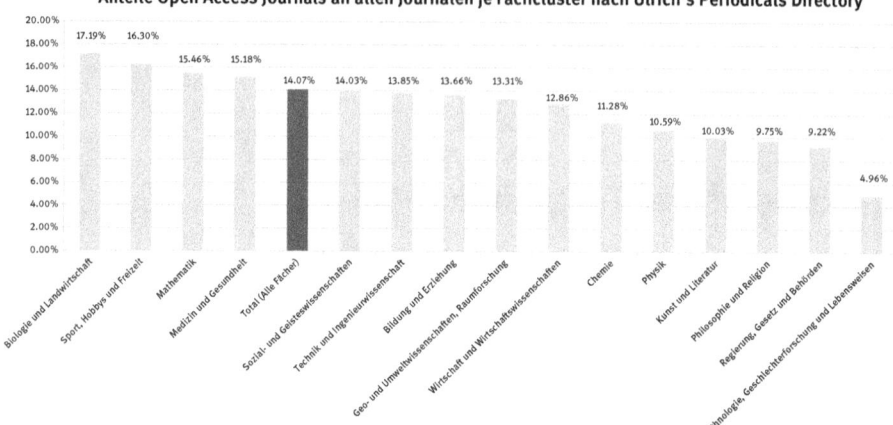

Abb. 1: Anteil der Open-Access-Journale je Fachcluster nach Ulrich's Periodicals Directory, nach Herb 2015, S. 334.

Die Finanzierung von Open-Access-Journalen aus den Sozialwissenschaften erfolgt, verglichen mit anderen Fächern, eher selten durch von Autoren zu entrichtende Publikationsgebühren oder Article Processing Charges (APCs). Wie die erwähnte Studie SOAP ergab, erhoben 30 % der Biologie-Journale, 28 % der medizinischen und 17 % der Journale aus Chemie, Physik & Technikwissenschaften APCs, jedoch nur 8 % der sozialwissenschaftlichen, 2 % der geisteswissenschaftlichen und 13 % der restlichen Journale aus der Kategorie Allgemeines (Dallmeier-Tiessen et al. 2010, S. 24 ff.).

Speziell für die Soziologie ergab eine Erhebung im Jahr 2014, dass von 109 im Directory of Open Access Journals (DOAJ) gelisteten Soziologie-Zeitschriften nur drei (2,75 %) APCs nutzen. Unter allen im DOAJ verzeichneten Journalen kannten 26,10 % APCs als Einnahmequelle (Herb 2015, S. 341, 346).

Verlangten die Soziologie-Journale APCs, so waren deren Höhe eher moderat und betrugen 700 US-Dollar, 300 US-Dollar bzw. 10 bis 20 € (Herb 2015, S. 346). Zur Einordnung: Solomon & Björk (2012, S. 1488) berichten eine durchschnittliche Höhe der APCs für Journale, die im DOAJ gemeldet sind und derartige Gebühren kennen, von 906 US-Dollar pro Journal bzw. für die Journale der Sozialwissenschaften von durchschnittlich 520 US-Dollar verglichen mit 1100 US-Dollar für die Biomedizin (Solomon & Björk, 2012, S. 1491 f.; Swan & Houghton, 2012, S. 19). Auch wenn die Zahlen divergieren, ist deutlich, dass Verbreitung und Höhe von APCs in den Sozialwissenschaften geringer als in den STM-Fächern sind.

Zum Open Access zu Büchern in den Sozialwissenschaften existieren wenige Befunde, generell wird aber von einer geringen Akzeptanz dieser Publikationsform in den Sozial- und Geisteswissenschaften ausgegangen (zur Diskussion im Überblick Herb, 2015, S. 107–121). Eine explorative Erhebung für die Soziologie konnte bei der Auswertung einer Stichprobe von 100 soziologischen Büchern eine einzige Goldene

Open-Access-Version und keine Grüne Open-Access-Version nachweisen (Herb, 2015, S. 366 ff.). Da in den Sozial- und Geisteswissenschaften das Publizieren wissenschaftlicher Bücher karriereentscheidend ist, lässt sich vermuten, dass Open-Access-Buchpublikationen bislang keinen ausreichenden Reputationsgewinn für Autoren erwirtschaften.

Anders als in den STM-Fächern, wo anscheinend die reputationsvermittelnde Bedeutung der Journale als wissenschaftliche Content-Anbieter nachlässt (Lariviere et al. 2013; Lozano et al. 2012) und die Bewertung einer wissenschaftlichen Arbeit zusehends stärker anhand eines Textes selbst und weniger anhand des publizierenden Journals erfolgt, erfüllen die Buchverlage diese Funktion der Reputationsgewährung für Sozial- und Geisteswissenschaftler in bislang unverändertem Ausmaß – so ließe sich die Bindung der Autoren an Closed-Access-Verlage erklären.

Zur Stärkung der Reputation von Open-Access-Buchpublikationen wird häufig die Förderung der wahrgenommen Qualität durch die Anwendung des Peer Review empfohlen, jedoch sollte bedacht werden, dass dieses sich auch bei renommierten Closed-Access-Verlagen äußerst selten findet. Dem mitunter vorgebrachten Argument, es fehle dem Goldenen Open Access zu Buchpublikationen an einem Finanzierungsmodell, muss widersprochen werden, denn die Finanzierung wissenschaftlicher Bücher erfolgt hier ganz genau wie im Closed Access mittels Druckkostenzuschüssen.

Die Akzeptanz des Open Access zu Buchpublikationen lässt sich folglich am ehesten steigern, wenn entweder etablierte Fach-Verlage Open-Access-Optionen anbieten oder sich ein fachlich akzeptierter Open-Access-Verlag aus der Community entwickeln würde.

Daten und Software

Spätestens mit der Berliner Erklärung über offenen Zugang zu wissenschaftlichem Wissen (2003) waren nicht mehr nur Texte, sondern auch Daten und andere wissenschaftliche Materialien Objekte des Open Access'. Da mittlerweile neben dem offenen Zugang zu Forschungsdaten auch offener Zugang zu Forschungssoftware diskutiert wird, sei der Status des Open Access' zu Daten und Software kursorisch dargestellt (vgl. auch Kapitel 8).

Auch was die Relevanz von Forschungsdaten und -software angeht, stehen die Sozialwissenschaften zwischen Natur- und Geisteswissenschaften, kennen sie doch neben zahlreichen Disziplinen, die datenintensiv sind und in denen der Einsatz von Software gängig ist, auch einige, in denen Datensammlungen und Software-Einsatz eher geringen Stellenwert haben. Diese Unterschiede finden sich teils nicht nur zwischen den sozialwissenschaftlichen Fächern, sondern sogar *innerhalb* einzelner Fächer – wie Münch (2009, S. 69 f.) am Beispiel der Soziologie ausführt. Diese, so der Autor, kennt vier Teilsegmente:

a) Die professionelle Soziologie dient „der Produktion soziologischer Erkenntnisse für Soziologen" (Münch 2009, S. 69), typischer Publikationstyp ist der Journalartikel.
b) Die theoretische Soziologie zielt auf die Selbstanalyse der Soziologie, vorherrschender Publikationstyp ist die Monographie.
c) Die Policy-orientierte Soziologie befasst sich mit Begutachtung und Beratung, dominante Publikationstypen sind Berichte und Gutachten, teils Artikel in sehr spezialisierten Fachzeitschriften.
d) Die öffentliche Soziologie „behandelt Fragen größerer Kulturbedeutung, gesellschaftlicher Relevanz und Aktualität. Sie wendet sich (...) an die breite Öffentlichkeit oder Teilöffentlichkeiten" (Münch 2009, S. 70).

Offensichtlich produzieren von diesen Subdisziplinen der Soziologie nur zwei (a, c) regelmäßig Daten oder führen softwaregestützte Forschung durch. Zur Akzeptanz des Open Access' zu Daten muss überdies beachtet werden, dass die Sozialwissenschaften mit den qualitativen Forschungsdaten einen Datentyp kennen, der sich von den quantitativen Informationen der Naturwissenschaften unterscheidet, und zwar sowohl hinsichtlich Dokumentationsaufwand (Bambey & Rittberger, 2013) als auch Datenschutz (Herb, 2015, S. 273 ff.) – beide Merkmale verkomplizieren in der Wahrnehmung der produzierenden Forscher die Bereitstellung der Daten.

Als Indiz des eher geringen Stellenwerts des Open Access' zu Daten und Software in den Sozialwissenschaften kann auch das Fehlen von Positionierungen durch die Communities, z. B. in Erklärungen, wie sie in anderen Fächern üblich sind (z. B. Yale Law School Roundtable on Data and Code Sharing 2010; Open Economics Principles 2013), gelten.

Zudem haben Daten und Software in den Sozialwissenschaften mithin auch ein anderes Ansehen als in den STM-Fächern, wo sie eher als eigenständiges wissenschaftliches Objekt gelten und wo z. B. Daten- und Software-Journale zwar ein nicht alltägliches, jedoch auch kein exotisches Phänomen sind. Weiterhin belegen Studien, dass selbstproduzierte Forschungsdaten von Sozialwissenschaftlern in stärkerem Maße, als dies in anderen Fächern der Fall ist, als Eigentum betrachtet werden (Krügel & Ferrez, 2013, S. 117 ff.), ein Umstand, der die Bereitschaft, Daten im Open Access zu teilen, ebenfalls senkt.

Anreize

Als Anreiz schlechthin, Open Access als Publikationsoption dem Closed Access vorzuziehen, gelten die aus zahlreichen Fächern gemeldeten Zitationsvorteile (Übersichten finden sich u. a. in Swan, 2010; Wagner, 2010; OpCit Project, 2016), denen zufolge Open-Access-Dokumente stärker zitiert werden als Nicht-Open-Access-Dokumente (zu Impact Metriken s. auch Kapitel 1d). Diese Zitationsvorteile konnten auch in den Sozialwissenschaften belegt werden (Norris et al., 2008, S. 1967; Herb, 2015, S. 382 ff.) und dürften zur festzustellenden Akzeptanz des Open Access' zu Journalartikeln in den Sozialwissenschaften beitragen.

Die wesentlich geringere Affinität der Sozialwissenschaftler zum Open Access bei Buchpublikationen könnte hingegen durch den fehlenden Nachweis von Büchern in typischen Zitationsdatenbanken wie dem Web of Science oder Scopus weiter geschwächt werden (Herb, 2015, Kapitel C.4). Auch der speziell zur Impact-Erfassung von Zitationen auf wissenschaftliche Bücher aufgelegte Book Citation Index wird kritisiert, da auch ihm die Impact-Erfassung für sozialwissenschaftliche Texte, die nicht in englischer Sprache vorliegen und nicht bei einem großen internationalen Verlag publiziert wurden, misslingt (Torres-Salinas et al., 2014; Herb, 2015, S. 314). Einzig die Wissenschaftssuchmaschine Google Scholar kann als geeignet gelten, den Impact sozialwissenschaftlicher Buchpublikationen messen, für die Erfassung anderer Publikationstypen wie Journalartikel scheint sie konkurrierenden Angeboten ebenfalls überlegen (Kousha et al., 2011; Herb, 2015 Kapitel C.5.3.8).

Sozialwissenschaftler sind – genau wie Wissenschaftler anderer Fächer – bei der Frage, ob sie im Open Access oder im Closed Access publizieren, promisk und orientieren sich bei dieser Entscheidung stark am Renommee des Publikationsortes. Für Artikel scheinen entsprechende Anreize, z. B. in Form von Impact-Werten, zu funktionieren und zu greifen; für Buchpublikationen mangelt es derzeit augenscheinlich noch an attraktiven Angeboten, die in ausreichendem Ausmaß Reputation vermitteln können.

Literatur

Bambey, D. & Rittberger, M., 2013. Das Forschungsdatenzentrum (FDZ) Bildung des DIPF: Qualitative Daten der empirischen Bildungsforschung im Kontext. In D. Huschka et al. (Hrsg.). *Forschungsinfrastrukturen für die qualitative Sozialforschung*. Berlin: SCIVERO Verlag, S. 63–71.

Berliner Erklärung über den offenen Zugang zu wissenschaftlichem Wissen, 2003. Berliner Erklärung über den offenen Zugang zu wissenschaftlichem Wissen. http://openaccess.mpg.de/68053/Berliner_Erklaerung_dt_Version_07-2006.pdf.

Björk, B.-C. et al., 2014. Anatomy of green open access. *Journal of the Association for Information Science and Technology*, 65(2), S. 237–250. doi:10.1002/asi.22963.

Björk, B.-C. et al., 2010. Open Access to the Scientific *Journal Literature: Situation 2009. PloS one*, 5(6), p.e11273. doi:10.1371/journal.pone.0011273.

Dallmeier-Tiessen, S. et al., 2010. First results of the SOAP project. Open access publishing in 2010. Online: http://arxiv.org/abs/1010.0506 [Zugriff 31.10.2016].

Dallmeier-Tiessen, S. et al., 2011. Highlights from the SOAP project survey. What Scientists Think about Open Access Publishing. Online: http://arxiv.org/abs/1101.5260 [Zugriff 31.10.2016].

Faas, T. & Schmitt-Beck, R., 2008. Die Deutsche Politikwissenschaft uns Ihre Publikationen: Ist und Soll. Ergebnisse einer Umfrage unter den Mitgliedern der DVPW. Politikwissenschaft. Rundbrief der Deutschen Vereinigung für Politikwissenschaft, (139), S. 166–176.

Herb, U., 2014. Distribution of peer-reviewed and non-peer-reviewed journals by their status as Open Access / Closed Access *Journals and Discipline*. doi: 10.5281/zenodo.8544.

Herb, U., 2015. Open Science in der Soziologie: Eine interdisziplinäre Bestandsaufnahme zur offenen Wissenschaft und eine Untersuchung ihrer Verbreitung in der Soziologie, Glückstadt, Germany: Verlag Werner Hülsbusch. doi:10.5281/zenodo.31234.

Kousha, K., Thelwall, M. & Rezaie, S., 2011. Assessing the citation impact of books: The role of Google Books, Google Scholar, and Scopus. *Journal of the American Society for Information Science and Technology*, 62(11), S. 2147–2164. doi:10.1002/asi.21608.

Krügel, S. & Ferrez, E., 2013. Sozialwissenschaftliche Infrastrukturen für die qualitative Forschung – Stand der Integration von qualitativen Daten bei DARIS (FORS). In D. Huschka et al., (Hrsg.). *Forschungsinfrastrukturen für die qualitative Sozialforschung*. Berlin: SCIVERO Verlag, S. 113–124.

Lariviere, V., Lozano, G.A. & Gingras, Y., 2013. Are elite journals declining? Online: http://arxiv.org/abs/1304.6460 [Zugriff 31.10.2016].

Lozano, G.A., Larivière, V. & Gingras, Y., 2012. The weakening relationship between the impact factor and papers' citations in the digital age. *Journal of the American Society for Information Science and Technology*, 63(11), S. 2140–2145. Available at: doi:10.1002/asi.22731.

Münch, R., 2009. Publikationsverhalten in der Soziologie. In Alexander von Humboldt-Stiftung, (Hrsg) *Publikationsverhalten in unterschiedlichen Disziplinen. Beiträge zur Beurteilung von Forschungsleistungen*. Alexander von Humboldt-Stiftung, S. 69–77.

Norris, M., Oppenheim, C. & Rowland, F., 2008. The citation advantage of open-access articles. *Journal of the American Society for Information Science and Technology*, 59(12), S. 1963–1972. doi:10.1002/asi.20898.

OpCit Project, 2016. Open Citation (OPCIT) Project. Online: http://opcit.eprints.org/ [Zugriff 31.10.2016].

Open Economics Principles, 2013. Open Economics Principles. Open Economics. Online: http://openeconomics.net/principles/ [Zugriff 31.10.2016].

Solomon, D.J. & Björk, B.-C., 2012. A study of open access journals using article processing charges. *Journal of the American Society for Information Science and Technology*, 63(8), S. 1485–1495. doi:10.1002/asi.22673.

Swan, A., 2010. *The Open Access citation advantage: Studies and results to date*, Truro, UK: Key Perspectives Ltd. Online: http://eprints.ecs.soton.ac.uk/18516/ [Zugriff 31.10.2016].

Swan, A. & Houghton, J.W., 2012. Going for Gold? The costs and benefits of Gold Open Access for UK research institutions: further economic modelling, Joint Information Systems Committee (JISC). Online: http://repository.jisc.ac.uk/610/2/Modelling_Gold_Open_Access_for_institutions_final_draft3.pdf [Zugriff 31.10.2016].

Torres-Salinas, D. et al., 2014. Coverage, field specialisation and the impact of scientific publishers indexed in the Book Citation Index. *Online Information Review*, 38(1), S. 24–42. doi:10.1108/OIR-10-2012-0169.

Wagner, A B., 2010. Open Access Citation Advantage: An Annotated Bibliography. Issues in Science and Technology Librarianship, (Winter). Online: http://www.istl.org/10-winter/article2.html [Zugriff 31.10.2016].

Weber, M., 1980. Wirtschaft und Gesellschaft: Grundriss der verstehenden Soziologie 5., überarbeitet Ausgabe, Hrsg. Winckelmann, J..Tübingen: Mohr.

Wissenschaftsrat, 2008. Pilotstudie Forschungsrating: Empfehlungen und Dokumentation, Wissenschaftsrat. Online http://www.wissenschaftsrat.de/download/Forschungsrating/Dokumente/FAQ/Pilotstudie_Forschungsrating_2008.pdf [Zugriff 31.10.2016].

Yale Law School Roundtable on Data and Code Sharing, 2010. Reproducible Research. Computing in Science & Engineering, 12(5), S. 8–13. Online: doi:10.1109/MCSE.2010.113.

Roland Bertelmann
5c Geowissenschaften

Charakterisierung des Fachs

Die Erde als System zu begreifen, in dem unzählige Faktoren eine Rolle spielen und voneinander abhängen, prägt heute das Verständnis des Fachs „Geowissenschaften". Zahlreiche traditionsreiche, in der Vergangenheit eigenständige und abgegrenzte Wissenschaftsgebiete fließen hier zusammen. Kerndisziplinen sind dabei Naturwissenschaften wie u. a. Geologie, Geophysik, Geochemie, Geodäsie, Hydrologie, Mineralogie, Paläontologie. Diese werden ergänzt von Disziplinen wie Bodenkunde, Fernerkundung, Meteorologie und ingenieurwissenschaftlichen Fächern wie Geotechnik und Ingenieurgeologie. Die Interdisziplinarität wird erweitert durch Fächer wie Physische Geographie und Humangeographie mit Aspekten aus den Sozial- und Wirtschaftswissenschaften und den Einbezug von Nachbarwissenschaften wie Biologie, Chemie, Mathematik und Physik. Neuere Ausprägungen von Forschungsausrichtungen wie Geomikrobiologie, Geoinformatik ergänzen das interdisziplinäre Bild.[1] Neben dem Überbegriff Geowissenschaften finden sich auch Bezeichnungen wie Geo- und Umweltwissenschaften oder Erdwissenschaften. Die englischsprachigen Entsprechungen sind Geosciences, Earth (and Planetary) Sciences, Environmental Sciences.

Eigenständige Traditionen und Interdisziplinarität wirken sich unterschiedlich auf die Publikationskultur(en) des Faches aus. Letztlich ist die Publikationskultur der Geowissenschaften im Detail nach wie vor geprägt von den Einzeldisziplinen. Generell herrschen dabei die Standards der Naturwissenschaften vor: Publikation von Artikeln in internationalen, qualitätsgesicherten Zeitschriften (Peer-Review), gestützt auf die in den Naturwissenschaft gängigen Reputationszuschreibungen (Impact). In vielen renommierten Subskriptionszeitschriften sind erhebliche Gebühren gang und gäbe (page charges, color charges). Für die Akzeptanz von Open-Access-basierten Article Processing Charges (APC) im Fach ist dies sicherlich förderlich.

Monographien spielen im Gesamtsystem eine nachgeordnete Rolle und werden in erster Linie für Überblickswerke und Aufsatzsammlungen genutzt. Bei einzelnen Teildisziplinen finden sich allerdings Abweichungen.

So spielen bei Paläontologie und Humangeographie Monographien durchaus eine Rolle, in der Ingenieurgeologie und der Geodäsie sind Reports nach wie vor gängig. Die Geoinformatik orientiert sich naturgemäß an der Proceedings-Kultur der Informatik. Regionale nicht-englischsprachige Publikationsorte, die früher sehr verbreitet waren, befinden sich auf dem Rückzug, haben aber für regionale Themen nach

---

1 https://de.wikipedia.org/wiki/Geowissenschaften

wie vor Bedeutung. Ein weiteres Spezifikum sind Berichte aus Kooperationen mit der Industrie, die oft nicht veröffentlicht werden (Littke 2009).

Viele geowissenschaftliche Fachgesellschaften in Deutschland sind an der Herausgabe wichtiger Zeitschriften beteiligt oder unterstützen diese. Der Großteil dieser Zeitschriften erscheint in Zusammenarbeit mit Verlagen und wird noch nach dem Subskriptionsmodell finanziert. Hier liegt ein großes Potential für die Transformation von Zeitschriften ins Open-Access-Geschäftsmodell.[2] Weltweit für die gesamten Geowissenschaften relevant und tonangebend sind die mitgliederstarken Gesellschaften American Geophysical Union[3] (AGU) und European Geosciences Union[4] (EGU) nicht nur als Veranstalter der beiden größten jährlichen Fachtagungen, sondern auch als Träger einer großen Zahl von Fachzeitschriften. Die EGU bekennt sich mit der Zusammenarbeit mit dem Open-Access-Verlag Copernicus Publications sehr klar zum offenen Zugang. Alle Marktführer im Zeitschriftenmarkt (Elsevier, SpringerNature, Wiley) haben eine große Zahl von geowissenschaftlichen Zeitschriften im Programm, hier gelten jeweils die verlagsspezifischen Regeln zur Zweitveröffentlichung. Als Beispiel für einen regionalen Fachverlag kann für den deutschsprachigen Raum der Verlag Schweizerbart dienen.

Grüner Open Access

Auf diesen Voraussetzungen der Publikationslandschaft und -kultur basiert eine generelle Offenheit der Geowissenschaftler zum Thema Open Access, die sich bereits in der 2010 durchgeführten „Study of Open Access Publishing" (SOAP) (Dallmeier-Tiessen 2011a, Dallmeier-Tiessen 2011b, Abb. 9) ablesen lässt. Auch in Untersuchungen zur Verbreitung der Möglichkeit, unter den Bedingungen Grüner Weg/Goldener Weg offen zu publizieren, sind die Geowissenschaften im Vergleich der Wissenschaftsgebiete im oberen Drittel zu finden (vgl. Gargouri 2012, Abb. 3). Ausgeprägt ist dabei die Zweitveröffentlichung über Repositorien. In einer Auswertung zum Grünen Open Access (Björk 2014, Abb. 1) findet sich „Earth and Environmental Sciences" verglichen mit anderen naturwissenschaftlichen Fächern und den Sozialwissenschaften an zweiter Stelle mit einem Anteil von über 25 Prozent zweitveröffentlichter Artikel.

---

2 Geowissenschaftliche Subskriptionszeitschriften, die in Zusammenarbeit mit deutschen wissenschaftlichen Gesellschaften erscheinen, sind z. B.: *Geophysical Journal International* (Oxford University Press) Deutsche Geophysikalische Gesellschaft (zusammen mit der Royal Astronomical Society), *Grundwasser* (Springer) Fachsektion Hydrogeologie in der Deutschen Gesellschaft für Geowissenschaften (FH-DGG), *International Journal of Earth Sciences – Geologische Rundschau* (Springer), Geologische Vereinigung, *Zeitschrift der Deutschen Gesellschaft für Geowissenschaften (ZDGG)* (Schweizerbart).
3 http://sites.agu.org/
4 http://www.egu.eu/

Eine wichtige Rolle für diesen hohen Anteil spielen natürlich die entsprechenden Policies der Verlage. Die AGU, die ihre einflussreichen Subskriptionszeitschriften zur Zeit über Wiley verlegt, trägt mit einer relativ offenen Politik zu einer hohen grünen Nachnutzung bei.[5] Einerseits werden alle Artikel auf der Verlagsplattform nach 24 Monaten frei zugänglich gemacht (dies beinhaltet aber keine Open-Access-relevanten Standard-Lizenzen für freie Inhalte). Andererseits kann jeder Artikel im Sinn des Grünen Wegs nach einer Embargofrist von sechs Monaten im institutionellen Repository im Original zugänglich gemacht werden.[6] Als Beispiel aus dem eher umweltwissenschaftlichen Bereich kann hier die Zeitschrift GAIA (Oekom-Verlag) genannt werden, die schon früh eine unmittelbare Nachnutzung des Original-PDFs im Repository erlaubte.

Goldener Open Access

Betrachtet man den Goldenen Weg, so sind in der Datenbank Scopus 179 von 1 789 Zeitschriften, die dem Bereich „Earth & Planetary Sciences" zugeordnet sind, als Open-Access-Zeitschriften gekennzeichnet. Bei der Zuordnung „Environmental Sciences" erscheinen ebenfalls ca. 10 Prozent der Zeitschriften im Open Access (190 von 1 884 Zeitschriften). Bei der Suche nach Goldenem Open Access auf Artikelebene im Science Citation Index ergibt sich ein ähnliches Bild: eingeschränkt auf die SCI-Fachzuschreibungen „Geosciences Multidisciplinary; Geochemstry/Geophysics; Environmental Sciences" finden sich aus dem Jahr 2015 79 472 Artikel, davon werden 6 138 Artikel als aus Open-Access-Zeitschriften stammend gekennzeichnet. Dies korreliert mit einer Recherche in BASE. Dort sind 6 470 Artikel aus dem Erscheinungsjahr 2015 zu finden, denen die einschlägige Dewey-Klassifikation und gleichzeitig eine Creative-Commons-Lizenz zugeordnet ist.[7]

Der 2001 mit der Zeitschrift „Atmospheric Chemistry and Physics" gegründete Verlag Copernicus Publications ist in der Open-Access-Landschaft ein herausragender Fall. Von vornherein als Open-Access-Verlag angelegt, war er von Beginn an mit der EGS (European Geophysical Society), einer der beiden Gesellschaften, die dann 2002 in der European Geosciences Union (EGU) aufgingen, eng verbunden. Der Verlag publiziert inzwischen alle Zeitschriften der EGU[8] und hat eine Reihe weiterer

---

[5] http://agupubs.onlinelibrary.wiley.com/agu/unlocked-open-access.html
[6] Permission to Deposit an Article in an Institutional Repository. AGU allows authors to deposit their journal articles if the version is the final published citable version of record, the AGU copyright statement is clearly visible on the posting, and the posting is made 6 months after official publication by the AGU. (http://publications.agu.org/files/2013/03/AGU-standard-copyright-form.pdf)
[7] Stand aller Recherchen: Oktober 2016
[8] http://www.egu.eu/publications/open-access-journals/

Open-Access-Zeitschriften im Portfolio.⁹ Neben erfolgreichen Neugründungen sind im Lauf der Jahre auch etablierte Zeitschriften wie „Hydrology and Earth System Sciences HESS" schon früh ins Open-Access-Geschäftsmodell überführt worden. Copernicus Publications hat bei einer Reihe seiner Zeitschriften ein innovatives System offener Reviews etabliert und gehört zu den wenigen Verlagen, deren APC auf der Anzahl der Seiten basiert. Als Ausrichter der jährlichen EGU General Assembly in Wien, der zweitgrößten Tagung von Geowissenschaftlern weltweit, trägt der Verlag die Idee des Open Access ebenfalls in die wissenschaftliche Community.¹⁰ Als Mitbegründer der Open Access Scholarly Publishers Association (OASPA)¹¹ prägt der Verlag die Entwicklung der Open-Access-Landschaft mit. Bei inzwischen etablierten Open-Access-Verlagen wie MDPI und Frontiers finden sich ebenfalls eine Reihe von georelevanten Titeln, die sich im wissenschaftlichen Wettbewerb etabliert haben.

Auch traditionell subskriptionsorientierte Verlage haben inzwischen geowissenschaftliche Open-Access-Zeitschriften aufgelegt, so publizieren Elsevier und auch die AGU zusätzliche Open-Access-Zeitschriften. Es gibt aber auch weitere Beispiele für Subskriptionszeitschriften, die zu Open-Access-Zeitschriften umgestellt werden. Geofluids wechselt 2017 ins Open-Access-Modell basierend auf einer Kooperation der Verlage Wiley und Hindawi.

Als anders gelagertes Beispiel für eine gelungene Transformation einer ehemals subskriptionsbasierten Zeitschrift einer Gesellschaft ins Open-Access-Geschäftsmodell dient die Zeitschrift „Die Erde"¹² der Gesellschaft für Erdkunde zu Berlin, die mithilfe einer DFG-Förderung migriert wurde und nun im Open Access auf der technologischen Basis des Open Journal Systems (OJS) publiziert wird. „Earth, Planets and Space", eng mit japanischen geowissenschaftlichen Gesellschaften verbunden, erscheint nun als Open-Access-Zeitschrift bei SpringerOpen.

Regionale Publikationen sind meist verbunden mit entsprechenden Institutionen als Herausgeber. Hier sind Berichte und Schriftenreihen nach wie vor relevante Publikationsformen und liefern oft hilfreiches Material, das der wissenschaftlichen Arbeit als Quelle dienen kann. Vorbildlich handelt hier U.S. Geological Survey (USGS).¹³ Viele der USGS-Reports sind seit Jahren offen zugänglich, auf der Basis rechtlicher Regelungen in den USA (Making Open and Machine Readable the New Default for Government Information)¹⁴ wird dies in Zukunft noch ausgebaut. In Deutschland, mit einer nach wie vor ausgeprägten Kultur von regionalen Schriftenreihen in geowissenschaftlichen

---

9 http://publications.copernicus.org/open-access_journals/open_access_journals_a_z.html
10 Dafür thttp://www.copernicus.org/A_short_History_of_Interactive_Open_Access_Publishing.pdf
11 http://oaspa.org/
12 http://www.die-erde.org
13 Public Access to Results of Federally Funded Research at the U.S. Geological Survey (https://www2.usgs.gov/quality_integrity/open_access/)
14 https://www.whitehouse.gov/the-press-office/2013/05/09/executive-order-making-open-and-machine-readable-new-default-government-

Disziplinen, ist dieser Ansatz noch nicht in der Breite angekommen. Das DFG-Projekt Fachinformationsdienst GEO hat sich unter anderem die Beförderung der offenen und zitierbaren Publikation dieses Materials auf die Fahnen geschrieben.[15] Zu den regionalen Publikationen zählen aber auch zahlreiche landesspezifische und nichtenglischsprachige Zeitschriften, von denen viele schon früh den Weg zum offenen Zugang gefunden haben. Die hohe Zahl der geowissenschaftlichen Zeitschriften z. B. in DOAJ speist sich zu nicht unerheblichen Teilen aus solchen Titeln.

Forschungsdaten (siehe auch Kapitel 8) spielen in den Geowissenschaften traditionell eine wichtige Rolle. So ist der Umgang mit Forschungsdaten und die Notwendigkeit von internationalen Standards schon seit dem Internationalen Geophysikalischen Jahr 1957/58 ein bestimmendes Thema. Heute ist dementsprechend auch der offene Zugang zu Forschungsdaten ein drängendes Thema. Aktuell wird der Umgang mit Forschungsdaten in Supplementen zu Zeitschriftenartikeln im Statement of Commitment from Earth and Space Science Publishers and Data Facilities[16] der Coalition on Publishing Data in the Earth and Space Sciences thematisiert. Dort wird vorgeschlagen, dass Datensupplemente nicht mehr bei Zeitschriften abgelegt werden, sondern bevorzugt in fachspezifischen Datenrepositorien in zitierbarer Form publiziert und dann in der Referenzliste des verbundenen Aufsatzes aufgeführt werden.

Es ist kein Zufall, dass die ersten Zeitschriftengründungen, in denen ausschließlich Aufsätze zu Forschungsdaten erschienen sind, die Titel „Earth System Science Data" (ESSD, bei Copernicus Publications als Open Access-Zeitschrift)[17] oder „Geoscience Data Journal" bei Wiley,[18] im geowissenschaftlichen Feld verankert sind. Die Nature Publishing Group ist inzwischen mit „Scientific Data",[19] ebenfalls einer Open-Access-Zeitschrift, gefolgt. Der Bedarf an diesem Typus Zeitschrift zeigt sich auch im hohen Impaktfaktor von ESSD.

Das „Registry of Research Data Repositories" re3data.org bietet eine gute Möglichkeit sich über die Plattformen zu informieren, auf denen weltweit Forschungsdaten gehalten und zur Verfügung gestellt werden. Von den über 1 700 enthaltenen Repositorien sind mehr als 500 den Geowissenschaften zugeordnet.[20]

---

15 http://fidgeo.de/
16 http://www.copdess.org/statement-of-commitment/
17 http://www.earth-system-science-data.net/
18 http://onlinelibrary.wiley.com/journal/10.1002/(ISSN)2049-6060
19 http://www.nature.com/sdata/
20 http://service.re3data.org/search?query=&subjects%5B%5D=34%20Geosciences%20%28http://service.re3data.org/search?query=&subjects%5B%5D=34%20Geosciences%20%28including%20Geography%29

Fazit

Die Geowissenschaften mit der Vielfalt der dort vertretenen Disziplinen haben gute Voraussetzungen, um weiterhin einen hohen Anteil von Grünem Open Access zu generieren. Open-Access-Zeitschriften haben sich in der Breite etabliert, viele der Neugründungen aus den letzten 15 Jahren haben ihren Platz im Reputationssystem internationaler wissenschaftlicher Zeitschriften gefunden. Noch steht die Transformation einer größeren Zahl renommierter Titel aus. Da bei vielen Subskriptionszeitschriften erhebliche Gebühren üblich sind und bereits jetzt vom Wissenschaftssystem aufgebracht werden, sind die kulturellen Hürden für eine Transformation niedrig. Den wissenschaftlichen Gesellschaften, die – für die Geowissenschaften typisch – Rechte an vielen Titeln halten, kommt hier eine bedeutende Rolle zu.

Eine entsprechende Beratung und das Aufzeigen von Transformationsmodellen, die die Finanzierungsmodelle der Gesellschaften mit einbeziehen, wäre hier dringend nötig.

Literatur

Björk, B.-C., Laakso, M., Welling, P. and Paetau, P. (2014). Anatomy of green open access. *Journal of the Association for Information Science and Technology*, 65, 237–250. doi: 10.1002/asi.22963.

Dallmeier-Tiessen, S. et al. (2011a). Open Access in der deutschen Wissenschaft – Ergebnisse des EU-Projekts „Study of Open Access Publishing" (SOAP). GMS Med Bibl Inf, 11, 1–2:Doc03. doi:10.3205/mbi000218.

Dallmeier-Tiessen, S. et al. (2011b). Highlights from the SOAP project survey. What Scientists Think about Open Access Publishing. arXiv.org. https://arxiv.org/abs/1101.5260.

Gargouri, Y. et al. (2012). Green and gold open access percentages and growth, by discipline. 17th International Conference on Science and Technology Indicators (STI), Montreal. http://eprints.soton.ac.uk/340294/.

Littke, R. (2009). Publikationsverhalten in den Geowissenschaften. In: *Publikationsverhalten in unterschiedlichen wissenschaftlichen Disziplinen – Beiträge zur Beurteilung von Forschungsleistungen*. (2., erw. Aufl.) Berlin: Humboldt-Stiftung. (Diskussionspapiere der Alexander von Humboldt-Stiftung). 102–103. https://www.humboldt-foundation.de/pls/web/wt_show.text_page?p_text_id=1073898.

Dagmar Sitek
5d Lebenswissenschaften

"One revolution does not yet fit all." (Disciplinary action, 2013). Dass diese Aussage durchaus der Wahrheit entspricht, lässt sich durch die teilweise sehr unterschiedliche Akzeptanz und Entwicklung von Open Access in den verschiedenen wissenschaftlichen Communities gut nachvollziehen.

Aufgrund der im Allgemeinen sehr hohen Preise für Zeitschriftenabonnements im Bereich der Lebenswissenschaften war diese Fachdisziplin von der Zeitschriftenkrise in den 1990er Jahren besonders betroffen. Von daher wäre hier eine schnelle Ausweitung des Open-Access-Gedankens zu vermuten gewesen. Einer der Hauptgründe, warum dies nur deutlich eingeschränkt erfolgt ist, liegt darin, dass in diesem Bereich die wissenschaftliche Reputation von Forschern in hohem Maße davon abhängt, in welchen Zeitschriften sie publizieren. Für die Bewertung der Relevanz einer Zeitschrift wird in der Regel als eines der wichtigsten Kriterien der Impact-Faktor herangezogen. Und so wird die Leistung eines Wissenschaftlers oder einer Institution unter anderem an der Anzahl der Artikel, die in High-Impact-Faktor-Zeitschriften publiziert wurden, gemessen. Unabhängig davon, dass diese Evaluationspraxis zunehmend kritisch diskutiert wird, hatte und hat sie auch heute noch Einfluss auf die Entwicklungen in Bezug auf Open Access in den Lebenswissenschaften. Die Relevanz des Impact-Faktors in diesem Kontext führt unter anderem dazu, dass es für neue Zeitschriftentitel prinzipiell schon sehr schwer ist, sich gegen die etablierten High-Impact-Faktor-Journale zu behaupten. Für die Neugründungen von Open-Access-Zeitschriften kam erschwerend hinzu, dass diese anfangs massiv mit Vorbehalten bezüglich der Qualität der Veröffentlichungen zu kämpfen hatten. Solche Bedenken nahmen im Laufe der Jahre zwar ab, sie sind aber auch heute noch nicht vollständig ausgeräumt (Bourke-Waite, 2015). Aus diesen Gründen können sich die Titel, die Teil des Portfolios großer etablierter Verlage sind, in der Regel leichter in der wissenschaftlichen Community positionieren.

Mit der Notwendigkeit, in bestimmten Journalen zu publizieren und in dem Bewusstsein, durch einen frei zugänglichen Artikel eine größere Leserschaft zu erreichen, lässt sich auch die in den Lebenswissenschaften nicht unübliche Praxis erklären, die eigenen Artikel in einer subskriptionsbasierten Zeitschrift „freizukaufen" (Hybrider Open Access, siehe hierzu Kapitel 2b). Ein weiterer Grund für die relativ hohe Akzeptanz dieses Modells liegt vermutlich auch darin, dass Autoren in den Lebenswissenschaften es durchaus gewohnt sind, Verlage für „Extras" wie Überlänge eines Artikels, Farbabbildungen usw. zu bezahlen. Open Access wird als eine weitere Zusatzleistung angesehen und es erscheint selbstverständlich, dass sie vergütet werden muss.

Einer der ersten neugegründeten Open-Access-Verlage in den Lebenswissenschaften ist die 2001 gegründete Non-Profit-Organisation Public Library of Science

(PLOS).[1] Interessant ist dabei, dass es PLOS nicht nur darum ging, einen neuen Verlag zu etablieren, sondern dass sich die Organisation von Anfang an auch als Akteur verstand, der zur Neugestaltung und Optimierung des wissenschaftlichen Kommunikationsprozesses in diesem Gebiet einen maßgeblichen Beitrag leisten wollte. Mit der gleichen Intention wurden in den folgenden Jahren noch weitere Verlage ins Leben gerufen, so zum Beispiel die 2012 vom Howard Hughes Medical Institute, dem Wellcome Trust und der Max-Planck-Gesellschaft gegründete Zeitschrift eLife.[2] Sie trat mit dem Anspruch an, eine ernsthafte Konkurrenz zu den drei großen renommierten Titeln Nature, Science und Cell zu werden, in denen die Forscher bisher ihre Top-Artikel veröffentlichen. Die Organisationen stellen für den Zeitraum von 2012 bis 2022 insgesamt 33 Millionen GBP zur Verfügung, so dass die Autoren ihre Artikel dort ohne Kosten im Open Access veröffentlichen können (Callaway, 2016). Welche Preise für Article Processing Charges gerechtfertigt sind und ab wann diese nur noch zur Gewinnmaximierung von Verlagen dienen, wird zur Zeit sehr kontrovers diskutiert. Daher startete eLife 2016 eine Initiative mit dem Ziel, mehr Transparenz in dieses Thema zu bringen. Ab sofort will die Zeitschrift jährlich ihre Zahlen, aus denen hervorgeht, welche Kosten für die Veröffentlichung eines Open-Access-Artikels tatsächlich anfallen, veröffentlichen. Dahinter steht die Erwartung, dass sich weitere Verlage dem Beispiel anschließen und auf diese Weise eine fundierte Datenbasis für die weitere Diskussion geschaffen werden kann (Patterson & McLennan, 2016). Eine interessante Publikationsalternative bietet die 2013 gegründete Zeitschrift PeerJ.[3] Hier haben Autoren neben den üblichen Article Processing Charges für einzelne Publikationen die Möglichkeit, eine lebenslange Mitgliedschaft zu erwerben. Durch diese sind sie berechtigt, je nach gewähltem Modell, ihr Leben lang eine bestimmte Anzahl von Artikeln pro Jahr zu veröffentlichen.

Die genannten Journals gehen nicht nur in Bezug auf die Finanzierung von Open-Access-Zeitschriften neue Wege, sondern arbeiten auch daran, in anderen Bereichen Veränderungen zu erreichen. So wird beispielsweise angestrebt, den Peer-Review-Prozess transparenter (Offener Peer-Review) zu gestalten und dadurch zu optimieren. Oder es wird versucht, neue Metriken zu entwickeln, die die wissenschaftliche Leistung von Forschern und Institutionen besser abbilden als der Impact-Faktor. Während hier noch eine sehr enge Anlehnung an das traditionelle Zeitschriftenformat gegeben ist, gibt es zunehmend auch Organisationen, die noch einen Schritt weitergehen und Publikationsplattformen für bestimmte Fachdisziplinen etabliert haben. Charakteristisch für solche Plattformen ist, dass Forschungsergebnisse in einer Datenbank und nicht in verschiedenen Journalen veröffentlicht werden und dass in der Regel verschiedene Publikationsarten (z. B. Preprints, Talks, Conference

---

1 https://www.plos.org/
2 https://elifesciences.org/
3 https://peerj.com/

Proceedings usw.) akzeptiert werden. Ergänzt wird das Angebot häufig durch Features wie sie von sozialen Netzwerken bekannt sind. So werden Tools für die Vernetzung und die Zusammenarbeit angeboten. Eine große Publikationsplattform in den Lebenswissenschaften ist F1000 – Faculty of 1000.[4] Das gleiche Ziel, in dieser Disziplin mehr Offenheit zu erreichen, jedoch mit einem teilweise etwas anderen Ansatz, verfolgt PUBLISSO,[5] das Open-Access-Publikationsportal für die Lebenswissenschaften der ZB MED. In das Portal integriert ist unter anderem die Publikationsplattform GMS German Medical Science, über die 16 Open-Access-Fachzeitschriften aus der Medizin verlegt werden. Ein weiteres interessantes Angebot besteht darin, Unterstützung bei der Gründung von neuen Open-Access-Zeitschriften oder der Transformation subskriptionsbasierter Journals in Open-Access-Titel zu leisten.

Für die Zweitveröffentlichung eines in einer subskriptionsbasierten Zeitschrift erschienenen Artikels über den Grünen Weg des Open-Access spielen in den Lebenswissenschaften zwei disziplinspezifische Repositorien eine zentrale Rolle. Dies ist einmal PubMed Central (PMC),[6] das von der National Library of Medicine betrieben wird und ca. vier Millionen Volltexte enthält. Das zweite ist das von 27 europäischen Forschungsförderern finanzierte Repositorium Europe PubMed Central.[7] PMC und Europe PMC greifen auf die gleichen Inhalte zu und beide können als Sucheinstieg für eine Recherche genutzt werden. Der Unterschied besteht darin, dass Europe PMC zusätzliche Features und Services entwickelt hat (The European Consortium, 2015).

Ein großer Vorteil dieser beiden Repositorien besteht darin, dass sie mit der für dieses Fach wichtigsten bibliografischen Datenbank PubMed[8] verbunden sind. Ist der Volltext zu einem in PubMed recherchierten Artikel vorhanden, so wird dies durch den Link „Free in PubMed Central" kenntlich gemacht und er kann sofort abgerufen werden.

Die Förderorganisationen (vgl. Kapitel 1c) haben einen maßgeblichen Einfluss auf die Open-Access-Entwicklung, unabhängig davon, über welchen Weg er realisiert wird. Hier ist in den letzten Jahren das Bewusstsein, dass aus Steuergeldern finanzierte Forschungsergebnisse öffentlich zugänglich sein müssen, sehr stark gestiegen. Aus diesem Grund haben so gut wie alle Organisationen entsprechende Mandate etabliert. So fordern beispielsweise die National Institutes of Health (NIH),[9] dass eine Post-Print-Version von allen Manuskripten spätestens 12 Monate nach der Veröffentlichung in ihrem Repositorium PMC abgelegt werden muss. (Die National Library of Medicine gehört zum NIH). Die NIH nehmen aber nicht nur die Wissenschaftler in die Pflicht, sondern handelt auch mit Zeitschriften Vereinbarungen aus, in denen

---

4 http://f1000.com/
5 www.publisso.de
6 www.ncbi.nlm.nih.gov/pmc/
7 www.europepmc.org
8 www.ncbi.nlm.nih.gov/pubmed
9 www.nih.gov

diese einwilligen, die von den NIH finanzierten Artikel auf PMC hochzuladen. Die 27 Förderorganisationen, die Europe PMC finanzieren, verpflichten ihre Autoren, die Manuskripte dort zu speichern. Weitere wichtige Institutionen, die entsprechende Mandate verankert haben, sind der Wellcome Trust[10] und die World Health Organisation (WHO).[11] Die gute Etablierung von PubMed in der wissenschaftlichen Community ist somit ein wesentlicher Verdienst der Forschungsförderung.

Kein spezifisches Problem der Lebenswissenschaften ist die Tatsache, dass einem Teil der Wissenschaftler die Anforderungen der Förderorganisationen in Bezug auf Open Access nicht bekannt sind. In einer von Nature durchgeführten Umfrage unter 22 000 Wissenschaftlern gab immerhin noch ein Viertel der Befragten an, die Open-Access-Mandate ihrer Geldgeber nicht zu kennen (Authors Insight, 2015). Hier ist zu erwarten, dass durch entsprechende Informationen der Anteil der Open-Access-Publikationen erhöht werden kann.

Die Veröffentlichung von Preprints ist in den Lebenswissenschaften bisher noch kaum verbreitet. Naturepreceedings,[12] der von der Nature Publishing Group 2007 aufgesetzte Preprint-Server für die lebenswissenschaftliche Community, wurde 2012 wieder eingestellt, da sich das Konzept nicht durchsetzen konnte.

Ein Preprint-Server für die Biologie, bioRxiv,[13] nach dem Beispiel von arXiv, wurde erst 2013 vom Cold Spring Harbor Laboratory gegründet. Und noch später, im August 2016, verkündete die American Chemical Society, dass sie plant, einen entsprechenden Service für die Chemie, ChemRxiv, aufzubauen (Cressey, 2016). bioRxiv und PeerJ PrePrints[14] (der Preprint-Server der Zeitschrift PeerJ) enthielten 2015 zusammen weniger als 5 000 Dokumente, eine sehr geringe Zahl im Vergleich zu den 1,13 Millionen Artikeln, die allein im Jahr 2015 in der Datenbank PubMed neu eingetragen wurden (Tracz & Lawrence, 2016). Aber diese Publikationsmöglichkeit rückt zunehmend in das Bewusstsein der wissenschaftlichen Community. So gab es zum Beispiel im Februar 2016 ein ASAPbio meeting (Accelerating Science and Publication in Biology), auf dem das Thema „Preprints in den Lebenswissenschaften" intensiv diskutiert wurde (Berg et al., 2016; Callaway & Powell, 2016). Die Argumente dafür und dagegen sind sehr vielfältig und scheinen teilweise nicht miteinander vereinbar zu sein. Einigkeit herrscht beispielsweise in dem Punkt, dass die Verbreitung von Forschungsergebnissen durch Preprints sehr viel schneller als durch Zeitschriftenartikel erfolgt, deren durchschnittlicher Review-Prozess mittlerweile bei über 150 Tagen liegt.

Aber auch hier gibt es durchaus berechtigte Bedenken, dass diese Beschleunigung auf Kosten der Qualität gehen könnte. Es gibt Forscher, die in Preprints eine

---

10 www.wellcome.ac.uk
11 http://www.who.int/en/
12 http://precedings.nature.com/
13 www.biorxiv.org
14 https://peerj.com/preprints/

hervorragende und wünschenswerte Möglichkeit sehen, den Informationsfluss zu demokratisieren, da jeder Forscher die Möglichkeit hat, seine Arbeit zu präsentieren, ohne dass sie durch Reviewer und Journal-Editoren gefiltert wird (Berg et al., 2016). Andere geben ihnen in diesem Punkt zwar Recht, halten aber dagegen, dass die Zahl der Publikationen in dieser Disziplin mittlerweile so groß ist, dass es für den einzelnen Wissenschaftler nicht mehr möglich ist, die relevante Literatur zu erfassen. Hier wird die Arbeit der Editorial Boards der Zeitschriften daher eher als Unterstützung gesehen und die Frage in den Raum gestellt, ob nicht selbst der sehr umstrittene Impact-Faktor als Orientierungshilfe in dieser Informationsflut fungieren kann (Borisy, 2016). Nachzuvollziehen ist, dass, solange Preprints nicht bei Bewerbungen und Projektanträgen berücksichtigt werden, kaum ein Wissenschaftler bereit sein wird, seine Ergebnisse in dieser Form zu veröffentlichen. Eine Veröffentlichung vorab als Preprint und anschließend als Artikel, wie es in einigen Disziplinen praktiziert wird, ist in den Lebenswissenschaften bisher nicht üblich. Hier müssen konstruktive Lösungen gefunden werden, die alle Aspekte berücksichtigen. Davon wird abhängen, ob und wenn ja wie Preprints in diesem Gebiet zukünftig eine Rolle spielen werden.

Eine ganz neue Dimension in Bezug auf die Bedeutung eines offenen und schnellen Zugangs zu Forschungsergebnissen und Daten im Bereich der Lebenswissenschaften bekam die Diskussion durch die Ebola-Epidemie in West-Afrika 2014–2015. In dieser Zeit wurde sehr deutlich, wie essentiell der zügige Austausch von Informationen in einem solchen Ausnahmezustand sowohl für die involvierten Wissenschaftler, das medizinische Personal vor Ort als auch die politischen Entscheidungsträger ist. Es stellte sich heraus, dass nicht alle Forscher dazu bereit waren und dass für diejenigen, die ihre Daten teilen wollten, keine etablierten Workflows und Infrastrukturen zur Verfügung standen (Yozwiak, Schaffner & Sabeti, 2015; Whitty, Mundel, Farrar, Heymann, Davies & Walport, 2015). Aufgrund dieser Erfahrung organisierte die WHO im September 2015 ein internationales Treffen, bei dem es darum ging, Repräsentanten aller Interessensgruppen, die in diesem Kontext eine Rolle spielen, zu versammeln und Lösungsmöglichkeiten für diese Problematik zu erarbeiten. Es bestand Konsens unter den Teilnehmern, dass der zeitnahe und transparente Austausch von Forschungsergebnissen und Daten in solchen Fällen zwingend notwendig ist. Um dies zukünftig gewährleisten zu können, wurden die „Global norms for sharing data and results during public health emergencies" entwickelt (Modjarrad, Moorthy, Millett, Gsell, Roth & Kieny, 2016). Mit der Zika-Virus-Epidemie, die 2016 in Süd-Amerika ausbrach, kamen sie das erste Mal zur Anwendung. So eröffnete die WHO auf ihrer Homepage eine „Zika-Open-Sammlung", bei der Manuskripte, die für diese Thematik relevant sind, eingereicht werden können.

Die Veröffentlichung soll innerhalb von 24 Stunden erfolgen (Dye, Bartolomeos, Moorthy & Kieny, 2016). Auch einige der Verlage beteiligten sich. So werden beispielsweise Artikel aus Nature-Zeitschriften, die das Zika-Virus betreffen, bis auf weiteres Open Access gestellt (Benefits of sharing, 2016). Hier hat sich gezeigt, dass es möglich ist, tragfähige Lösungen zu erarbeiten, wenn alle Stakeholder in solche Prozesse eingebunden werden.

Ein weiteres Beispiel dafür ist das Human Genome Project.[15] In diesem Projekt arbeiteten zahlreiche Wissenschaftler weltweit mit dem Ziel, das menschliche Genom vollständig zu sequenzieren, zusammen. Es konnte 2003 erfolgreich abgeschlossen werden. Die Daten sind heute frei für alle zugänglich und es ist klar definiert, wie sie verwendet werden dürfen. Dies liegt in erster Linie daran, dass die verantwortlichen Wissenschaftler während des Forschungsprozesses verbindliche Richtlinien, die sogenannten Bermuda Rules, vereinbart haben, in denen diese Aspekte geregelt werden (Marshall, 2001).

Die Diskussionen über mehr Offenheit in den Lebenswissenschaften machen sehr deutlich, dass sich die wissenschaftliche Community hier sehr häufig in einem Spannungsfeld befindet. Einerseits sind sich alle einig, dass der Zugang zu Informationen den Forschungsprozess beschleunigt, andererseits werden die Forscher sehr häufig von den Organisationen, bei denen sie arbeiten, dazu angehalten nichts zu veröffentlichen, bevor nicht geprüft wurde, ob es sich um patentrechtlich verwertbares Material handeln könnte. Die Kommunikation mittels Preprints ist sehr viel schneller möglich als durch Zeitschriftenartikel. Ein Kriterium für die Evaluation der wissenschaftlichen Leistung eines Forschers ist jedoch die Anzahl der Artikel, die er in High-Impact-Faktor-Zeitschriften publizieren konnte. Schnelles Handeln, besonders in Krisensituationen, ist notwendig, aber es muss auch sichergestellt werden, dass die Informationen valide sind, weil falsche Ergebnisse unter Umständen gravierende Folgen haben können. Und nicht zuletzt gibt es häufig datenschutzrechtliche Regelungen, die die Weitergabe von Daten einschränken oder sogar ganz untersagen, beispielsweise bei klinischen Studien, wenn es um Patientendaten geht.

Diese Beispiele zeigen, dass die Thematik hochkomplex ist und tiefgreifende strukturelle Veränderungen im wissenschaftlichen Kommunikationsprozess notwendig sind, damit hier tragfähige Lösungen entwickelt werden können. Dazu müssen alle beteiligten Parteien eingebunden werden.

Eine Grundvoraussetzung, die gegeben sein muss, damit diese Herausforderung erfolgreich gemeistert werden kann, formuliert der Biochemiker Aled Edwards sehr treffend:

> I propose that society first agree on a simple, guiding principle: all scientific discoveries first constitute a public good and only second are the property of individual scientists, institutions or countries.
>
> (Edwards, 2016).

---

15 https://www.genome.gov/10001772/all-about-the-human-genome-project-hgp/

Literatur

Author insights: Initial findings. (2015). Ergebnisse einer Umfrage der Nature Publishing Group, S. 9. Abgerufen von https://figshare.com/articles/Author_Insights_2015_survey/1425362.

Benefits of sharing. (2016). Nature, 530, 129. doi:10.1038/530129a.

Berg, J. et al. (2016). Preprints for the life sciences. Science, 352 (6288), 899–901. doi:10.112/science.aaf9133.

Borisy, G. (2016). Referee Report, 24 February 2016, Version 1 zu: Tracz, V. & Lawrence, R. (2016). F1000Research. doi:10.5256/f1000research.8575.r12629.

Bourke-Waite, A. (2015). Perceptions of open access publishing are changing for the better, a survey by Nature Publishing Group and Palgrave Macmillan finds. Nature Press release archive, 13. August 2015. www.nature.com/press_releases/perceptions-open-access.html.

Callaway, E. (2016). Biology's big funders boost eLife. Nature, 534, 14–15. doi:10.1038/534014a.

Callaway, E. & Powell, K. (2016). Hug a preprint, biologists! Nature, 530, 265. doi:10.1038/530265a.

Cressey, D. (2016). Chemists to get their own preprint server. *Nature News*. doi:10.1038/nature.2016.20409.

Disciplinary action. (2013). Nature, 495, 409–410. doi:10.1038/495409b.

Dye, C., Bartolomeos, K., Moorthy, V. & Kieny, M-P. (2016). Data sharing in public health emergencies: a call to researchers. Bulletin of the World Health Organization, 94, 158. doi:10.2471/BLT.16.170860.

Edwards, A. (2016). Science is still too closed. Nature, 533, S70. doi:10.1038/533S70a.

The Europe PMC Consortium. (2015). Europe PMC: a full-text literature database for the life sciences and platform for innovation. *Nucleic Acids Research*, 43 (D1), D1042–D1048. doi:10.1093/nar/gku1061.

Marshall, E. (2001). Bermuda Rules : Community Spirit, *With Teeth. Science*, 291 (5507), 1192. doi:10.1126/science.291.5507.1192.

Modjarrad, K., Moorthy, V S., Millett, P., Gsell, P-S, Roth, C. & Kieny, M-P. (2016). Developing Global Norms for Sharing Data and Results during Public Health Emergencies. PLoS Medicine, 13 (1), e1001935.doi:10.1371/journal.pmed.1001935.

Patterson, M. & McLennan, J. (2016). Inside eLife: What it costs to publish. eLife News, 11. August 2016. https://elifesciences.org/elife-news/inside-elife-what-it-costs-publish.

Tracz, V. & Lawrence, R. (2016). Towards an open science publishing platform [version 1; referees: 2 approved]. F1000Research, 5, 130. doi:10.12688/f1000research.7968.1.

Whitty, C., Mundel, T., Farrar, J., Heymann, D., Davies, S. & Walport, M. (2015). Providing incentives to share data early in health emergencies: *the role of journal editors. The Lancet*, 386, 1797–1798. doi:10.1016/S0140-6736(15)00758-8.

Yozwiak, N., Schaffner, S & Sabeti, P. (2015). Make outbreak research open access. Nature 518, 477–479. doi:10.1038/518477a.

Martin Köhler
5e Open Access in den MINT-Fächern

In den vier Bereichen Mathematik, Informatik, Naturwissenschaft und Technik ist der Open-Access-Gedanke sehr unterschiedlich verbreitet. Eine gute Zusammenfassung fachspezifischer Inhalte bilden die Informationsseiten des Open-Access-Netzwerkes (*open-access.net*, 2016). Die Daten zu den Open-Access-Anteilen der Fächer in den Jahren 2011–2013 stammen aus *science-metrix.com* (2014). P. Suber (2008) prägte die Begriffe „Libre" und „Gratis" Open Access. Eine ausführliche Beschreibung des im Folgenden häufig erwähnten Preprint Servers *arXiv* (http://arxiv.org) findet sich in Kapitel 2d.

Mathematik

In der Mathematik ist der Open-Access-Gedanke stark verbreitet. Es existieren verschiedene, teilweise fachspezifische Repositorien für Preprints, wie z. B. arXiv, K-theory Preprint Archives (University of Illinois), Linear Algebraic Groups and Related Structures (Universität Bielefeld), der Preprintserver des Fachbereichs Mathematik der Technischen Universität Darmstadt und die MPIM Preprint series (Max-Planck Institut für Mathematik). Ferner gibt es einige große Repositorien, welche retrodigitalisierte mathematische Literatur bis ins frühe 19. Jahrhundert erschließen und so der Tatsache Rechnung tragen, dass die zeitliche Zitationstiefe in der Mathematik im Vergleich mit den anderen MINT-Fächern sehr groß ist.

Kritik an hohen Zeitschriftenkosten führte 2012 zu einem vielbeachteten, gegen den Verlag *Elsevier* gerichteten Boykottaufruf seitens des Wissenschaftlers W. T. Gowers (2012), dem sich über 16 000 Forschende angeschlossen haben. Von den im Directory of Open Access Journals (DOAJ) unter *Mathematics* gelisteten 375 Zeitschriften sind viele für Autoren kostenfrei. Ein „moving wall"-Modell, bei welchem Verlage die Inhalte ihrer Subskriptions-Zeitschriften nach einer bestimmten Frist (z. B. 5 Jahre) als Gratis Open Access zugänglich machen, kommt ebenfalls häufig vor.

Aufbauend auf arXiv-Publikationen existiert mit épisciences.org eine freie Plattform, auf welcher die Papiere zusätzlich zur Bereitstellung einen Peer-Review-Prozess durchlaufen können.

Informatik

Die wissenschaftliche Kommunikation in der Informatik ist stark konferenzorientiert und einzelne Unterdisziplinen haben eine ausgeprägte Preprint-Kultur, wie z. B. die theoretische Informatik und Kryptologie. Repositorien wie arXiv/CoRR,

Electronic Colloquium on Computational Complexity (ECCC), HAL und IACR Cryptology ePrint Archive bieten (mindestens) Gratis Open Access, jedoch ist der Open-Access-Anteil (zumindest von 2011–2013) mit ca. 47 % deutlich niedriger als bei der Mathematik. Das liegt sicher auch daran, dass die nationalen Fachgesellschaften bisher eher konservativ auf Open Access reagieren: Beim IEEE gibt es z. B. bisher zwar Hybriden Open Access für Zeitschriften, aber keine Open-Access-Möglichkeit für Konferenzen. Da Konferenzbeiträge in den anderen MINT-Fächern im Vergleich zu Zeitschriftenpublikationen qualitativ niedriger bewertet werden, gibt es in der Informatik starke Bemühungen, Konzepte zur Reputation und Qualität von Konferenzbeiträgen zu etablieren. Ein Beispiel dafür sind die im Goldenen Open Access publizierten Konferenzen der *Leibniz International Proceedings in Informatics (LIPIcs)*-Serie (http://www.dagstuhl.de/publikationen/lipics/). Wie viele andere Open-Access-Zeitschriften in der Informatik operieren diese ohne einen herkömmlichen Verlag im Hintergrund und organisieren sich selbst aus der Community heraus. DOAJ weist unter der Überschrift *Information Technology* 81 Zeitschriften aus, welche größtenteils für die Autoren kostenfrei sind. Der Grüne Weg wird auch international nur eingeschränkt genutzt, z. B. sind nur ca. 8,7 % der in den Jahren 2011–2013 in Scopus nachgewiesenen Veröffentlichungen in Repositorien verfügbar. Der Anteil an sonstigem Gratis Open Access in demselben Zeitraum beträgt hingegen ca. 28 %.

Naturwissenschaft (Biologie, Chemie, Geowissenschaften, Physik)

Biologie (Lebenswissenschaften)

In der Biologie (siehe auch Kapitel 5d) werden Preprint-Repositorien eher wenig genutzt, jedoch sind inzwischen auf Grund von Funding-Vorgaben viele Arbeiten über PubMed Central zugreifbar. Im arXiv gibt es mit *Quantitative Biology* einen eigenen, durchaus wachsenden Bereich, welcher jedoch im Jahr 2015 nur 1,5 % aller bei arXiv eingereichten Papiere umfasste (arXiv.org, 2015). Bei den Zeitschriften gibt es eine große und ständig wachsende Zahl von Open-Access-Zeitschriften (DOAJ weist unter dem Stichwort *Biology* 415 Zeitschriften aus) sowie hybride Modelle.

Der 2001 gegründete Open-Access-Verlag *PLOS* (2016) hat bisher über 165 000 Artikel veröffentlicht und ist damit eine der treibenden Open-Access-Kräfte in den Lebenswissenschaften.

Die bekannteste Zeitschrift *PLOS One*, ein sogenanntes Megajournal, ist die weltweit größte wissenschaftliche Zeitschrift. Ein weiterer Open-Access-Vorreiter ist der Verlag *BioMedCentral* (2016), welcher seit 2008 zu *Springer Nature* gehört.

Als Finanzierungsmodell kommen auch hier zum Teil recht hohe Article Processing Charges (APCs) zum Einsatz. Anbieter wie *PeerJ* (2016), deren Geschäftsmodell auf einmalig zu bezahlenden, lebenslangen Autoren- bzw. institutionellen Mitgliedschaften beruht, versuchen hier Alternativen zu etablieren, die möglicherweise preislich attraktiver sind. Neben dem traditionellen Peer Review ist in der Biologie auch Open Peer Review verbreitet. Hierbei wird der Begutachtungsprozess inkl. des Ergebnisses öffentlich gemacht (z. B. *Biology Direct* von *BioMedCentral*, 2016). Noch weiter geht *F1000 Research* (2016) mit *F1000Prime*, einem Post Publication Peer Review-Service, bei dem Faculty-Mitglieder bereits veröffentlichte Artikel systematisch bewerten und empfehlen. Der gesamte Open-Access-Anteil (zumindest im Zeitraum von 2011 bis 2013) liegt für die Biologie bei ca. 66 %, bei der biomedizinischen Forschung sogar bei ca. 70 %, was der zweithöchste Wert aller untersuchten Felder ist. Demgegenüber ist der Anteil an Grünem Open Access mit 3,7 % bzw. 2,1 % erwartungsgemäß deutlich niedriger als in den Geowissenschaften oder der Physik.

Chemie

In der Chemie ist der Open-Access-Gedanke wenig verbreitet. Der gesamte Open-Access-Anteil zwischen 2011 bis 2013 beträgt 38,5 %. Der Großteil (ca. 23 %) sind Gratis-Open-Access-Papiere, welche nicht in institutionellen Repositorien gefunden wurden. Es gibt deutlich weniger Open-Access-Zeitschriften als z. B. in der Biologie (DOAJ listet ca. 300 Zeitschriften unter dem Stichwort *Chemistry*). Die Gründe liegen sicher auch in der Struktur der Fachcommunity begründet, die traditionell einen engen Bezug zur chemischen Industrie hat und die mit der Gesellschaft Deutscher Chemiker (GDCh) eine wissenschaftliche Fachgesellschaft besitzt, die den Verlag Wiley – VCH gegündet hat und selbst einige etablierte subskriptionsbasierte Fachzeitschriften herausgibt. Hinzu kommt eine gewisse Unsicherheit der Wissenschaftler im Umgang mit Open Access, in Kombination mit der Überzeugung, dass Open Access entweder teuer (APCs) oder von schlechter Qualität sei (z. B. kein Peer Review). Hatte die GDCh im Jahr 2005 noch geschrieben, dass „vor einer Stellungnahme zu Open Access noch weitere Erfahrungen gesammelt werden müssen" (Gölitz 2004), empfiehlt die GDCh in ihrem Positionspapier vom Dezember 2013 (gdch.de, 2.12.2013) zur „Zukunft des wissenschaftlichen Publizierens" Grünen Open Access und listet Kriterien auf, welche wissenschaftlichen Publikationen auf hohem qualitativem Niveau sichern sollen.

Hierbei wird auch thematisiert, dass „Wege gefunden werden [müssen], die forschenden Unternehmen der chemischen und pharmazeutischen Industrie, deren Wissenschaftler typischerweise wissenschaftliche Literatur rezipieren, ohne selbst Autoren zu sein, auch künftig an der Finanzierung zu beteiligen". „Neue Ansätze im Publikationswesen wie Open Access [werden], wenn sie vorteilhaft sind für die

Wissenschaft und auf einem soliden Geschäftsmodell beruhen" (gdch.de, 12.12.2013), ausdrücklich begrüßt.

Geowissenschaften

In den Geowissenschaften ist Open Access weit verbreitet (siehe auch Kapitel 5d). Von 2011–2013 betrug der Gesamtanteil ca. 57 % Open Access. Laut der *SOAP Studie* von 2011 wird Open Access auch von den Wissenschaftlern positiv eingeschätzt (Dallmeier-Tiessen et al., 2011). Die Fachgesellschaft *American Geophysical Union* (AGU) erlaubt den Autoren, original Verlags-Pdfs nach einer Embargofrist von 6 Monaten frei zugänglich zu machen, und die *European Geosciences Union* (EGU) kooperiert seit 2001 mit dem Verlag Copernicus, welcher ausschließlich Open Access-Zeitschriften herausgibt. Darunter sind auch einige Titel, bei denen die Qualitätskontrolle mittels Open Review erfolgt. Es ist in den Geowissenschaften auch erfolgreich gelungen, einige traditionelle Subskriptionszeitschriften zu Goldenen Open-Access-Zeitschriften zu transformieren und so Gratis und Libre Open Access zu erreichen. Das DOAJ listet ca. 120 Zeitschriften unter den Stichworten *Geology*, *Geosciences* oder *Earth sciences*.

Physik

In der Physik ist Open Access ein fester Bestandteil der Publikations- und Informationsstrukturen, wobei jedoch auch eine hohe Streuung zu beobachten ist. In einigen Bereichen, z. B. der Teilchenphysik, haben Preprints eine lange Tradition und sind nach wie vor stark verbreitet. Diese wurden in der Anfangszeit per Post zwischen den Laboren verschickt. Seit Gründung des Preprintservers arXiv im Jahr 1991 in Los Alamos nahm der elektronische Austausch zu. Seit 2001 ist arXiv an die Cornell-Universität angebunden. In der Physik dominiert – sicher auch auf Grund der Existenz von arXiv – der Grüne Weg des Open Access. Zwischen 2011 und 2013 betrug der Gesamtanteil der Open-Access-Publikationen ca. 59,4 %.

Da in der Hochenergiephysik traditionell Autoren und Leser wissenschaftlicher Artikel im Wesentlichen identisch sind, wurde 2006 mit SCOAP³ (Sponsoring Consortium for Open Access Publishing in Particle Physics) ein viel beachtetes internationales Projekt durch das CERN (Europäische Organisation für Kernforschung) gestartet, in welchem es einem weltweiten Konsortium von Bibliotheken und Forschungsförderinstitutionen unter anderem durch ein Umlenken von Subskriptionsgeldern gelang, einen Teil der subskriptionsbasierten Zeitschriften in das Modell des Goldenen Open Access zu transformieren. Das Einreichen von Artikeln bleibt dabei für die Autoren kostenfrei, und die durch die speziellen SCOAP³-Mechanismen erreichte durchschnittliche, virtuelle APC liegt mit 1 100 € deutlich unter dem Durchschnitt vergleichbarer Zeitschriften (vgl. Kapitel 3d).

Technik (Ingenieurwissenschaften)

Der Bereich Technik (Ingenieurwissenschaften) nimmt eine Sonderstellung ein, da hier vielfach industrienahe Forschung betrieben wird, deren Ergebnisse größtenteils eher von praktischer Bedeutung sind und in werbefinanzierten Zeitschriften erscheinen. Andere Ergebnisse werden gar nicht veröffentlicht. Die Ergebnisse wissenschaftlich geprägter Forschung aus diesem Bereich erscheinen zum Teil in Fachzeitschriften anderer Disziplinen und sind daher schwierig zu isolieren. Hinzu kommt aufgrund national unterschiedlicher Normierungen eine eher nationale Leserschaft. Trotzdem breitet sich auch hier Open Access aus – hauptsächlich durch die Wissenschaftsorganisationen vorangetrieben. Aber auch die Fachgesellschaften VDI, SPIE, IIE und IEEE zeigen erste Open-Access-Aktivitäten. Der gesamte Open-Access-Anteil der Veröffentlichungen zwischen 2011 und 2013 liegt bei ca. 34 % und damit in einer ähnlichen Größenordnung wie in der Chemie. Konsequenterweise gibt es laut DOAJ wenige Open-Access-Zeitschriften auf diesem Gebiet (ca. 80 mit *Engineering* als erstem Stichwort), von welchen viele (ca. 40 %) laut DOAJ zudem nationalsprachlich sind.

Fazit

In den einzelnen Bereichen ist der Open-Access-Gedanke unterschiedlich stark verbreitet. In den Bereichen, in welchen es eine lange Preprint-Kultur gibt, wird von den Akteuren kaum zwischen Gratis und Libre Open Access, der die Weiterverwendung erlaubt, unterschieden. Auch bei arXiv ist die Angabe einer Lizenz relativ neu. Der Grüne Weg war und ist in diesen Bereichen der verbreitetste.

In der Biologie (Lebenswissenschaften) werden neben den klassischen Wegen auch alternative Publikationsformen entwickelt. Bezüglich der APCs ist zu beobachten, dass auf dem Markt zunehmend der Preis mit dem Prestige der Zeitschrift gekoppelt wird, ohne dass nachvollziehbar wäre, wie Preis und Kosten verbunden sind. Preisspiralen können hier wohl nur durch Regelungsmaßnahmen wie z. B. durch rigide Vorgaben der Forschungsförderer zur Deckelung von APCs bzw. durch flankierende Maßnahmen des Gesetzgebers beim Urheberrecht verhindert werden.

Literatur

arXiv.org (2015). *arXiv submission rate statistics* URL: https://arxiv.org/help/stats/2015_by_area/index.
BioMedCentral (2016). *BioMedCentral The Open Access Publisher* URL: https://www.biomedcentral.com/.
Biology Direct (2015). *Biology Direct* URL: http://www.biologydirect.com/.
Berliner Erklärung über den offenen Zugang zu wissenschaftlichem Wissen (2003). *Berlin Declaration on Open Access to Knowledge in the Sciences and Humanities* URL: https://openaccess.mpg.de/Berliner-Erklaerung.

Dallmeier-Tiessen et al. (2011). Highlights from the SOAP project survey. What Scientists Think about Open Access Publishing, *arXiv*. Arxiv:1101.5260.

DFG (2015). *Open Access und Forschungsförderung durch die Deutsche Forschungsgemeinschaft* URL: http://www.dfg.de/foerderung/programme/infrastruktur/lis/lis_awbi/open_access/index.html.

F1000.com (2016). *F1000 Changing the way science is communicated* URL: http://f1000.com/.

gdch.de (2.12.2013). *Zur Zukunft des wissenschaftlichen Publizierens* URL: https://www.gdch.de/fileadmin/downloads/Service_und_Informationen/Presse_OEffentlichkeitsarbeit/PDF/open-access2013.pdf.

gdch.de (12.12.2013). *Newsletter – 12.12.2013* URL: https://www.gdch.de/publikationen/newsletter/newsletter-vom-12122013.html.

Gölitz, P. (2004). Editorial: Open Access and Angewandte Chemie. *Angewandte Chemie International Edition*, 44: 4–7. doi:10.1002/anie.200462726.

Gowers, W.T. (2012). *The Cost of Knowledge* URL: http://thecostofknowledge.com/.

Open-access.net (2016). *Informationen für verschiedene Fächer* URL: https://open-access.net/informationen-fuer-verschiedene-faecher/.

PeerJ.com (2016). *PeerJ* URL: https://peerj.com/plos.org (2016). *Public Library of Science* URL: https://www.plos.org/.

science-metrix.com (2014). Proportion of Open Access Papers Published in Peer-Reviewed Journals at the European and World Levels—1996–2013. URL: http://science-metrix.com/files/science-metrix/publications/d_1.8_sm_ec_dg-rtd_proportion_oa_1996-2013_v11p.pdf.

Suber, P. (2008). *Gratis and Libre Open Access* URL: http://sparcopen.org/our-work/gratis-and-libre-open-access/.

6 Infrastrukturen und Werkzeuge

Andrea Hacker
6a Software für den Publikationsworkflow und den Peer-Review-Prozess

Die professionelle Erstellung von akademischen Erstpublikationen war bis vor kurzem eine Domäne der Fachverlage. Das hat sich in den letzten Jahren geändert, nicht zuletzt durch die rasante Entwicklung der digitalen Publikationstechnologie, die oftmals als Open Source Software, aber auch als proprietärer Service zur Verfügung steht. Es ist mittlerweile nicht nur möglich, den kompletten Veröffentlichungsprozess von der Manuskripteinreichung bis zur Distribution mit solchen Instrumenten zu organisieren, sondern sie auch individuell an neue Publikationsunterfangen anzupassen. Dieser Aufsatz stellt verschiedene Lösungswege für Erstveröffentlichungen im Goldenen Open Access einschließlich des Prozesses der Qualitätssicherung durch Peer Review vor.

Einige Überlegungen vor der Auswahl der Software

Bevor man sich für eine Softwarelösung für Publikationsunterfangen im Goldenen Open Access entscheidet, gilt es einige Rahmenbedingungen zu setzen. Dabei sollten nicht nur fachliche Gepflogenheiten im Redaktionsablauf und dem Publikationsweg überhaupt, sondern auch die technischen und finanziellen Anforderungen, die mit dem Projekt verbunden sind, berücksichtigt werden.

Zuerst sollte geklärt werden, welche Art von Publikation produziert werden soll. Das betrifft vor allem die inhaltliche Ausrichtung der Veröffentlichungen, aber auch die Genres, in denen der Inhalt formuliert ist. Zum Beispiel ist für eine deutschsprachige Buchserie zu vorsokratischer Philosophie – bei der man von Fließtext, altgriechischen Originalzitaten und Referenzen ausgehen kann – ein anderer Produktionsworkflow und Begutachtungsprozess sinnvoll, als für eine englischsprachige Zeitschrift in Geological Engineering oder in der Medienanthropologie, die Forschungsdaten bzw. multimediale Quellen in ihre Publikationen einflechten.

Ein weiterer Parameter für die Softwareauswahl sind das Volumen, das produziert soll, und die Frage nach der Qualitätssicherung. Hier drei mögliche Szenarien, die illustrieren, wie unterschiedlich die Arbeitsabläufe und damit die Anforderungen an eine Softwarelösung sein können:
- Eine deutsche Forscherin will in ihrem Spezialgebiet eine englischsprachige Zeitschrift gründen, die etwa ein Dutzend Aufsätze oder Versuchsprotokolle pro Jahr veröffentlicht. Sie trifft alle redaktionellen Entscheidungen selbst, stützt sich dabei jedoch auf Gutachten ihrer Fachkollegen, die im Open-Peer-Review-Verfahren erstellt werden (s. u.).

- Eine Bibliothek will ihren Nutzern eine Publikationsplattform für Datensätze, Zeitschriften oder Bücher anbieten, selbst jedoch nicht in den redaktionellen Abläufen tätig werden.
- Eine Forschergruppe will einen englisch- und deutschsprachigen Verlag für Goldenen Open Access gründen. Die Veröffentlichungen sollen im klassischen „Double-Blind Peer-Review" (s. u.) auf ihre inhaltliche Qualität geprüft werden. Akquise, Produktion und Vertrieb verantworten die Verlagsgründer, bestimmte Produktionsabläufe, wie Sprachlektorat, Satz und Vertrieb, werden jedoch ausgelagert.

Bei der Auswahl der Softwarelösungen für alle beschriebenen Szenarien ist ein Finanzierungsplan genauso wichtig wie die Überlegung, ob das geplante Unterfangen skalierbar sein soll. Die drei Szenarien zeigen auch, dass man die Investitionen, die mit jedem Publikationsunterfangen einhergehen, im Blick haben muss. Die derzeit verfügbaren Softwareinstrumente können zwar viele Arbeitsabläufe vereinfachen oder gar automatisieren, aber selbst bei einem bescheidenen Anspruch an die Fertigung des Endprodukts sind viele Leistungen notwendig, die von Autorenkorrespondenz und Manuskriptbetreuung über technische Anpassungen im Produktionsablauf bis hin zur Rechteklärung und Finanzverwaltung eventueller Einnahmen durch Print-on-Demand-Exemplare oder Freemium-Angebote reichen. Es lohnt sich also a priori zu klären, welche Ressourcen – Arbeitszeit und Gelder – für die ersten Jahre zur Verfügung stehen bzw. wie das Unterfangen zumindest mittelfristig finanziert werden kann (siehe auch Kapitel 3 und 6 f).

Um die Kosten abschätzen zu können, sollten das Endprodukt sowie die Erwartungshaltung der Ziellesergruppe, und wie diese erreicht und ausgeweitet werden kann, so genau wie möglich definiert werden. Manchmal zeigt sich, dass eine technische Anpassung der Softwareangebote nötig ist, die entweder beauftragt oder in Eigenleistung erbracht werden muss, denn es nicht immer möglich, Inhalte mit den herkömmlichen Veröffentlichungsformaten – die sich noch immer hauptsächlich auf Fließtext und Illustrationen beschränken – adäquat darzustellen. Lösungen müssen allerdings oft auch erst gebaut werden. Ein Beispiel sind die Bücher zur Programmierung, die der Verleger O'Reilly im Goldenen Open Access auf seiner Plattform Atlas veröffentlicht. Dort werden Fallbeispiele nicht in zweidimensionalen Abbildungen, sondern als interaktiver Code eingebaut (Murray, 2013). Diese innovative Darstellung des Inhalts wurde von O'Reilly eigens entwickelt und wird auch als proprietäre Plattformlösung für Publikationsworkflows angeboten (atlas.oreilly.com, 2016).

Softwarelösungen

Ein klar umrissenes Publikationsunterfangen vereinfacht die Suche nach einer passenden Softwarelösung. Es gilt auf jeden Fall zu prüfen, welche Werkzeuge bereits zur Verfügung stehen und passend sein könnten. Soll zum Beispiel eine Open-Access-Zeitschrift gegründet oder retrodigitalisiert und elektronisch fortgesetzt werden, kann man prüfen, ob die Bibliothek vor Ort bereits eine Zeitschriftenplattform anbietet, oder ob für den übergreifenden Fachbereich bereits ein Megajournal existiert, unter dessen Schirm man eine Zeitschrift platzieren kann. Im nächsten Abschnitt wird eine kleine Auswahl gebrauchsfertiger Softwarelösungen vorgestellt, die den Publikationsablauf in einem oder mehreren Stadien nachbilden.

Jedes Publikationsunterfangen beginnt mit einem Manuskript. Dies kann bspw. als Text, Datensatz, Software oder Podcast vorliegen. Wir beschränken uns hier auf Fragen zur Produktion von Texten. Manuskripte durchlaufen immer drei Produktionsphasen: die Redaktion, in der die Qualität und Eignung des Manuskripts geprüft und verbessert werden, die Produktion, in der das fertige Manuskript in das jeweilige Endformat gebracht wird, und die Veröffentlichung, im Rahmen derer das fertige Produkt auf den Markt kommt und dann vertrieben wird.

Die von PKP (Public Knowledge Project) angebotene Plattform Open Journal Systems (OJS) ist mit über 8 000 Zeitschriften weltweit die meistverbreitete Open Source Publikationsplattform (pkp.sfu.ca, 2016). OJS ist ein belastbarer Allrounder gerade für Institutionen oder Fachcommunities, die ihre eigenen Zeitschriften verlegen möchten. Die Plattform bildet den Publikationsprozess weitestgehend nach, wobei jedoch genügend Flexibilität besteht, um sowohl einen minimalen Ablauf, z. B. mit nur einem Redakteur und ohne Begutachtung, als auch einen komplexen Ablauf mit verschiedenen Redaktionsverantwortlichen, mehreren Qualitätssicherungsabläufen, bis hin zur Einbindung von Zahlungsmöglichkeiten für Subskriptionsmodelle zu organisieren. Auch ist es möglich, das Erscheinungsbild der Plattform oder der Zeitschrift individuell anzupassen.

Was die Funktionalität betrifft, so liegen die Stärken von OJS in der durchdachten Manuskriptverwaltung und den eingebauten Distributionsmöglichkeiten, der großen Auswahl an Plug-Ins, die eine Anpassung an individuelle Ansprüche eines Publikationsunterfangens erlauben, der starken Community, die das Projekt weltweit unterstützt und im Support von Seiten PKPs. Allerdings klafft bisher noch ein Loch inmitten des Publikationsworkflows, da der Schritt von der Reinkopie zum Endformat (z. B. vom docx-Format zu PDF, HTML oder EPUB) noch nicht zur Verfügung steht. Hier bauen derzeit die Universität Heidelberg und PKP im Rahmen eines Kooperationsprojekts an einer Lösung, die einen Umwandlungsprozess von docx zu PDF und HTML via XML anbieten soll.

Die Anforderungen an die Publikationsproduktion von Manuskripten in den Geistes- und Sozialwissenschaften unterscheiden sich in vielem von denen in den STM-Fächern. Das beginnt bereits beim Schreiben der Texte. Der Großteil der ersteren wird im docx-Format erstellt, wohingegen letztere gerne in LaTeX verfasst werden. Hinzu kommt die Heterogenität der nicht-textuellen Informationen wie Bilder, Audiodateien, Videodateien, Tabellen, Datensätze, interaktive Inhalte oder Formeln, sowie die unterschiedlichen Gepflogenheiten in der (und die unterschiedlichen technischen

Instrumente für die) Herstellung von Referenzen und Bibliographien. Diese Vielfalt stellt eine große technische Herausforderung an jedes Publikationsunterfangen dar, egal ob es sich um eine einzelne Zeitschrift oder einen ganzen Open-Access-Verlag handelt.

Es gibt eine wachsende Anzahl an Softwareprojekten, die versuchen, diese technischen Variablen im Publikationsablauf zu kontrollieren, indem sie das Problem bereits am Schreibprozess anpacken. Zu den ausgereifteren proprietären Angeboten gehören zum Beispiel Authorea oder River Valley, aber auch das bereits genannte Atlas von O`Reilly; als Beispiele für eine Open Source Lösung können Fidus Writer oder auch eLife Continuum genannt werden. Diese Angebote basieren auf der Idee, dass Autoren ihr Manuskript online in einem eigens gebauten Textverarbeitungsprogramm eingeben und das Ergebnis dann in verschiedenen Endformaten und automatisch auf verschiedene Style-Guides zugeschnitten werden kann. Im Hintergrund wird dabei oftmals eine XML- oder HTML5-Datei verarbeitet, womit sich die Autoren jedoch nicht auseinandersetzen müssen, da sie ihre Texte in einem einfach bedienbaren User-Interface, dessen Arbeitsoberfläche oft der bekannter Textverarbeitungsprogramme ähnelt, eingeben.

Die besten Produkte stellen damit bereits bei der Eingabe der Texte sicher, dass alle technischen Formatierungsanforderungen eingehalten werden, was eine enorme Erleichterung bei der Produktion bedeutet, da sich dadurch ein Korrektorat etwa der Bibliographien erübrigt.

Durch eine Kombination von verschiedenen vorgefertigten Open-Source-Lösungen – z. B. Fidus Writer und OJS – ist es möglich, den ganzen Publikationsprozess nachzubilden. Dabei sollte man allerdings nicht übersehen, dass der Einsatz von Open-Source-Instrumenten durchaus technisches Know-How erfordert, das von Serveradministration bis hin zu Programmierung reichen kann. Wenn diese Expertise nicht vorhanden ist, muss erwogen werden, ob man in Personal, Auftragsarbeit oder in eine proprietäre Lösung investiert. Für letzteres gibt es inzwischen Serviceanbieter, die einem Publikationsunterfangen die technischen Aspekte der Produktion abnehmen und dabei spezifisch auf die jeweiligen Anforderungen eingehen können. Ein Beispiel ist Ubiquity Press, ein Unternehmen, das sowohl als Open-Access-Verlag als auch als Serviceanbieter für Publikationsunterfangen agiert und verschiedene Open-Access-Projekte unterstützt, u. a. Modern Academic Publishing in Köln, Stockholm University Press in Schweden, oder Luminos, den Open-Access-Zweig der University of California Press.

Nicht alle Goldenen Open-Access-Vorhaben müssen sich diesen komplexen Fragen stellen. Es gibt zum Beispiel mittlerweile Möglichkeiten, Zeitschriften in bereits bestehenden Open-Access-Infrastrukturen anzusiedeln. Interessant sind hier die Entwicklungen von Megajournals wie PLOS ONE und OpenLibHums, deren mächtige Infrastruktur und Distributionsinstrumentarien von einem kleinen Einzelunterfangen nur schwer zu erreichen sind. Dabei ist gerade die Distribution für ein neues Produkt im Goldenen Open Access von größter Wichtigkeit.

Distribution und Indexierung

Jedes neue Publikationsunterfangen – ob es nun eine Zeitschrift, ein Buchverlag, oder ein Megajournal ist – steht in Konkurrenz zu einer atemberaubenden Anzahl an Mitstreitern auf dem akademischen Kommunikationsmarkt. Es gilt daher von vornherein eine stringente Strategie zur Sichtbarmachung der produzierten Publikationen zu verfolgen, sei es auf Fachtagungen, über soziale Netzwerke oder die Indexierung. Um die Reputation aufzubauen, die nötig ist, um qualitativ hochwertige Manuskripte zu bekommen, braucht man Zeit und Durchhaltevermögen. Um als glaubwürdige Alternative zu etablierten Outlets zu gelten, ist jedes Publikationsunterfangen auf Zitationen, altmetrics oder Rezensionen angewiesen.

Zum Beispiel muss eine Zeitschrift in den einschlägigen Indizes gelistet sein, weil – unglücklicherweise – die Qualität und das Prestige von Publikationen in vielen Fächern nach wie vor anhand von Impaktfaktoren beurteilt werden. Allerdings haben große Indizes wie das Web of Science (inklusive des Emerging Sources Citation Index) von Clarivate Analytics, aber auch Scopus und DOAJ sehr stringente Auswahlkriterien, die u. a. ein Minimum an regulärer Publikationstätigkeit für eine Aufnahme voraussetzen (wokinfo.com, 2016). Das bedeutet, dass eine neue Zeitschrift nicht nur den vielen technischen und ethischen Voraussetzungen der Indizes entsprechen, sondern auch über zwei bis drei Jahre regelmäßig hochwertige Publikationen produziert haben muss, bevor sie überhaupt in einen namhaften Index aufgenommen wird. Ist diese Hürde jedoch einmal genommen, so gilt es darauf zu achten, dass die Publikationssoftware oder die benutzte Plattform die weiterhin regelmäßig angeforderten Daten an die Indizes weiterleitet. Das ist nicht bei jeder Softwarelösung gegeben und muss eventuell händisch vorgenommen werden. Auch die Langzeitarchivierung in Nationalbibliotheken, die z. B. für die Aufnahme in DOAJ vorausgesetzt wird, ist nicht immer automatisch gewährleistet.

Peer-Review-Prozesse

Ein internationales Markenzeichen für die hohe Qualität eines Publikationsunterfangens und ein *sine qua non* für alle großen Indizes ist die Begutachtung. Davon sind Open-Access-Erstpublikationen nicht ausgenommen, im Gegenteil. Auch wenn das früher gern gepflegte Vorurteil der qualitativen Minderwertigkeit aller Open-Access-Publikationen inzwischen weitestgehend verblasst ist und selbst in den Geisteswissenschaften sich eine immer weitere Akzeptanz verzeichnen lässt (siehe Kapitel 5a), wiegt eine Veröffentlichung in einem Traditionsverlag gerade in letzterem Bereich doch in den Augen von Berufungskommissionen, Begutachtern und Kollegen noch meist mehr, als eine Publikation in einem weniger bekannten Open-Access-Verlag. Das beeinflusst wiederum die Akquise. Es ist daher wichtig, belegen zu können, dass Goldene Open-Access-Publikationen den Qualitätsanforderungen der internationalen Fachcommunity gerecht werden. Der gängigste Mechanismus zur Qualitätssicherung ist das im angelsächsischen Raum entstandene Peer-Review-Verfahren (siehe auch Kapitel 1d).

Das klassische Verfahren ist das „Blind Peer-Review" bzw. „Double-Blind Peer-Review". „Blind" bedeutet dabei, dass die Autoren die Identität der Gutachter nicht kennen; „Double-Blind" bedeutet, dass die Autoren und Gutachter die Identität des jeweils anderen nicht kennen.

Ein direkter Kontakt zwischen Autoren und Gutachtern ist unüblich, und das Begutachtungsverfahren wird von den Herausgebern oder Redaktionsverantwortlichen verwaltet.

Allerdings macht sich auch hier, wie in vielen Aspekten der wissenschaftlichen Kommunikation, eine grundlegende Veränderung bemerkbar. Es etabliert sich zunehmend eine Alternative, das sogenannte „Open Peer-Review", bei dem das eingereichte Manuskript öffentlich besprochen wird. Hier gibt es verschiedene Praktiken. Beim Open-Access-Verlag Frontiers zum Beispiel werden Peer-Reviews zusammen mit den Publikationen veröffentlicht, wobei die Namen der Gutachter genannt sind. In anderen Fällen wird der Community die Diskussion des Entwurfs freigestellt. Ein gutes Beispiel dafür ist die Genese des einflussreichen Buches von Kathleen Fitzpatrick, *Planned Obsolescence* (2011). Auch die Softwareanbieter reagieren auf diese Entwicklung. So kann man zum Beispiel in der neuesten Version von OJS, OJS 3.0, zwischen den beiden Begutachtungsverfahren wählen. Im Folgenden wird kurz skizziert, wie die Abläufe beider Varianten im Allgemeinen aussehen und wie sie mit Softwarelösungen verwaltet werden können.

Beim Blind/Double-Blind Peer-Review wird ein eingereichtes Manuskript zunächst von den Herausgebern auf eine grundsätzliche Eignung geprüft. Wird es als potentiell passend bewertet, so wird das Peer-Review eingeleitet. Je nach Umfang des Unterfangens kann dies händisch, also per Email, oder über Abläufe innerhalb der Publikationssoftware geschehen. So verwaltet die eingebaute Peer-Review-Funktion in OJS automatisch Fristen, Gutachterkontakte, Begutachtungsrunden und Versionierungen. Auch vorformulierte Emails, wie etwa Erinnerungsschreiben an Autoren oder Gutachter, erleichtern die Arbeit ungemein. Proprietäre Lösungen sollten diese Funktion unbedingt auch enthalten.

Ein produktives Peer-Review macht konstruktive Vorschläge zur Verbesserung des Manuskripts und gibt eine klare, gut begründete Empfehlung an die Herausgeber, ob das Manuskript abgelehnt, in einer überarbeiteten Fassung nochmals begutachtet, mit einigen Überarbeitungen angenommen oder ohne Änderungen publiziert werden soll. Es werden zumeist zwei Gutachten organisiert; sollten sich die Empfehlungen widersprechen, können noch weitere hinzukommen. Auch wenn Peer-Review noch immer weitgehend als Standard für inhaltliche Qualitätssicherung akademischer Veröffentlichungen gilt, so gibt es schon länger Kritik an diesem Verfahren u. a. wegen des inhärenten Mangels an Transparenz (Smith, 2006; The New

Atlantis, 2006; Ralph, 2016). Diese Kritik hat zur Entwicklung des alternativen Open Peer-Review beigetragen.

Beim Open Peer-Review werden die Empfehlungen zur Verbesserung eines Manuskripts nicht anonym, sondern öffentlich gemacht. Dieser Vorgang modifiziert den herkömmlichen Produktionsweg, da die Begutachtung und die Umarbeitung des Manuskripts nicht mehr konsekutiv organisiert werden, sondern durchaus parallel ablaufen können. Auch ein Dialog zwischen Autoren und Gutachtern ist möglich. Wenn der Begutachtungs- und der Überarbeitungsprozess abgeschlossen sind, kann die fertige Reinkopie in den Herstellungsprozess geleitet werden.

Es gibt verschiedene Softwareangebote, die einen Schreibprozess mit Open Peer-Review organisieren. Dazu gehört CommentPress, das auf die Blogger-Plattform WordPress aufsetzt, oder das neue Projekt PubPub. Auch die britische Plattform Wellcome Open Research kann für diese Zwecke genutzt werden. Zu den Verlagen und Open-Access-Publikationsunterfangen, die dieses Verfahren anbieten, gehören neben bereits genannten Unternehmen auch Copernicus Publication oder etwa BMJ.

Wie eingangs erwähnt sind gut definierte Rahmenbedingungen für jedes neue Open-Access-Publikationsunterfangen wichtig. Man sollte sich jedoch genügend Flexibilität bewahren, um die Arbeitsabläufe in der Produktion optimieren zu können. Der Umbruch in der akademischen Publikationslandschaft und die Entwicklung von Open-Access-Alternativen ist längst nicht abgeschlossen und es ist davon auszugehen, dass weiterhin interessante Softwarelösungen erscheinen, die zusammen mit Updates und Anpassungen bereits bestehender Angebote die Umsetzung von Open-Access-Publikationsvorhaben vereinfachen und vorantreiben werden.

Literatur

atlas.oreilly.com (2016). *Welcome to Atlas*. Verfügbar unter:http://docs.atlas.oreilly.com/index.html.

Fitzpatrick, K. (2011). *Planned Obsolescence. Publishing, Technology, and the Future of the Academy*. New York: New York University Press. Als Entwurf verfügbar unter:http://mcpress.mediacommons.org/plannedobsolescence/.

Murray, S. (2013). *Interactive Data Visualization for the Web*. Online Resource: O'Reilly Media. Verfügbar under:http://chimera.labs.oreilly.com/books/1230000000345.

pkp.sfu.ca (2016). *OJS Usage*. Verfügbar unter:https://pkp.sfu.ca/ojs/ojs-usage/.

Ralph, P. (2016). Practical Suggestions for Improving Scholarly Peer Review Quality and Reducing Cycle Times. *Communications of the Association for Information Systems*: Vol. 38, Article 13. Verfügbar unter: http://aisel.aisnet.org/cais/vol38/iss1/13.

Smith, R. (2006). Peer review: A flawed process at the heart of science and journals. *Journal of the Royal Society of Medicine*, 99 (4), 178–182.

The Editors of The New Atlantis (2006). Rethinking Peer Review. *The New Atlantis*, 2006 (13), 106–110. Verfügbar unter:http://www.thenewatlantis.com/publications/rethinking-peer-review.

Web of Knowledge (2016). *The Thomson Reuters Journal Selection Process*. Thomson Reuters. Verfügbar unter: http://wokinfo.com/essays/journal-selection-process/.

Gernot Deinzer
6b Repositoriensoftware

Einleitung

Bereits in den 1990er Jahren haben sich an den meisten Hochschulen Schriftenserver etabliert, auf denen anfänglich Dissertationen veröffentlicht wurden. Diese wurden oftmals zu institutionellen Repositorien erweitert, um Parallelveröffentlichungen von Forschenden zu unterstützen.[1] Durch die stetige technologische Weiterentwicklung der internationalen Repositorienlandschaft sind inzwischen diverse technische Lösungen für das Betreiben von Dokumentenservern vorhanden. Ein Überblick über die Anforderungen, Standards, derzeitige Systeme und zukünftige Ideen wird gegeben.

Anforderung an die Software

Für Forschungspublikationen sind spezielle Anforderungen an ein Publikationssystem und damit an die Software zu stellen. Hauptaspekt bei wissenschaftlichen Arbeiten ist Zitierbarkeit. Diese benötigt als Grundlagen die Langzeitverfügbarkeit sowie eine eindeutige Referenz der Inhalte. Für die Adressierung der Inhalte können für die Dokumente sog. Persistent Identifier[2] vergeben werden, welche sich bei einer Änderung der Internetadresse nicht verändern. Beispiele sind der Unified Resource Name (URN),[3] welcher von der deutschen Nationalbibliothek vergeben wird, sowie der Digital Object Identifier (doi),[4] der ursprünglich im Verlagswesen eingesetzt wurde.

Langzeitarchivierung ist ein sehr komplexes Thema und kann sicherlich nicht von Repositoriensoftware abgedeckt werden. Hier ist die Zusammenarbeit mit einem Archivierungssystem, das internationale Normen erfüllt, wünschenswert und sinnvoll.[5]

Neben der Verfügbarkeit sind Verfahren zur Sicherstellung der Authentizität (Sicherstellung der Echtheit der Dokumente) sowie der Integrität (Korrektheit der Daten) unerlässlich. Um dies gewährleisten zu können, müssen Vorkehrungen zur

---

1 Vgl. Horstkemper 2016.
2 Siehe Schroeder 2010.
3 Ausführliche Information zur URN-Service der DNB findet sich unter http://www.dnb.de/DE/Netzpublikationen/URNService/urnservice_node.html.
4 Siehe hierzu die Seite der International DOI Foundation (IDF), siehe https://www.doi.org/.
5 Vgl. DINI-Arbeitsgruppe „Elektronisches Publizieren" 2016

IT-Sicherheit getroffen werden. Dies beinhaltet neben der allgemeinen Serversicherheit eine Verschlüsselung der Datenübertragung, die Authentifizierung der Autoren und die Vergabe von speziellen Rechten für Benutzergruppen.

Für die Akzeptanz eines Repositoriums ist die Usability ein entscheidender Faktor. Diese muss für verschiedene Nutzergruppen einzeln umgesetzt werden. Lesern sind Tools zur Verfügung zu stellen, welche eine Nachnutzung der Daten ermöglichen, beispielsweise den Export für Literaturverwaltungsprogramme oder das Teilen in sozialen Netzwerken. Autoren benötigen eine einfache Möglichkeit zu publizieren und für den Metadatenimport aus Literaturverwaltungsprogrammen oder kommerziellen Anbietern. Ein einfaches redaktionelles Bearbeiten von Einträgen ist ebenso notwendig.

Durch die Internationalisierung von Forschung und Lehre wird die Bereitschaft zu Multilingualität unumgänglich. Webseiten und Nutzerschnittstellen müssen neben der lokalen Sprache zudem in englischer Sprache angeboten werden. Die Software soll als Zeichenkodierung Unicode unterstützen.

Interoperabilität

Ein entscheidendes Kriterium für die Sichtbarkeit und damit die Nutzung des Repositoriums ist die Möglichkeit der Interoperabilität mit anderen Systemen. Wichtigste Schnittstelle ist das OAI-Interface. Durch ein Protokoll zum Auslesen von Metadaten (Open Archives Initiatives – Protocol Metadata Harvesting)[6] wird exakt definiert, wie Metadaten zur Verfügung gestellt werden und somit von zentralen Diensten, wie etwa der Bielefeld Academic Search Engine (BASE)[7] ausgewertet und weiterverarbeitet werden können. Als Austauschformat dient dabei XML. Das XML-Datenformat ist nicht fest vorgegeben, sondern wird mit angefordert.

Dieses kann von den Standardformaten Dublin Core[8] und METS[9] auch in Richtung spezieller Strukturen abweichen. Die Pflichtablieferung bei der Deutschen Nationalbibliothek und die Registrierung von URNs erfolgt ebenfalls über die OAI-Schnittstelle in den Formaten XMetaDissPlus[10] und xepicur.[11]

---

[6] Die Spezifikation der Schnittstelle findet sich bei der Open Archives Initiative unter https://www.openarchives.org/OAI/openarchivesprotocol.html. Eine Überprüfung des Interfaces ist unter http://validator.oaipmh.com/ möglich.
[7] Siehe https://www.base-search.net/.
[8] Siehe http://dublincore.org/.
[9] Der Metadata Encoding & Transmission Standrad (METS) wird von der Library of Congress gepflegt, siehe https://www.loc.gov/standards/mets/.
[10] Siehe Koordinierungsstelle DissOnline 2010.
[11] Siehe http://www.persistent-identifier.de/xepicur/version1.0/xepicur.xsd.

Neben dem OAI-Interface, bei welchem eine Datenlieferung beschrieben wird, ist noch die Simple Web-service Offering Repository Deposit (SWORD)-Schnittstelle[12] zu anzuführen. Damit können Anbieter von Publikationen Dokumente in das System einbringen.

Für die Verbreitung der Information ist es wünschenswert, ein SOAP-Interface[13] anzubieten. Dadurch kann gezielt im Repositorium gesucht und die Ergebnisse können in Webseiten, wie zum Beispiel Personen-, Lehrstuhl- oder Projektseiten, eingebunden werden.

Daneben sind externe Metadatenschemata zu berücksichtigen. Ein Austausch von Daten ist oftmals nur über diese möglich. Dies sind beispielsweise Vorgaben von Literaturverwaltungsprogrammen und von Publikationsplattformen, wie zum Beispiel Research Papers in Economics (RePEc).[14]

Für die Benutzerverwaltung sind ebenfalls Verbindungen zu implementieren. Zu unterscheiden ist dabei, ob Daten aus lokalen Systemen angeboten werden sollen, beispielsweise über eine LDAP[15] Authentifizierung oder über einen weltweiten Dienst, wie das Open Researcher and Contributer ID (ORCID)[16] Konsortium. Nur durch derartige Vernetzung können Publikationen eindeutig den jeweiligen Autoren zugeordnet werden.

Die COAR Roadmap Future Directions for Repository Interoperability[17] gibt einen Überblick über den derzeitigen Stand und zukünftige Desiderate im Themengebiet Interoperabilität.

Nicht unerwähnt bleiben soll die Optimierung für Suchmaschinen. Gerade bei dem Rechercheweg der einfachen Internetsuche ist die Reihenfolge der Auflistung in den Suchergebnissen enorm wichtig.

Entscheidungshilfe

Neben den oben genannten Standards, welche eine Software für Repositorien anbieten muss, sind weitere Überlegungen zur lokalen Situation sinnvoll. Grundsätzlich muss die Software in der Außenansicht flexibel sein, so dass das Repositorium in das Corporate Design der Einrichtung eingebettet werden kann. Zusätzlich müssen

---

12 Siehe http://swordapp.org/.
13 Siehe https://www.w3.org/TR/soap/.
14 Die Definition des Formats ReDIF findet man unter ttps://ideas.repec.org/p/rpc/rdfdoc/redif.html.
15 Lightweight Directory Access Protocol. Eine Beschreibung findet sich unter https://de.wikipedia.org/wiki/Lightweight_Directory_Access_Protocol
16 Siehe http://orcid.org/. Für Deutschland ist eine flächendeckende Umsetzung durch das Projekt ORCID DE (http://www.orcid-de.org/) und dem damit verbunden ORCID Deutschland Konsortium angestrebt
17 Siehe https://www.coar-repositories.org/files/Roadmap_final_formatted_20150203.pdf

die modellierten Geschäftsprozesse und eine Darstellung der damit verbundenen Rechteverwaltung für verschiedene Nutzergruppen auf die Software übertragbar sein. Vorhandene Systeme, wie etwa eine zentrale Benutzerverwaltung, müssen mit der Software verknüpfbar sein. Die Datenstruktur, welche die einzelnen Dokumente beschreibt, sollte flexibel und um lokale Daten erweiterbar sein. Dabei ist zu berücksichtigen, wie das Softwaresystem administrierbar und konfigurierbar ist. Wünschenswert ist, dass eine Konfigurationsänderung ohne technische Kenntnisse durchgeführt werden kann, gerade wenn das Repositorium nicht von einer technischen Einrichtung betreut wird.

Bereits im Vorfeld ist eine Einschätzung über die zukünftige Größe des Systems notwendig. Die Skalierbarkeit der Software spielt eine große Rolle, damit diese der zukünftigen Entwicklung des Repositoriums gewachsen ist.

Für die Einsatzmöglichkeit eines Systems ist die Unterstützung der Entwickler bzw. der Anwender entscheidend. In erster Linie ist das Lizenzmodell, unter dem die Software nutzbar ist, zu nennen. Eine ausführliche Dokumentation sowie die Bereitstellung von Kommunikationsplattformen (Wiki, Mailinglisten etc.) sind für die Einrichtung eines Repositoriums sicherlich ein immenser zeitlicher Vorteil.

Hier ist darauf zu achten, wie viele Installationen der Software vorhanden sind und inwieweit die Benutzer untereinander kommunizieren.

DINI-Zertifikat

Die Deutsche Initiative für Netzwerkinformation e. V. (DINI) formuliert Mindestanforderungen und Empfehlungen für den Betrieb von Repositorien. Bei Einhaltung eines Kriterienkatalogs kann eine Einrichtung das sog. DINI-Zertifikat[18] erwerben. Dabei entwickeln sich die Anforderungen stetig weiter. Seit 2013 können sich Hostingservices eine Bestätigung für die DINI-Kompatibilität der technischen Realisierung ausstellen lassen. Diese Services werden durch „DINI ready"[19] markiert. Die technischen Richtlinien im DINI-Zertifikat, Version 5.0, Oktober 2016 sind

- Kriterium 5: Informationssicherheit. Hierzu zählen Ausfallsicherheit, Betriebssicherheit und Vertrauenswürdigkeit sowie Verfügbarkeit, Integrität und Authentizität der veröffentlichten Dokumente. Spezifiziert sind diese in den sog. Common Criteria, die als internationaler Standard ISO/IEC 15408 veröffentlicht worden sind.
- Kriterium 6: Erschließung und Schnittstellen. Dies beinhaltet die beschreibenden Metadaten sowie deren Bereitstellung zur maschinellen Weiterverarbeitung. So wird beispielsweise die Beschreibung des Dokumenttyps nach dem gemeinsamen

---

[18] Siehe DINI-Arbeitsgruppe „Elektronisches Publizieren" 2016.
[19] Siehe https://dini.de/dini-zertifikat/dini-ready/.

Vokabular für Publikations- und Dokumenttypen sowie die Bereitstellung der Metadaten mittels einer OAI-Schnittstelle gefordert.
- Kriterium 7: Zugriffsstatistik. Hierbei wird gefordert, dass Aufrufe von Dokumenten im Rahmen von gesetzlichen Vorschriften des Datenschutzes gespeichert und bestenfalls sogar angezeigt werden.
- Kriterium 8: Langzeitverfügbarkeit. Das DINI-Zertifikat grenzt sich von technischen Langzeitdiensten ab. Empfohlen wird, mit einem zertifizierten Dienst zusammen zu arbeiten und langzeitarchivierbare Dateiformate zu verwenden.

Open Access Repository Ranking

Im Jahre 2014 startete das Open Access Repository Ranking.[20] Die zugrunde liegende Metrik bewertet die Benutzbarkeit und technische Implementierung in den vier Kategorien Bedienbarkeit, Dienstleistungen, Metadaten und Interoperabilität. Sie wird in einem öffentlichen Evaluierungsverfahren stetig verbessert.

Eigenentwicklung vs. Softwarepaket

Bei dem Betrieb eines Repositoriums stellt sich grundsätzlich die Frage, ob man die Software selbst entwickelt oder bereits vorhandene Software nachnutzt. Es folgt ein kurzer Überblick, welche Chancen, aber auch welche Risiken sich für die jeweilige Entscheidung ergeben.

Bei der Eigenentwicklung entsteht eine maßgeschneiderte Software, welche sich ideal an die lokalen Gegebenheiten anpasst. Ferner hat man die Kontrolle über die Entwicklung des Systems. Zu berücksichtigen ist aber, dass die Entwicklung eines Systems gerade personell sehr aufwändig ist und dauerhafte Stellen für die Langzeitbetreuung und den Support zur Verfügung gestellt werden müssen. Bei der Software MediaTUM,[21] welche an der Technischen Universität München entwickelt wurde, handelt es sich bspw. um eine Eigenentwicklung.

Mit einem wesentlich geringeren Personalbedarf ist beim Einsatz von Softwarepaketen für Repositorien zu planen. Eine fertige Lösung wird meist mit einer freien Lizenz angeboten. Viele Standardfunktionen sind darin bereits integriert. Somit ist ein schnelles Setup möglich, allerdings bleibt zu berücksichtigen, dass lokale Anpassungen durchzuführen sind. Diese sind zudem bei den regulären Updates zu leisten.

---

20 Siehe http://repositoryranking.org/. Ausgangspunkt war der Census on Open Access Repositories in Germany, Austria and Switzerland, siehe Vierkant 2014.
21 Siehe https://mediatum.github.io/.

Zu beachten ist, dass gerade lokale Einstellungen, beispielsweise die Ablieferung an die Deutsche Nationalbibliothek im Format XmetaDissPlus, nicht in der Standardinstallation implementiert sind. Oftmals gibt es aber dafür schon Lösungen, welche in der jeweiligen Nutzergemeinschaft bereitwillig zur Verfügung gestellt werden. Auf die zukünftige Entwicklung hat man allerdings wenig Einfluss, oftmals ist es aber möglich, eigene Erweiterungen in zukünftige Versionen des Quellcodes einfließen zu lassen.

Softwarepakete

Die am häufigsten eingesetzten Softwarepakete sollen kurz vorgestellt werden. Eine ausführliche Liste findet sich im Open Access Directory.[22] Für weiterführende Informationen wird aus Aktualitätsgründen auf die Webseiten der Projekte verwiesen. Einen Überblick über den Einsatz der verschiedenen Softwarepakete findet man unter The Directory of Open Access Repositories – OpenDOAR.[23]

DSpace: http://www.dspace.org/

DSpace wurde am Massachusetts Institute of Technology (MIT) und den HP Labs, der Forschungsabteilung von Hewlett-Packard, entwickelt. Durch die DSpace Foundation wird die Weiterentwicklung in einem kooperativen Modell gesteuert. DSpace wird von der Non-Profit-Organisation Duraspace verwaltet. Diverse Dienstanbieter bieten eine kommerzielle Weiterentwicklung des Codes an.[24]

EPrints: http://www.eprints.org

Das Softwarepaket EPrints wird an der Universität Southampton entwickelt. Derzeit bietet EPrints spezielle Lösungen für Dokumenten- und Datenrepositorien sowie offene Lernplattformen an. Erweiterbar ist die Software mit speziellen Plugins, welche von der Nutzergemeinde zur Verfügung gestellt werden.[25]

Fedora: http://fedorarepository.org/

Ursprünglich ist Fedora an der University of Virginia und der Cornell University entstanden. Die Entwicklung leistet die Fedora Leadership Group unter der Betreuung

---

[22] Siehe http://oad.simmons.edu/oadwiki/Free_and_open-source_repository_software. Vgl. hierzu auch Castagné 2013 und Dobratz 2007.
[23] Siehe http://www.opendoar.org/.
[24] Eine Liste mit registrierten Dienstleistern findet sich hunter http://www.dspace.org/service-providers.
[25] Dies geschieht im sog. EPrints Bazaar, siehe http://bazaar.eprints.org/.

von Duraspace. Fedora zeichnet sich gerade durch eine sehr hohe Flexibilität aus. Auf Fedora basieren weitere Repositoriensysteme. Die bekanntesten davon sind Hydra[26] und Islandora.[27]

Invenio: http://invenio-software.org/

Invenio wurde ursprünglich am CERN für den CERN Document Server entwickelt. Inzwischen wird es an zahlreichen weiteren Institutionen verwendet und weiterentwickelt. Invenio unterstützt unterschiedlichste Datenformate und zeichnet sich dadurch aus, Repositorien mit einer sehr großen Anzahl an Dokumenten betreiben zu können. Als Metadatenschema wird MARC21 verwendet.

Mediatum: https://mediatum.github.io/

Mediatum wird an der Technischen Universität (TU) München entwickelt. Es eignet sich neben Textdateien zur Veröffentlichung von Bild-, Multimedia und Forschungsdaten. Über die TU München hinaus hat es nur eine geringe Verbreitung.

MyCore: http://www.mycore.de

MyCore wurde an der Universität Duisburg-Essen entwickelt. Die Geschäftsstelle befindet sich derzeit am Regionalen Rechenzentrum der Universität Hamburg. MyCore besitzt ein frei konfigurierbares Metadatenschema und ist damit sehr anpassungsfähig und über ein klassisches Repositorium hinaus verwendbar.

OPUS 4: http://www.kobv.de/entwicklung/software/opus-4/

OPUS 4 wird am Kooperativen Bibliotheksverbund Berlin-Brandenburg (KOBV) entwickelt und ist Nachfolger von OPUS, das ursprünglich an der Universitätsbibliothek Stuttgart entwickelt wurde. Es ist das Paket, bei dem die spezifischen deutschen Anforderungen URN-Vergabe und Meldung an die DNB nativ implementiert sind.

Hostingservices

Statt eine Publikationsplattform bzw. ein Repositorium selbst zu betreiben, bieten Dienstleister an, Repositorien zur Verfügung zu stellen. Man bekommt direkt eine

---

[26] Die Projektseite findet sich unter https://projecthydra.org/.
[27] Weitere Information findet man unter http://islandora.ca/.

funktionierende Plattform zur Verfügung gestellt. Oftmals ist eine große Funktionalität gegeben. Probleme bei den Upgrades der Software werden vom zentralen Provider behoben. Der personelle Aufwand für das Repositorium wird deutlich verringert.

Nachteil dieser Lösung sind die Kosten, welche hier anfallen, sowie der geringe Einfluss auf Veränderungen und eine erschwerte Anpassung an die lokalen Verhältnisse.

Ausblick

Repositorien haben sich inzwischen für das wissenschaftliche Publizieren etabliert. Allerdings ist das wissenschaftliche Publizieren im Wandel, und die Anforderungen an derartige Systeme und damit an die Software werden in nächster Zukunft steigen. In der Confederation of Open Access Repositories (COAR)[28] wurde zu diesem Zweck eine Arbeitsgruppe Next Generation Repositories gegründet, welche auf den Gebieten Interoperabilität, Bewertung, Workflows und Auswirkung Desiderate postuliert, beispielsweise die Realisierung eines Open Peer Review, um eine Möglichkeit zu etablieren, Beiträge qualitativ zu bewerten.

Durch die zunehmende Verbreitung von mobilen Geräten wird eine entsprechende optimierte Darstellung zukünftig eine wichtige Rolle spielen. Die Fähigkeit der Repositoriensoftware, sowohl ein mobiles Layout zu integrieren als auch mobile Dokumenttypen wie EPUB[29] zu unterstützen, wird deshalb unabdingbar. Verstärkt werden in der Wissenschaft multimediale Inhalte veröffentlicht. Die Software muss diese Formate unterstützten. Ebenso wird man sich über die Bereitstellung und Zitierbarkeit von veränderbaren Dokumenten Gedanken machen müssen.

Ein wichtiger Punkt wird aber die Integration der Repositorien in die Infrastruktur der Einrichtung und des Publikationsmarktes sein. So sind sowohl Schnittstellen zu Verlagen für das automatische Publizieren als auch für das Anreichern von Information im Repositorium unabdingbar, und es muss sichergestellt sein, dass Forschungsinformationssysteme diese Information nachnutzen können.

---

28 Siehe https://www.coar-repositories.org/.
29 Siehe http://idpf.org/epub.

Literatur

Castagné, M.: Institutional repository software comparison. DSpace, EPrints, Digital Commons, Islandora and Hydra. 2013. http://hdl.handle.net/2429/44812 (17.10.2016).

DINI-Arbeitsgruppe „Elektronisches Publizieren": DINI-Zertifikat für Open-Access-Repositorien und -Publikationsdienste 2016. Göttingen 2016. urn:nbn:de:kobv:11-100239432.

Dobratz, S.: Open-Source-Software zur Realisierung von Institutionellen Repositorien – Überblick. In: Zeitschrift für Bibliothekswesen und Bibliographie 54 (2007), H. 4/5, S. 199–206.

Horstkemper G. (2015). Elektronisches Publizieren I: Publikationsserver. In R. Griebel, H. Schäffler & K. Söllner (Hrsg.) Praxishandbuch Bibliotheksmanagement (S. 619–629). Berlin: De Gruyter. doi:10.1515/9783110303261.631.

Koordinierungsstelle DissOnline: XMetaDissPlus Format des Metadatensatzes der Deutschen Nationalbibliothek für Online-Hochschulschriften inklusive Angaben zum Autor (XMetaPers). Version 2.0. Deutsche Nationalbibliothek, Leipzig 2010. urn:nbn:de:101-2010052704.

Schroeder K. (2010). Persistent Identifier (PI) – ein Überblick. In: H. Neuroth, A. Oswald, S.Strathmann & K.Huth (Hrsg.) nestor Handbuch: Eine kleine Enzyklopädie der digitalen Langzeitarchicierung Version 2.3 (S. Kap9.22 – Kap9.45). urn:nbn:de:0008-2010071949.

Vierkant, P.: 2012 Census of Open Access Repositories in Germany: Turning Perceived Knowledge Into Sound Understanding. In: D-Lib Magazine 19 (2013), H. 11/12. doi:10.1045/november2013-vierkant.

Jasmin Schmitz
6c–f Informations- und Qualitätssicherungswerkzeuge

Aufgrund der großen Anzahl von wissenschaftlichen Zeitschriften und regelmäßigen Neugründungen gerade auch im Open-Access-Bereich sind Werkzeuge, die einerseits eine Art von Bestandsaufnahme ermöglichen, andererseits zugleich der Qualitätssicherung dienen, unerlässlich.

Hinsichtlich der Publikation im Open Access sind vorab eine Reihe von Entscheidungen zu treffen: Eng verbunden mit der Basis-Frage nach einer geeigneten Zeitschrift ist zum einen die Wahl des jeweiligen Weges – Goldener (Erstveröffentlichung im Open Access) oder Grüner (Zweitveröffentlichung im Open Access) – sowie ob es sich dabei um eine originäre oder hybride[1] Open-Access-Zeitschrift handeln soll. Zum anderen ergeben sich beim Goldenen Weg Fragen nach der jeweils verwendeten Open-Content-Lizenz sowie der Höhe der Publikationsgebühren, beim Grünen Weg wiederum, welche Version archiviert werden darf, und nach welcher Embargo-Frist.

6c Qualitätswerkzeuge

Die nachfolgend dargestellten Werkzeuge zielen jeweils auf unterschiedliche Aspekte ab. Sie können sowohl von Autorinnen und Autoren zur Selbstinformation, aber auch von wissenschaftlichen Bibliotheken zu Beratungszwecken genutzt werden. Des Weiteren bieten die Werkzeuge der Open-Access-Community wertvolle Hinweise zur Praxis bei unterschiedlichen Verlagen oder geben Aufschluss über generelle Entwicklungen. Bei der Nutzung der Werkzeuge im Vorfeld einer Erst- oder Zweitpublikation gilt es allerdings zu bedenken, dass die bereitgestellten Angaben lediglich informatorischen Charakter haben und nicht bindend sind, da Verlage und Herausgebergremien von Zeitschriften ihre Praxis zeitnah ändern können. Im Verhältnis Autorin bzw. Autor zum Verlag sind daher die Angaben im Publikationsvertrag bindend.

SHERPA/RoMEO (www.sherpa.ac.uk/romeo/index.php)

SHERPA/RoMEO bietet Orientierungshilfe für den Grünen Weg des Open Access – also die elektronische Zweitveröffentlichung von Publikationen.

---

[1] Zum Geschäftsmodell des hybriden Open Access siehe Kapitel 2b in diesem Buch.

Die Plattform stellt Informationen darüber bereit, unter welchen Bedingungen Artikelversionen von Peer-Review-Zeitschriften und Konferenzserien archiviert bzw. zweitveröffentlicht werden dürfen. Zur Bereitstellung des Dienstes werden online verfügbare Informationen zu Zeitschriften und Verlagen in standardisierter Form aufbereitet. Es kann nach einzelnen Zeitschriften und Verlagen gesucht werden. Ein Farbsystem bietet schnelle Orientierungshilfe, „green journals" oder „green publisher" bieten umfangreiche Archivierungsoptionen, weiß markierte Zeitschriften nahezu keine. Dazwischen liegen die Optionen „Archivierung von Autoren-Postprints" (Fassung nach Peer Review) oder „Archivierung von Preprints" (Fassung vor Peer Review). Daneben gibt es eine alphabetisch sortierte Liste mit solchen Zeitschriften, die das Archivieren von Verlags-PDFs erlauben. Zusätzlich wird darüber informiert, ob die Zeitschrift/der Verlag eine hybride Open-Access-Option anbietet. Bei originären Open-Access-Zeitschriften wird auf das Directory of Open Access Journals (DOAJ, siehe Abschnitt in diesem Kapitel) verlinkt. Darüber hinaus wird darüber informiert, inwieweit die Vorgaben einer Zeitschrift von der sonstigen Praxis des Verlages abweichen. Die „Advanced Search" bietet zusätzlich die Möglichkeit, nach Zeitschriften zu suchen, die mit den Vorgaben zur Open-Access-Zweitveröffentlichung bestimmter Forschungsförderer kompatibel sind. Eine Statistikseite informiert über die Gesamtsituation. SHERPA/RoMEO wird von der University of Nottingham betrieben und von Joint Information Systems Committee (JICS) finanziert. Die Datenbank wird kollaborativ durch unterschiedliche Einrichtungen gepflegt. Hinweise zu Änderungen, Aufnahme neuer Zeitschriften etc. können eingereicht werden.

Directory of Open Access Journals (DOAJ)
(doaj.org)

Hauptzielsetzung des DOAJ ist es, die Sichtbarkeit von Open-Access-Zeitschriften zu erhöhen. Es kann als das umfassendste Verzeichnis von originären Open-Access-Zeitschriften angesehen werden und ist somit eine gute Informationsquelle bei der Suche nach einer geeigneten Open-Access-Zeitschrift. Für einen Teil der Zeitschriften stehen zudem Artikelmetadaten zur Verfügung, so dass auch nach frei verfügbarer Literatur gesucht werden kann. Des Weiteren bietet das DOAJ eine Reihe von Detailinformationen (z. B. verwendete Lizenz) zu jeder Zeitschrift an, so dass es gleichzeitig auch den State-of-the-Art im Bereich Open-Access-Publizieren insgesamt oder in einzelnen Fächern abbildet. Es werden ausschließlich solche Zeitschriften aufgelistet, die ein Open-Access-Geschäftsmodell verfolgen, bei dem weder Leserinnen und Leser noch deren Institutionen finanziell belastet werden.

Außerdem müssen die Zeitschriften Nutzerinnen und Nutzern ermöglichen, die Artikel zu lesen, herunterzuladen, zu kopieren, zu verteilen, darin zu suchen und auf den Volltext zu verlinken. Es werden außerdem nur solche Zeitschriften mit einer regelmäßigen Erscheinungsweise (häufiger als einmal jährlich) berücksichtigt. Die wissenschaftliche Qualität muss entweder durch die Herausgeberinnen und Herausgeber und/oder durch ein Peer-Review-Verfahren gewährleistet sein. Die Ausgaben der Zeitschrift müssen durchgehend nummeriert und datiert sein sowie einzelne Artikel enthalten. Herausgeber und Betreiber von Zeitschriften müssen diese im DOAJ registrieren lassen. Hierzu ist ein umfangreicher Fragebogen zu beantworten.

Im Jahr 2015 wurde das DOAJ generalüberholt. Grund hierfür war, dass einige Zeitschriften Eingang gefunden hatten, die als unseriös gelten, bzw. dass Informationen zu vielen Zeitschriften veraltet waren. Alle Zeitschriften, die sich vor März 2014 angemeldet hatten, mussten erneut registriert werden. Mittlerweile wurden alle Zeitschriften, die auf eine Neuregistrierung verzichtet haben, entfernt (DOAJ, 2016). Die Prüfung der Neueinreichungen ist noch nicht abgeschlossen; die alten Datensätze werden daher sukzessive durch neue ersetzt. Geprüfte Zeitschriften sind mit einem grünen Häkchen markiert. Für Best-Practice-Beispiele wird das „DOAJ Seal" vergeben, um diese Zeitschriften besonders hervorzuheben. Um das DOAJ-Siegel zu erhalten, müssen sieben Kriterien erfüllt sein, darunter die Vergabe von maschinenlesbaren liberalen Creative-Commons-Lizenzen wie z. B. CC-BY, Beschreibung der Artikel mit Metadaten und Vergabe von persistenten Identifikatoren wie DOI.

Es kann nach Zeitschriften und Artikeln gesucht werden, zudem steht eine Browsing-Funktion für Fächer zur Verfügung. In der Zeitschriftenübersicht werden zahlreiche Filter angeboten, z. B. zu Creative-Commons-Lizenzen und zur Höhe der Publikationsgebühren. Mithilfe dieser Filter lassen sich auch Informationen über die Gesamtsituation ermitteln. Auf der Detailseite einer Zeitschrift lassen sich noch weitere Informationen einsehen, etwa ob Einreichungsgebühren erhoben werden. Gestartet wurde die Plattform in 2003 von der Universität Lund in Schweden.

Betrieben wird das Projekt mittlerweile von Infrastructure Services for Open Access C.I.C. im Vereinigten Königreich und finanziert durch Mitgliedsbeiträge und Spenden. Mitglieder sind beispielsweise Bibliotheken und Verlage, die sich dem Open-Access-Gedanken verpflichtet fühlen und die bestimmte Kriterien erfüllen.

Derzeit beteiligen sich mehr als hundert Freiwillige an der Prüfung der Registrierungen, die sich zuvor mit Referenzen bewerben und einen „Code of Conduct" und einen Vertrag unterzeichnen müssen. Überwacht wird die Arbeit von einem Aufsichtsgremium. Zudem setzt man auf die Mitarbeit der Community, was die Ermittlung von kleineren Fehlern (z. B. nicht funktionierende Links) angeht. Für das Erhöhen der Sichtbarkeit von Büchern gibt es mittlerweile das Directory of Open Access Books (DOAB, www.doabooks.org), welches von der OAPEN Foundation betrieben wird.

Elektronische Zeitschriftenbibliothek (EZB) (rzblx1.uni-regensburg.de/ezeit)

Die elektronische Zeitschriftenbibliothek enthält eine Liste mit digital publizierten Zeitschriften. Mit Hilfe eines Ampelsystems können Nutzer ermitteln, welche Zeitschriften frei zugänglich oder am jeweiligen Bibliotheksstandort lizenziert sind bzw. ob parallele Druckausgaben am Standort vorhanden sind. Aufgrund der Suchfunktionalitäten und insbesondere der Möglichkeit zur Fachgebietseinschränkung eignet sich die Plattform auch zur Recherche nach Open-Access-Zeitschriften. Bei frei zugänglichen Zeitschriften wird – sofern entsprechende Einträge vorhanden sind – auf das Directory of Open Access Journals (DOAJ) sowie auf SHERPA/RoMEO (siehe Beschreibung in diesem Kapitel) verlinkt. Der Dienst wird von der Universitätsbibliothek Regensburg betrieben und von mehr als 600 Einrichtungen genutzt. Mehr als die Hälfte der rund 90 000 aufgeführten Zeitschriften sind frei zugänglich.

Plattformen zur Bewertung von (Open-Access-) Zeitschriften

Aufgrund des sich dynamisch entwickelnden Open-Access-Markts mit regelmäßigen Zeitschriftenneugründungen und Transformationsprozessen besteht Bedarf an Transparenz, insbesondere auch im Hinblick auf Publikationsgebühren und die Durchführung von Peer-Review-Verfahren. Während das DOAJ (siehe Beschreibung in diesem Kapitel) auf der Basis von Eigenmeldungen durch die Verlage oder andere Betreiber von originären Open-Access-Zeitschriften Informationen zusammenstellt, gibt es eine Reihe von Initiativen, die den Fokus erweitern und insbesondere auch konkrete Erfahrungen beispielsweise von Autorinnen und Autoren berücksichtigen oder auch hybride Zeitschriften und Closed-Access-Zeitschriften aufnehmen. Ein Teil der Plattformen befindet sich noch im Aufbau und verfügt daher noch nicht über eine kritische Masse an Zeitschriften. Es wird sich mit der Zeit zeigen, welche Plattformen parallel zum DOAJ Bestand haben und einen zusätzlichen – nachgefragten – Mehrwert bieten. Zwei Dienste sollen exemplarisch vorgestellt werden:

- Quality Open Access Market (QOAM) (www.qoam.eu): Hierbei werden Informationen von sowohl originären als auch hybriden Open-Access-Zeitschriften in Form von „Journal Score Cards" zusammengestellt. Diese bestehen aus zwei Teilen: 1.) der „Base Journal Score Card" mit Informationen zu Herausgeberschaft, Peer-Review-Verfahren, Governance, Publikationsprozess und Publikationsgebühren, die sich auf der Website einer Zeitschrift finden lassen. Für das Vorhandensein bestimmter Informationen werden Punkte vergeben. Zusammengetragen werden sollen die Informationen in erster Linie von Bibliotheken; 2.) der

„Valuation Journal Score Card", für die konkrete Erfahrungen im Zusammenhang mit der Zeitschrift notiert werden, die von Autoren, Herausgebern oder Gutachtern stammen. Auch hierfür werden Punkte vergeben, so dass sich Rangordnungen bilden lassen. Die Punkte aus beiden Teilen werden genutzt, um eine SWOT-Matrix zu erstellen.[2] Anhand derer können Nutzer feststellen, ob die Zeitschrift transparent ist und welche Erfahrungen Akteure aus dem Publikationswesen einschließlich Autorinnen und Autoren damit gemacht haben. Diese SWOT-Matrix kann auch von Zeitschriftenbetreibern dazu genutzt werden, Schwachstellen aufzuspüren.

- Open Access Spectrum Evaluation Tool (www.oaspectrum.org): Die Plattform basiert auf dem von Scholarly Publishing and Academic Resources Coalition (SPARC) und der Public Library of Science (PLOS) entwickelten HowOpenIsIt-Führer (SPARC & PLOS 2013) und erfasst die „Openness" nach sechs Kategorien: Rechte des Lesers, Nachnutzungsrechte, Autorenrechte, Zweitveröffentlichungsrechte für Autoren, automatisches Posting (z. B. in PubMed) und Maschinenlesbarkeit. Für den Grad der Offenheit werden Punkte vergeben und zu einem Kategorien- sowie zu einem Gesamtwert zusammengerechnet.

Die Bewertungen werden von Experten aus dem wissenschaftlichen Publikationswesen vorgenommen, Betreiber von Zeitschriften können dazu Stellung nehmen. Es werden Open-Access-Zeitschriften, hybride Zeitschriften sowie Subskriptionszeitschriften bewertet. Letzteres soll demonstrieren, dass beispielsweise durch großzügige Zweitveröffentlichungsregeln die Zugänglichkeit wissenschaftlicher Literatur verbessert werden kann. Die Liste ist als Ranking konzipiert. Die Nutzer haben die Möglichkeit, nach den oben beschriebenen sechs Kategorien zu filtern. Für gezielte Recherchen kann direkt nach einer Zeitschrift, einer ISSN oder einem Verlag gesucht werden. Für jede Zeitschrift gibt es eine Detailseite, die Informationen bereithält, wie sich die Gesamtbewertung zusammensetzt und wie viele Punkte in den Einzelkategorien erzielt wurden. Gegründet wurde die Initiative ebenfalls von SPARC und PLOS. Sie wird von weiteren Einrichtungen, in erster Linie von Open-Access-Verlagen, unterstützt.

Über die beiden genannten hinaus gibt es noch weitere Plattformen für Zeitschriftenbewertungen, die jeweils den Schwerpunkt anders legen. Der Fokus liegt dabei nicht ausschließlich auf Open-Access-Zeitschriften. Gemeinsam ist den Plattformen allerdings, dass sie frei im Internet zugänglich sind und teilweise auch einen partizipatorischen Charakter haben, indem Akteure des Publikationswesens ihre Erfahrungen mitteilen können.

---

[2] SWOT steht für strengths (Stärken), weaknesses (Schwächen), opportunities (Möglichkeiten), threats (Bedrohungen).

- Eigenfactor (http://www.eigenfactor.org/projects.php): Bewertung von Zeitschriften mittels Indikatorik, Publikationsgebühren, Subskriptionsgebühren.
- Journalysis (www.journalysis.org): Erfahrungen von Autorinnen und Autoren mit der jeweiligen Zeitschrift.
- Journal Reviewer (www.journalreviewer.org): Erfahrungen von Nutzerinnen und Nutzern mit den Peer Review-Verfahren.
- SciRev (scirev.sc): Dauer des Peer-Review-Verfahrens kann mit anderen Zeitschriften aus dem Fachgebiet verglichen werden.
- Scimago Journal Ranking (www.scimagojr.com/journalrank.php): Bewertung von Zeitschriften mittels Indikatorik.

Initiativen zur Schaffung von Transparenz bei Publikationsgebühren

Derzeit herrscht noch Unklarheit darüber, wieviel Geld tatsächlich für die Finanzierung von Open-Access-Publikationsgebühren aufgewendet wird. Die Preislisten der Verlage sind hier wenig aufschlussreich, da Autorinnen und Autoren beispielsweise durch Nachlässe oder Institutionen über Mitgliedschafts-Modelle andere Konditionen erhalten. Außerdem ist es bei Zeitschriftenneugründungen nicht unüblich, dass Verlage die Publikationsgebühren für eine Zeit aussetzen, um zu einer kritischen Masse an Artikeleinreichungen zu kommen. Um Transparenz zu schaffen, wurde die OpenAPC-Initiative (openapc.github.io) gegründet, an der sich viele Universitätsbibliotheken und Forschungsinstitute aus Deutschland beteiligen, indem sie ihre bezahlten Publikationsgebühren melden. Die Daten werden von OpenAPC aufbereitet und veröffentlicht. Mit bereitgestellten Vor-Analysen lässt sich beispielsweise feststellen, wie sich die Publikationsgebühren auf die Verlage verteilen oder wie groß die Spannbreite bei Publikationsgebühren insgesamt und beim jeweiligen Verlag ist.

Die Durchschnittswerte können Richtwerte bei eigenen Vertragsverhandlungen darstellen.[3] Auch der Fonds zur Förderung der wissenschaftlichen Forschung (FWF) in Österreich und der Wellcome Trust in Großbritannien veröffentlichen regelmäßig die von ihnen finanzierten Publikationsgebühren (siehe Reckling & Kenzian 2015; Kiley 2016).

---

3 OpenAPC ist Teil des DFG-Projektes INTACT – Transparent Infrastructure for Article Charges, an dem die Universitätsbibliothek Bielefeld, das Institute for Interdisciplinary Studies of Science (I²SoS) und Max Planck Digital Library beteiligt sind: http://www.intact-project.org/.

6d Services für den Grünen Weg

Für die Veröffentlichung auf dem Grünen Weg des Open Access steht Autorinnen und Autoren entsprechende Publikationsinfrastruktur zur Verfügung. Neben zahlreichen institutionellen (generischen) Repositorien, die zumeist von Hochschulbibliotheken oder Bibliotheken von Forschungseinrichtungen betrieben werden, gibt es auch eine Reihe von fachspezifischen Angeboten. Durch die immer komplexer werdende Landschaft verfügbarer Repositorien sind Suchwerkzeuge entstanden, die das Auffinden geeigneter Orte für die Zweitveröffentlichung erleichtern. Die Wahl eines geeigneten Repositoriums ist wichtig, um eine maximale Sichtbarkeit innerhalb der jeweiligen wissenschaftlichen Community zu erzielen.

Unterschieden werden muss jeweils auch, zu welchem Zeitpunkt die Veröffentlichung stattfindet. Man unterscheidet zwischen „Pre-publication" und „Post-publication Deposit". Mit einer Pre-publication sind Veröffentlichungen gemeint, bei der zeitgleich oder zeitversetzt mit der Einreichung bei einer Zeitschrift zur Begutachtung der Artikel online gestellt wird. Post-publication meint das Zweitveröffentlichen eines Artikels nach der Begutachtung zusätzlich zur vom Verlag veröffentlichten Publikation.

arXiv (arxiv.org)

arXiv (siehe Kapitel 2d) ist eine der bekanntesten (Preprint-)Plattformen und konzentriert sich unter anderem auf die Fächer Physik, Mathematik, Computerwissenschaften und Statistik. Entsprechend der wissenschaftlichen Kultur in diesen Fächern sollen Forschungsergebnisse möglichst früh noch vor der Veröffentlichung durch eine wissenschaftliche Zeitschrift verbreitet und diskutiert werden. Dementsprechend sind in arXiv eingestellte Publikationen frei verfügbar. Qualifizierte Moderatorinnen und Moderatoren achten darauf, dass wissenschaftliche Standards eingehalten werden. Zudem hat arXiv ein „Endorsement"-System initiiert, bei dem Autorinnen und Autoren, die erstmals dort veröffentlichen möchten, eine/n Fürsprecher/in brauchen, um zugelassen zu werden. Dies soll zusätzlich die wissenschaftliche Qualität sicherstellen. Autorinnen und Autoren können nach Annahme der Publikation durch eine Zeitschrift Artikelinformationen (z. B. DOI) ergänzen. Betrieben und finanziert wird arXiv von der Cornell University Library mit einer zusätzlichen finanziellen Unterstützung der Simons Foundation sowie durch Mitgliedsbeiträge von Institutionen, die arXiv intensiv nutzen (für ausführliche Informationen zum Geschäftsmodell siehe Kapitel 2d). Die Arbeit wird zusätzlich durch ein Aufsichtsgremium überwacht. arXiv kann aber auch für die Recherche nach frei verfügbaren Publikationen in den genannten Disziplinen verwendet werden. Die Suchfunktionalitäten sind zweckmäßig. Es kann in wesentlichen Feldern (Name des Autors, Titel, Abstract und Volltext) gesucht oder eine fachliche Einschränkung vorgenommen werden. In erster Linie ist die Plattform aber auch dazu gedacht, im jeweiligen Themenfeld auf dem Laufenden zu bleiben. Hierzu ist es möglich, neu hinzugekommene Publikationen seit der letzten Recherche zu ermitteln.

Aktuell gibt es diverse Initiativen auch in anderen Fächern, die das Prinzip der Vorabveröffentlichung aufgreifen und auf andere Fachdisziplinen übertragen. Im Aufbau befinden sich unter anderem derzeit bioRxiv (biorxiv.org) für Biologie oder SocArXiv (osf.io/view/socarxiv) für die Sozialwissenschaften. Inwieweit diese für die jeweilige wissenschaftliche Community eine ähnliche Bedeutung erlangen werden wie arXiv bleibt abzuwarten.

Europe PMC (europepmc.org)

Europe PMC ist der europäische Ableger von PubMed Central. Bei PubMed Central handelt es sich um das elektronische Zeitschriftenliteraturarchiv der U.S. National Institutes of Health's National Library of Medicine (NIH/NLM). Die National Library of Medicine hat die Aufgabe übernommen, Literatur aus der Biomedizin und den Lebenswissenschaften zu bewahren und die Archivierung der Publikationen zu übernehmen. Alle durch das National Institute of Health (NIH) geförderten Autorinnen und Autoren sind verpflichtet, die Postprint-Version ihres Artikels bei PubMed Central zum Zeitpunkt der Annahme zur Publikation abzulegen und innerhalb einer Frist von zwölf Monaten frei verfügbar zu machen.

Darüber hinaus hat die NLM Vereinbarungen mit verschiedenen Verlagen geschlossen, die die Originalpublikationen aus ihren Zeitschriften – im Einklang mit den Vorgaben von Drittmittelgebern – als Service für die Autorinnen und Autoren direkt bei PMC einstellen. Ein Teil der Verlage ist mit PMC eine „Full Participation" eingegangen und übergibt seine kompletten Inhalte an PubMed Central. PMC hat mittlerweile zwei regionale Ableger – Europe PMC und PMC Canada. Gemeinsam bilden alle drei PMC International (The Europe PMC Consortium, 2015). Im Hinblick auf die Zeitschrifteninhalte spiegeln sich die U.S.- und die europäische Version gegenseitig. Diese beiden Datenbanken sind somit deckungsgleich, die europäische Version verfügt aber über zusätzliche Inhalte und Funktionalitäten wie die ORCID-Integration oder Tools für Text und Data Mining. Bei Europe PMC sind weitere Abstracts (beispielsweise aus Agricola und weiteren Datenbanken) und lebenswissenschaftliche Patente vom Europäischen Patentamt eingebunden und können über eine Oberfläche recherchiert werden. Zudem wird eine Förderdatenbank gepflegt. Außerdem übernimmt Europe PMC das Verfügbarmachen weiterer Artikel gemäß den Vorgaben der in Europa ansässigen Mittelgeber und fungiert somit als „regionaler" Ansprechpartner. Ein weiterer Grund für das mehrfache Bereitstellen der Infrastruktur ist die Sicherstellung der Datensicherheit durch den Betrieb von verteilten Archiven. Die Kosten für die Infrastruktur von EuropePMC werden weitestgehend getragen von den

Mittelgebern, die nach einem Schlüssel – abhängig vom Fördervolumen – berechnet sind. Betrieben wird die Plattform vom European Bioinformatics Institute (www.ebi.ac.uk) des European Molecular Biology Laboratory. Nutzer, die ihre Publikationen über PMC Europa verfügbar machen wollen bzw. müssen, haben zwei Möglichkeiten: Entweder publizieren sie in einer Zeitschrift, die ohnehin einen Vertrag mit PMC abgeschlossen hat, oder sie reichen die Publikation über das PMC-Einreichungssystem ein.

The Directory of Open Access Repositories (OpenDOAR) (www.opendoar.org)

Die Plattform OpenDOAR bietet die Möglichkeit, nach geeigneten Repositorien – sowohl fachlichen als auch institutionellen – zu suchen. Darüber hinaus kann auch nach Ländern und weiteren Kriterien (z. B. verwendete Software) gefiltert werden. Nutzer haben die Möglichkeit, weitere Repositorien zu melden. Über die Suchmaschine Google wurde eine Suchfunktionalität realisiert, die die Inhalte der Repositorien absucht. Entwickelt wurde die Plattform von der Universität Nottingham und der Universität Lund. Finanziert wurde der Aufbau von Joint Information Systems Committee (Jisc), Consortium of Research Libraries (CURL, heute: Research Libraries UK, RLUK) und SPARC Europe, einem Zusammenschluss von Europäischen Bibliotheken und Forschungseinrichtungen. Weiterfinanziert wird das Projekt von Jisc. Für Open-Access-Verantwortliche und -Interessierte stehen außerdem diverse Auswertungen (z. B. Verteilung nach Ländern, verwendete Repositoriumssoftware) zur Verfügung.

Zenodo (zenodo.org)

Das Repositorium Zenodo ist weder fachlich noch institutionell gebunden. Hier können nicht nur wissenschaftliche Publikationen eingestellt werden, sondern auch andere Formate sowie Forschungsdaten. Veröffentlichungen über Zenodo erhalten einen Digital Object Identifier (DOI). Derzeit ist es möglich, dort Publikationen und Daten in einer Dateigröße von 2 GB hochzuladen. Da Zenodo die Infrastruktur nutzt, die für die Daten des Teilchenbeschleunigers Large Hadron Collider (LHC) aufgebaut wurde, sind auch größere Datenmengen auf Anfrage möglich. Das Repositorium wird vom CERN in Genf betreut und weiterentwickelt. Der Aufbau wurde durch EU-Mittel finanziert und ist Teil einer europaweiten Open-Access-Infrastruktur. Insbesondere Wissenschaftlerinnen und Wissenschaftler, die im Rahmen eines EU-Projekts nachnutzbare Ergebnisse generieren, können diese Infrastruktur nutzen, um den Vorgaben der Europäischen Kommission zu entsprechen. ZENODO versteht sich aber ausdrücklich nicht nur als Plattform für Zweitveröffentlichungen, sondern als Speicherort für den „long-tail of science".

OA-EZB: Open-Access-Services der Elektronischen Zeitschriftenbibliothek (www.uni-regensburg.de/bibliothek/projekte/oa-ezb)

Obwohl Repositorien zumeist ans Web angebunden und somit deren Inhalte über Suchmaschinen auffindbar sind, stellt die „Verstreutheit" von Zweitveröffentlichungen durchaus ein Problem dar. Im Rahmen des von der DFG geförderten Projekts sollen Parallelpublikationen in Repositorien in den EZB Linking-Dienst integriert werden. Außerdem sollen Informationen zu Zweitveröffentlichungsmöglichkeiten, die von Verlagen eingeräumt werden, aus unterschiedlichen Quellen zusammengetragen werden. Dazu gehören unter anderem auch die Vereinbarungen, die auf Basis von Allianz- und Nationallizenzen mit Open-Access-Komponente getroffen wurden.

6e Services für den Goldenen Weg

Die im Rahmen des Goldenen Wegs erhobenen Publikationsgebühren sowie die zunehmende Berichtspflicht gegenüber den Forschungsförderern im Hinblick auf Open Access stellen Hochschulen und Forschungseinrichtungen vor neue Herausforderungen, insbesondere was das Nachhalten und die Abrechnung angeht. Viele Einrichtungen arbeiten mit eigenen Systemen, häufig noch in Form von Excel-Tabellen. Durch die Umstellung von Subskriptionsgebühren auf Publikationsgebühren stehen auch Verlage vor zusätzlichen Herausforderungen.

RightsLink for Open Access (www.copyright.com/rightsholders/rightslink-open-access)

Bei dieser Software-as-a-Service-Lösung handelt es sich um ein kommerzielles Produkt, das vom Copyright Clearance Centre angeboten wird. Es soll Verlagen die Verwaltung und Rechnungslegung von Publikationsgebühren erleichtern. Einerseits können dazu Metadaten aus dem Manuskript-Workflow-System übernommen, andererseits können unterschiedliche Preislisten und Besteuerungsvarianten hinterlegt werden. Hiervon verspricht man sich zudem mehr Transparenz und Erleichterung hinsichtlich der Zahlungsabwicklung für die Autoren und damit eine verbesserte Zahlungsmoral.

ESAC (Efficiency and Standards for Article Charges)-Initiative (esac-initiative.org)

Im Rahmen der Initiative werden Workflows in Bezug auf Publikationsgebühren genauer untersucht und Anstrengungen unternommen, entsprechende Prozesse unter Einbeziehung der beteiligten Akteure zu verbessern.[4]

6f Informationen zu Finanzierungswegen

Neben der Finanzierung der Publikationsgebühren aus Eigen- oder Institutsmitteln, über den Publikationsfonds einer Einrichtung sowie über Mitgliedschaftsmodelle, besteht auch die Möglichkeit, sich diese von den Forschungsfördereinrichtungen erstatten zu lassen. Bei vielen Mittelgebern sind die Publikationsgebühren erstattungsfähig beziehungsweise können als Sachmittel in der Budgetplanung berücksichtigt und beantragt werden. Werden Publikationskosten auf diese Weise finanziert, dann sind geförderte Institutionen dazu angehalten, auf den Mittelgeber und das geförderte Projekt hinzuweisen. Die Angaben sollten möglichst standardisiert sein, um diese auswerten zu können. Zudem ist die Finanzierung der Publikationsgebühren an bestimmte Bedingungen geknüpft. Darüber hinaus sind Mittelgeber zunehmend darum bemüht, mittels Open-Access-Mandaten die freie Verfügbarkeit der von ihnen finanzierten Forschungsergebnisse sicherzustellen (siehe hierzu Kapitel 1c).

Funding Data (www.crossref.org/fundingdata)

Das Tool stellt eine Taxonomie mit standardisierten Namensansetzungen für Fördereinrichtungen bereit, die in die Manuskripteinreichungssoftware der Verlage integriert werden kann. Autorinnen und Autoren müssen bei der Einreichung ihrer Publikationen dann lediglich die entsprechende Fördereinrichtung auswählen und die Fördernummer ergänzen. Die Informationen werden zum reference linking service CrossRef zurückgespielt und dort für Informations- und Analysezwecke zur Verfügung gestellt.

---

4 ESAC ist Teil des DFG-Projektes INTACT – Transparent Infrastructure for Article Charges, an dem die Universitätsbibliothek Bielefeld, das Institute for Interdisciplinary Studies of Science (I²SoS) und die Max Planck Digital Library beteiligt sind: http://www.intact-project.org/.

SHERPA/JULIET (www.sherpa.ac.uk/juliet/index.php)

Die Plattform stellt die Policies von Forschungsförderern im Hinblick auf Open Access zusammen und gibt Auskunft darüber, inwieweit Mittelgeber die Publikation in einer Open-Access-Zeitschrift verlangen oder eine Zweitveröffentlichung im Open Access zu welchem Zeitpunkt und in welcher Version vorsehen. Es handelt sich um ein partizipatorisch angelegtes Projekt, bei dem sich Nutzer z. B. mittels Einreichen neuer Policies aktiv beteiligen können. Die Plattform erlaubt die Recherche nach Forschungsförderern; zudem gibt es Filter, die es ermöglichen, sich über einen bestimmten Aspekt einen Überblick zu verschaffen. Darüber hinaus gibt es eine Überblicksseite mit alphabetischer Sortierung. Betrieben wird SHERPA/JULIET von der Universität Nottingham, finanziert wurde der Aufbau von Joint Information Systems Committee (Jisc) und Research Libraries UK (RLUK).

SHERPA/FACT (www.sherpa.ac.uk/fact/index.php)

Mit dem SHERPA/FACT-Funders & Authors Compliance Tool kann ermittelt werden, inwieweit eine Zeitschrift mit den Vorgaben eines bestimmten Forschungsförderers kompatibel ist. Derzeit steht der Dienst nur für Fördereinrichtungen aus Großbritannien zur Verfügung, das System ist aber generell auch für andere Forschungsförderer offen. SHERPA/FACT wird betrieben vom Centre for Research Communications (CRC) der Universität Nottingham. Aufbaufinanzierung durch Research Councils UK (RCUK) und Wellcome Trust, eine Weiterfinanzierung ist durch Jisc, RCUK und Wellcome Trust zunächst gesichert.

Literatur

Beall, Jeffrey (2012). Predatory publishers are corrupting open access. *Nature*, 489, 179. doi:10.1038/489179a.
DOAJ (2016). DOAJ to remove approximately 3300 journals. *DOAJ NEWS SERVICE*. URL: https://doajournals.wordpress.com/2016/05/09/doaj-to-remove-approximately-3300-journals/.
Kiley, Robert (2016). *Wellcome Tust/COAF spend on open access publishing (article processing charges) – 2014–15*. figshare. doi:10.6084/m9.figshare.3118936.v1.
Reckling, Falk; Kenzian, Margit (2015). *Austrian Science Fund (FWF) Publication Cost Data 2013*. figshare. doi:10.6084/m9.figshare.988754.v4.
SPARC and PLOS (2013). *HowOpenIsIt? Open Access spectrum*. URL: http://sparcopen.org/wp-content/uploads/2016/01/hoii_guide_rev4_web.pdf.
The Europe PMC Consortium. Europe PMC (2015). Europe PMC: a full-text literature database for the life sciences and platform for innovation. *Nucl. Acids Res.* 43 (D1): D1042–D1048. doi:10.1093/nar/gku1061.

Markus Putnings

6g Die Rolle der Metadaten – Indexierung und Sicherung der Auffindbarkeit

Einleitung

Wenig bewusst ist vielen Wissenschaftlern, dass die Auffindbarkeit, Sichtbarkeit und Nutzung ihrer Arbeit primär mit drei Dingen zu tun hat:
- der Wahl des Publikationsmediums (z. B. der Open-Access-Zeitschrift) unter besonderer Berücksichtigung der Indexierung in fachlich relevanten Datenbanken und Suchmaschinen
- dem dortigen Relevanzranking und der entsprechenden Platzierung der Arbeit in den Suchergebnissen bei relevanten Suchanfragen
- der Wortwahl in den bibliographischen Angaben oder, allgemeiner gesagt, den Metadaten (Ebel, Bliefert & Greulich, 2006).

Diese drei Punkte bedingen einander. Zeitschriften, die in wichtigen Datenbanken indexiert sind, werden laut Allen & Weber (2015) deutlich häufiger genutzt als nicht gelistete Zeitschriften. Dabei kann das Relevanzranking in der jeweiligen Datenbank oder Suchmaschine diverse Einflussfaktoren haben. In der Regel hat z. B. die Wortwahl in Titel, Abstract und Schlagwörtern ein hohes Gewicht für die priorisierte Anzeige der indexierten Artikel nach entsprechenden Sucheingaben Dritter.

Umgekehrt ist auch eine Metadatenanreicherung um kontrolliertes Vokabular bei Listung in bestimmten Datenbanken gängig. Ein Beispiel ist die Vergabe und zusätzliche Indexierung von Medical Subject Headings (MeSH) für Artikel, die in die Datenbank MEDLINE aufgenommen werden, um die dortige Recherche und Auffindbarkeit zu erleichtern.

Definition von Indexierung

Mit dem Begriff Indexierung werden in diesem Kontext maschinelle bzw. maschinengestützte Verfahren bezeichnet, die eine große Anzahl Dokumente, z. B. alle Artikel einer Open-Access-Zeitschrift auswerten und einen Index mit den Fundstellen anlegen, aus dem Suchanfragen bedient werden. Dabei können alle Wörter gleichberechtigt in den Index aufgenommen oder Priorisierungen von bedeutungsvollen Wörtern oder Wortkombinationen vorgenommen werden. Diese Priorisierungen

spiegeln sich im Relevanzranking der Suchergebnisse wider. Üblich ist z. B. eine höhere Gewichtung von
- Begriffen aus Titel, Abstract und Schlagwörtern, da der Autor auf engstem Raum die wichtigsten Begriffe verwendet, die sein Thema beschreiben
- statistisch gehäuft auftretenden Wörtern, da diese i. d. R. eine höhere Bedeutung für das Thema haben als selten auftretende
- Kollokationen, das heißt mehrerer Begriffe, die aufgrund eines semantischen oder grammatikalischen Zusammenhangs in unmittelbarer Nachbarschaft, z. B. im selben Satz auftreten.[1]

Das Paradox von Open Access: „zugänglich" bedeutet nicht unbedingt „auffindbar"

Gemäß der Berliner Erklärung gewährt Open Access das freie, weltweite Zugangsrecht zu entsprechenden Veröffentlichungen.[2] Der Zugang allein garantiert jedoch keine Auffindbarkeit durch die wissenschaftliche Fachgemeinde. Hierfür gibt es bei Open-Access-Veröffentlichungen mehrere Wege: erstens, die Suche über klassische wissenschaftliche Datenbanken und Fachbibliografien wie Scopus, Web of Science oder PubMed. Zweitens, die Suche über Suchmaschinen wie z. B. Google oder Microsoft´s Bing, und deren Ableger für wissenschaftliche Recherchen, namentlich Google Scholar und Microsoft Academic. Drittens, die Suche über spezielle Dienste mit Schwerpunkt auf OpenAccess-Inhalten wie z. B.
- Directory of Open Access Journals (DOAJ)[3]
- Directory of Open Access Books (DOAB)[4]
- Bielefeld Academic Search Engine (BASE)[5]
- Connecting Repositories (CORE).[6]

Größtenteils nutzen Wissenschaftler bevorzugt die ersten beiden Wege. Damit lassen sich Open Access Inhalte nur bedingt auffinden, da die marktführenden Datenbanken und Fachbibliografien einen erheblichen Anteil der Open-Access-Zeitschriften nicht oder noch nicht indexieren: mehrere Studien (Walters & Linvill, 2011; Laakso & Björk, 2012; Chen, 2013; Liljekvist, Andresen, Pommergaard & Rosenberg, 2015)

---

1 Weitere Informationen: Gödert, Lepsky und Nagelschmidt (2012); Cleveland (2013).
2 Vgl. https://openaccess.mpg.de/68053/Berliner_Erklaerung_dt_Version_07-2006.pdf (01.02.2017).
3 Vgl. https://doaj.org/ (01.02.2017).
4 Vgl. http://www.doabooks.org/ (01.02.2017).
5 Vgl. https://www.base-search.net/ (01.02.2017).
6 Vgl. https://core.ac.uk/search/ (01.02.2017).

belegen, dass es unter den diversen Produkten, wie z. B. Scopus oder Web of Science, deutliche Unterschiede bei der Indexierung von Open-Access-Inhalten gibt, und die Abdeckung von Artikeln, die im Grünen Open Access publiziert werden, im Vergleich zu Zeitschriftenartikeln im Goldenen Weg noch deutlich niedriger ist.

Die Gründe hierfür sind vielfältiger Natur; vor allem kleineren oder institutionellen Open-Access-Verlegern fehlen die nötigen Ressourcen, um ihre Zeitschriften dort listen zu lassen (Francke, 2008). Zudem gerät Open Access generell erst seit kurzem in den Fokus der Anbieter. So hat Scopus erst Mitte 2015 einen Open-Access-Indikator eingeführt.[7]

Die Berücksichtigung der Indexierung bei der Auswahl des Publikationsmediums

Wichtig für Autoren ist, dass ihre Arbeit möglichst über alle drei Wege gefunden wird. Bei der Wahl des Publikationsmediums sollten Autoren deshalb beachten, dass
- das Publikationsmedium, z. B. die Open-Access-Zeitschrift, in den Datenbanken und Fachbibliografien indexiert ist, die der eigene Fachbereich primär zur wissenschaftlichen Recherche nutzt[8]
- die Zeitschrift im Goldenen Open Access als zusätzliches Qualitätssigel im DOAJ verzeichnet ist, beziehungsweise Open-Access-Bücher im DOAB
- der Verleger ein suchmaschinenoptimiertes Hosting mit geeigneten Metadaten und offenen Schnittstellen betreibt[9] oder alternativ die Artikel in ein Open-Access-Repositorium einpflegt, das eine analoge Auffindbarkeit über Suchmaschinen sichert; viele Open-Access-Zeitschriften aus dem Fachbereich Medizin liefern ihre Artikel bspw. in PubMed Central ab.[10]

Die hierfür nötigen Informationen finden sich zumeist auf der Webseite des Publikationsmediums, unter Rubriken wie „Abstracting and Indexing", „Indexing services" oder „Aims and scope". Neben der Tatsache der Indexierung an sich ist auch die

---

[7] Vgl. https://www.elsevier.com/__data/assets/pdf_file/0016/111274/scopus_release_notes_july2015.pdf (01.02.2017).
[8] Bei den meisten Datenbanken und Fachbibliografien, z. B. Web of Science und Scopus, bedeutet dies gleichzeitig eine Qualitätskontrolle, da nur Zeitschriften indexiert werden, die eine ISSN haben, Peer Review Verfahren unterstützen und sich ethischen Richtlinien verschrieben haben.
[9] Zu erwähnen sind hier z. B. die Dublin Core Metadata Initiative, das Open Archives Initiative Protocol for Metadata Harvesting (OIA-PMH) und das Simple Web-service Offering Repository Deposit (SWORD) Protocol.
[10] Natürlich kann der Autor die Arbeit auch oder zusätzlich selbst in ein Repositorium einstellen; hierzu bieten viele wissenschaftliche Einrichtungen institutionelle Repositorien an.

Beständigkeit der Indexierung von großer Bedeutung. Der Ausschluss einer Zeitschrift aus einer wichtigen marktführenden Datenbank kann den Verlust des Impact Factor nach sich ziehen und die Reputation der Zeitschrift sowie derer Autoren nachhaltig schädigen (Gasparyan, Yessirkepov, Diyanova & Kitas, 2015). Einen ähnlichen Reputationsverlust bedeutet der Ausschluss aus dem DOAJ oder die begründete Aufnahme der Zeitschrift oder des Verlegers in die Anfang 2017 bedauerlicherweise eingestellte Beall's list of potential, possible, or probable predatory scholarly open-access publishers.[11]

Die Problematiken bei der Indexierung verschiedener Open-Access-Modelle und Versionen (z. B. Preprint, Postprint) einer Arbeit

Eine Informationssuche ist nur so gut wie der angebotene Index und die damit zusammenhängenden Funktionalitäten in der Suchmaschine oder Datenbank wie z. B. Disambiguierung, Näherungssuchen, Relevanzranking oder Filter. Der Index kann hierbei naturgemäß nur aus verfügbaren Informationen gespeist werden (Cleveland, 2013). Inhalte, die im Open Access publiziert werden, hätten damit theoretisch den Vorteil, dass sowohl Volltexte als auch Metadaten nicht hinter einer Bezahlschranke verborgen sind, sondern frei zur maschinellen Indexierung zur Verfügung stehen.

Dies gilt gleichermaßen für intellektuelle Klassifizierungs- und Abstractingdienste z. B. von Nationalbibliotheken, die hierbei eine bessere Leistung erbringen können als bei alleiniger Sichtung des Titels und Abstracts.[12]

In der Praxis muss der Open-Access-Status einer Arbeit jedoch zunächst erkannt und abgebildet werden. Am einfachsten ist dies über Suchmaschinen zu bewerkstelligen – ein Webcrawler kann ohnehin nur auf Inhalte zugreifen, sofern keine Bezahlschranke den Zugriff verwehrt. Problematiken ergeben sich durch die diversen Open-Access-Modelle (Grüner, Goldener und hybrider Open Access) und Versionen[13] einer Arbeit, die schwer maschinell zu unterscheiden sind, sofern sie nicht durch geeignete Metadaten ausgezeichnet werden, was in der Praxis selten geschieht (Hutchens, 2013). Die geringsten Schwierigkeiten zeigen sich beim Grünen Open Access, d. h. der Selbstarchivierung oder Zweitveröffentlichung auf

---

11 Vgl. https://scholarlyoa.com/publishers/ (01.02.2017).
12 Ein bereits erwähntes Beispiel ist die National Library of Medicine (NLM) mit ihren Medical Subjects Headings (MeSH), die seitens der Indexverfasser und Katalogisierer der Bibliothek vergeben werden.
13 Weitere Informationen: NISO/ALPSP Journal Article Versions (JAV) Technical Working Group (2008)

Open-Access-Repositorien. Diese bieten offene Schnittstellen und Protokolle für das sogenannte Harvesting und sind für Webcrawler leicht zugänglich. Jedoch werden die Versionen, z. B. Preprint oder Postprint, in der Regel nicht maschinenlesbar in den Metadaten kenntlich gemacht und lassen sich nur intellektuell, durch die Art des Repositoriums[14] oder durch Hinweise im Dokument erkennen. Einige Verlage liefern hierfür Vorgaben oder Empfehlungen. Im Folgenden ein entsprechender Mustertext von Wiley für eine Preprint-Version der Arbeit, die auch in einer Verlagsversion veröffentlicht wurde: „This is the pre-peer reviewed version of the following article: [FULL CITE], which has been published in final form at [Link to final article using the DOI]."[15] Beim Goldenen Open Access ist der Zugriff für Webcrawler schon schwieriger. Eine gute Zugänglichkeit ist in der Regel bei originären Open Access Verlagen mit offenen Schnittstellen wie z. B. PLOS gewährleistet.[16]

Klassische Subskriptionsverlage, die den Goldenen Weg für einzelne Zeitschriften erst testweise begehen, besitzen diese technischen Strukturen teils noch nicht, da ihre Verlagsseiten eher auf Bezahlschranken ausgerichtet sind. Kleineren oder institutionell von Wissenschaftsseite betriebenen Verlagen fehlen dagegen schlicht die Ressourcen, um Suchmaschinenoptimierung zu betreiben und hochwertige Metadaten und Schnittstellen anzubieten (Allen & Weber, 2015).

Der hybride Open Access (siehe Kapitel 2b) hat daneben noch das Problem der zeitlichen Variabilität des Zugangs: die Open-Access-Option muss bei vielen Subskriptionsverlagen nicht sofort gewählt werden, sondern kann zeitverzögert zur Publikation zugekauft werden. Daneben kann auch ein inhaltlich abweichender Preprint als Vorläufer der Arbeit existieren. Somit findet ein Webcrawler zu verschiedenen Zeitpunkten ggf. unterschiedliche Varianten einer Arbeit. Auch für den Leser ist die Situation gleichermaßen komplex.[17]

Die bisher beschriebenen Fälle benennen einzelne Problematiken für Suchmaschinen und ihre Webcrawler. In wissenschaftlichen Datenbanken und Fachbibliografien ist dagegen üblicherweise nur die regulär zitierbare Verlagsversion indexiert, d. h. entweder
- Goldener Open Access zum Volltext bei einem Open-Access-Publikationsmedium, dessen sämtliche Beiträge entgeltfrei zugänglich sind
- hybrider Open Access nach Wahl einer verfügbaren Open-Access-Option

---

[14] arXiv (https://arxiv.org/) ist z. B. ein Repositorium, das überwiegend Preprints enthält. Jedoch kann auch hier ein Autor Postprints oder Verlagsversionen einbringen, d. h. im Zweifelsfall muss wiederum auf Angaben zur Version geachtet werden.
[15] Vgl. https://authorservices.wiley.com/author-resources/Journal-Authors/licensing-and-open-access/open-access/self-archiving.html (01.02.2017).
[16] Vgl. http://api.plos.org/ (01.02.2017).
[17] Perspektivisch könnte dieses Problem z. B. durch das CrossMark® Update-System gelöst werden, das den Status einer Arbeit im Laufe ihres Lebenszyklus dokumentiert und für den Leser abfragbar macht.

- der lizenzierte Volltext, wenn autorenseitig keine Open-Access-Option gewählt wurde, die Bibliothek des Lesers die Arbeit jedoch erworben hat (z. B. durch Lizenzierung des eBooks oder Subskription des eJournals) oder
- ein nicht zugänglicher Volltext, wenn autorenseitig keine Open-Access-Option gewählt wurde und die Bibliothek des Lesers keinen Zugriff anbietet; d. h. der Leser kann nur die bibliographischen Metadaten wie Titel und Abstract betrachten.

Im letztgenannten Fall könnte dennoch über den Grünen Weg ein Pre- oder Postprint der Arbeit existieren. Wie erwähnt werden diese jedoch zum großen Teil von Datenbanken und Fachbibliografien nicht indexiert.[18] Der Leser muss sich dieser Unzulänglichkeiten bewusst sein und ggf. zwischen Suchmaschinen und Datenbanken hin- und herwechseln, um alle potentiell zugänglichen Versionen zu finden.

Um die benannten und damit zusammenhängenden Problematiken, wie z. B. abweichende Zitationen von Pre-, Postprint- oder Verlagsversionen zu vermeiden, wäre eine umfassende Archivierung der Verlagsversion in Open-Access-Repositorien ideal. Wie erwähnt werden sich Subskriptionsverlage dem jedoch zumeist verweigern. Ein entsprechender Sonderweg muss also stets autoren- oder institutsseitig individuell verhandelt werden, z. B. durch die Scholar's Copyright Addendum Engine[19] oder durch konsortial verhandelte National- bzw. Allianzlizenzen.[20]

Idealtypische Metadaten und Identifikatoren für den Einreichungsprozess

Um zu zeigen, wie die Indexierung und insbesondere das Ranking der eigenen Arbeit bei Suchanfragen Dritter bestmöglich im Sinne der Autoren beeinflusst werden können, werden abschließend die relevanten Metadaten im Detail beleuchtet. Generelle Empfehlungen liefern hierzu Day und Gastel (2011).

Titel, Abstract und Schlagwörter

Sowohl in Scopus als auch im Web of Science ist die Suche nach Inhalten aus Titel, Abstract und Schlagwörtern die voreingestellte Standardsuchoption. Bei

---

18 Eine Ausnahme ist z. B. PubMed, da hier auch das Open-Access-Repositorium PubMed Central durchsucht werden kann.
19 Vgl. http://scholars.sciencecommons.org/ (01.02.2017).
20 Vgl. https://www.nationallizenzen.de/open-access (01.02.2017).

Rechtschreibfehlern in diesen Metadatenfeldern kann die Auffindbarkeit einer Arbeit durch Dritte reduziert werden, bis hin zur völligen Verborgenheit im Index. Entsprechend sind formal korrekte Eingaben im Veröffentlichungsprozess von großer Bedeutung (Beall & Kafadar, 2007).

Neben den indexierungstechnischen Bedürfnissen der Suchmaschine oder Datenbank müssen auch die der Informationsinteressenten bedacht werden: die meisten Leser werden bei Suchergebnissen nur die Titel der Arbeiten und z. T. die Abstracts überfliegen. Die Wortwahl muss demnach an das Vokabular des Fachklientels angepasst sein und darf keine inhaltlichen Unklarheiten aufweisen.

Einige Zeitschriften und primär auch Open-Access-Repositorien werden bei Einreichung zudem die Anforderung an den Autor stellen, Deskriptoren zu vergeben. Die Deskriptoren können später z. B. als Filter dienen, um themenferne Treffer auszuschließen. Als Deskriptoren werden in diesem Kontext folgende Metadaten verstanden:
- Freie Schlagwörter (auch Keywords, Tags), d. h. inhaltsbeschreibende Wörter, die keinem festgelegten Vokabular entsprechen. Sie können bspw. vom Autor, systemseitig oder vom Leser vergeben werden (Social Tagging, Folksonomien).
- Normierte Schlagwörter werden dagegen in der Regel intellektuell einem normierten, typischerweise hierarchischem Vokabular mit Relationen wie Ober-, Unterbegriffe und Synonyme (z. B. Gemeinsame Normdatei)[21] entnommen.
- Die Klassifikation (auch Systematik) ist eine oftmals durch numerische Codes sprachunabhängig gestaltete Eingruppierung von Wissensobjekten in bestimmte hierarchische Klassen. In institutionellen Open-Access Repositorien ist z. B. oft die Dewey-Dezimalklassifikation (DDC) zu finden.[22]

Die manuelle Eingabe von Schlagwörtern und/oder Klassifikationen erscheint Autoren oft zeitraubend und lästig, verbessert jedoch die Suchmöglichkeiten und kann perspektivisch maschinenintelligente Recherchemethoden (z. B. Semantic Web Tools) unterstützen.

Autorennamen und Autorenidentifikator

Autoren sollten sich zudem frühzeitig Gedanken über die einheitliche Angabe des eigenen Namens in Publikationen machen (z. B. bei mehreren Vornamen), damit der Name stets identisch indexiert wird und Verwechslungen mit gleich oder ähnlich lautenden Namensformen anderer Wissenschaftler vermieden werden. So kann weitgehend verhindert werden, dass das Renommee für Arbeiten falsch zugerechnet wird.

---

21 Vgl. http://www.dnb.de/DE/Standardisierung/GND/gnd_node.html (01.02.2017)
22 Vgl. http://www.oclc.org/dewey.en.html (01.02.2017)

Sollte es dennoch zu Fehlzuordnungen von Autoren und Arbeiten kommen, bieten viele Suchmaschinen und Datenbanken die Möglichkeit der Eintragskorrektur, eines Autorenprofils oder Autorenidentifikators,[23] worüber es z. T. möglich wird, in den Index einzugreifen und die eigenen Arbeiten korrekt und eindeutig zuzuordnen sowie falsche Arbeiten abzuwählen.

Seit einiger Zeit hat hierbei die digitale Open Researcher and Contributor ID (ORCID)[24] stark an Bedeutung gewonnen; sie ist bei Zeitschriften z. B. des Verlags Royal Society bei Einreichung verpflichtend anzugeben.[25] Die ORCID ist ein eindeutiger Autorenidentifikator und ermöglicht die exakte Zuordnung einer wissenschaftlichen Arbeit zu einer Person, unabhängig von der Häufigkeit des Namens (z. B. Müller, Schmidt), Namensänderungen oder karrierebedingten Wechseln der Einrichtungen.

Affiliation und Einrichtungsidentifikator

Damit die Forschungsleistung und der entsprechende Output in Form wissenschaftlicher Arbeiten vor Ort anerkannt und prämiert wird, muss nicht nur die Verknüpfung der Arbeit mit den Autoren, sondern auch die Verknüpfung mit der wissenschaftlichen Einrichtung eindeutig sein. Entsprechend ist bei Einreichungen stets die Einrichtung mit dem offiziellen (z. B. Universitäts-)Namen und der Dienstanschrift anzugeben.

Auch hier kommen langsam begriffsunabhängige Identifikatoren zum Einsatz. Der Ringgold Identifier[26] ist ein entsprechender numerischer Identifikator für alle Einrichtungen, die am wissenschaftlichen Publikationsprozess beteiligt sind, darunter primär auch Universitäten als Produzenten wissenschaftlicher Inhalte und Drittmittelgeber als Financiers. Er ermöglicht die Zuordnung einer wissenschaftlichen Arbeit zu einer Einrichtung, unabhängig von Namensvariationen, Abkürzungen oder fremdsprachigen Bezeichnungen.

Acknowledgements und Funder ID

Schließlich haben auch Forschungsförderer ein Interesse an der einheitlichen Nennung ihres Namens, etwa im Acknowledgement. Eine Quelle für die korrekten Namensbezeichnungen und Funder IDs ist das Crossref Open Funder Registry.[27] Zudem

---

23 Beispiele hierzu: „Request author detail corrections" bei Scopus, das Autorenprofil bei Google Scholar Citations und Thomson Reuters ResearcherID.
24 Vgl. http://orcid.org/ (01.02.2017).
25 Vgl. https://blogs.royalsociety.org/publishing/from-january-youll-need-an-orcid/ (01.02.2017).
26 Vgl. http://www.ringgold.com/ringgold-identifier (01.02.2017).
27 Vgl. http://www.crossref.org/fundingdata/ (01.02.2017).

sollten sich Autoren der Open-Access-Policies der Forschungsförderer bewusst sein. Im 8. EU-Forschungsrahmenprogramm Horizon 2020 müssen Projektpublikationen verpflichtend im Open Access publiziert werden. Für einen entsprechenden Nachweis empfiehlt es sich, die Projekt-ID in der Arbeit anzugeben und diese in OpenAIRE oder ein OpenAIRE-kompatibles Open-Access-Repositorium einzustellen.[28]

Literatur

Allen, E. J., & Weber, R. K. (2015). An Exploration of Indexed and Non-Indexed Open Access Journals: Identifying Metadata Coding Variations. Journal of Web Librarianship, 9(2–3), 65–84. doi:10.1080/19322909.2015.1020185.

Beall, J., & Kafadar, K. (2007). Measuring Typographical Errors' Impact on Retrieval in Bibliographic Databases. Cataloging & Classification Quarterly, 44(3–4), 197–211. doi:10.1300/J104v44n03_03.

Chen, X. (2013). Journal Article Retrieval in an Age of Open Access: How Journal Indexes Indicate Open Access Articles. Journal of Web Librarianship, 7(3), 243–254. doi:10.1080/19322909.2013.795426.

Cleveland, D. B. (2013). Introduction to indexing and abstracting (4. Aufl.). Santa Barbara, California: Libraries Unlimited.

Day, R. A., & Gastel, B. (2011). How to write and publish a scientific paper (7. Aufl.). Santa Barbara: Greenwood.

Ebel, H. F., Bliefert, C., & Greulich, W. (2006). Schreiben und Publizieren in den Naturwissenschaften (5. Aufl.). Weinheim: Wiley-VCH.

Francke, H. (2008). The State of Metadata in Open Access Journals: Possibilities and Restrictions. ELPUB2008. Open Scholarship: Authority, Community, and Sustainability in the Age of Web 2.0. The 12th International Conference on Electronic Publishing, Toronto, Canada.

Gasparyan, A. Y., Yessirkepov, M., Diyanova, S. N., & Kitas, G. D. (2015). Publishing Ethics and Predatory Practices: A Dilemma for All Stakeholders of Science Communication. Journal of Korean medical science, 30(8), 1010–1016. doi:10.3346/jkms.2015.30.8.1010.

Gödert, W., Lepsky, K., & Nagelschmidt, M. (2012). Informationserschließung und Automatisches Indexieren: Ein Lehr- und Arbeitsbuch. X.media.press. Berlin, Heidelberg: Springer-Verlag.

Hutchens, C. (2013). Open access metadata: current practices and proposed solutions. Learned Publishing, 26(3), 159–165. doi:10.1087/20130302.

Knoth, P., & Pontika, N. (2016). Aggregating Research Papers from Publishers' Systems to Support Text and Data Mining: Deliberate Lack of Interoperability or Not? INTEROP2016. URL: http://oro.open.ac.uk/id/eprint/46870.

Laakso, M., & Björk, B.-C. (2012). Anatomy of open access publishing: a study of longitudinal development and internal structure. BMC medicine, 10, 124. doi:10.1186/1741-7015-10-124.

Liljekvist, M. S., Andresen, K., Pommergaard, H.-C., & Rosenberg, J. (2015). For 481 biomedical open access journals, articles are not searchable in the Directory of Open Access Journals nor in conventional biomedical databases. PeerJ, 3, e972. doi:10.7717/peerj.972.

---

28 Vgl. https://www.openaire.eu/search/data-providers (01.02.2017).

NISO/ALPSP Journal Article Versions (JAV) Technical Working Group (2008). NISO RP-8-2008, Journal Article Versions (JAV): Recommendations of the NISO/ALPSP JAV Technical Working Group. Baltimore: National Information Standards Organization (NISO).

Walters, W. H., & Linvill, A. C. (2011). Bibliographic index coverage of open-access journals in six subject areas. Journal of the American Society for Information Science and Technology, 62(8), 1614–1628. doi:10.1002/asi.21569.

7 Empfehlungen für Workflows

Claudia Frick
7 Empfehlungen für Workflows zur Übernahme von Publikationsgebühren

Die Übernahme und Abrechnung von Publikationsgebühren und der wachsende Open-Access-Markt stellen Bibliotheken vor neue Herausforderungen. Dieses Kapitel möchte die zurzeit existierenden Workflows aufzeigen und Empfehlungen geben, wie diese optimiert und für eine zunehmende Anzahl von Open-Access-Publikationen fit gemacht werden können.

Nichts als Daten

Eine wissenschaftliche Einrichtung sollte einen Gesamtüberblick über alle von ihr gezahlten Publikationsgebühren haben. Häufig tauchen Forderungen nach entsprechenden Berichten im Zusammenhang mit der Einführung von Publikationsfonds auf. Dabei geht es aber nicht nur um die interne oder externe (z. B. DFG) Berichtspflicht, sondern auch um Beiträge zur Preistransparenz im Rahmen entsprechender Datensätze (z. B. Open APC Initiative, 2014).

Um der Berichtspflicht Genüge zu tun, müssen unweigerlich entsprechende Daten erfasst werden. Generell gilt, dass die gesammelten Daten dabei beliebig komplex oder schlank gehalten werden können, je nach gewünschter Granularität. Unerlässlich bleibt aber in jedem Fall die Dokumentation der gezahlten Gebühren.

In der Regel werden von jeder bezahlten Publikation bibliographische Daten erfasst (z. B. Titel, Zeitschrift, Verlag, Autoren, Publikationsjahr). Immer wichtiger wird dabei die Verknüpfung eines Persistent Identifier, z. B. einer DOI. Bei den Autoren kann zudem eine explizite Auszeichnung des Corresponding Authors von Nutzen sein, da aufgrund der zu erzielenden enormen Aufwandsersparnis zurzeit meist der Corresponding Author bzw. dessen Einrichtung die Gesamtkosten einer Publikation trägt (Pampel & Liebenau, 2012; Schimmer, Geschuhn & Vogler, 2015). Bei mehreren internen Autoren wäre somit ein analoges Vorgehen bei einer weiteren Verrechnung der Kosten an Untergliederungen möglich.

In der Praxis zeigt sich, dass der Trend bei wissenschaftlichen Einrichtungen dahin geht, den gesamten Publikationsoutput in einer Publikationsdatenbank zu erfassen.

Diese enthält theoretisch alle genannten bibliographischen Daten jeder an der Einrichtung entstandenen Publikation. Es wird deutlich, dass es bereits an dieser Stelle zu einer doppelten Datenhaltung kommen kann. Berücksichtigt man, dass oftmals noch eine gesonderte Software für die Finanzabteilung zum Einsatz kommt, gibt es schon drei Stellen, an denen Daten zu einer einzelnen gezahlten Publikation vorgehalten werden. Wagner (2016a) zeigt diesbezüglich noch weitere Dopplungen auf. Über die Höhe der Kosten und die bibliographischen Daten hinaus können weitere für das Reporting gewünschte Daten erhoben werden. Hier seien exemplarisch einige Möglichkeiten aufgezeigt: Im Hinblick auf den Wandel zu Open Access und Publikationsfonds bietet sich eine klare Unterscheidung zwischen Article Processing Charges (APCs) für Goldenen Open Access, Gebühren für Hybriden Open Access und Gebühren für Publikationen in Subskriptionszeitschriften an. Letztere könnten noch weiter aufgesplittet werden, z. B. in Colour Charges, Page Charges, Publication Charges oder Submission Fees. Des Weiteren entstehen im Rahmen von Publikation auch immer wieder Lizenzgebühren für die Nachnutzung von Abbildungen. Die meisten Publikationsfonds decken ausschließlich APCs ab. Dennoch kann es für einen Gesamtüberblick sinnvoll sein, alle Kosten im Zusammenhang mit Publikationen zu dokumentieren und einem Reporting zuzuführen.

Für große wissenschaftliche Einrichtungen bieten sich noch weitere Zuordnungen der Gebühren an, z. B. zu Untergliederungen, Projekten oder Arbeitsgruppen. Zudem vergehen von der Einreichung einer Publikation bis zu deren Annahme durch den Verlag teilweise lange Zeiträume. Dasselbe kann für die Zahlung der Gebühren und den Zeitpunkt der Publikation gelten. Eine Erfassung des Datums der Zahlung oder der Rechnungsstellung zusätzlich zum Publikationsjahr kann zur Zuordnung eines Abrechnungsjahres nützlich sein.

Grundsätzlich sollte stets eine Normierung der Daten in Betracht gezogen werden, um das Reporting zu erleichtern. Dies gilt auch für die bibliographischen Daten, bei denen es sinnvoll sein kann, Verlag und Zeitschrift zu normieren, um vor Verhandlungen entsprechende Daten erheben zu können.

In jedem Fall sollte die verwendete Währungseinheit normiert sein, die gezahlten Gebühren sollten also jeweils in derselben Währung vorliegen. In Fremdwährungen bezahlte Kosten müssen umgerechnet werden, anderenfalls gestaltet sich eine Darstellung der gesamten Ausgaben schwierig.

Sind alle hier vorgeschlagenen Daten erfasst, so können unterschiedlichste Fragestellungen beantwortet werden: Wie viel kostet Goldener Open Access die Einrichtung pro Jahr? Wie viel Geld befindet sich aktuell noch im Publikationsfonds? Wie hoch sind die durchschnittlich von der Einrichtung gezahlten Article Processing Charges? Wie viel Geld ist bisher an welchen Verlag geflossen? Welche Untergliederung hat wie oft den Publikationsfonds in Anspruch genommen?

Zentral oder dezentral

In der bisherigen Praxis fallen Publikationsgebühren meist dezentral an. Ein Autor gibt bei der Einreichung der Publikation z. B. sein Institut als Adresse an und erhält bei Annahme der Publikation eine entsprechende Rechnung. Das ist der Standardfall, der zurzeit in allen wissenschaftlichen Einrichtungen vorkommt. An welche Stelle der Wissenschaftler die erhaltene Rechnung im Anschluss weiterleitet, wo und wie diese beglichen wird, unterscheidet sich jedoch stark von Einrichtung zu Einrichtung.

Im Forschungszentrum Jülich werden alle beim Publizieren entstehenden Kosten zentral in der Bibliothek bearbeitet, unabhängig davon, ob sie vom Publikationsfonds (nur Goldener Open Access) oder über andere Kostenstellen, z. B. eines Instituts oder Projekts, gedeckt werden. Diese zentrale Rechnungsbearbeitung ermöglicht den umfassenden Überblick über die Ausgaben. Eine Kontrolle, ob auch tatsächlich alle Rechnungen diesen Weg gehen, gibt es jedoch nicht.

Gibt es in einer Einrichtung einen zentralen Publikationsfonds für APCs, wird dieser meist in der Bibliothek verwaltet und entsprechende Rechnungen landen dort. Die übrigen Rechnungen gehen andere Wege und werden beispielsweise von den Instituten oder Wissenschaftlern beglichen oder ohne Umweg an die Finanzabteilung weitergeleitet. Diese dezentrale Rechnungsbearbeitung verhindert häufig den Gesamtüberblick.

Eine Publikationsanalyse über alle Publikationen einer wissenschaftlichen Einrichtung, wie z. B. von Bruch, Fournier & Pampel (2014) und Geschuhn & Pieper (2016) beschrieben, liefert wichtige Informationen über die zukünftig benötigten finanziellen Mittel und den zu erwartenden Mehraufwand bei der Rechnungsbearbeitung in einer reinen Open-Access-Welt.

Eine solche Publikationsanalyse kann mit Hilfe einer Publikationsdatenbank oder, wenn eine zentrale Rechnungsbearbeitung existiert, anhand der dort erfassten Daten erfolgen. Die Nutzung externer Datenbanken ist aufgrund nicht normierter Affiliationen deutlich komplexer (z. B. Putnings & Dierkes, 2016).

Eine Publikationsanalyse für das Publikationsjahr 2016 ergab, dass am Forschungszentrum Jülich gut 17 % der Zeitschriftenartikel in Goldenen Open-Access-Zeitschriften (DOAJ) erschienen sind. Wären bisher in der Bibliothek nur APCs abgerechnet worden, so stiege der Arbeitsaufwand in einer reinen Open-Access-Welt um mindestens den Faktor fünf an. Diese Hochrechnungen führen zu der von Geschuhn & Sikora (2015) aufgeworfenen Frage nach der Skalierbarkeit der heutigen Workflows bei einem Anstieg der Open-Access-Publikationen in den nächsten Jahren. Laut Jisc Report (Shamash, 2016) verdoppelte sich die Anzahl der vom Vereinigten Königreich gezahlten APCs in 2014 im Vergleich zum Vorjahr.

Eine zentrale Stelle zur Abrechnung von Publikationsgebühren birgt in diesem Kontext mehrere Vorteile. Es ist beispielsweise möglich für die gesamte Einrichtung Rabatte auszuhandeln, wie es bei der zentralen Lizensierung von Literatur bereits gang und gäbe ist. Des Weiteren können Rahmenverträge, Vorauszahlungsmodelle und Offsetting-Verträge zur Reduzierung des Arbeitsaufwandes bei Wissenschaftlern und der Rechnungsstelle erreicht werden. Der Abschnitt „Finanzierungsstrategien" liefert grundlegende Informationen zu diesen Möglichkeiten.

Insgesamt ist festzuhalten, dass das Knowhow der Bibliotheken im Umgang mit Verlagen und bibliographischen Daten diese dafür prädestiniert als zentrale Stelle zur

Abrechnung von Publikationsgebühren zu fungieren. Für ein umfassendes Reporting ist eine zentrale Bearbeitungsstelle von großem Vorteil. Gleichzeitig ist eine Anbindung an das zentrale Electronic Resource Management, das dem Monitoring der Subskriptionsgebühren dient, im Hinblick auf eine Umschichtung von Subskriptionsgebühren hin zu APCs ein Vorteil, insbesondere bei Verhandlungen mit Verlagen.

Workflows aus der Praxis

Bereits Geschuhn & Sikora (2015) skizieren beispielhafte Workflows aus der Praxis der Max Planck Digital Library (MPDL). Grundsätzlich lassen sich bei der Übernahme von APCs drei Fälle unterscheiden (Geschuhn & Pieper, 2016):

W1. Die Erstattung von Einzelrechnungen an Verlage oder Autoren.

W2. Rahmenverträge mit Open Access-Verlagen, die die zentrale Rechnungslegung an die Bibliothek regeln, je nach Publikationsaufkommen auch als Sammelrechnungen.

W3. Vorauszahlungsmodelle (Deposits) bei einzelnen Open Access-Verlagen.

Aktuell wird häufig reaktiv mit dem Workflow W1 gearbeitet. Eine Rechnung erreicht direkt oder indirekt, über einen Autor oder eine Untergliederung, die Rechnungsbearbeitung und wird einzeln erstattet. Folgende vier Schritte müssen dabei für jede einzelne Publikation vom Eingang der Rechnung bis zur Zahlung durchlaufen werden:

S1. Berechtigungsprüfung
Im ersten Schritt wird überprüft, ob sich die Publikation für eine Kostenübernahme qualifiziert. Dabei kommt insbesondere die Affiliation des Corresponding Authors zum Tragen. Des Weiteren wird geprüft, von welcher Stelle die Kosten getragen werden können, z. B. vom Publikationsfonds, einer Untergliederung oder einem Projekt. Werden vom Publikationsfonds nur APCs übernommen, kann z. B. das Directory of Open Access Journals zur Berechtigungsprüfung herangezogen werden.[1] Sollten die Angaben auf der Rechnung nicht für eine Überprüfung ausreichen, wird bereits an dieser Stelle Rücksprache mit den Autoren oder dem Verlag nötig.

S2. Datenaufnahme
Nach positiver Überprüfung der Berechtigung (Autorenverifikation) erfolgt eine erste Aufnahme der Publikation im Sinne der Rechnungsbearbeitung. Wie im

---

[1] Das Directory of Open Access Journals, kurz DOAJ, stellt eine Liste Goldener Open Access Zeitschriften bereit. In das Verzeichnis werden nur Zeitschriften aufgenommen die gewisse Qualitätsstandards erfüllen.

Abschnitt „Nichts als Daten" beschrieben, kann die Menge der Daten und der Ort der Datenaufnahme dabei je nach Einrichtung variieren. Mitunter müssen einige Informationen noch offen gelassen und später nachgetragen werden, z. B. die DOI, die oft erst nach Zahlung und Veröffentlichung vergeben wird.

S3. Rechnungsprüfung
Die Überprüfung und Korrektur der Rechnung kann mitunter zu unerwartet vielen Iterationen zwischen der Rechnungsstelle und dem Verlag führen (Wagner, 2016b). Häufig fehlen auf der Rechnung bereits simple bibliographische Angaben, die schon bei der Berechtigungsprüfung erfragt werden müssen, z. B. der Zeitschriftentitel oder die Autoren. Oft werden aber auch formale Vorgaben, z. B. die Angabe der Steueridentifikationsnummern (VAT), nicht erfüllt (Geschuhn & Pieper, 2016).

S4. Zahlung
Die Zahlung kann z. B. per Überweisung oder Kreditkarte erfolgen. Jede Zahlungsart löst dabei bestimmte Modalitäten und Vorgänge aus, die innerhalb der Einrichtung bis zur endgültigen Zahlung durchlaufen werden.

Es zeigt sich, dass vom Eingang der Rechnung bei der Rechnungsstelle bis zur Erstattung mitunter unerwartet viele Schritte liegen und viel Zeit vergehen kann. Es handelt sich zudem um einen manuellen und kleinteiligen Vorgang (Geschuhn & Sikora, 2015). Bei einer steigenden Anzahl von Open-Access-Publikationen steigt bei diesem Workflow W1 der Arbeitsaufwand entsprechend an.

Eine Entspannung der Situation kann der Workflow W2 bieten, wenn ein Rahmenvertrag mit einem Verlag erfolgreich eingerichtet wurde. Schritt S1 erfolgt hier meist halb-automatisiert auf Seiten des Verlags und oftmals schon bei der Einreichung (Submission) einer Publikation. Aufgrund der IP-Range, der Autoren-Affiliation, der Email-Adressen der Autoren oder per aktiver Auswahl des Kostenträgers (Funders) durch den Autor, kann eine Publikation einer Einrichtung zugeordnet und dieser zur Berechtigungsprüfung (Claiming) vorgelegt werden. Dies erlaubt zudem eine gewisse Vorausplanung der Kosten.

Bei Sammelrechnungen erfolgen die Schritte S1 und S2 für mehrere Publikationen parallel. Im Idealfall wurden im Rahmenvertrag die notwendigen Rechnungsangaben festgelegt, damit entfallen die Iterationen bei der Rechnungsprüfung und der Arbeitsaufwand von Schritt S3 reduziert sich deutlich. Werden Sammelrechnungen verwendet, sinkt der Arbeitsaufwand der Schritte S3 und S4 noch weiter.

Abweichungen von der Reihenfolge der Schritte S1 bis S3 sind hierbei durchaus möglich. Geschuhn & Pieper (2016) zeigen in ihrer Abbildung 1 die relativen Zeitpunkte der Affiliationsbestätigung und der Rechnungsbearbeitung bei der MPDL aufgesplittet nach Verlagen. In der Praxis zeigt sich zudem, dass insbesondere beim Workflow W1 die Schritte S1 bis S3 oft zusammen fallen.

Eine weitere Reduktion des Arbeitsaufwands bei der Rechnungsbearbeitung kann durch den Workflow W3 erreicht werden. Hierfür leistet die Einrichtung eine Vorauszahlung beim Verlag und hat dort ein Deposit (Guthaben) von dem zu zahlende Publikationsgebühren nach und nach automatisch abgezogen werden. Die Schritte S1 und S2 erfolgen hier analog zum Workflow W2. Die Schritte S3 und S4 entfallen und werden durch deutlich seltenere Einzahlungen in das Deposit ersetzt. Diese Einzahlungen erfolgen meist nach Bedarf, wenn das noch vorhandene Guthaben einen gewissen Schwellwert unterschreitet. Die Höhe richtet sich dabei nach dem zu erwartenden Publikationsaufkommen. Einige Verlage bieten hier gestaffelte Rabatte auf die APCs an, in Abhängigkeit von der Vorauszahlungshöhe. Eine neue Herausforderung bei Workflow W3 stellt der Überblick über die Einzahlungen und Abzüge des Deposits dar. Eine neue Ebene des Reportings entsteht. Bei Open Access-Konsortien wird dies noch deutlich komplexer und führt zu Mehraufwand beim Konsortialführer.

Ein grundlegendes Problem der Basis-Workflows W2 und W3 ist das verlagsseitige Identifizieren der für eine Einrichtung relevanten Publikationen. Die Verfahren variieren von Verlag zu Verlag, manchmal sogar von Zeitschrift zu Zeitschrift. Verfahren, die auf einer aktiven Auswahl des Funders durch die Autoren basieren, setzen voraus, dass das Vorgehen bei den unterschiedlichen Verlagen den Autoren bekannt ist. Oftmals bricht der Workflow bereits an dieser Stelle ab und führt zurück zu Einzelrechnungen und dem Basis-Workflow W1.

Empfehlungen

Im Folgenden sollen die bereits erläuterten Probleme und Lösungswege in konkreten Empfehlungen zusammengefasst werden. Sie sollen zur Minimierung des Arbeitsaufwands bei der Abrechnung von Publikationsgebühren beitragen.

E1. Mehrfache Datenhaltung vermeiden
Wann immer möglich, sollte mehrfache Datenhaltung vermieden werden. Ideal wäre eine interne Anbindung der Abrechnungsinformationen z. B. an den Genehmigungsworkflow, die Veröffentlichungsdatenbank (Wagner, 2016b), das Repositorium und die Finanzsoftware der Einrichtung. Spezifische Informationen werden jeweils in nur einem System vorgehalten und gepflegt. Die anderen Systeme erhalten die benötigten Daten dann dynamisch über eindeutige Identifikatoren.

E2. Normierung
Die Verwendung normierter Daten vereinfacht das Reporting und vermeidet zeitaufwändige und fehleranfällige händische Eingaben. In manchen Fällen, wie z. B. Kostenstellenverzeichnissen, muss die jeweilige Einrichtung selbst die Normdatei pflegen. In anderen Fällen, wie z. B. Zeitschriftentiteln, kann auch Fremddatenübernahme erfolgen.

E3. Zentralisierte Datenhaltung
Auch wenn die Abrechnung der Publikationsgebühren nicht zentral erfolgt, sollte die Datenhaltung zentral angesiedelt sein. Reporting und Publikationskostenprognosen lassen sich so schneller erstellen.

E4. Controlling-Instrument für Deposits und Reports
Um kontinuierlich Überblick über Deposits (Workflow W3) und die gezahlten Publikationsgebühren zu haben, bietet sich die Einführung einer Reporting-Software, wie z. B. die Reporting Services des Microsoft SQL Server, an. Diese erleichtert die Berichterstattung und liefert stets aktuelle Zahlen.

E5. Autorenverifikation
Die Erkennung der Zugehörigkeit einer Publikation zu einer Einrichtung sollte verlagsseitig über mehrere Wege erfolgen, um einen Rückfall zu Workflow W1 bestmöglich zu vermeiden. Neben der IP-Range des einreichenden Autors können Email-Adressen und Affiliationen der Autoren automatisiert herangezogen werden. Die manuelle Auswahl eines Funders durch den Autor sollte nur eine zusätzliche Identifikationsmöglichkeit darstellen.

E6. Verbesserung Rechnungsdaten
Unvollständige oder inkorrekte Rechnungen führen zu einem hohen Arbeitsaufwand. Eine Rahmenvereinbarung mit Verlagen über Mindestangaben kann bei Workflow W1 zu erheblichen Zeitersparnissen führen.

E7. Umstieg zu den Workflows W2 und W3
Wo möglich und durch ausreichendes Publikationsaufkommen gerechtfertigt, ist ein Wechsel von Workflow W1 zu Workflow W2 oder W3 anzustreben. Die Reduktion des Arbeitsaufwandes kann bedeutend sein.

Abschließend ist festzuhalten, dass die zu ergreifenden Maßnahmen zur Optimierung der Abrechnungsworkflows für Publikationsgebühren stark von der zu erwartenden Publikationsanzahl abhängen. Bei geringen Publikationsaufkommen kann bereits eine Umsetzung von E6 ausreichen und E7 nicht relevant sein.

Fazit

Die Abrechnung von Publikationsgebühren und die Verwaltung von Publikationsfonds sind noch verhältnismäßig junge Arbeitsfelder in Bibliotheken. Die Workflows sind deshalb noch sehr unterschiedlich und verändern sich fortwährend. Eine laufende Absprache mit Verlagen und Autoren ist dabei ebenso unabdingbar wie eine ständige Optimierung der Abläufe. Der Prozess hin zu idealen Workflows ist noch weit und muss von Bibliotheken gestaltet und von Verlagen begleitet werden.

Literatur

Bruch, C., Fournier, J. & Pampel, H. (2014). *Open-Access-Publikationsfonds: Eine Handreichung.* doi:10.2312/allianzoa.006.

Geschuhn, K., & Pieper, D. (2016). Wandel aktiv gestalten: Das Projekt INTACT-Transparente Infrastruktur für Open-Access-Publikationsgebühren. In *Schriften des Forschungszentrums Jülich, Reihe Bibliothek / Library*, 22, Seiten 47–69. WissKom 2016, Jülich. http://hdl.handle.net/2128/11559.

Geschuhn, K., & Sikora, A. (2015). Management von Article Processing Charges – Herausforderungen für Bibliotheken. *o-bib. Das offene Bibliotheksjournal/herausgegeben vom VDB*, 2(1), 27–34. doi:10.5282/o-bib/2015H1S27-34.

Open APC Initiative (2014). *Datasets on fee-based Open Access publishing across German Institutions.* Bielefeld University. doi:10.4119/UNIBI/UB.2014.18.

Pampel, H., & Liebenau, L. (2012). Umgang mit Open-Access-Publikationsgebühren – Praxis und Perspektive in der Helmholtz-Gemeinschaft. *Bibliothek Forschung und Praxis*, 36(1), 110–6.

Putnings, M. & Dierkes, T. (2016). DeepGreen – Entwicklung eines rechtssicheren Workflows zur effizienten Umsetzung der Open-Access-Komponente in den Allianz-Lizenzen für die Wissenschaft. In *Schriften des Forschungszentrums Jülich, Reihe Bibliothek / Library, 22*, Seiten 189–199. WissKom 2016, Jülich. http://hdl.handle.net/2128/11568.

Schimmer, R., Geschuhn, K. K., & Vogler, A. (2015). *Disrupting the subscription journals' business model for the necessary large-scale transformation to open access.* doi:10.17617/1.3.

Shamash, K. (2016). Article processing charges (APCs) and subscriptions. Monitoring open access costs. Jisc Report. *Jisc Joint Information Systems Committee Report.* https://www.jisc.ac.uk/reports/apcs-and-subscriptions.

Wagner, A. (2016a). Publizieren ist nicht genug. In *Schriften des Forschungszentrums Jülich, Reihe Bibliothek / Library*, 22, Seiten 23–32. WissKom 2016, Jülich. http://hdl.handle.net/2128/11558.

Wagner, A. (2016b). Publizieren ist nicht genug. Vortrag, *WissKom 2016*, Jülich. http://hdl.handle.net/2128/11546.

8 Data Publishing und Open Access

Hans Pfeiffenberger
8 Data Publishing und Open Access

In den letzten Jahren hat sich der Begriff des Data Publishing – in Verbindung mit dem Offenen Zugang auch zu Forschungsdaten – etabliert. Das Publishing wird hier „mit großem P" verstanden, d. h. es soll um einen formalen Publikationsvorgang gehen, nicht nur um das Publikmachen, etwa auf einem beliebigen Server im Web. Die Formalien und deren Prioritäten, Methoden und Anforderungen wurden dabei zuweilen verschieden gesehen; erst in letzter Zeit zeichnet sich ein Konsens hin zu den FAIR Data Principles[1] ab: Die Daten sollen findbar, zugänglich, interoperabel und nachnutzbar sein. Bei genauem Hinsehen gehen die Prinzipien weit über das hinaus, was die vier Begriffe suggerieren – insbesondere die Maschinen-Tauglichkeit („machine-actionable") legt einen hohen Maßstab sowohl an die (Meta-)Daten als auch an die Infrastrukturen, mittels derer sie erfasst und verbreitet werden.

Über die eher technischen Standards für Daten, Formate und Protokolle hinaus – deren Bedeutung noch zu diskutieren sein wird – besetzt der Begriff des Publizierens zwei für die Wissenschaft und deren Akteure äußerst wichtige Funktionen: Zum einen wird mit dem formalen Publizieren stets auch ein Maß an Qualitäts(zu)sicherung verbunden – sei es durch Editorial oder Peer Review oder eine andersartige Kritik oder Diskussion durch Dritte. Zum anderen erwirbt der Schöpfer eines so veröffentlichten Elementes des wissenschaftlichen Wissensbestandes – gemäß guter wissenschaftlicher Praxis – das Anrecht zitiert zu werden und damit die Anerkennung der wissenschaftlichen Leistung.

Noch im Jahr 2010 war allerdings keineswegs unumstritten, dass die Erzeugung eines qualitätsgesicherten Datensatzes eine *eigenständige* wissenschaftliche Leistung sein kann. Dies ist etwa an den „Grundsätzen zum Umgang mit Forschungsdaten"[2] der Allianz der deutschen Wissenschaftsorganisationen unter dem Zwischentitel „Wissenschaftliche Anerkennung" zu erkennen.

Entsprechend wurde die Aufforderung einschlägiger Daten-Repositories, etwa PANGAEA, Daten zu zitieren, trotz des Angebots einfach kopierbarer Referenzangaben nur selten befolgt. Die Zitate waren auch kaum auffindbar. Einerseits verlagerten Autoren von Artikeln den Bezug auf die Daten weiterhin gern in die Danksagungen (Acknowledgements), andererseits wurden auch „echte" Zitate nicht in die Indexdatenbanken wie Web of Science oder Scopus aufgenommen. Nicht zuletzt dieses

---

Alle URLs überprüft zwischen 21.10.2016 und 25.10.2016

1 Force11, „FAIR Data Guiding Principles", https://www.force11.org/fairprinciples
2 „Grundsätze zum Umgang mit Forschungsdaten", Allianz der deutschen Wissenschaftsorganisationen, 2010 http://www.allianzinitiative.de/handlungsfelder/forschungsdaten/grundsaetze/

Problem hatte bereits zuvor zur Idee des Datenjournals geführt, das Artikel *über* Daten veröffentlicht, gewissermaßen als leichter formal zitierbarer Stellvertreter für die Daten. Dabei wird bei einigen dieser Journale, etwa „Earth System Science Data", gegründet 2008, das Prinzip des Peer Review auf die Daten selbst ausgedehnt, und so neben der Zitier„würdigkeit" des Artikels auch der Qualitätssicherung Rechnung getragen.[3]

Prinzipiell änderte sich die wissenschaftliche Anerkennung des Beitrags von Daten etwa ab den Jahren 2012/13. Unter den einschlägigen Dokumenten seien drei mit sehr unterschiedlicher Stoßrichtung hervorgehoben:

- Der Report „Science as an open enterprise"(SAOE)[4] der Royal Society (of London), begründete die eigenständige Bedeutung von Daten, Software und anderen digitalen Artefakten im wissenschaftlichen Ökosystem– und zwar vor allem dann, wenn diese so offen wie möglich verfügbar sind. Der buchstäblich erste Satz lautet: „Open inquiry is at the heart of the scientific enterprise". Bemerkenswerterweise wird dort eine Definition von „Intelligent Openness" gegeben, die den FAIR Prinzipien sehr ähnlich ist – mit einer großen Ausnahme: FAIR nimmt die Forderung „assessable", gemeint ist die Möglichkeit der Qualitätseinschätzung, nicht als eine der vier grundlegenden Forderungen auf.
- Die DFG-Empfehlungen zur „Sicherung guter wissenschaftlicher Praxis"[5] enthalten erstmals in der Version von 2013 in den Regelungen zur Autorschaft (Empfehlung 11) eine Anerkennung des Beitrags von Daten: „Als Autoren einer wissenschaftlichen Originalveröffentlichung sollen alle diejenigen firmieren, die zur Erarbeitung, Analyse und Interpretation der Daten selbst wesentlich beigetragen haben".
- Die Antragsrichtlinien der amerikanischen National Science Foundation vom Januar 2013[6] ziehen wissenschaftliche Artikel, Daten, Software, sogar Patente, als (potentiell) gleichwertige „Produkte" wissenschaftlicher Arbeit der Antragsteller in Betracht. Anstelle einer (möglichst langen) Liste von Artikeln werden qualifizierte „Produkte" erwartet „Products – A list of: (i) up to five products most closely related to the proposed project; and (ii) up to five other significant products, whether or not related to the proposed project. Acceptable products must be citable and accessible including but not limited to publications, data sets,

---

[3] Hans Pfeiffenberger und David Carlson, „Earth System Science Data" (ESSD) – A Peer Reviewed Journal for Publication of Data", 2011, D-Lib Magazine, 17 (1/2) doi:10.1045/january2011-pfeiffenberger
[4] „Science as an open enterprise", The Royal Society Science Policy Centre report 02/2012, https://royalsociety.org/~/media/policy/projects/sape/2012-06-20-saoe.pdf
[5] „Vorschläge zur Sicherung guter wissenschaftlicher Praxis: Empfehlungen der Kommission, Selbstkontrolle in der Wissenschaft' " DFG/Wiley 2013; doi:10.1002/9783527679188.oth1
[6] „Grant Proposal Guide" Chapter II.C.2.f(i)(c), NSF 2012 (effektiv Januar 2013); https://www.nsf.gov/pubs/policydocs/pappguide/nsf13001/gpgprint.pdf

software, patents, and copyrights... Only the list of 10 will be used in the review of the proposal."

Die Erläuterung des Terminus „intelligent openness" im SAOE-Report greift sehr deutlich das Problem auf, dass zwar der Grundsatz der Offenheit gelten muss, aber die Daten etwa aus einem schon finanziell sehr wesentlichen Teil der Forschung, der Medizin, nicht völlig offen zugänglich sein können (translationale medizinische Forschung; „Nationale Kohorte").[7] Auch diese Daten dennoch so offen wie möglich zugänglich zu machen, stellt eine besondere mathematische, technische und organisatorische Herausforderung dar. (Stichworte dazu sind etwa Differential Privacy, gehärtete IT-Systeme, Zertifizierung autorisierter Nutzer). Die betroffene Community muss dann einen Konsens finden, was als hinreichend offen und was als publiziert gelten kann.

Nachdem so die grundsätzliche Frage der heutigen Bedeutung eigenständiger Datenprodukte in der Wissenschaft geklärt ist, lohnt die Frage: Warum kam dies erst jetzt auf die Tagesordnung? Schließlich waren Daten zumindest für die Naturwissenschaften schon seit dem Beginn solcher Forschung von entscheidender Bedeutung. Schon seit der Zeit der Sumerer und Assyrer (ab 2000 v. Chr.) wurden über Jahrhunderte die Daten der Mond- und Sonnenfinsternisse erfasst, um erst viel später (700 bzw. 585 v. Chr) zur Vorhersage „nachgenutzt" zu werden. Erst Tycho Brahe's exakte Beobachtung der Planeten ermöglichte es dem Analysten, deren Bewegungen in kompakten Formeln (Kepler'sche Gesetze) zu beschreiben und vorherzusagen (wenn auch nicht in einer Theorie zu erklären – dies blieb Newton vorbehalten).

Der offensichtliche Unterschied im Zeitalter der digitalen (Online-)Wissenschaft ist das Wuchern der Datenmengen, ebenso wie das der Anzahl der Quellen und die Vielfalt der Methoden, mit diesen Daten umzugehen. Dies geht so weit, dass diese nicht mehr adäquat und im Detail als Tabellen oder im Methodenteil als Text wiederzugeben sind. Die womöglich größte unmittelbare Herausforderung, die diese Entwicklung für die Wissenschaft und ebenso für Wissenschaftlerinnen und Wissenschaftler hervorruft, ist die Frage der Nachvollziehbarkeit ihrer Ergebnisse und – sogar und gerade im beginnenden Zeitalter der Open Science – die Frage der nachhaltigen Nutzbarkeit. Das Problem besteht hier zunächst in der für Menschen nicht mehr ohne digitale Hilfsmittel überschaubaren und nicht bearbeitbaren Menge. In der zweiten und dritten Dekade dieses Jahrhunderts werden die digitalen Methoden aber über die simple 1-zu-1 Abbildung oder Nachahmung analoger Methoden mittels analytischer Software und „digitalisierter" Informationsformate weit hinausgehen:

Maschine learning – im wohl einfachsten Fall ein neuronales Netz, das mit einem Datensatz trainiert wird – kann wissenschaftliche Aussagen und Vorhersagen

---

[7] „Was ist die NAKO Gesundheitsstudie?", http://nako.de/allgemeines/was-ist-die-nako-gesundheitsstudie/

produzieren. Zum Beispiel könnten Lücken in Beobachtungsdaten auf besonders „intelligente" Weise gefüllt oder extrapoliert werden, aber durchaus auch Hypothesen vorgeschlagen[8] werden. Aber worum handelt es sich bei den Outputs eines Machine Learning Systems? Extrapolierte Daten sind jedenfalls keine Beobachtungen. Und selbst wenn ein solches System theoriegestützt trainiert wurde (und sei es implizit durch die Auswahl des Lernmaterials), so sind dessen Ergebnisse doch nicht mehr in gleicher Weise wie bei einem klassischen Modell zu verstehen und nachzuvollziehen. Welcher wissenschaftliche Wert, jenseits der pragmatischen Nutzung der Vorhersagen, ist also diesen Ergebnissen beizumessen und wie sind diese Methoden ggf. zu dokumentieren und zu publizieren?

Diese Entwicklungen und ihre Faktoren werden in den nächsten Jahren einen Umbau – oder gar eine Umwälzung? – des wissenschaftlichen Publizierens, insbesondere des Publizierens von Daten, Software, ihres Kontextes und ihrer Provenienz, prägen. Wir haben in den letzten Jahren zumindest in den Naturwissenschaften erlebt, wie für alle praktischen Zwecke das Publizieren von Artikeln auf Papier durch die Darstellung und Online-Verbreitung derselben Information im PDF-Format ersetzt wurde. Dabei geht weder die Granularität und die Strukturierung des Inhalts noch dessen Präsentation wesentlich über eine 1-zu-1 Abbildung hinaus. Die eigentliche Innovation bestand in der Einführung eines persistenten und eindeutigen Identifiers, als dessen technische Realisierung sich hier eindeutig der DOI durchgesetzt hat. Die heute anerkannten Methoden, Datensätze zu publizieren, nämlich über Repositories, bei denen (spätestens) bibliographische Metadaten erfasst und zugeordnet werden, deren Darstellung (!) üblicherweise einen DOI erhält, sind wiederum im Grunde eine Abbildung der Online-Methoden des Publizierens von Artikeln auf Datensätze.

Es steht zu vermuten, dass dem Publizieren – ob von Artikeln oder Daten – und dessen Akteuren und ihren Infrastrukturen ebensolche disruptive Innovationen bevorstehen, wie dies dem Einzelhandel, Telefonherstellern, dem Automobilbau etc. widerfahren ist oder gerade widerfährt. So wird dem Bioinformatiker Barends Mons ein im Kontext einer Keynote[9] geäußertes Bonmot zugeschrieben, in Zukunft würden wohl nicht mehr die Daten Supplement zu den Artikeltexten sein, sondern die Artikel (Narrative) Supplement zu Daten. Der Autor dieses Kapitels hat selbst schon vor längerer Zeit bei einer Innovations-Konferenz der STM-Verleger bemerkt,[10] dass deren

---

[8] Scott Spangler et al., „Automated hypothesis generation based on mining scientific literature", in Proceedings, KDD '14 Proceedings of the 20th ACM SIGKDD international conference on Knowledge discovery and data mining, p. 1877-1886; doi:10.1145/2623330.2623667

[9] Barends Mons, „Bringing Data to Broadway", RDA Plenary Amsterdam, 22.09.2014; https://www.rd-alliance.org/plenary-meetings/fourth-plenary/plenary4-programme.html, https://collegerama.tudelft.nl/Mediasite/Play/0844aefac5bb49ca9032069c6edc668f1d?catalog=3984a02f-bf33-4c70-a080-94a04d3e8112, ab Minute 33:50

[10] Hans Pfeiffenberger, „Data, Big Data and Publications", STM Innovations Seminar 2012 – Innovation Impacts in STM, London, 07.12.2012, http://hdl.handle.net/10013/epic.48775

Produkte (gemeint waren die Volltexte von Zeitschriften-Artikeln) die besten verfügbaren Metadaten zu Forschungsdaten seien – wenn nur Artikel und Forschungsdaten untereinander verlässlich zitiert wären. Etwas allgemeiner gefasst, ist abzusehen, dass in Zukunft wissenschaftliche Information aus einem Gewebe von digitalen Objekten, nämlich Texten, Daten, Software und insbesondere (den Identifiern für) Personen bestehen bzw. daraus abgeleitet werden wird. Eine erste, „einfache" kommerzielle Realisierung ist in dem neuen Publikationskonzept des Verlages Elsevier unter dem Namen „Research Elements"[11] zu bestaunen. Der wirkliche Wert dieser Elemente oder „research objects" lässt sich dabei nur durch die Fäden oder Kanten des Gewebes, nämlich die Links bzw. Zitate, erschließen und dies angesichts einer explodierenden Anzahl auch nur dann, wenn dieses Gewebe – und natürlich vorzugsweise auch die verbundenen Objekte selbst – in maschinenlesbarer Form vorliegen.

Zudem entsteht ein Kontinuum der Größen, Qualitäten und Formate der publizierten Objekte, dessen Ausdehnung heute bereits absehbar ist: Einzelne Datenobjekte können eine Terabyte umfassende Datei sein oder ein Datenbankeintrag entsprechend einer Tabellenzeile. Daten und Software bzw. dazugehörige Artikel können ebenso wie Narrative einem Peer Review unterzogen[12] sein, oder ihre Qualitätssicherung ist durch sorgfältigste Dokumentation ihrer Entstehung[13] realisiert, etwa durch Links zu Standard Operating Procedures bzw. dem verwendeten Protokoll oder durch dedizierte Web-Präsenzen,[14] welche die Entstehung, beteiligte Personen, Ereignisse und genutzte Werkzeuge in freier Form zusammenführen. Es ist festzuhalten, dass die Koordinaten eines konkreten Forschungsergebnisses in diesem Kontinuum in hohem Masse disziplinabhängig sind.

Schließlich, und dies unterscheidet Forschungsdaten und -software mehr als alles andere vom klassischen Artikel, sind dies häufig „lebende" Objekte: Sie werden – wie in den zuvor gegebenen Daten-Beispielen – kontinuierlich oder schubweise erweitert, verfeinert und zuweilen auch korrigiert. Diese wissenschaftliche Arbeit an den Daten wird im Allgemeinen nicht so stattfinden, dass per DOI auf ein Daten- oder Software-Repository zugegriffen, an einer Kopie gearbeitet und eine neue Version (mit neuer DOI) hochgeladen wird. Vielmehr findet die Arbeit in Arbeitsdatenbanken oder an einzelnen Modulen in Softwareversionsverwaltungssystemen, etwa Github, statt. Zum Zweck der langfristigen und vertrauenswürdigen wissenschaftlichen Nachvollziehbarkeit bleibt dann nur, anlässlich von Veröffentlichungen „Schnappschüsse" zu ziehen – für Software etwa mittels der mit Github verbundenen Funktion von Zenodo,[15] bei Daten etwa in Jahresausgaben.

---

[11] https://www.elsevier.com/books-and-journals/research-elements
[12] etwa: Le Quéré, C., et al.: Global Carbon Budget 2016, Earth Syst. Sci. Data Discuss., doi:10.5194/essd-2016-51, in review, 2016.
[13] etwa: Reference documentation http://www.argodatamgt.org/Documentation des globalen ARGO Projekts, http://www.argo.ucsd.edu/About_Argo.html
[14] The Global Carbon Project, http://www.globalcarbonproject.org
[15] Martin Fenner, „Software Citation Workflows", 2015 https://blog.datacite.org/software-citation-workflows/

Auch um den damit verbundenen Gefahren der Inkonsistenz zwischen einer tatsächlich genutzten Version in der Arbeitsdatenbank und der im Repository sowie der Aufblähung der Datenmengen entgegenzuwirken, werden zur Zeit im Rahmen der Research Data Alliance (RDA) Konzepte und Methoden erarbeitet[16] und erprobt, wie Identifier für Extrakte und zeitliche Stände dynamischer Datensätze bereit zu stellen wären.

Unter anderem auch bei der RDA finden Arbeiten zur Konzeption der Dateninfrastruktur von morgen[17] statt, die das beschriebene Gewebe von research objects in einer Anzahl, welche die heutige um viele Größenordnungen übersteigt, speichern, erhalten und zugänglich machen kann. Es muss festgehalten werden, dass in diesem Kontext zum Beispiel diskutiert wird, dass aus Skalierungsgründen nicht jedem aus der Vielzahl von Objekten ein DOI als Identifier mitgegeben werden kann, oder dass auch in großem Umfang Daten nur befristet erhalten werden können. Konkrete technische Vorhersagen für diesen Bereich können kaum gewagt werden – etwa dazu, welche Art von Identifier sich letztendlich durchzusetzen vermag, ob das Zitieren „evolvierender" Datensätze nach der RDA-Methodik flächendeckend gelingen wird oder ob und wie es gelingen mag, die Abläufe zur gegenseitigen Verlinkung und korrekten Zitierung zwischen Artikeln und Daten zu automatisieren. Eines aber ist bei einer ganzheitlichen Betrachtung mehr als deutlich: Alle „Geschäfte" und Transaktionen, die über das Internet stattfinden, sind einer massiven Konzentration unterworfen („the winner takes it all"). Dies ist trotz der Existenz exklusiver Nutzungsrechte sogar im Publikationsbereich in Form eines Oligopols im STM-Bereich zu erkennen. Sofern eine Leistung keiner persönlichen Interaktion mit dem Endabnehmer bedarf – und dies kann man im Online-Bereich mit etwas einmaligem Aufwand sehr häufig erreichen – werden Zwischenhändler oder andere Intermediäre leicht ausgeschaltet: Die Lieferung erfolgt von einem Global Player direkt an den Endkunden. Auch in der Informationstechnik ist von einer Industrialisierung die Rede (gemeint ist die Verlagerung von Unternehmens-IT „in die Cloud", wo in der Tat Serverräume die Größe von Fabrikhallen annehmen). Dieser Effekt ist überall dort besonders wirksam, wo die Grenzkosten pro Kunde minimal gegenüber den Fixkosten sind (z. B. Verlage bei reiner Online-Lieferung) und/oder der Wert der Leistung für den Kunden mit der Anzahl der anderen Kunden desselben Unternehmens steigt (Netzwerkeffekt; Beispiel ResearchGate). Diesen Effekten werden sich lokale Infrastrukturen wie Bibliotheken und Rechenzentren an Universitäten und Forschungseinrichtungen nicht dauerhaft entgegenstemmen können. Der wichtigste Ratschlag, der zur Zeit im IT-Bereich kursiert – welcher einer schnelleren Änderung unterworfen scheint als das

---

[16] Andreas Rauber et al., „Data Citation of Evolving Data Recommendations of the Working Group on Data Citation (WGDC)", RDA 2015; https://www.rd-alliance.org/system/files/documents/RDA-DC-Recommendations_151020.pdf

[17] Larry Lannom und Peter Wittenburg, „Global Digital Object Cloud (DOC) – A Guiding Vision", 2016; http://hdl.handle.net/11304/a8877a1a-9010-428f-b2ce-5863cec4aff3

Bibliothekswesen – ist der, seine Leistungen gegenüber dem Unternehmen ganz neu zu denken – „Was braucht der Kunde?", nicht: „Was ist unser Tagesgeschäft?; Was wollen wir dem Kunden gern anbieten?". Tatsächlich wird der Bereich Information und Data Science (zurzeit unter dem Schlagwort „Digitalisierung") in ganz normalen Unternehmen, aber auch in Forschungseinrichtungen[18] dieser Tage als ein strategisch wichtiger (neu) entdeckt. Ob Industrie 4.0 oder Science 4.0: Eine Institution, die rechtzeitig entdeckt, wie ihre Informationsinfrastruktur unter den neuen Bedingungen aufgestellt sein muss, wird in der hoch dynamischen Umgebung einen womöglich unbezahlbaren Wettbewerbsvorsprung erreichen.

Diese Herausforderung wird mittlerweile auch auf höherer Verantwortungsebene aufgenommen. So hat der 2014 gegründete Rat für Informationsinfrastrukturen im Jahr 2016 erste „Empfehlungen zu Strukturen, Prozessen und Finanzierung des Forschungsdatenmanagements in Deutschland"[19] herausgegeben. Deren erste konkrete lautet: „Förderpolitisch empfiehlt der RfII, Projektförderungen von Forschungsdaten-Infrastrukturen nachhaltig auszurichten, da diese Art der Finanzierung für langfristig benötigte Dienste ein Risiko darstellt.". Es ist daher zu erwarten, dass die dort ebenfalls geforderte „Etablierung einer Nationalen Forschungsdateninfrastruktur (NFDI)" kurzfristig an Fahrt gewinnen wird.

Bestehende Informationsinfrastrukturen – ob klassische oder als Projekt erst in den letzten Jahren entstandene – müssen sich entscheiden, ob sie die Disruption mitgestalten oder sich eine Nische im neu entstehenden Ökosystem von Diensten suchen wollen. So oder so werden sie sich neu erfinden müssen, wie bereits im DFG-geförderten Projekt RADIESCHEN[20] festgestellt, oder auf ein Abstellgleis geraten.

---

18 „Die Ressource Information besser nutzbar machen!", Positionspapier der Helmholtz-Gemeinschaft, 2016, https://www.helmholtz.de/os-positionspapier/, Pressemitteilung dazu, 12.10.2016, https://www.helmholtz.de/aktuell/presseinformationen/artikel/artikeldetail/digitale_forschungsdaten_offen_zugaenglich_machen/
19 Rat für Informations-Infrastrukturen, „Leistung aus Vielfalt", 2016; http://www.rfii.de/?wpdmdl=1998
20 DFG Projekt „Rahmenbedingungen einer disziplin-übergreifenden Forschungsdaten-Infrastruktur", http://www.forschungsdaten.org/index.php/Radieschen

Autorenbiographien

Bauer, Bruno ORCID iD:0000-0002-4729-331X
Bruno Bauer ist seit 1988 im Bibliothekswesen tätig, seit 2006 Leiter der Universitätsbibliothek der Medizinischen Universität Wien. Vorsitzender der Generalversammlung von E-Infrastructures Austria; Mitglied des Forums Universitätsbibliotheken Österreichs (ubifo), des Open Access Network Austria (OANA), der ARGE Strategische Planung im Österreichischen Bibliothekenverbund (OBV) und von BAM Austria; Mitglied in Vorstand und Präsidium der Vereinigung Österreichischer Bibliothekarinnen und Bibliothekare (VÖB); Vortragender im Universitätslehrgang Library and Information Sciences der Universität Wien; zahlreiche Publikationen und Vorträge; seit 2005 Chefredakteur von „GMS Medizin – Bibliothek – Information", seit 2010 im Editorial Team der „Mitteilungen der Vereinigung Österreichischer Bibliothekarinnen und Bibliothekare".

Bertelmann, Roland ORCID iD:0000-0002-5588-0290
Leiter der Bibliothek des Wissenschaftsparks Albert Einstein, eine gemeinsame Bibliothek des Deutschen GeoForschungsZentrums GFZ, des Potsdam-Instituts für Klimafolgenforschung, der Forschungsstelle Potsdam des Alfred-Wegener-Instituts für Polar- und Meeresforschung und des IASS Institute for Advanced Sustainability Studies Potsdam. Verantwortlich für das Helmholtz Open Science Koordinationsbüro.

Beucke, Daniel ORCID iD:0000-0003-4905-1936
Daniel Beucke ist Projektmitarbeiter an der Niedersächsischen Staats- und Universitätsbibliothek Göttingen und dort in verschiedenen Projekten zum Thema elektronisches Publizieren involviert. Er beschäftigt sich schwerpunktmäßig mit den Themen Forschungsinformationssystem, Bibliometrie und Open Access im Allgemeinen. Er leitet die Interest Group ‚Open Metrics' in der Confederation of Open Access Repositories (COAR).

Deinzer, Gernot ORCID iD:0000-0002-7462-3847
Dr. Gernot Deinzer ist Fachreferent für Mathematik, Physik und Informatik an der Universitätsbibliothek Regensburg. Er ist zudem Leiter der Sachgebiete IT-Dienste und elektronisches Publizieren. Er ist Mitglied in der Open Access Expert Group bei Knowledge Exchange, bei der Projektgruppe „Nationaler Open Access Kontaktpunkt" und war Mitglied bei der Ad-Hoc Arbeitsgruppe „Open Access Gold" in der Schwerpunktinitiative „Digitale Information" der Allianz der deutschen Wissenschaftsorganisationen.

Deppe, Arvid ORCID iD:0000-0001-7190-9535
Arvid Deppe war Project Officer im Projekt OpenAIRE 2020 an der Niedersächsischen Staats- und Universitätsbibliothek Göttingen und Mitarbeiter in der Geschäftsstelle der Confederation of Open Access Repositories (COAR). Aktuell arbeitet er an der Universitätsbibliothek Kassel u. a. als Referent für Forschungsdaten. Seine Interessenschwerpunkte liegen Im Bereich Open Science, v. a. in aktuellen Entwicklungen des Goldenen und des Grünen Wegs, alternativen Evaluationsmethoden (Open Peer Review) sowie im Forschungsdatenmanagement.

Eich, Ulrike ORCID iD:0000-0002-0278-4035
Dr. Ulrike Eich war nach Studium und Bibliotheksreferendariat an den Universitätsbibliotheken Konstanz, Hamburg und Frankfurt (Oder) tätig und leitet seit 2000 die Universitätsbibliothek der RWTH Aachen.

Eve, Martin Paul ORCID iD:0000-0002-5589-8511
Professor Martin Paul Eve is Chair of Literature, Technology and Publishing at Birkbeck, University of London. He is well-known in Open Access circles for founding the Open Library of Humanities and for writing the open-access book, Open Access and the Humanities: Contexts, Controversies and the Future, published by Cambridge University Press in 2014.

Frick, Claudia ORCID iD:0000-0002-5291-4301
Leiterin des Fachbereichs Literaturerwerbung und des Teams Wissenschaftliches Publizieren sowie Fachreferentin für Mathematik, Informatik, Physik, Materialforschung und Technik an der Zentralbibliothek des Forschungszentrums Jülich. Studiert derzeit Bibliotheks- und Informationswissenschaft im Masterstudiengang der TH Köln. Nach dem Studium der Meteorologie an der JGU Mainz und der Promotion an der ETH Zürich im Bereich Atmosphärendynamik arbeitete sie als wissenschaftliche Mitarbeiterin beim Deutschen Wetterdienst und der Universität zu Köln.

Fournier, Johannes
Johannes Fournier war von 1997 bis 2003 wissenschaftlicher Mitarbeiter am Kompetenzzentrum für elektronische Erschließungs- und Publikationsverfahren an der Universität Trier und wechselte im August 2003 zur Deutschen Forschungsgemeinschaft. Als Programmdirektor in der Gruppe „Wissenschaftliche Literaturversorgungs- und Informationssysteme" befasst er sich intensiv mit der Förderung des Open Access. Johannes Fournier war und ist Mitglied verschiedener einschlägiger Arbeitsgruppen von der Allianz-Initiative „Digitale Information" über „Knowledge Exchange" bis hin zu „Science Europe".

Fund, Sven ORCID iD:0000-0002-7042-7785
Geboren September 1973, Studium der Politikwissenschaft, Geschichte und Publizistik in Münster, and der FU Berlin und an Washington University in St. Louis (USA). Berufliche Stationen bei Bertelsmann (2000–2004), SpringerNature (2004–2008), De Gruyter (2008–2015). Seit 2015 Geschäftsführer von fullstopp und Knowledge Unlatched. Arbeitsschwerpunkte: Open Access, digitale Geschäftsmodelle, Internationalisierung.

Geschuhn, Kai ORCID iD:0000-0001-5849-8751
Kai Geschuhn, M.A. (LIS), arbeitet als Koordinatorin für Open Access und Lizenzmanagerin an der Max Planck Digital Library in München. Sie ist Mitautorin des für die Open-Access-Transformation grundlegenden MPDL-Witepaper „Disrupting the subscription journals' business model for the necessary large-scale transformation to open access"(doi 10.17617/1.3) und Koordinatorin im DFG-geförderten Projekt INTACT (Transparent Infrastructure for Article Charges).

Green, Toby ORCID iD:0000-0002-9601-9130
Toby Green is Head of Publishing, OECD. He has a 30 year career in scholarly publishing, initially promoting books with Academic Press, then learning about journals with Elsevier Applied Science before moving onto Pergamon Press where he got involved in some early digital publishing projects with encyclopedias and abstracting and indexing services. He joined OECD in 1998 and led the work to transform the OECD's publishing operation, which encompasses books, working papers and datasets, to a digital-first, freemium open access, model centred on the iLibrary platform. Toby is a member of the Royal Society of Chemistry's Publishing Board, has served as Chair of ALPSP and is a regular speaker at industry events.

Hacker, Andrea
Andrea Hacker leitet die Publikationsabteilung des Heidelberger Exzellenzclusters „Asien und Europa im globalen Kontext" und verantwortet u. a. die Produktion der auf der Open Source Plattform OJS laufenden Open-Access-Zeitschrift Transcultural Studies, sowie der in Kooperation mit dem Springer Verlag entwickelten Buchserie Transcultural Research, die ein innovatives Open-Access-Modell verfolgt, und der im Rahmen des DFG-Programms „Wissenschaftliche Monographien und monographische Serien im Open Access" geförderten Open-Access-Buchserie Heidelberg Studies in Transculturality, die im neu gegründeten Universitätsverlag heiUP erscheint. Vor ihrer Zeit in Heidelberg war sie an Universitäten in den USA, Irland und Deutschland tätig. Sie hat an der Universität von Kalifornien Los Angeles in Slavistik promoviert.

Hartmann, Thomas
Thomas Hartmann studierte Rechts- und Wirtschaftswissenschaften sowie Grundlagen der Informatik in Wien, Pforzheim und Mailand. Zunächst arbeitete er als Wirtschaftsjurist in der Automobilindustrie, einer Datenschutzaufsichtsbehörde sowie bei einem Verbraucherschutzverband. Vor allem mit Urheberrecht und Datenschutz befasste er sich an der Humboldt-Universität zu Berlin (2009 bis 2011), an der Georg-August-Universität Göttingen (bis 2012), am Max-Planck-Institut für Innovation und Wettbewerb/Max Planck Digital Library, München (bis 2016), nunmehr am FIZ Karlsruhe – Leibniz-Institut für Informationsinfrastruktur. Daneben ist er Referent der beruflichen Weiterbildung, Hochschuldozent für Zivilrecht, Handels- und Gesellschaftsrecht, Arbeits- und Beamtenrecht sowie Autor zahlreicher Publikationen, im Jahr 2014 erschien *Urheberrecht in der Bildungspraxis. Leitfaden für Lehrende und Bildungseinrichtungen* (W. Bertelsmann Verlag).

Herb, Ulrich ORCID iD:0000-0002-3500-3119
Soziologie-Studium an der Universität des Saarlandes (Abschluss Diplom-Soziologe), Promotion (ebenfalls an der Universität des Saarlandes) in Informationswissenschaft. Seit 2001 an der Saarländischen Universitäts- und Landesbibliothek angestellt und für die Betreuung von Drittmittelprojekten und elektronischen Publikationsangeboten zuständig, freiberuflich als Wissenschaftsberater und Journalist tätig. Lehrbeauftragter an verschiedenen Hochschulen, etwa an der Hochschule der Medien in Stuttgart oder der HTW Chur (CH).

Hirschmann, Barbara ORCID iD:0000-0003-0289-0345
Barbara Hirschmann arbeitet seit 2012 an der Fachstelle E-Publishing der ETH-Bibliothek in Zürich. Als Produktverantwortliche für Open Access, den Dokumentserver, die Hochschulbibliographie und den DOI-Desk der ETH Zürich ist sie für Weiterentwicklung und Marketing dieser Dienstleistungen sowie für Beratung und Informationsveranstaltungen zum Thema Open Access verantwortlich. Sie hat Kultur- und Sozialanthropologie an der Universität Wien studiert und die Ausbildung für den höheren Dienst an wissenschaftlichen Bibliotheken am Ibero-Amerikanischen Institut, Stiftung Preußischer Kulturbesitz in Berlin, absolviert.Von 2009 bis 2012 war sie als Fachreferentin und Referentin für Informationskompetenz an der Universitätsbibliothek Bamberg tätig.

Horstmann, Wolfram ORCID iD:0000-0001-8673-6104
Wolfram Horstmann is the university librarian and director of the Göttingen State and University Library at Georg-August-University of Göttingen since 2014. Prior to his current position he was Associate Director at the Bodleian Libraries of the University of Oxford, UK. He is currently leading several strategic projects in the areas scholarly communication, open access, research data and digital transformation for the University of Göttingen and for the library in Göttingen. He is executive member and Chair of the Steering Group on Scholarly Communication and Research Infrastructure for the European research library association LIBER. In the Research Data Alliance (RDA), he is member

of the Organisational Advisory Board and chairs several working groups, e. g. „Libraries for Research Data" and „Long Tail of Research Data". He acted as advisor to several bodies and initiatives, e. g. the European Commission, the German Research Foundation DFG, or the Nature journal „Scientific Data".

Köhler, Martin ORCID iD:0000-0003-0617-3319
Nach seinem Studium der Physik in Berlin und Promotion an der Universität Hamburg, war Dr. Martin Köhler zunächst bei der in Dynix GmbH und danach bei der debis Systemhaus GmbH als Projektmanager tätig. Im Jahre 2001 wechselte er zum Deutschen Elektronen-Synchrotron (DESY), einem Forschungszentrum der Helmholtz-Gemeinschaft, wo er als Wissenschaftler in die Gruppe Maschinenphysik tätig war. Seit April 2007 leitet er die DESY Zentralbibliothek, zu der auch die DESY Dokumentation, das institutionelle Repositorium und der DESY Verlag gehören.

Kutz, Angelika
Angelika Kutz LL.M. war während der Phase 1 und zur Initiierung der Phase 2 des weltweiten Pilotprojektes SCOAP³ Referentin für das DFG-geförderte Projekt SCOAP³-DH bei der TIB zwecks Koordinierung der Beteiligungen der deutschen Hochschulen."

Meinecke, Isabella
Isabella Meinecke studierte Neuere Deutsche Sprache und Literatur, Geschichtswissenschaft und Sinologie. Nach einem Verlagsvolontariat und freier Tätigkeit in Werbung und Verlagswesen wechselte sie ans Regionale Rechenzentrum der Universität Hamburg. Seit 2006 ist sie an der Staats- und Universitätsbibliothek Hamburg Carl von Ossietzky (SUB) als Leiterin des Open-Access-Verlags Hamburg University Press tätig. Sie ist Open-Access-Beauftragte der SUB, zuständig für Fragen des elektronischen Publizierens und in publikationsbezogenen Projekten, Gremien und Arbeitsgruppen aktiv. Seit 2012 steht sie der Association of European University Presses (AEUP) als Präsidentin vor.

Mittermaier, Bernhard ORCID iD:0000-0002-3412-6168
Dr. Bernhard Mittermaier hat Chemie (Diplom) und Bibliotheks- und Informationswissenschaft (M.A.) studiert und in Analytischer Chemie promoviert. Er leitet die Zentralbibliothek des Forschungszentrums Jülich und ist Mitglied in den Projektgruppen von DEAL und im Nationalen Open Access Kontaktpunkt OA2020-DE sowie im Steuerungsgremium der Allianz-Initiative „Zukunft der Digitalen Informationsversorgung".

Müller, Uwe ORCID iD:0000-0002-2461-8396
Uwe Müller arbeitet an der Deutschen Nationalbibliothek und ist Geschäftsführer der Deutschen Digitalen Bibliothek für die Bereiche Technik, Entwicklung und Service. Der Diplom-Informatiker hat am Institut für Bibliotheks- und Informationswissenschaft der Humboldt-Universität zu Berlin promoviert und dort an zahlreichen Forschungsprojekten auf den Gebieten elektronisches Publizierens und Open Access mitgewirkt. Er ist Co-Sprecher der DINI-Arbeitsgruppe „Elektronisches Publizieren".

Oberländer, Anja ORCID iD:0000-0003-4388-2552
Dr. Anja Oberländer ist Referentin für Open Access und Elektronisches Publizieren an der Universität Konstanz. Im Rahmen dessen ist sie u. a. zuständig für das Repository Management, die Koordination der Informationsplattform open-access.net, die deutsche Kontaktstelle für das EU-Projekt OpenAIRE, den Publikationsfonds der Universität Konstanz sowie diverse weitere Open-Access-Projekte. Sie hat an der Universität Dortmund Wirtschafts- und Sozialwissenschaften studiert und an der Universität Wuppertal im Fachbereich Wirtschaftswissenschaften promoviert.

Pampel, Heinz ORCID iD:0000-0003-3334-2771
Heinz Pampel arbeitet im Helmholtz Open Science Koordinationsbüro der Helmholtz-Gemeinschaft.

Pfeiffenberger, Hans ORCID iD:0000-0002-4081-9956
Dr. Hans Pfeiffenberger studierte an der (Technischen) Universität Hannover und wurde dort in Experimental-Physik promoviert. Heute leitet er die IT-Infrastruktur des Alfred Wegener Instituts, Helmholtz-Zentrum für Polar- und Meeresforschung. Er ist Vorsitzender des Arbeitskreises Open Science der Helmholtz-Gemeinschaft und vertritt diese im Organisational Assembly der Research Data Alliance und – zusammen mit Dr. Bernhard Mittermaier – im Steuerungsgremium der Allianz-Initiative „Digitale Information". Er gründete im Jahr 2008 die Datenzeitschrift „Earth System Science Data".

Pieper, Dirk ORCID iD:0000-0002-6083-9348
Dirk Pieper ist stellvertretender Direktor der Universitätsbibliothek Bielefeld und verantwortet dort den Projekt- und Innovationsbereich. Er hat in Bonn und Hamburg Politikwissenschaft und Volkswirtschaftslehre studiert und war über 10 Jahre Leiter des Dezernats Medienbearbeitung an der UB Bielefeld sowie Mitglied und Vorsitzender der Kommission Erwerbung und Bestandsentwicklung des Deutschen Bibliotheksverbands. Darüber hinaus koordiniert er verschiedene Open-Access-Projekte, wie z. B. BASE, den Open-Access-Publikationsfonds an der Universität Bielefeld, INTACT sowie den Nationalen Open Access Kontaktpunkt Deutschland.

Putnings, Markus ORCID iD:0000-0002-6014-9048
Markus Putnings ist Leiter des Referats Open Access und Fachreferent für Informatik, Mathematik und Sportwissenschaft an der Universitätsbibliothek Erlangen-Nürnberg. An Gremienarbeit ist seine Mitarbeit in der Kommission Virtuelle Bibliothek (KVB) im Bibliotheksverbund Bayern zu nennen. Vor dem Einstieg ins Bibliothekswesen arbeitete er u. a. in der Redaktion Neue Medien eines Fachverlags und als Buchhändler. Er studierte Wirtschaftsinformatik an der Universität Regensburg mit den Studienschwerpunkten Führung und Organisation, Electronic Business, Informationssysteme und Informationssicherheit.

Schäffler, Hildegard
Dr. Hildegard Schäffler hat die Studienfächer Anglistik, Geschichte und Erziehungswissenschaften mit Erstem Staatsexamen abgeschlossen, in Englischer Sprachwissenschaft promoviert und die Anstellungsprüfung für den höheren Bibliotheksdienst abgelegt. Sie leitet an der Bayerischen Staatsbibliothek die Hauptabteilung Bestandsentwicklung und Erschließung 2 mit Schwerpunkt Periodika, Lizenzen und Elektronisches Publizieren sowie die darin integrierte Geschäftsstelle des Bayern-Konsortiums.

Scheiner, Annette ORCID iD:0000-0002-7127-4469
Dr. Annette Scheiner studierte Biologie an der Julius-Maximilians-Universität Würzburg und promovierte dort im Hauptfach Tierökologie. Im Anschluss war sie von 2007 bis 2009 als wissenschaftliche Mitarbeiterin an der Universität Turku (Turun yliopisto) in Finnland tätig. Sie absolvierte ihr Bibliotheksreferendariat an der Universitätsbibliothek Kassel sowie das begleitende Masterstudium der Bibliotheks- und Informationswissenschaft an der Humboldt-Universität Berlin. Seit 2011 arbeitet sie an der Universitätsbibliothek Freiburg im Breisgau. Neben Ihren Aufgaben als Open-Access-Beauftragte leitet sie dort das Dezernat Periodika und Digitale Medien und betreut das Fachreferat Biologie. Zusätzlich fungiert sie als Geschäftsführerin des Konsortiums Baden-Württemberg.

Schimmer, Ralf
Dr. Ralf Schimmer ist Leiter des Bereichs Information und Stellvertretender Leiter der Max Planck Digital Library in München. Er ist verantwortlich für die zentrale elektronische Informationsversorgung in der Max-Planck-Gesellschaft und seit der Berliner Erklärung von 2003 maßgeblich an den Open-Access-Zielsetzungen der Max-Planck-Gesellschaft beteiligt. Schimmer ist in vielen internationalen Arbeitsgruppen und Initiativen vertreten, darunter z. B. SCOAP3 und Knowledge Unlatched, und leitet aktuell OA2020, die Transformationsinitiative der Max-Planck-Gesellschaft.

Schmitz, Jasmin
Dr. Jasmin Schmitz ist promovierte Informationswissenschaftlerin. Während der Promotion war sie an der Universität Düsseldorf als Projektmitarbeiterin und Lehrbeauftragte für Schutzrechtsinformationen und Information Retrieval tätig. Sie hat zudem als Datenbanktrainerin für einen internationalen Anbieter von Wissenschaftsinformationen sowie als Projektkoordinatorin in einem außeruniversitären Forschungsinstitut im Bereich Bibliometrie gearbeitet. Bei ZB MED ist sie zuständig für die Open-Access-Publikationsberatung.

Sitek, Dagmar ORCID iD:0000-0002-2529-3474
Dagmar Sitek ist Leiterin der Zentralbibliothek des Deutschen Krebsforschungszentrums in Heidelberg (DKFZ) und in dieser Funktion auch Open-Access-Beauftragte für das DKFZ. Sie ist Mitglied in der Arbeitsgruppe „Forschungsdaten" in der Schwerpunktinitiative „Digitale Information" der Allianz der deutschen Wissenschaftsorganisationen.

Söllner, Konstanze ORCID iD:0000-0002-6263-7846
Konstanze Söllner ist Direktorin der Universitätsbibliothek der FAU Erlangen – Nürnberg. Sie beschäftigt sich seit der Gründung eines Publikationsfonds an ihrer Universität intensiv mit dem Thema Open Access, insbesondere aus der Perspektive der unterschiedlichen Fachkulturen.

Tobschall, Esther
Dr. Esther Tobschall ist Fachreferentin für Physik an der Technischen Informationsbibliothek Hannover. Als solche ist sie zuständig für die arXiv-Aktivitäten der TIB, wie das DFG-Projekt arXiv-DH (2011–2013) und die Nationale Kontaktstelle im Netzwerk arXiv-DH (seit 2013). Von 2013 bis 2015 hat sie deutsche Einrichtungen im arXiv Member Advisory Board vertreten. Vor ihrem Bibliotheksreferendariat (2000–2002) hat Esther Tobschall zunächst Chemie studiert und sich anschließend für ihre Dissertation (1999) zur Festkörperphysik hin orientiert.

Tullney, Marco ORCID iD:0000-0002-5111-2788
Marco Tullney leitet den Bereich Publikationsdienste der Technischen Informationsbibliothek (TIB) und koordiniert deren Open-Access-Aktivitäten.

Tunger, Dirk
Dirk Tunger studierte Informationswissenschaft in Hamburg an der Hochschule für Angewandte Wissenschaften und promovierte 2007 an der Universität Regensburg im Fachgebiet Informationswissenschaft bei Prof. Dr. Christian Wolff. Seine Themenstellung bei der Promotion war der Einsatz bibliometrischer Verfahren zum Zweck der Trenderkennung. Dirk Tunger hat neben dem Schwerpunkt „Bibliometrie" u. a. umfassende Kenntnisse in den Bereichen Informationsrecherche, -aufbereitung und -visualisierung. Er ist Teamleiter des Teams Bibliometrie in der Zentralbibliothek des Forschungszentrums Jülich.

Verdicchio, Dirk ORCID iD:0000-0001-7297-9009
Dr. phil. Dirk Verdicchio koordiniert seit 2012 die Open-Access-Aktivitäten der Universitätsbibliothek Bern und leitet dort seit 2015 die Fachstelle Open Access & Wissenschaftskommunikation. Zuvor war er wissenschaftlicher Mitarbeiter am Institut für Soziologie der Universität Basel. Studiert hat er Soziologie, Literaturwissenschaft und Ethnologie an der Albert-Ludwigs-Universität in Freiburg i.Brsg., der TU Darmstadt und der Universität Basel.

Wijk, Ingrid M. ORCID iD:0000-0002-2171-3144
Ingrid M. Wijk is director of Maastricht University Library as of 2010. Earned a MSc degree in business economist, she held several policy and management positions in higher education, including the function of director of the UM School of Business and Economics, head of Maastricht University Office for Strategy and Internationalisation and staff advisor at the Dutch Open University. In her position as Library director, she chaired the UKB working group Licensing Affairs (2012–2015) and was member of licensing negotiation teams.

Glossar

Berliner Erklärung: die „Berliner Erklärung über den offenen Zugang zu wissenschaftlichem Wissen" wurde während einer Tagung der Max-Planck-Gesellschaft am 22. Oktober 2003 von 19 Forschungsorganisationen beschlossen. Sie stellt einen Meilenstein der Open-Access-Bewegung dar.

Budapest Open Access Initiative: 2001 im Rahmen einer vom Open Society Institute organisierten Konferenz in Budapest entstandene Initiative, die als Startpunkt der Open-Access-Bewegung angesehen wird.

Closed Access: Medien, die im Closed Access erscheinen, können nur gegen Gebühr (Subskription, pay per view) genutzt werden.

Creative-Commons-Lizenzen: standardisierte Lizenzen, die zur Spezifikation von Weiterverwendungsrechten (s. Libre Open Access) eingesetzt werden.

DOAB: von der OAPEN Foundation betriebenes Verzeichnis von Open-Access-Monographien.

DOAJ: von der Universitätsbibliothek der Universität Lund in Schweden betriebenes Verzeichnis von qualitätsgeprüften Open-Access-Zeitschriften.

Embargo: Fristsetzung für die Zweitveröffentlichung in einem institutionellen oder Fachrepositorium ab dem Zeitpunkt der Erstveröffentlichung.

Finch Report: 2012 von der britischen Regierung in Auftrag gegebener Report der „Working Group on Expanding Access to Published Research Findings", geleitet von Dame Janet Finch.

Goldener Open Access/Goldener Weg des Open-Access-Publizierens: Primärveröffentlichung eines wissenschaftlichen Textes in einem Open-Access-Medium, vor allem in Open-Access-Zeitschriften.

Gratis Open Access: Publikationen, die kostenlos zur Verfügung stehen, aber keine Weiterverwendung erlauben.

Grüner Open Access/Grüner Weg des Open-Access-Publizierens: Parallelveröffentlichung oder Selbstarchivierung eines wissenschaftlichen Textes auf der privaten oder dienstlichen Website oder auf institutionellen oder Fachrepositorien.

Hybrider Open Access: optionale Freistellung von Artikeln in Closed-Access-Zeitschriften im Open Access.

Libre Open Access: zusätzlich zum kostenlosen Zugriff auf Publikationen werden weitergehende Nutzungsmöglichkeiten eingeräumt, oft in Form von Creative-Commons-Lizenzen.

Mandat: verpflichtende Forderung von Forschungseinrichtungen und Förderorganisationen an die von ihnen finanzierten Autorinnen und Autoren, ihre Forschungsergebnisse öffentlich verfügbar zu machen.

OAPEN Library: europaweite Plattform zur Open Access-Veröffentlichung von Büchern.

Open Access: Medien, die online erscheinen und frei von Zugangsbeschränkungen sowie frei von vielen Weiterverwendungsbeschränkungen sind.

Open Data: freie Verfügbarkeit und Nutzbarkeit von Daten, um Interoperabilität zu ermöglichen.

Repositorium: Server, auf dem wissenschaftliche Dokumente archiviert und zugänglich gemacht werden. Institutionelle Repositorien werden von wissenschaftlichen Einrichtungen oder Organisationen betrieben und ermöglichen ihren Mitgliedern die Publikation. Fachrepositorien stehen Autoren eines Fachgebiets institutionenübergreifend zur Verfügung.

Scholarly Publishing and Academic Resources Coalition (SPARC): Zusammenschluss von Bibliotheken mit dem Ziel, ein qualitativ hochwertiges und gleichzeitig preisgünstiges Angebot an Publikationsmöglichkeiten für wissenschaftliche Literatur als Gegengewicht zu etablierten kommerziellen Verlagen zu schaffen. Für Europa existiert ein europäischer Zweig dieser Initiative namens SPARC-Europe.

SHERPA/RoMEO: Datenbanken, die die Copyright- und Open-Access-Richtlinien wissenschaftlicher Zeitschriften enthalten.

Transformation: Forderung, das System der subskriptionsfinanzierten wissenschaftlichen Zeitschriften durch ein Open-Access-Modell zu ersetzen.

Zeitschriftenkrise: stark ansteigende Zeitschriftenpreise in den STM-Fächern seit Mitte der 1990er Jahre bei gleichzeitig stagnierenden oder rückläufigen Bibliotheksetats.

Index

A

Abstracting and Indexing 313
Akademie der Wissenschaft 208, 216
Akademische Karriere 29, 247, 257
Anforderungen an wissenschaftliches Publizieren 53
Arbeitskreis Open Access 217
Article Processing Charge 8, 17, 18, 62, 77, 82–85, 108, 119, 148, 157, 160, 163, 165, 166, 167, 170, 175, 178, 185, 189, 190, 192, 193, 194, 198, 199, 201, 217, 218, 226, 228, 230, 231, 240, 241, 256, 261, 264, 268, 276, 277, 323, 324
arXiv 12, 30, 64, 65, 102–104, 106–112, 140, 182, 270, 274, 275, 277, 278, 305
arXiv-DH 109
Auffindbarkeit 3, 4, 54, 55, 250, 311, 312, 313, 317
Autoren 3, 4, 8, 16, 21–25, 30, 42, 45, 46, 49, 51, 53, 56, 58, 59, 78, 80–82, 84, 87, 88, 97, 100, 103, 105, 107, 110, 124, 140, 141, 148, 149, 157–161, 164, 167, 175, 177, 178, 181, 184, 186, 193, 195, 198, 199, 201, 210, 217, 220, 247, 249, 255, 257, 267, 270, 274–277, 286, 288, 289, 291, 292, 299, 300, 302–306, 308, 309, 312–314, 316–319, 323, 324, 326–329, 333, 336
Autorenverifikation 326, 329

B

Berliner Erklärung 14, 46, 47, 50, 54–56, 62, 142, 207, 215, 216, 239, 257, 312
Bethesda Statement 14
Bibliografie 147, 169, 312, 315, 316
Bibliometrie 36, 39, 40, 70
Buchpublikationen 4, 112, 114, 215, 251, 257, 259
Budapest Open Access Initiative 14, 62, 136, 207

C

CC BY-Lizenzen 227
Confederation of Open Access Repositories 15, 63, 292, 297
Creative Commons 47, 56, 88, 115, 229

D

Data Publishing 170, 333
Dekker 223, 227
Deposit 94, 95, 97, 98, 100, 292, 326, 328, 329
DINI-Zertifikat 15, 55, 59, 60, 138, 293
Directory of Open Access Journals 8, 68, 164, 170, 217, 234, 252, 256, 265, 274–278, 287, 300–302, 312, 313, 326
Disruption 124, 196, 339
DOI 57, 68, 140, 217, 290, 301, 305, 307, 315, 323, 327, 336–338
Double Dipping 69, 88, 90, 119, 125, 190, 198, 225

E

Early advantage 3
Einzelabrechnung 88, 157, 159, 160, 161, 181
Einzelrechnung 326, 328
Elektronische Zeitschriftenbibliothek 302, 308
Europe PMC 65, 306
Evaluation 130, 232–234, 267, 272, 303

F

Fachkulturen 10, 19, 248, 250
Fachrepositorium 102
Finanzierung 6, 9, 24, 26, 30, 78, 79, 91, 102–104, 106–108, 110, 112, 117, 120, 122, 125, 141, 157, 159, 161–163, 165, 166, 168–170, 174, 175, 177, 178, 184–186, 190, 202, 208, 211, 216, 217, 252, 256, 257, 266, 268, 276, 284, 304, 309, 325, 339
Finanzierungsformen 220
Finanzierungsmodell 119
Förderorganisationen 3, 7, 8, 22–24, 28, 111, 143, 170, 250, 252, 269, 270
Forschungsdaten 21, 25, 32, 50, 57, 147, 170, 210, 220, 257, 258, 265, 283, 296, 307, 333, 337, 339
Forschungssoftware 257
Funding 7, 69, 114, 202, 223, 225, 226, 232, 234, 238, 240, 242, 251, 275, 309

G

Geisteswissenschaften 3, 4, 9, 10, 29, 108, 112, 113, 115, 117, 119, 216, 247–252, 254–257, 287

Geowissenschaften 151, 261, 262, 265, 266, 275, 276, 277
Geschäftsmodell 8, 77–79, 99, 102, 103, 107, 108, 110, 111, 113, 114, 116, 119, 121, 123, 125, 157, 159, 160, 161, 163, 175–177, 179, 180, 190, 192, 252, 264, 276, 277, 300, 305
Goldener Open Access 121, 130, 132, 135, 181, 185, 187, 189, 198, 200, 226, 236, 324, 325
Governance 104–107, 302
Gremien 17, 29, 49, 104, 144, 216, 299
Grüner Weg 9, 18, 89, 277, 305

H

Hochschulraumstrukturmittelprojekt 211
Hosting 6, 140, 293, 296, 313

I

Impact Factor 30, 89, 232, 247, 314
Index 30, 36, 259, 263, 287, 311, 314, 317, 318
Indexierung 287, 311, 313, 314, 316
Informationsinfrastruktur 339
Institutionelle Infrastrukturen 137
Interoperabilität 54, 138, 291, 292, 294, 297

J

Journalartikel 254, 258, 259

K

Konsortium 15, 109, 114, 117, 183, 190, 199, 200, 202, 218, 219, 250, 277, 292
Kostenübernahme 141, 158, 326

L

Lizenzierung 71, 114, 225, 226, 228–230
Lizenzrecht 45, 47, 50

M

Max-Planck-Gesellschaft 14, 17, 79, 91, 108, 109, 179, 183, 203, 208, 268
Membership Model 8, 70, 108, 110
Metadaten 13, 14, 54–56, 138, 149, 181, 220, 250, 291–294, 296, 300, 301, 308, 311, 313–317, 336
MINT 274, 275

Monographie 4, 8, 9, 21, 25, 119, 120, 122, 140, 142, 175, 202, 216, 217, 219, 247–251, 252, 254, 258, 261

N

Nationallizenzen 140, 219, 308
Netherlands 71, 223, 224, 226–228, 232, 235, 236, 242
Not-for-Profit 146, 150–152

O

OAI-PMH 13, 16, 54, 66, 138, 139, 181
OANA 208, 210, 211
OJS 16, 141, 170, 219, 264, 285, 286, 288
Open Access 177, 179
Open Science 32, 78, 80, 110, 170, 209, 210, 226–228, 233–235, 238, 335
Open Source 32, 48, 66, 138, 249, 283, 285, 286
Open-Access-Beauftragte 142, 166
Open-Access-Transformation 77, 78, 84, 163, 165, 166, 168, 170, 171, 173, 175, 177, 178, 180, 190, 191, 197, 200, 203, 211
OpenAIRE 15, 55, 67, 68, 84, 138, 143, 217, 319

P

Peer Review 151, 189, 257, 276, 283, 289, 297, 300, 304, 315, 333, 334, 337
Preisbildung 77, 79, 81
Preprint 13, 30, 64, 102, 110, 111, 248, 268, 270, 271, 272, 274, 275, 277, 300, 305, 314, 315
Preprint-Kultur 3, 12, 274, 278
Publikationsfonds 17, 69, 70, 77, 83, 141–144, 157–159, 162–171, 176, 177, 200, 209, 217, 309, 323, 324, 326, 329
Publikationsgebühren 4, 7–9, 17, 21, 77–85, 89, 94, 97, 99, 101, 108, 112, 117, 142, 157, 159, 162–164, 169, 175, 177, 179, 190, 194, 198, 207, 217, 247, 248, 251, 252, 256, 299, 301, 302, 304, 308, 309, 323–326, 328, 329
Publikationsinfrastruktur 60, 152, 170, 209, 215, 305
Publikationskosten 8, 85, 91, 100, 112, 141, 162, 164–168, 178, 194, 198, 199, 309
Publikationssoftware 287, 288

Q

Querfinanzierung 119–121, 124, 125

R

Ranking 30, 68, 294, 303, 304, 311, 316
Recherche 31, 269, 292, 302, 303, 305, 310, 311, 312, 313, 317
Rechteinhaber 46, 56
Redaktion 283, 285, 288, 291
Repositorien 21, 25, 26, 54, 62–68, 70, 71, 102, 132, 137–141, 143, 147, 170, 173, 181, 200, 201, 207, 209, 210, 216, 218, 220, 236, 241, 250, 251, 255, 262, 265, 269, 274, 276, 290–297, 305, 307, 308, 313, 315, 316, 317, 319, 328, 333, 336
Research Data 50, 72, 211, 227, 234, 265, 338

S

Sammelrechnung 100, 195, 326, 327
Scholarly Communication 24, 71, 127, 128, 130, 135, 208, 218, 225, 227, 234, 242
Schweiz 103, 116, 215
Schweizerischer Nationalfonds 219
SCOAP3 8, 30, 112, 116, 118, 169, 181, 209, 218
Selbstarchivierung 13, 16, 18, 209, 314
SHERPA/RoMEO 16, 68, 88, 234, 299, 300, 302
Sozialwissenschaften 28, 29, 31, 120, 147, 149, 177, 202, 216–218, 250–252, 254, 255, 257, 259, 262, 285, 306
Standards 17, 23, 45, 53, 54, 56, 59, 65, 103, 138, 139, 195, 201, 250, 261, 265, 305, 309, 333
Subskriptionsmodell 15, 80, 175, 194, 197, 262
Subskriptionswesen 100, 173–176, 179, 196
Suchmaschine 16, 31, 54–56, 81, 102, 138, 140, 149, 259, 292, 307, 308, 311–318
swissuniversities 219, 220

T

Tax Payer Argument 7
Text- und Datamining 181
TIB 57, 108, 110, 181, 183, 187, 188
Transformation 17, 24, 71, 79, 85, 87, 88, 118, 124, 159, 160, 162, 176, 179, 197, 199, 200, 202, 203, 208, 210, 211, 262, 264, 266, 269
Transparenz 4, 78, 79, 82, 101, 161, 167, 169, 170, 174, 179, 195, 209, 220, 221, 268, 288, 302, 304, 308, 323

U

UKB 228, 229
Umweltwissenschaften 261
United Kingdom 227, 238, 242
Universitätsverlage 115, 122, 146–150, 211, 249, 251, 252
Unterrichtsmaterialien 50
Urheberrecht 18, 26, 45, 47–50, 56, 208, 209, 217, 220, 247, 249, 278
URN 290, 291, 296

V

verlagsähnliche Strukturen 146, 152
Verwaltungsaufwand 100, 157, 159, 161, 181
VSNU 224, 228, 230, 231, 236

W

Web of Science 31, 36–38, 40, 140, 175, 259, 287, 312, 313, 316, 333
Werkzeuge 284, 299, 305, 337

X

XML 55, 128, 181, 285, 286, 291

Z

Zeitschriftenbewertung 303
Zeitschriftenkrise 6, 13, 100, 120, 267
Zenodo 216, 307
Zitation 3, 23, 28, 30, 31, 36, 37, 40–43, 57, 81, 89, 248, 258, 259, 274, 287, 316
Zitationsdatenbank 36, 259
Zweitveröffentlichungsrecht 220, 247, 303

www.ingramcontent.com/pod-product-compliance
Lightning Source LLC
Chambersburg PA
CBHW081945230426

43669CB00019B/2923